职业教育"十三五"规划教材

职业学校"互联网+"立体化示范教材

职业教育旅游服务与管理专业系列教材

中国旅游客源国与目的地国概况

ZHONGGUO LÜYOU KEYUANGUO YU MUDIDIGUO GAIKUANG

主 编◎陆 娱

大连海事大学出版社

图书在版编目（CIP）数据

中国旅游客源国与目的地国概况／陆娱主编 . — 大
连：大连海事大学出版社，2019.11
职业教育旅游服务与管理专业系列教材
ISBN 978-7-5632-3878-1

Ⅰ.①中… Ⅱ.①陆… Ⅲ.①旅游客源—概况—中国
—高等职业教育—教材②景点—概况—世界—高等职业教
育—教材 Ⅳ.①F592.6②K91

中国版本图书馆 CIP 数据核字（2019）第 257715 号

大连海事大学出版社出版

地址：大连市凌海路1号 邮编：116026 电话：0411-84728394 传真：0411-84727996

http://press.dlmu.edu.cn E-mail：dmupress@dlmu.edu.cn

大连海大印刷有限公司印装　　　　　　　大连海事大学出版社发行

2019年11月第1版　　　　　　　　　　　2019年11月第1次印刷

幅面尺寸：184 mm×260 mm　　　　　　　　　　　　　印张：24

字数：534 千　　　　　　　　　　　　　　　　印数：1～2000 册

出版人：余锡荣

责任编辑：刘若实　　　　　　　　　　　　责任校对：杨　洋

封面设计：解瑶瑶　　　　　　　　　　　　版式设计：解瑶瑶

ISBN 978-7-5632-3878-1　　　　　　　　　　　　定价：72.00 元

序

2017 年 9 月，习近平主席在向联合国世界旅游组织第二十二届全体大会的致贺词中指出，旅游是不同国家、不同文化交流互鉴的重要渠道，是发展经济、增加就业的有效手段，也是提高人民生活水平的重要产业。

近年来，职业教育得到了较快的发展，职业教育中的旅游服务与管理专业更是发展迅速。这门学科产生时间虽短，但已成为工商管理学科体系中的一个重要组成部分。其主要目标是使学生掌握导游服务、旅行社基层管理、酒店服务与管理的基本知识和专业技能；培养学生具有较强的汉语和英语口语表达能力和人际沟通能力，具有良好的服务意识、礼仪礼节和较强的应变能力、沟通协调能力、组织能力和团队精神；培养从事导游和旅行社管理的专业人员、宾馆服务和基层管理人员；培养具有旅游管理专业知识，能在各级旅游行政管理部门、旅游企事业单位从事旅游管理工作的高级专门人才。

职业教育旅游服务与管理专业教学资源库是由哈尔滨市现代服务中等职业技术学校主持建设，并联合全国 18 家中高职院校、19 家旅游企业和行业协会组织，设计开发的符合国家旅游行业标准和专业教学规范，涵盖专业、课程、实训、考评等丰富内容，满足专业规划、集中教学、自主学习、培训考评等多方面需求的专业教学资源库。资源库面向全社会旅游学习者，代表了国家水平，具有职教特色，资源丰富多样，功能实用简便，更新动态有序，是供学生、教师、企业员工、社会学习者和旅游者五类用户进行自主学习、教学培训、咨询服务和终身教育的优质资源平台，对实现我国旅游专业人才全面培养、拓宽学习渠道、共享优质资源、提高旅游专业教学和职业培训的整体水平具有十分重要的意义。

在资源库建设过程中，项目组所有成员都付出了大量的精力，制作的电子教材也得到了广大学习者的认可。为进一步推进资源库在社会上更广泛地应用，我们组织项目组成员和专家对资源库所涉及的电子教材进行了修改完善，建成了立体化的系列教材，由大连海事大学出版社出版，为旅游爱好者提供更多的服务。

职业教育旅游服务与管理专业系列教材首批计划出版 11 种，包括《中国旅游地理》《模拟导游》《旅游英语》《导游业务》《旅行社业务》《旅游政策法规》《全国导游基础知识》《中国旅游客源国与目的地国概况》《旅行社经营与管理》《中国旅游文化》《旅游服务心理学》。

　　本系列教材的顺利出版得益于大连海事大学出版社的鼎力支持,也凝聚着多位相关领域专家学者的心血,在此深表感谢。

2019 年 1 月

编者的话

近年来,我国旅游业迅猛发展。入境旅游持续、平稳增长;出境旅游进一步升温,稳居世界出境旅游的第一位。2018 年,我国接待入境旅游人数达 14 119.83 万人次,其中外国人 3 054.29 万人次,占比 21.6%,居世界第四位,仅次于法国、西班牙和美国,成为世界第四大旅游目的地国家。同时,我国出境旅游热度持续攀升。在过去的十年中,中国已成为全球最大的出境旅游客源国和旅游消费支出国。2018 年中国继续蝉联全球最大出境游客源国,已成为泰国、日本、韩国、越南、柬埔寨、俄罗斯、马尔代夫、印度尼西亚、朝鲜、南非等 10 个国家的第一大入境旅游客源地。随着"一带一路"建设的不断推进,我国公民出境旅游目的地国家不断增加。截至 2018 年,已经有 150 多个国家和地区成为中国公民出境旅游目的地。为了更好地适应旅游新业态对从业人员综合职业能力的要求,我们编写了紧跟市场脉搏和行业发展态势的《中国旅游客源国和目的地国概况》教材。该教材突出岗学对接、产教融合,旨在为旅游行业企业培养实用型人才,具有以下几方面特点:

1. 书本内容涉及亚洲、欧洲、美洲、大洋洲、非洲等五大洲 39 个国家,基本囊括了近几年入境旅游人数排名前 20 位的客源国、近几年最受中国游客欢迎的 20 个目的地国,在国家数量上超出许多同类教材。

2. 分项目按由浅入深的逻辑顺序安排教学时数,组织教学内容,符合中等职业学校学生认知特点,具有很强的操作性。根据我国旅游入境与出境的具体情况,本书将 39 个国家分成不同层次进行介绍,重点国家内容丰富全面,次重点国家详略适当,一般国家提供线索,供学生了解。三个层次的国家分别按照 3 个课时、2 个课时、1 个课时来编写,总共 72 个课时,完全符合中等职业院校开设该门课程的学时要求。

3. 教材把教学过程和旅游行业企业的职业活动、工作过程紧密结合,突出产教融合、岗学对接,是理实一体化的教材。模拟领队召开出境说明会、模拟目的地国的地陪在游览中的讲解服务、模拟中国旅行社前台销售人员对客咨询这三个旅行社的典型工作任务,以实操的形式将相关知识融入,体现出旅游行业实践性强的特征,对培养学生的职业素养和职业能力效果显著。

4. 教材注重知识传授与技能培养并重,以旅行社领队、地陪的视角组织相关内容,具有很强的创新性,改变了过去以旅游者的视角组织内容的方式,强化了学生职业意识、职业能力的培养。

5. 本教材注重运用现代信息技术，配有 PPT 课件和视频，可以让学习者和使用者获取更多的优质资源，帮助学习者拓宽了学习渠道，获取信息更直观、更丰富、更互动，有助于提高学习效果。

本教材是由国家职业教育旅游服务与管理专业教学资源库项目的优秀教师团队编写，教学资源库项目"客源国概况"课程组长陆娱担任主编，竺光明和刘银锁担任副主编，教育部中等职业技术学校历史课程标准研制组核心成员张国荣博士担任主审。此外，参加编写的人员有：广东省旅游职业技术学校郑丽、陈泽萱和陕西工商职业学院的郑芬丽。广东省香江旅游公司董事长陈浩先生、广东省旅游协会导游分会副会长肖青国先生、广东省旅游协会导游分会秘书长陈蕾女士给我们提出了很多宝贵意见，在此深表谢意。

由于编者水平有限，敬请业内专家及广大读者予以批评指正！

编　者

2019 年 11 月

目　录

项目一

世界旅游业概况与中国出入境旅游市场

学习目标

1. 了解世界旅游业的发展历程、现状及趋势。
2. 掌握中国出入境旅游市场的基本情况及发展趋势。

任务一 ● 世界旅游业概况

任务描述

结合世界历史和当下国际形势,了解世界旅游业的发展历程、现状及趋势。

任务内容

一、世界旅游业的发展历程

1. 古代世界旅行的萌芽

据史料记载,世界最初的旅行主要出现在埃及、中国、巴比伦、印度、希腊和罗马等

世界旅游业
的发展历程

文明古国。公元前 2000 多年前,埃及法老修建的金字塔以及后来的布巴提斯"阿尔铁米司祭"宗教盛会,吸引了无数旅行者前来观光、朝拜。公元前 8 世纪,古希腊、古罗马兴起,宗教旅行和商业旅行的规模逐渐扩大,源于宗教祭祀的奥林匹亚竞技活动更使希腊成为世界的宗教圣地和旅游胜地。中世纪以后,欧洲开始复兴,商贸旅行再次盛行,意大利人马可·波罗不远万里来到中国,把所见所闻写成了《马可·波罗游记》。随后,达·伽马、哥伦布、麦哲伦等人相继开辟了新航线,引发了更大规模的世界旅行活动。在中国古代,也先后出现了以李白、杜甫为代表的士人漫游,以张骞、郑和为代表的公务旅行,以玄奘、鉴真为代表的宗教旅行,以及以隋炀帝、乾隆帝为代表的帝王巡游等。

但总体来说,这个阶段的世界旅游多为自发、萌芽状态,旅行主体只限于王公贵族、士子、商人等特殊群体,出游规模较小,旅行范围较窄,不具有普遍的社会和经济意义。

2. 近代世界旅游的形成

18 世纪中叶的产业革命把人类推向近代旅游的新阶段。1769 年英国人詹姆斯·瓦特发明的蒸汽机标志着近代工业革命的开始,带动了铁路等交通方式的改进,使人类长距离、快速度的旅行成为可能。同时,高效的工作、丰厚的收入和低廉的旅行费用给人们创造了外出旅行的有利条件。

1841 年 7 月 5 日,英国人托马斯·库克利用包租火车的方式组织了 570 多人从莱斯特前往洛伯罗赫参加禁酒大会。这次活动被公认为世界第一次商业性旅游活动,被称为近代旅游及旅游业开端的标志。他还创办了世界上第一家旅行社——托马斯·库克旅行社。

3. 现代世界旅游业的发展

第二次世界大战以后,世界经济的蓬勃发展,人们收入的大幅度提高,带薪休假在西方国家的普及,交通运输方式的不断改善,生活和消费观念的改变,使世界旅游业出现了"大众旅游"的新局面,标志着现代旅游业的产生和发展。

1950 年开始,世界旅游业每年以超过 6.5% 的速度增长。1950 年,国际旅游接待人数为 2 500 万人次,国际旅游收入为 21 亿美元;1984 年,国际旅游接待人数达 3 亿人次,国际旅游收入达到 1 000 亿美元;2000 年,国际旅游接待人数增长到 6.99 亿人次,国际旅游收入增加到 4 758 亿美元;2017 年,全球国际游客总数达到 13.26 亿人次,国际旅游收入为 1.34 万亿美元[①]。现代世界旅游业呈持续快速增长之势。

---

① 数据来源:联合国世界旅游组织发布的《2018 年旅游亮点报告》(UNWTO Tourism Highlights 2018 Edition)

二、世界旅游业的发展现状及特征

1. 受到越来越多国家和地区政府的重视,显示出朝阳产业的勃勃生机

现代世界旅游业具有加快货币流通、平衡国际收支、调整产业结构等功能,被人们誉为"无烟工业""无形贸易",给社会经济发展带来了诸多好处。如今,已有170多个国家和地区把旅游业列为独立产业并大力发展。美国、法国、西班牙等许多发达国家都把发展旅游业作为国家战略。许多国家元首、政府首脑和政要亲自宣传本国旅游业,甚至担任"旅游大使",把旅游业作为参与国际事务的平台或媒介,积极扩大国际影响力。各国致力改善基础条件和旅游设施,不断提高接待能力,简化海关通行和签证手续,加强与世界性组织的联系,采取各种有利政策和措施促进旅游业特别是国际旅游业的发展。世界旅游业正以朝阳产业之态势蓬勃发展。

2. 持续快速增长,已成为世界第一大产业

自20世纪50年代以来,世界旅游业发展一直长盛不衰,其间虽然也有波动,但是总体上呈现高速增长态势。1950—1980年的30年间,世界国际旅游人数增长11倍多,国际旅游收入增长44倍多,旅游收入的年增长率是同期国民经济生产总值增长率的2倍。1992年,世界旅游产业收入超过了石油、汽车工业的收入,旅游业成为世界第一大产业。据世界旅游组织预测,到2020年,旅游产业收入将达到16万亿美元,占全球国民生产总值的10%。同时,旅游业将提供3亿个就业岗位,占全球就业总量的9.2%,是从业人员最多的产业。

3. 各国普遍发展,但并不均衡

作为一项新兴产业,旅游业在世界各国得以普遍发展。但由于社会经济基础和资源赋存的差异,旅游业在世界各国的发展水平和发展规模各不相同,呈现出地区发展的不均衡性。根据世界旅游组织统计,2017年接待国际游客最多的前10个国家分别是法国(8 690万)、西班牙(8 180万)、美国(7 690万)、中国(6 070万)、意大利(5 830万)、墨西哥(3 930万)、英国(3 770万)、土耳其(3 760万)、德国(3 750万)、泰国(3 540万),这些旅游大国大部分属于欧美地区的经济发达国家。

三、世界旅游业的发展趋势

1. 旅游活动的区域化和协作化

世界旅游组织根据各区域的旅游发展水平和旅游集中程度,将世界旅游市场划分为欧洲旅游区、美洲旅游区、东亚及太平洋旅游区、中东旅游区、南亚旅游区和非洲旅游区六大区域。长期以来,世界旅游业主要以欧洲为主体,现在逐渐形成了欧洲、东亚及太平洋地区、美洲三足鼎立,其他地区快速发展的局面。世界各地区近年来接待国际游客数量对比如表1-1所示。

表1-1　世界各地区近年来接待国际游客数量对比表（单位：百万人次）

年份 项目	1995年	2000年	2005年	2010年	2015年	2016年	2017年	2017年占比
世界	531	680	809	952	1 195	1 240	1 326	100%
欧洲	308.5	392.9	452.7	487.7	605.1	619.5	671.7	50.7%
亚太	82.0	110.4	154.1	208.2	284.1	306.0	323.1	24.4%
美洲	108.9	128.2	133.3	150.4	194.1	201.3	210.9	15.9%
非洲	18.7	26.2	34.8	50.4	53.6	57.7	62.7	4.9%
中东	12.7	22.4	33.7	55.4	58.1	55.6	58.1	4.3%

数据来源：联合国世界旅游组织发布的《2018年旅游亮点报告》

区域合作和大型国际活动的举办，促进了各区域内国家或地区的旅游协作发展，如欧洲26个国家签署《申根条约》，取消边境管制，方便人员往来。中国倡导的"一带一路"促进了沿线国家的旅游业发展。2008年北京奥运会和2010年上海世博会，全面带动了中国旅游业的发展，使得中国在2010年的入境旅游人数首次超过西班牙，位居世界第三。

2.旅游方式的多样化和便捷化

在旅游方式的选择上，除一些传统旅游项目外，文化旅游、商务旅游、生态旅游、休闲旅游、探险旅游和自助旅游等特色旅游日新月异。据联合国世界旅游组织（World Tourism Organization，简称UNWTO）统计，2017年，休闲、娱乐和度假旅游占55%；走亲访友、健康、宗教等旅游占27%；商务、专业旅游占13%；其他占6%。随着时代的发展，旅游方式会进一步向"新""奇""特"方向发展。

随着交通工具的进一步发展，人们的旅游出行会更加便捷。据世界旅游组织统计，2017年，人们旅游出行交通工具中航空占57%、公路占37%、水运占4%、铁路占2%。特别是随着电子商务的普及，智能机器人、虚拟现实（VR）的推广，人们的旅游体验会更加直观。

3.旅游需求的大众化和个性化

随着社会生产力大大提高，社会财富迅速增加，个人收入提高，工作时间缩短，闲暇时间增多，旅游正在从一个高端的享受型产业，发展成为人类生活的一种基本需要和消费活动，必然会带来旅游产业的大众化、普及性。

由于旅游需求的多样性、多变性等特点，标准化的旅游产品和服务无法满足游客的个性化需求。旅游企业应重视旅游产品的开发和创新，更应该推出符合不同游客的个性化服务。

4.旅游发展的安全性和可持续化

现在的国际局势整体缓和，但局部地区的民族冲突、宗教冲突、恐怖活动、政局不稳、传染病流行、治安恶化等不安定因素依然存在，这些不安定因素必然会影响当地乃至整个地区的旅游发展。因此，切实重视地区安全对旅游业发展至关重要。

　　旅游业可持续发展是指在保持和增强未来发展机会的同时,满足当代旅游者和旅游地居民需求,并通过现有旅游资源的可持续经营管理,在确保文化完整性、基本生态过程、生物多样性和生命保障系统的同时,实现旅游经济效益和社会效益的发展模式。旅游业可持续发展理念的核心在于:以旅游生态环境可持续为前提,以旅游经济持续增长为手段,以旅游地社会持续进步为目的,使旅游地社会、旅游经济与旅游资源环境系统协调发展。

知识拓展

世界旅游组织

　　联合国世界旅游组织是目前全球唯一全面涉及旅游事务的政府间旅游组织,其前身是1947年成立的国际官方旅游组织联盟(IUOTO),1975年1月2日改为现名,总部设在西班牙首都马德里,现有成员包括150多个国家或地区。1983年我国正式加入该组织。世界旅游组织的宗旨是促进和发展旅游事业,使之有利于经济发展、世界各国相互了解、和平与繁荣。1979年9月在第三届世界旅游组织代表大会上正式确定9月27日为"世界旅游日"。每年都推出一个世界旅游日主题口号。

任务练习

一、情景模拟

分组搜集资料,展示世界旅游业的发展历史、现状及趋势。

二、知识检测

(一)单选题

1.(　　)人马可·波罗穿越两河流域,经伊朗高原和帕米尔高原来到中国,先后在中国旅行17年,写下了传世之作《马可·波罗游记》。
　　A.西班牙　　　　B.葡萄牙　　　　C.意大利　　　　D.希腊

2.1841年7月5日,英国人(　　)利用包租火车的方式组织了570多人从莱斯特前往拉洛伯罗赫参加禁酒大会。这次活动被称为近代旅游及旅游业开端的标志。
　　A.托马斯·库克　　B.詹姆斯·库克　　C.斯蒂芬·库克　　D.蒂姆·库克

3.1992 年,世界旅游业收入超过了(　　　)工业,成为世界第一大产业。

   A. 石油、汽车　　　　B. 机械、化工　　　　C. 钢铁、煤炭　　　　D. 纺织、电子

4.世界旅游业发展规模和水平均居世界首位的是(　　　)。

   A. 亚洲　　　　　　　B. 非洲　　　　　　　C. 欧洲　　　　　　　D. 北美洲

5.世界旅游组织的总部在(　　　)。

   A. 中国北京　　　　　B. 美国纽约　　　　　C. 英国伦敦　　　　　D. 西班牙马德里

(二)判断题(正确的打"√",错误的打"×")

1.17 世纪中叶的产业革命把人类推向近代旅游的新阶段。(　　　)

2.1769 年英国人詹姆斯·瓦特发明的蒸汽机标志着近代工业革命的开始。(　　　)

3.世界上第一家旅行社是英国人托马斯·库克创办的通济隆旅行社。(　　　)

4.世界旅游组织是目前全球唯一全面涉及旅游事务的民间旅游组织。(　　　)

5.2014 年巴西举办的第 20 届世界杯足球赛,极大地推动了巴西旅游业的发展。(　　　)

任务二 ● 中国出入境旅游市场

任务描述

   结合我国改革开放以来的伟大成就,掌握我国出入境旅游市场的发展历程、现状及趋势。

任务内容

   改革开放以来,我国旅游业已形成了入境旅游、国内旅游、出境旅游三大市场相互驱动、相互补充的局面。在国际旅游方面,现已形成了入境旅游、出境旅游兼顾发展的国际旅游市场格局。

一、中国入境旅游客源市场

   1.入境旅游者以港澳同胞为主体,外国人和台湾同胞比例呈不断增长之势

   我国的入境旅游由外国人入境旅游、港澳同胞赴内地旅游及台湾同胞赴大陆旅游三部分组成。近年来,我国入境旅游持续、平稳增长。2018 年,我国入境旅游人数达

中国入境旅游客源市场

14 119.83 万人次,其中外国人为 3 054.29 万人次,占比 21.6%;港澳台同胞为 11 066. 00 万人次,占比 78.4%;国际旅游外汇收入达 1 271.03 亿美元。2018 年,按入境旅游接待量排名,我国居世界第四位,仅次于法国、西班牙和美国,成为世界第四大旅游目的地国家。由于我国特殊的历史、政治因素,港澳同胞长期以来一直是我国入境旅游的主体。我国改革开放以来入境旅游人数对比如表 1-2 所示。

表 1-2　我国改革开放以来入境旅游人数对比表(单位:万人次)

年份	总计	外国人		港澳台同胞	
		人次数	比例(%)	人次数	比例(%)
1979	420.39	36.24	8.6	384.15	91.4
1983	947.70	87.25	9.2	860.45	90.8
1988	3 169.48	184.22	5.8	2 985.26	94.2
1992	3 811.49	400.64	10.5	3 410.85	89.5
1998	6 347.84	710.77	11.2	5 637.07	88.8
2001	7 279.56	1 122.64	15.5	7 778.65	84.5
2005	12 029.23	2 025.52	16.8	10 003.71	83.2
2007	13 187.33	2 610.97	19.7	10 576.36	80.2
2013	12 907.78	2 629.03	20.4	10 278.74	79.6
2018	14 119.83	3 054.29	21.6	11 066.00	78.4

资料来源:国家统计局 http://www.stats.gov.cn/

2. 外国客源市场格局是以亚洲为主体,欧洲和北美为两翼

我国的客源市场在世界各大洲中的发展是不均衡的。因地缘优势,日本、韩国、新加坡等亚洲国家来华旅游者持续增长且基数大,市场份额占比超过60%。就远程的洲际市场来说,欧洲市场份额虽时有升降,但总体发展基本平衡,市场份额保持在20%左右;美洲市场和大洋洲市场近年增长较快,市场份额占15%左右;非洲市场份额较小,尚不足5%,但潜力和发展空间较大。我国改革开放以来外国人入境旅游地区对比如表 1-3 所示。

表 1-3　我国改革开放以来外国人入境旅游地区对比表

	1980 年		1990 年		2001 年		2008 年		2018 年	
	接待数/万人	份额(%)	接待数/万人	份额(%)	接待数/万人	份额(%)	接待数/万人	份额(%)	接待数/万人	份额(%)
亚洲	26.26	49.6	91.52	52.4	698.23	62.2	1 456.17	59.9	1 912.10	62.6
欧洲	11.18	21.1	44.63	25.5	256.73	22.9	611.26	25.1	604.40	19.8
美洲	11.95	22.6	30.35	17.4	127.84	11.4	258.19	10.6	378.90	12.4
大洋洲	3.12	5.9	6.35	3.6	31.02	2.8	68.87	2.8	91.30	3.0
非洲	0.35	0.7	1.26	0.7	7.32	0.7	37.84	1.6	67.40	2.2
其他	0.05	0.1	0.62	0.4	1.49	0.1	0.19	0.0	0.29	0.0
总计	52.91	100	174.73	100	1 122.63	100	2 432.52	100	3 054.39	100

资料来源:国家统计局 http://www.stats.gov.cn/

3.客源国分布广泛,但客源相对集中

我国入境旅游的客源国广泛分布于世界各地,但从各国来华旅游者所占的市场份额来看,客源国又具有相对集中的特点,少数重要的客源国如韩国、日本、俄罗斯、美国和蒙古等位居前五名的客源国为我国输送了近50%的客源,且这一比例还在不断上升。我国改革开放以来入境客源国前十名对比如表1-4所示。

表1-4　我国改革开放以来入境客源国前十名对比

排序	1978年	1994年	2001年	2005年	2012年	2018年	2018年接待人数/万人	2018年份额(%)
1	日本	日本	日本	韩国	韩国	韩国	419.3	13.7
2	美国	美国	韩国	日本	日本	日本	269.1	8.8
3	菲律宾	俄罗斯	俄罗斯	俄罗斯	俄罗斯	美国	248.5	8.1
4	英国	韩国	美国	美国	美国	俄罗斯	241.5	7.9
5	法国	蒙古	马来西亚	马来西亚	马来西亚	蒙古	191.6	6.3
6	新加坡	新加坡	新加坡	新加坡	越南	马来西亚	129.1	4.2
7	德国	马来西亚	菲律宾	菲律宾	新加坡	菲律宾	120.5	3.9
8	泰国	菲律宾	蒙古	蒙古	蒙古	新加坡	97.8	3.2
9	加拿大	英国	英国	泰国	菲律宾	印度	86.4	2.8
10	澳大利亚	泰国	泰国	英国	澳大利亚	加拿大	85	2.8

资料来源:国家统计局 http://www.stats.gov.cn/

二、中国出境旅游市场

中国公民出境旅游包括港澳台游、边境旅游和出国旅游三种方式。随着近年来我国出境旅游市场开放,公民出境旅游目的地国或地区不断增加。2018年我国出境旅游人数达到14 972万人次,是世界第一大出境旅游客源国。

中国入境旅游客源国大部分是我国公民出境旅游目的地国。截至2018年,已经有150多个国家和地区成为中国公民出境旅游目的地。2018年最受中国游客欢迎的二十大目的地国家依次是:泰国、日本、新加坡、越南、印度尼西亚、马来西亚、菲律宾、美国、韩国、马尔代夫、柬埔寨、俄罗斯、阿拉伯联合酋长国、意大利、法国、澳大利亚、西班牙、德国、英国、斯里兰卡。中国已成为泰国、日本、韩国、越南、柬埔寨、俄罗斯、马尔代夫、印度尼西亚、朝鲜、南非等10个国家的第一大入境旅游客源地。中国也成为赴南极旅游的第二大客源国。

中国出境旅游市场

任务练习

一、情景模拟

分组搜集资料,展示我国出入境旅游市场的发展历程、现状及未来前景。

二、知识检测

(一)选择题

1. 我国入境旅游者以(　　)为主体。
   A. 港澳同胞　　　　B. 外国华侨　　　　C. 台湾同胞　　　　D. 外国人
2. 近年来,外国人来华旅游人数最多的国家是(　　)。
   A. 日本　　　　　　B. 美国　　　　　　C. 韩国　　　　　　D. 俄罗斯
3. 在世界各大地区的来华旅游客源市场中,亚洲的份额比例超过(　　)。
   A. 50%　　　　　　B. 60%　　　　　　C. 70%　　　　　　D. 80%
4. 中国已成为赴南极旅游的第(　　)大客源国。
   A. 一　　　　　　　B. 二　　　　　　　C. 三　　　　　　　D. 四
5. 欧洲来华旅游人数最多的国家是(　　)。
   A. 法国　　　　　　B. 德国　　　　　　C. 英国　　　　　　D. 俄罗斯

(二)判断题(正确的打"√",错误的打"×")

1. 在国际旅游方面,我国已形成了入境旅游、出境旅游兼顾发展的国际旅游市场格局。(　　)
2. 我国入境旅游的客源国分布具有广泛又相对集中的特点。(　　)
3. 中国已成为世界第一大旅游目的地国。(　　)
4. 中国的主要客源国大部分是我国公民出境旅游目的地国。(　　)
5. 我国的外国客源市场格局是以亚洲为主体,欧洲和北美为两翼。(　　)

项目二

亚洲地区

亚洲，也称作"亚细亚洲"，位于东半球的东北部，北临北冰洋，东濒太平洋，西以苏伊士运河与非洲为界限，西北以乌拉尔山脉、乌拉尔河为界，西南以里海、大高加索山脉和黑海与欧洲为界。亚洲总面积为 4 457.9 万平方千米，约占全球陆地面积的十分之三，是世界上面积最大的一个洲。亚洲有 48 个国家和地区，总人口约为 41.64 亿，是世界上人口最多的一个洲。在地理上，亚洲习惯上分为东亚、东南亚、南亚、西亚、中亚和北亚。

亚洲是当今世界最大的大洲，除了日本（发达国家）、新加坡、韩国（新兴工业国家）之外，目前其他大部分国家都是发展中国家，现代物质文明和精神文化正在高速发展中，大部分国家的人民生活水平、环境都在不断提升中。亚洲的农业、交通、轻工业、采矿业等行业在全世界举足轻重，许多科学技术也在世界处于领先地位。亚洲是目前世界上经济发展速度最快的区域，拥有丰富的人文景观和自然景观。近年来东亚及东南亚各国的旅游接待能力得到快速提高，亚洲已经成为现代旅游业重要的目的地之一，同时也是重要的客源产出地，是当代世界旅游业最具活力和潜力的地区。

亚洲自然旅游资源丰富，地形起伏大、高山多，有丰富的地文景观（如"世界屋脊"青藏高原、世界最高峰珠穆朗玛峰）、众多的水域风光（亚洲是世界上大江大河最多的大陆，有长江、黄河、印度河、恒河和湄公河等河流）。此外，亚洲地跨寒、温、热三带，是世界上气候差别最大的一个洲，有丰富齐全的地质地貌景观和种类众多的矿产资源和动植物资源（如石油、橡胶、椰子、胡椒、柚木、茶叶等），为亚洲的旅游业发展开拓了广阔的天地，为热爱大自然的旅游者提供了一个休闲度假的好去处。

亚洲是世界文明古国即古中国、古印度和古巴比伦文明的所在地，是世界三大宗教佛教、伊斯兰教和基督教的发源地，也是世界文明的发祥地之一。亚洲历史悠久，文化灿烂，民族众多，对人类发展和世界文化做出了伟大贡献。以中国为中心的儒家文化圈是世界五大文化圈之一，至今对世界文明有着深刻的影响。南亚是佛教、印度教的发源地，中东是世界文明两河流域文明的发源地，是基督教、伊斯兰教和犹太教的发源地和圣地。南亚和中东丰富而独特的民俗风情和宗教文化古迹，构成了神秘的旅游资源，留下了无数的文化遗产。

本项目介绍亚洲地区 14 个主要的客源国和目的地国：日本、韩国、泰国、马来西亚、新加坡、印度尼西亚、菲律宾、越南、柬埔寨、印度、斯里兰卡、马尔代夫、阿拉伯联合酋长国、土耳其。

学习目标

模拟领队召开出境说明会、目的地国地陪在旅行游览中进行讲解服务、中国旅行社前台销售人员对游客咨询三个旅行社典型工作任务，通过任务驱动和情景模拟的方式了解亚洲 14 个主要客源国或目的地国的地理、历史、民族与宗教、国旗国徽、行政区划、政治与经济、文学与艺术等基本国情；饮食习俗、旅游商品、习俗和禁忌、节庆活动等民俗风情；旅游城市和著名景点；旅游市场。了解亚洲主要客源国或目的地国旅游业发展的基本特征。

任务一 ● 日本

子任务一　了解日本

任务描述

模拟中国某旅行社的领队，向参加该旅行社日本旅行团的游客召开出境说明会，初步了解去日本旅行的基本常识、日本的习俗和禁忌、饮食习俗、旅游商品以及当地的节庆活动。

任务内容

一、出行须知

（一）基本常识

1. 气候

日本的气候以温带和亚热带季风气候为主,四季分明,终年温和湿润。6月多梅雨,夏秋季多台风。1月平均气温北部为-6 ℃,南部为16 ℃;7月平均气温北部为17 ℃,南部为28 ℃。

2. 货币

日本的货币是日元（JPY）。汇率:1 日元＝0.067 77 人民币,1 人民币＝14.755 4 日元(2019 年 8 月 30 日)。

3. 时差

日本东京位于东九区,比中国北京时间早 1 个小时。

（二）习俗和禁忌

1. 习俗

日本人非常注重礼仪,守信、守时。初次见面他们要脱帽鞠躬,互致问候,交换名片,很少握手。交换名片时,先由长辈递送给晚辈,晚辈双手接过名片,仔细看过再收下,同时拿出自己的名片递给对方。在日本乡村或民间送别亲友时,女子行跪礼,男子行摇木屐礼。访问日本友人,一定要提前预约,见面后应做自我介绍或递名片。介绍第三方时,应先将晚辈介绍给长辈,先将男子介绍给女子。进入日本房间要脱鞋、脱大衣、摘帽。访问时间不要太久,除特意被招待外,一般在吃饭前要离去。在日常交往中,日本人常用谦辞,如"请多关照""照顾不周"等。"不给别人添麻烦"是日本人的生活准则。此外,日本人的姓氏大多数由四个字组成,一般子承父姓,妻从夫姓。

日本人在送礼物方面也有很多习俗,如收到礼物时要表示感谢,但要等对方再三坚持送,才用双手接礼物。日本人喜欢接礼物,礼物最好用柔和色彩的纸包装,礼物成双被认为是好兆头,所以配套成对的钢笔和铅笔之类的礼物比较受欢迎。他们也重视仪容仪表,在公开场合,常穿西装套服,最爱的服装是和服。

2. 禁忌

在颜色方面,日本人喜欢红色(吉祥之色)和黄色(阳光之色),忌讳绿色(不祥之色)和紫色(悲伤之色)。

日本人忌讳数字"4"（日文发音与"死"同音）、"42"（日文发音是死的动词形）、"9"（与"苦"同音）、"6"、"13"。

在图案、花卉方面，日本人喜欢樱花、仙鹤和松竹梅图案，忌讳荷花图案（佛教中荷花常出现于丧事中），讨厌狐狸、獾、金眼猫图案。菊花图案是日本皇室御用的，一般人不能使用。探望病人不宜用淡黄色和白色的花，如山茶花、仙客来等。

不能送易破碎的物品作为日本人的新婚礼物，忌送梳子、手绢、夕阳风景画作为礼物。到日本人家中做客，吃饭忌吃一碗，象征无缘；用餐忌整理衣服和头发；忌将筷子垂直插在米饭中。与日本人合影，不宜三人合影。对残疾人忌说"残疾"等词语，应称之为"身体障碍者"。

二、饮食习俗

日本料理作为世界著名的美食之一，其口味突出的特点是"淡"，注重保持食材的原味，制作虽然简单，但注重色、味、形和器皿的搭配。日本美食常以鱼、虾、贝类等海鲜品为烹食主料，寿司、天妇罗、大阪烧、神户牛肉料理、河豚料理等都非常著名。日本人以米饭为主食，鱼和蔬菜为副食，配以酱菜、酱汤。日本人喜食鱼虾和海藻类植物等水产品，"生鱼片"是日本独有的生食菜肴。便当和寿司是日本最常见的食物。日本人一般喜欢喝清酒，又称为"日本酒"。日本人也喜欢饮茶，茶叶分为煎茶、抹茶和曲茶三种，都与中国的绿茶类似。日本人一般不吃肥猪肉，忌讳吃猪内脏，不喜欢油腻食品。

三、旅游商品

日本有很多商品备受旅游者青睐，如电器系列中佳能、索尼、卡西欧、松下、虎牌等品牌的相关产品。日系品牌的护肤产品以质优价廉而出名，主要品牌有 SK-Ⅱ、狮王、花王、DHC、资生堂等。日本的甜点有明治（MEIJI）巧克力或 MARYS 巧克力、白色恋人巧克力饼干等。日本还有纪念品日本娃娃，蒙奇奇和凯蒂（Kitty）。工艺纪念品有小樽音乐盒、西阵织、漆器、陶器、折扇等。

日本的购物街主要集中在东京、大阪、京都、名古屋等地，其中著名的有东京银座、新宿、涩谷，大阪的心斋桥等。

四、节庆活动

日本是一个历史悠久、民俗独特的国度，主要的法定节日有建国纪念日（2 月 11日）、宪法纪念日（5 月 3 日）、天皇诞生日等。日本还有很多民间节日：樱花节（3 月 15日—4 月 15 日），女孩节或偶人节（3 月 3 日），男孩节或端午节（5 月 5 日），七夕或乞巧节（农历七月初七），盂兰盆节（关东为 7 月，关西为 8 月），赏月节（农历八月十五日），七·五·三节（11 月 15 日，3 岁和 5 岁的男孩、3 岁和 7 岁的女孩穿上鲜艳的和服去参拜神社,祈求身体健康,发育顺利）。近些年对游客最有吸引力的节日是樱花节和夏日祭。此外,还有很多因独具特色而著名的节日,如夏日祭、阿波舞节等。

1. 樱花节

每年2—4月是日本樱花盛开的时节,日本由于气候纬度的差异,樱花开放是自南至北依次盛开,最早是冲绳岛,而最迟的是北海道,樱花开放到凋谢的一般时间是7~10日。日本当地有300多个品种的樱花,多以红、白两色为主,各个公园里都有种植,每到盛开时节,当地人喜欢在樱花树下聚会。樱花节期间,大批游客赴日旅游,仅中国就有上百万人前往。

2. 夏日祭

夏日祭是日本各地夏天节日祭典或活动的总称,时间是7月初到8月底,主要活动包括各地神社、寺庙的祭典游行,祭祀和夏日花火大会。日本的三大祭典分别是祇园祭（京都）、神田祭（东京）,以及天神祭（大阪）。祇园祭在整个7月进行,其中以月中（7月14日—17日）与7月24日这五天为高潮。最引人注目的是叫"山锋"的传统花车巡游及叫"花伞"的千人艺妓巡游。神田祭是每年举行一次,但是在阳历奇数年的5月15日那周的周末举行的是主要的大祭会,而在阳历偶数年举行的庆祝活动则规模较小。除了这些庆典之外,日本各地在7月、8月均会举行花火大会,各地举办日期不同。

3. 阿波舞节

阿波舞又称阿波踊,"阿波"是德岛的前名,是日本关西地区德岛县最大的节庆活动,有400年的历史,每年8月12日—15日举行。阿波舞节与里约热内卢的狂欢节并列为热情奔放的世界性舞蹈,每年都会吸引100万以上的观众。阿波舞通常由数十人组成连,以连为单位在街上跳舞,通常由男女分别组成小集团在前方踏着两拍子的节奏跳舞,伴奏的人在后方跟随。

任务练习

一、情景模拟

出境说明会应该介绍哪些内容？将学生分为几个组,分别准备出境说明会的PPT和讲稿,模拟某旅行社的领队,向参加该旅行社日本旅行团的游客召开出境说明会。

二、知识检测

单选题

1.关于日本气候的叙述中不正确的是（   ）。

A.日本的气候以温带和亚热带季风气候为主

B.四季分明,终年温和干燥

C.6月多梅雨,夏秋季多台风

D.南北温差大

2.关于日本习俗和禁忌叙述中不正确的是(　　)。

A.初次见面要脱帽鞠躬,互致问候,交换名片,很少握手

B.与日本人合影,可以三人合影

C.忌讳数字"4""42""9",忌讳绿色和紫色

D.喜欢樱花、仙鹤和松竹梅图案,忌讳荷花、狐狸、獾等图案

3.下列图案中,(　　)属于日本皇室御用,一般平民不能使用。

　　A.荷花　　　　　　B.仙客来　　　　　　C.菊花　　　　　　D.山茶花

4.日本人送礼有很多讲究,下列礼物中可以送的是(　　)。

　　A.梳子　　　　　　　　　　　B.手绢

　　C.夕阳风景画　　　　　　　　D.配套成对的钢笔

5.日本时差比中国(　　)。

　　A.快1个小时　　　　　　　　B.快2个小时

　　C.慢1个小时　　　　　　　　D.慢2个小时

6.关于日本饮食特点的叙述中不正确的是(　　)。

A.日本人以米饭为主食,鱼和蔬菜为副食,配以酱菜、酱汤

B.日本人喜食鱼虾和海藻类植物等水产品,"生鱼片"是日本独有的生食菜肴

C.日本人一般喜欢喝清酒,也喜欢饮茶,茶叶分为煎茶、抹茶和曲茶三种

D.日本人爱吃肥猪肉、猪内脏

7.(　　)与里约热内卢的狂欢节并列为热情奔放的世界性舞蹈。

　　A.祇园祭(京都)　　B.神田祭(东京)　　C.天神祭(大阪)　　D.阿波舞节(德岛)

子任务二　感知日本

任务描述

　　模拟日本的地陪人员,在机场接机并向中国游客致欢迎词,送客人回酒店途中向中国游客介绍日本的基本国情,进一步了解日本的地理、历史、民族与宗教、国旗国徽、行政区划、政治与经济、文学艺术等知识。

任务内容

一、地理环境

日本位于亚洲东部、太平洋西侧,是从东北向西南延伸的岛国,由北海道、本州、四国和九州4个大岛及其他6 800多个小岛屿组成。日本的陆地面积约为37.8万平方千米。日本西临日本海、东海,北接鄂霍次克海,与中国、朝鲜、韩国、俄罗斯隔海相望。

日本是个多山的国家,山地、丘陵占全国面积的70%以上,平原面积狭小,分布零散。日本第一高峰富士山位于本州岛中部,主峰海拔3 776米,是一座山体呈圆锥形、山顶终年积雪的活火山。此外,日本位于环太平洋火山地震带上,地震、火山活动频繁。全球有1/10的火山位于日本,1/5的地震发生在日本。

二、发展简史

公元4世纪中叶,日本开始形成统一的国家,称为大和国。公元645年日本进行"大化改新",确立了以天皇为绝对君主的中央集权制国家。12世纪末,源赖朝受封征夷大将军,在镰仓建立了第一个幕府政权,日本进入"幕府时代"。1868年日本进行了"明治维新",日本进入近代资本主义社会,逐步走上侵略扩张道路。1894年,日本发动甲午战争;1910年日本吞并朝鲜;1914年日本参与了第一次世界大战,夺取了德国在中国的特权;1931年日本制造九·一八事变,侵占中国东北地区;1937年日本发动卢沟桥事变,开始了全面侵华战争;1945年8月15日日本宣布无条件投降,成为第二次世界大战的战败国。战后初期,美军单独占领日本,1947年日本颁布实施新宪法,由天皇制国家变为以天皇为国家象征的议会内阁制国家。20世纪60年代末,日本跃入世界强国之列。

三、民族、宗教

日本人口约为1.265亿(截至2018年4月),是世界人口密度较大的国家之一。主要民族为大和族,北海道地区约有1.6万阿伊努族人,通用日语。主要宗教为神道教和佛教。

四、国旗、国徽

日本的国旗是"日之丸旗"或"日章旗",俗称太阳旗。国旗呈长方形,长与宽之比为3:2,旗面为白色,正中有一轮红日。白色象征神圣、和平、纯洁及正义,红色则象征真挚、热忱、活力和博爱。

日本的国徽是日本皇室的家徽"十六瓣八重表菊纹",日本法律并没有确立正式的国徽,习惯上菊花纹章被作为日本代表性的国家徽章。

日本的国花是樱花,国树是杉树,国石是水晶,国鸟是绿雉。

五、行政区划

日本行政区划分为都、道、府、县制,全国共分 1 都(东京都)、1 道(北海道)、2 府(大阪府、京都府)、43 个县,下设市、町、村。

六、政治、经济

日本实行君主立宪制(议会内阁制)的政体,实行立法、司法、行政三权分立。天皇为国家象征,无权参与国政。国会是最高权力和唯一立法机关,分众、参两院。内阁为最高行政机关,对国会负责,首相(亦称内阁总理大臣)由国会选举产生,天皇任命。

日本虽然国土狭小、资源贫乏,但经济发达,是高度发达的资本主义国家。日本经济的特点是加工贸易型经济,制造业高度发达,渔业也发达,服务业占国内生产总值比重大。电子、汽车、钢材、船舶、家用电器等主要工业产品产量多居世界前列。农业现代化程度高,但农业在国民经济中的比重很小。

七、文学艺术

日本的
文学艺术

日本独特的地理条件和悠久的历史孕育了别具一格的日本文化,和服、相扑和歌舞伎充分反映了日本的民族文化。日本独特的文学形式有"和歌""俳句""川柳"等。著名作家川端康成和大江健三郎都曾获得诺贝尔文学奖,其中川端康成的代表作《雪国》《古都》《千羽鹤》被改编成了电影电视作品。著名的漫画家藤子·F·不二雄代表作有《哆啦 A 梦》,宫崎骏代表作有《千与千寻》《龙猫》《天空之城》等。

日本的艺术形式丰富多彩,绘画方面有"大和绘""浮世绘";传统舞台艺术有"能乐""歌舞伎""文乐"等;日本著名的民间传统文化遗产——茶道、花道、书道,被称为"三道"。此外,日本有许多传统的体育运动,如相扑、柔道、剑道、空手道、合气道等,其中,相扑被称作日本的"国技"。

日本还有一种特殊的表演艺术职业艺伎。艺伎产生于 17 世纪的东京和大阪等地。在艺伎业从艺的女伎大多美艳,服饰华丽,尤擅歌舞,主业是给客人斟茶倒酒,陪客人聊天,并进行舞蹈、乐器等才艺表演,而不是卖弄色情。艺伎和富士山、金阁寺并列为日本的三大典型印象。

任务练习

一、情景模拟

请你模拟日本的地陪人员,在机场接机向中国游客致欢迎辞,送客人回酒店途中向中国游客介绍日本的基本国情以及后面的行程安排。

二、知识检测

(一)单选题

1. 关于日本地理环境的叙述中不正确的是(　　)。

A. 日本是位于亚洲东部、太平洋西侧的岛国

B. 日本位于环太平洋地震火山带上,多火山、多地震

C. 领土从北到南依次是北海道、本州、九州、四国 4 个大岛

D. 日本是个多山的国家,山地、丘陵占全国面积的 70% 以上

2. 关于日本民族、宗教等叙述中不正确的是(　　)。

A. 日本是单一的民族国家,最主要的民族是大和族

B. 日本唯一的少数民族是生活在四国的阿伊努族

C. 日本的国教或本土宗教是神道教,祭祀场所是神社

D. 佛教从中国经朝鲜传入日本后,成为和神道教并驾齐驱的两大宗教之一

3. 1868 年日本实行(　　),标志着日本进入资本主义时代。

A. 大化改新　　　　　　　　　B. 大和国建立

C. 明治维新　　　　　　　　　D. 君主立宪制

4. 日本制造业高度发达,有很多工业产品产量居世界前列,(　　)除外。

A. 电子、汽车　　　　　　　　B. 汽车、钢材

C. 钢材、船舶　　　　　　　　C. 皮鞋、家用电器

5. 下列作品中,《千与千寻》是(　　)的代表作。

A. 川端康成　　　　　　　　　B. 大江健三郎

C. 藤子·F·不二雄　　　　　　D. 宫崎骏

6. 日本的"三道"不包括(　　)。

A. 茶道　　　　B. 花道　　　　C. 书道　　　　D. 柔道

（二）填表题

人口		国花		主要宗教	
民族		国树		首都	
语言		国旗		与北京时差	
货币					

子任务三　认识日本

任务描述

模拟日本的地陪人员,在参观游览的过程中向中国游客提供景点讲解服务,从而对日本主要的旅游城市和著名景点、日本的出入境旅游市场深入了解。

任务内容

一、旅游城市和著名景点

（一）东京

东京,原名江户,位于日本本州岛东南部,关东平原的东端,是日本的首都和最大城市,日本的政治、经济、文化及交通中心,世界性的大都会。东京的银座、新宿、浅草等为繁华的商业区。古江户城现为天皇居住的皇宫城。金碧辉煌的赤坂离宫现为国宾馆。上野公园是东京乃至日本全国有名的樱花观赏地。东京迪士尼乐园是世界上第三个迪士尼乐园。东京有 100 多个博物馆,最大的是东京国立博物馆。东京的著名景点有东京铁塔、日本皇居、东京国会议事堂、浅草寺、银座、上野公园、东京迪士尼乐园等。

1. 东京铁塔

东京铁塔位于东京都港区芝公园西侧,是以法国巴黎的埃菲尔铁塔为模板而建的红白色铁塔,1958 年 10 月竣工,高 333 米,比埃菲尔铁塔高出 8.6 米,有瞭望台、水族馆、蜡人馆、商场等。东京铁塔曾是东京的最高点,直到 2012 年东京天空树(634 米)建成而屈居第二,其正式名称是日本电波塔,是现代化东京的象征。

2. 日本皇居

日本皇居位于东京市中心区,是天皇的起居之地,公元 1590 年由德川幕府的第一

日本旅游宣传片

代将军德川家康修建,占地约2.3万平方米,建筑特色为绿色的瓦顶、白色的墙壁和茶褐色的铜柱。正殿是整个宫殿的中心,皇室的主要活动和外交礼仪都在正殿的"松之阁"举行。皇居大部分地方不对公众开放,只有东面的皇居东御苑可供参观。皇居内部每年开放两次,分别在天皇诞生日及新年(1月2日)。

3. 浅草寺

浅草寺位于东京台东区,创建于628年,是东京最古老的寺院,是江户初期神社建筑的代表作。江户初期,德川家康重建浅草寺,将之扩建成了一个大寺院。该寺院的正门叫"雷门",门内有长约140米的铺石参拜神道通向供奉观音像的正殿。寺的西南角有一座五重塔,仅次于京都东寺的五重塔,为日本第二高塔。寺的东北角有浅草神社。浅草寺一年四季都会举行大型传统庆祝活动。

4. 银座

银座位于东京中央区的西部,是日本最著名的商业街区,分为银座一丁目到八丁目八个街区。主要有三越百货、和光百货、优衣库、爱马仕、古驰、香奈儿等品牌专卖店,还有一些高端餐饮店等。

(二)京都

京都府位于本州岛的中部,邻近琵琶湖,仿唐代长安城建造,公元794—1868年曾作为日本国都达1 000多年之久,故有"千年古都"之称。京都是日本的佛教中心和神道教圣地,有佛寺1 500多座,神社200多座,210处(件)古文物并定为国宝,被誉为日本人的文化摇篮。这里集中了日本最丰富的文化遗产,著名景点有旧皇宫(始建于1100多年前)、清水寺、桂离宫、金阁寺、平安神宫、京都御苑(千年皇宫)、二条城等。为了吸引游客,京都每年都要举行各种祭祀活动,最有名的是"京都三祭":葵祭、祇园祭、时代祭。

1. 金阁寺

金阁寺又名鹿苑寺,位于京都府京都市北区,是足利义满将军于1397年建造的经典名园,矗立在镜湖池畔,有三层楼阁,寺顶上有一只飞舞的金凤凰,因二、三层的外墙全部贴满了金箔而得名。金阁寺被日本政府指定为国宝,1994年被联合国教科文组织指定为世界文化遗产。金阁寺与富士山、艺伎并列为日本三大典型印象。

2. 清水寺

清水寺位于京都东部音羽山,始建于公元778年,是京都最古老的寺庙,曾多次遭大火焚毁,现存所见为公元1633年重建,1994年入选世界文化遗产名录。寺内有近30栋木结构建筑物,有正殿、钟楼、三重塔、经堂等。其中正殿供奉着十一面千手观音立像。本堂前悬空的清水舞台是日本国宝级文物。春、秋季这里分别是京都著名的赏樱、赏枫胜地。

3. 京都御苑

京都御苑在鸭川对岸西面,是日本平安时代的政治行政中心所在地。从公元781

年奈良迁都至明治维新的 1 074 年中,它一直是历代天皇的住所,后又成了天皇的行宫。京都皇宫最初是作为天皇的第二宫殿而建成的,1331—1868 年,这里主要用作居住,随着幕府的没落和明治天皇重掌朝政,新的皇宫移至东京。京都御苑多次被毁,现存的建筑是 1855 年修建的。正殿和紫宸殿曾举行过大正、昭和的继位大典。

4. 桂离宫

桂离宫位于京都市的西京区,是日本著名的赏月胜地,1620—1624 年,智仁亲王在此兴建别墅。1645 年其子智忠亲王再次进行整修,主要建筑有书院、松琴亭、笑意轩、园林堂等,是日本建筑和庭园结合的代表作,堪称日本建筑的精华,有"京都第一名胜"之称。

5. 岚山

岚山位于京都西北,是世界著名的风景游览区。岚山四季景色各异,尤以春天樱花和秋天红叶景色驰名。1914 年 4 月 5 日,周恩来曾游览此处,并写下《雨中岚山——日本京都》一诗。1980 年,日本友人在岚山脚下的龟山公园建了周恩来诗碑,以纪念周总理为增进中日友谊所做的杰出贡献。

(三)奈良

奈良县古称大和,又称平城,距大阪约 10 千米,位于本州岛的中西部,是日本的三大古都之一,是日本的佛教中心、文化发祥地、日本历史的摇篮,日本人称奈良为"精神故乡"。1950 年奈良被指定为国际文化观光城市。奈良有平城宫遗址、皇城、唐招提寺、东大寺、兴福寺、法隆寺等名胜古迹,还有被誉为日本最大的赏樱胜地的吉野山、奈良公园等著名景点。

1. 唐招提寺

唐招提寺位于奈良市西京五条,是日本佛教律宗总本山,由中国唐朝高僧鉴真于759 年主持建成,收藏有 1200 年前鉴真从中国带去的经卷。寺庙中有金堂、讲堂、经藏、宝藏以及礼堂、鼓楼等建筑物。寺内开山堂供奉的鉴真坐像,系仿其圆寂前影形塑造。唐招提寺的建筑和众多的佛像等被定为日本国宝,每年只开放 3 天供民众和游客瞻仰。

2. 东大寺

东大寺位于奈良公园内,平城京(奈良旧称)的东部,故名东大寺,建于 7 世纪中叶,是日本佛教华严宗总寺院。其大佛殿高 51 米,相当于 15 层建筑物的高度,是目前世界上现存最高大的木结构佛寺建筑。寺内有一座世界上第二大金铜佛像——奈良大佛,仅次于中国西藏扎什伦布寺大铜佛,是日本的国宝。中国唐代高僧鉴真曾在此设坛授戒。1998 年东大寺被列入世界文化遗产名录。

3. 吉野山樱花

日本奈良县吉野山以樱花而闻名,有日本第一的美誉,春天时粉红色的樱花开满山野,被称为"吉野千本樱"。每年的 4 月份,樱花按"山麓千棵""山腰千棵""山上千棵""山里千棵"的顺序依次盛开,场面壮观。

(四)大阪

大阪府位于日本本州岛的西部,北靠京都,东接奈良,西临大阪湾,是仅次于东京的第二大城市,是日本重要的工商业城市和水路交通中心。自古以来就是古都奈良和京都的门户,历史上曾有几代天皇在此建都。著名景点有大阪公园、天守阁(大阪的标志性历史建筑)、大阪海洋馆、环球影城、心斋桥、道顿崛美食街等。

(五)名古屋

名古屋位于日本本州岛的中西部,濒临伊势湾,介于东京和京都之间,故有"中京"之称,是日本的第四大城市,是日本中部地区的教育、交通、工业和商业中心,也是日本的历史古都,日本历史上著名的战国三杰皆出生于该区域。名古屋著名的旅游景点有名古屋城、热田神宫等。

(六)北海道

北海道是日本唯一以"道"命名的行政区划,也是最北的一级行政区,日本除了本州以外最大的岛。札幌是北海道的行政中心及最大城市。北海道地域辽阔,南部和中部经济比较发达,东北地区则保持着原始的自然风光。北海道对自然环境进行了完善的保护和管理,一年四季景色优美。北海道包括北海道道厅所在地札幌、电影《情书》的拍摄地小樽、温泉资源非常丰富的火山湖洞爷湖、知名度最高的温泉疗养胜地登别、以夜景而闻名的"坂道之城"函馆、以动物园而为人熟知的旭川,还有薰衣草飘香的富良野与美瑛。此外,北海道的雪景也非常出名,因此冬天是游览北海道的较佳季节,有滑雪等诸多游乐项目,每年 2 月上旬还有雪祭盛会,各国冰雕作品云集于此。

(七)富士山

富士山位于本州岛的中南部,东距东京约为 80 千米,海拔为 3 776 米,是日本的最高峰。山体呈圆锥形,山顶终年积雪,富士山被日本人称作"圣岳",是日本的象征。

富士山的北麓有著名风景区——富士五湖,系火山熔岩堵塞而成。河口湖中所映的是富士山倒影,被称作富士山奇景之一。每当到了湖畔樱花盛开的季节,这里的景色就十分秀美。

(八)箱根、别府温泉

箱根和别府是日本首屈一指的温泉旅游观光城市。

箱根位于神奈川县西南部,距东京约为 90 千米,相模湾西岸的热海箱根是日本最大的温泉群——著名的温泉疗养地。它与富士山、日光齐名,是日本最有代表性的国际知名的三大观光胜地之一。

别府温泉位于日本的九州岛,隶属于大分县,是一个山海环绕的温泉圣地。别府最大的特点是,拥有世界上罕见的丰富温泉资源(世界上温泉共有 11 种,别府就有 10 种之多),是世界上温泉种类最集中的地区。其泉水涌出量仅次于美国黄石国家公园,居世界第二位。

二、出入境旅游市场

旅游业是目前日本经济增长的主要支柱,2018 年,访日外国游客人数达到 3 119 万人次,比 2017 年增长了 8.7%。从客源地来看,中国内地、韩国、中国台湾和中国香港位列访日游客数量的前 4 位。2017 年有 838 万人次中国内地游客赴日旅游,同比增长 14%,人均消费额为 22.36 万日元(约合人民币 1.38 万元)。

2018 年日本人出境人数约为 1 895 万人次,比 2017 年增加了约 106 万人次,连续增长 3 年并创新高。

知识拓展

相扑

日本的相扑文化来源于日本神道的宗教仪式。在奈良和平安时期,相扑是一种宫廷观赏运动,而到了镰仓战国时期,相扑成为武士训练的一部分。18 世纪日本兴起了职业相扑运动,它与相扑比赛极为相似。神道仪式强调相扑运动,比赛前的踩脚仪式(四顾)的目的是将场地中的恶鬼驱走,同时还起到放松肌肉的作用。场地上还要撒盐以达到净化的目的。相扑手一旦达到了横纲级别,可以说他已站在日本相扑界的顶点,将拥有终身至高无上的荣耀。

任务练习

一、情景模拟

请你模拟日本的地陪人员,在参观游览的过程中向中国游客提供景点讲解服务,并穿插介绍当地的美食和特产。

二、知识检测

（一）多选题（每题有 2~4 个正确答案）

1. 日本东京的著名景点有（　　）。
   A. 浅草寺、上野公园　　　　　　B. 银座、迪士尼乐园
   C. 东京铁塔、日本皇居　　　　　D. 环球影城、清水寺

2. 关于日本京都的叙述中正确的是（　　）。
   A. 京都仿唐代长安建造，曾作为日本国都达千年之久，有"千年古都"之称
   B. 位于京都的金阁寺与富士山、艺伎并列为日本三大典型印象
   C. 京都的桂离宫是日本建筑和庭园结合的代表作，堪称日本建筑的精华，有"京都第一名胜"之称
   D. 京都岚山以春天樱花和秋天红叶景色驰名，山脚下的龟山公园建了周恩来诗碑，纪念周恩来雨中登岚山之事

3. 关于日本奈良的叙述中正确的是（　　）。
   A. 奈良是日本的三大古都之一，是日本的佛教中心、文化发祥地、日本历史的摇篮，日本人称奈良为"精神故乡"
   B. 奈良有日本最大的赏樱胜地——吉野山公园和奈良公园等著名景点
   C. 奈良的唐招提寺是日本佛教律宗总本山，由中国唐朝高僧鉴真主持建成
   D. 奈良的东大寺是世界现存最高大的木结构佛寺建筑，寺内有一座世界上第二大金铜佛像——奈良大佛

（二）判断题（正确的打"√"，错误的打"×"）

1. 大阪是日本第二大城市、重要的工商业城市和水路交通中心，大阪城公园的天守阁是其标志性历史建筑。（　　）

2. 富士山位于本州岛的中南部，海拔为 3 776 米，是日本的最高峰，被日本人称作"圣岳"，是日本的象征。（　　）

3. 京都每年都要举行各种祭祀活动，最有名的是"京都三祭"：葵祭、祇园祭、时代祭。（　　）

4. 北海道是日本唯一的道，也是最北的一级行政区，除本州以外最大的岛，札幌是北海道的行政中心及最大城市。（　　）

任务二 ● 韩国

子任务一　了解韩国

任务描述

模拟旅行社的前台销售人员向咨询的客人介绍韩国的基本国情、去韩国旅行的基本常识以及当地的习俗和禁忌。

任务内容

一、基本国情

(一)地理环境

韩国的
地理环境

韩国位于亚洲东北部,朝鲜半岛的南部,东濒日本海,西临黄海,北部隔"三八线"与朝鲜接壤,西与中国隔黄海、东南隔朝鲜海峡与日本相望。

韩国国土面积约为 9.9 万平方千米,地势北高南低,东高西低,其中三分之二是山地和丘陵,平原主要分布于南部和西部,海岸线较长,海岛众多,其中最大的岛屿是济州岛,岛中央的汉拿山海拔为 1 950 米,是其最高峰。

(二)发展简史

公元前约 2333 年,檀君王俭建立古朝鲜。公元前 100 年左右形成百济、高勾丽、新罗三国鼎立的局面。公元 676 年,新罗统一了三国。公元 918—1392 年进入高丽时代。14 世纪末李氏王朝取代高丽,定国号为朝鲜。1897 年李氏王朝结束,改国号为"大韩帝国"。1910—1945 年,朝鲜半岛沦为日本的殖民地。第二次世界大战结束时,美苏两国以北纬 38 度线为界分别进驻半岛南部和北部。1948 年 8 月 15 日,南部宣布成立大韩民国;同年 9 月 19 日,北部宣布成立朝鲜民主主义人民共和国。

(三)民族、宗教

韩国人口约为 5 100 万(截至 2019 年 5 月)。韩国为单一民族朝鲜族(韩国称之为

韩族)。通用韩语,50%左右的人口信奉宗教,居民多信奉基督新教、佛教、天主教等。

(四)国旗、国徽

韩国国旗为太极旗,横竖比例为3∶2。白底,中间为太极两仪,四角为黑色四卦。白底代表土地,象征韩国人民的纯洁及对和平的热爱。太极上红下蓝,分别代表阳和阴,象征宇宙。四卦,左上角为"乾"卦,右下角为"坤"卦,右上角为"坎"卦,左下角为"离"卦。四卦分别代表天、地、水、火。

国徽是圆形,五瓣的木槿花中间有阴阳图案,最外圈的绶带上用韩文写着"大韩民国"。

国花为无穷花(木槿花)。国树为松树。国兽为虎。国鸟为喜鹊。

(五)行政区划

韩国全国划分为1个特别市:首尔特别市;2个特别自治市(道):世宗特别自治市、济州特别自治道;8个道:京畿道、江原道、忠清北道、忠清南道、全罗北道、全罗南道、庆尚北道、庆尚南道;6个广域市:釜山、大邱、仁川、光州、大田、蔚山。

(六)政治、经济

韩国是议会民主制国家,立法、行政、司法三权分立。总统享有作为国家元首、政府首脑和武装力量总司令的权力,任期五年,不得连任。立法权属于一院制的国会。司法权属于由法官组成的法院。

韩国本土资源匮乏,以外向型的经济为主,工业实力和规模接近发达国家水平。产业以制造业和服务业为主,造船、汽车、电子、钢铁、纺织等产业产量均进入世界前10名,是世界上最大的船舶、电子、半导体和汽车制造国之一。大企业集团在韩国经济中占有十分重要的地位,目前主要大企业集团有三星、现代汽车、SK、LG等。

(七)文学、艺术

由于历史原因,现代文学在韩国起步较晚,但韩国也不乏一些著名的文学作品和作家。申京淑的《妈妈,你在哪里》被翻译成34个国家的语言,曾经创造当代韩国文学神话。还有崔仁浩的《商道》《蔚蓝的深夜》,崔仁勋的《广场》,李箱的《翅膀》(诗集)《鸟瞰图》(诗集)①,河瑾灿的《受难二代》等。

韩国在艺术方面有其自身的特色,韩国人素以喜爱音乐和舞蹈著称,尤以音乐、舞蹈和戏剧较为突出。韩国现代音乐分为民族音乐和西洋音乐两种。民族音乐又分为雅乐和民俗乐两种。乐器常用玄琴、花冠、鼓。韩国音乐的代表作品有《乱打》《B-boy》等。

---

① 李箱被称为韩国文学鬼才。

韩国的舞蹈有传统的宫廷舞、民俗舞等形式,扇子舞是最能代表韩族舞蹈风格的优美舞式,最著名的是太鼓舞和杖鼓舞。

韩国的戏剧起源于史前时期的宗教仪式,主要包括假面具、木偶剧、曲艺、唱剧、话剧5类。其中假面具又称"假面舞",是韩国文化象征,在韩国的传统戏剧中占有极为重要的地位。

二、出行须知

(一)基本常识

1. 气候

韩国北部属温带季风气候,南部是亚热带季风气候,有海洋性特征。冬季漫长寒冷,夏季炎热潮湿,春秋两季时间较短。年均气温为13~14 ℃。

2. 货币

韩国的货币是韩元(KRW)。汇率:1 韩元 = 0.005 904 人民币,1 人民币 = 169.390 7 韩元(2019 年 8 月 30 日)。

3. 时差

韩国位于东九区,比中国北京时间早 1 个小时。

(二)习俗和禁忌

1. 习俗

韩国人十分注重礼节,特别重视地位、辈分、老幼、男女之别,上下级之间、长幼之间、同辈之间的用语有严格区别,称呼他人时常用敬语或尊称。上下班时必须互敬问候,熟人之间见面与分手时一般行鞠躬礼。正式场合一般先鞠躬、后握手。女性一般不与人握手。韩族人受儒家文化影响较深,尊重长者、孝顺父母、尊重老师是全社会的风尚。在韩国,对师长或有身份的人,递接物品要用双手,并躬身;车上要给长者让座;扶长者上楼梯;用餐要请长辈先吃;要获得长辈同意才能在长辈面前抽烟。韩国重男轻女现象比较普遍。出门、上车要让男子先行;讲话致辞一般以"先生们、女士们"开头;在宴会等社交场合,男女分开活动。

2. 禁忌

韩国人最忌讳的数字是"4",许多楼房、医院、军队绝不用"4"编号。让别人过来时手心要向下,不能伸手指指人。

韩国人上门拜访必须预先约定,并带礼品。酒是送给韩国男性最好的礼品,但不宜送给女性,也不能送外国香烟给韩国男性。给女性可以送鲜花或小礼品,礼品不能当场打开,递接物品均用双手。进入韩国人的住宅或韩式饭店要脱鞋。用餐时宾主都要盘腿席地而坐,不能将腿伸直,更不能叉开。韩国人家里如有客临门,会以好酒好菜招待,客人尽量要多吃多喝。在韩国,以汤匙吃饭,夹菜才用筷子,捧着饭碗吃饭是不礼貌的。与韩国人交谈时应回避其国内政治、男主人妻子等话题。

任务练习

一、情景模拟

请模拟旅行社的前台销售人员向咨询的客人介绍韩国的基本国情、去韩国旅行的基本常识与当地的习俗和禁忌。

二、知识检测

(一)单选题

1. 关于韩国地理环境的叙述中不正确的是(　　)。

　A. 韩国位于朝鲜半岛的南部,北与朝鲜接壤,南隔朝鲜海峡与日本相望

　B. 韩国最大的岛屿是济州岛,位于岛中央的汉拿山是韩国第一高峰

　C. 韩国东临日本海,西临黄海

　D. 韩国西部与中国辽宁省隔海相望

2. 1897 年(　　)结束,改国号为"大韩帝国",这就是"韩"的来历。

　A. 高丽王朝　　　　　　　　　B. 李氏(朝鲜)王朝

　C. 高句丽王朝　　　　　　　　D. 新罗王朝

3. 韩国国旗俗称太极旗,中间为太极两仪,四角分别为乾、坤、坎、离四卦,卦源自中国的(　　)。

　A.《道德经》　　　　　　　　　B.《论语》

　C.《孟子》　　　　　　　　　　D.《庄子》

4. 关于韩国的经济,下列叙述中不正确的是(　　)。

　A. 韩国以发展外向型经济为主

　B. 韩国大的企业集团有三星、现代汽车、SK、LG 等

　C. 汽车、造船、电子、钢铁、纺织等产业处于世界领先地位

　D. 韩国矿产资源丰富,不需要大量进口工业原料

5. 关于韩国艺术特点的叙述中不正确的是(　　)。

　A. 韩国音乐常用玄琴、花冠、鼓等乐器,代表作有《乱打》《B-boy》

　B. 扇子舞最能代表朝鲜民族舞蹈风格,最著名的是太鼓舞和杖鼓舞

　C. 假面具又称"假面舞",是韩国文化象征,在韩国的传统戏剧中占有极为重要

的地位

　　D. 韩国人素以喜爱音乐和舞蹈著称，以音乐、舞蹈和电影较为突出

6. 关于韩国习俗和禁忌的叙述中不正确的是(　　)。

　　A. 韩国人最忌讳数字"4"

　　B. 韩国人上门拜访常带小礼物，酒是送给韩国男性最好的礼品

　　C. 韩国受中国儒家文化影响很深，尊重长者、孝顺父母、重男轻女

　　D. 韩国人讲话致辞一般以"女士们、先生们"开头

（二）填表题

人口		国花		国旗	
民族		政体		首都	
语言		货币		与北京时差	

子任务二　认识韩国

任务描述

　　模拟韩国的地陪人员，在参观游览的过程中向中国游客提供讲解服务，从而对韩国主要的旅游城市和著名景点、饮食习俗、旅游商品、节庆活动以及出入境旅游市场能深入地了解。

任务内容

一、旅游城市和著名景点

（一）首尔

　　首尔正式的名称为首尔特别市，位于韩国西北部的汉江流域，朝鲜半岛的中部，是韩国的首都和政治、经济、文化和教育中心，也是韩国最大的城市。1392年朝鲜王朝建都于此，后来历代王朝也在此修建了许多宫殿，享有"皇宫之城"的美誉。主要景点有景福宫、昌德宫、崇礼门、青瓦台、文庙、首尔塔等。

1. 景福宫

景福宫位于首尔市中心,是1394年李氏王朝的建立者李成桂所建,因《诗经》中"君子万年,介尔景福"的诗句得名,是朝鲜王朝的正宫,为首尔规模最大、最古老的宫殿之一,经历多次破坏和修缮。该宫殿占地57.75万平方米,由330栋建筑组成,勤政殿是中心建筑,是李氏王朝历代国王在此处理国事的场所。宫苑内还建有一座10层高的敬天夺石塔,造型典雅,是韩国国宝之一。

2. 昌德宫

昌德宫位于首尔市院西洞,是朝鲜王朝时期五大宫之一,也是李氏王朝王宫中保存最完整的一座宫殿。公元1405年,李氏王朝第三代国王在此建立离宫,后被烧毁,1613年重建。现存建筑13座60余间,包括敦化门、仁政殿、大造殿、后苑等。整个昌德宫占地面积40.5万平方米,其中后苑占地达30万平方米。昌德宫原本是朝鲜国王的离宫,朝鲜王朝后期取代了景福宫长期作为正宫使用。昌德宫的殿阁完全按照自然地形设计而成,是朝鲜王宫中最具自然风貌的宫殿。1997年昌德宫入选为世界文化遗产。

3. 崇礼门

崇礼门位于韩国首都首尔市中区南大门路,也称南大门,是李氏朝鲜时期京畿道汉城府(今首尔)四座城门中规模最大的城门,始建于1398年,是韩国"一号国宝",被誉为韩国的"国门"。崇礼门是典型的朝鲜王朝建筑之一,为首尔乃至韩国的主要地标之一。崇礼门上的城楼是首尔留存历史最悠久的木结构建筑。崇礼门以平滑的巨石堆砌而成其石阶中央有一个拱形的入口,石阶上有柱子和屋顶,分上下两层。东西两边也有可以互通的门。

4. 青瓦台

青瓦台位于首尔市钟路区世宗路1号,是现在韩国总统的官邸。青瓦台在高丽王朝时期是作为离宫的,朝鲜王朝时把它作为景福宫的后园,并修建了隆武堂、庆农斋和练武场等建筑物,还有一块国王亲耕地。

(二)庆州

庆州位于韩国的东南部,属于庆尚北道的下辖市,曾作为新罗王朝都城(当时叫金城)长达900年。该地区的佛国寺、石窟庵和庆州历史区都被列入世界文化遗产名录。庆州是韩国历史文化及文物最丰富的地方,被誉为"没有围墙的文化博物馆""韩国古代文化的摇篮"。主要旅游景点包括佛国寺、石窟庵、古坟公园、瞻星台、庆州民俗工艺村、五陵等。

1. 佛国寺

佛国寺位于庆州市吐含山的山脚,是新罗时代的国寺,从751年始建直到774年完成,有近千年的历史。佛国寺是庆州地区最大、最富丽堂皇的佛教寺庙,被誉为韩国最精美的佛寺。它因为寺内的新罗建筑和许多珍贵的佛教国宝而闻名于世,被韩国政府定为"第一号历史遗迹"。佛国寺内收藏有诸多国宝级文物,其中大雄宝殿前面的多宝塔和释迦塔是最具代表性的建筑,反映出当时高超的建筑工艺。

2. 石窟庵

石窟庵位于庆州市的吐含山东侧半山腰,原为佛国寺的附属部分,于751年与佛国寺同时建造。它是一座在自然巨石凿成的石窟内造成的佛寺,分为前室和后室两部分,后室中央供奉着韩国雕刻最精美的释迦牟尼像,石像高3.48米,由大理石雕刻而成。佛像周围有各种神仙、菩萨和信徒的雕像,这些雕像惟妙惟肖,工艺细腻,堪称艺术杰作。石窟庵和佛国寺的建筑与雕刻充分展现了新罗文化的博大精深,是韩国历史文化长廊中的瑰宝。

(三)釜山

釜山位于韩国的东南部,是韩国第二大城市,也是韩国最大的天然港口,主要旅游景点有千年古刹焚鱼寺、太宗台、全国最大的海滨浴场海云台等50多处,而其中近海的影岛上有一处异常陡峭的悬崖,立于崖顶可将朝鲜海峡尽收眼底,是游人常去的景点。

(四)济州岛

济州岛是一座火山岛,位于朝鲜半岛南端、韩国西南海域,是韩国最大的岛屿,2007年被联合国教科文组织定位世界自然遗产。济州岛是韩国著名的避暑旅游胜地,有"韩国夏威夷"之称。岛中央是韩国最高峰汉拿山,海拔1 950米,是通过火山爆发形成的。济州岛不仅具有海岛独特的美丽风光(瀛洲十景),还继承了古耽罗王国的民俗文化,主要景点有龙头岩、济州民俗村、正房瀑布等。

二、饮食习俗

韩国也是使用筷子的国家,其美食以泡菜文化为特色,泡菜和大酱汤可能是韩国人一日三餐都离不开的两道菜。韩国传统名菜烤肉、泡菜等已经成了世界闻名菜肴。韩国人日常以米饭、冷面为主食,辅以各种蔬菜、肉类、鱼类。人参鸡汤是韩国人人都喜爱的食品。韩国人还爱吃冷菜、生菜,喜欢辛辣食物,红辣椒是必不可少的调味品。韩国男子爱饮酒,一般喝烧酒、清酒、啤酒。

三、旅游商品

韩国当地有不少商品备受游客青睐,如韩式首饰中最出名的紫水晶、软玉等;韩国皮革制品的原料和制造技术都优秀而且价格低廉,外套、钱夹、腰带、手提包、旅行包等皮革制品都深受人们的欢迎;韩国服装业比较发达,服装因时髦的设计和低廉的价格被游客所喜爱;还有韩国三星和LG等品牌的数码家电也很有消费市场。

韩国较为著名的购物街区有明洞、南大门市场、东大门市场等。

四、节庆活动

韩国的重要节日具体如下：春节：农历正月初一；独立纪念日：3 月 1 日；光复节：8 月 15 日，纪念从日本殖民统治下光复（1945 年）和大韩民国建国（1948 年）；中秋节：农历八月十五；开天节：10 月 3 日，传说是中古朝鲜的建国日。其中比较特殊的节庆活动是江陵端午祭。

江陵端午祭，与中国端午节一样，都是在农历五月初五举行，但与中国端午节习俗不同，其主要由舞蹈、萨满祭祀、民间艺术展等习俗构成。这一天，妇女们用菖浦洗头，荡秋千，男人摔跤，还做像车轮一样的车轮饼吃，因此端午节又称为车轮节。江陵端午祭以大关岭祭神为始拉开帷幕，活动期间将举行各种巫法和祭祀典礼，并举行跳绳、假面制作等传统游戏和体验活动，以及精彩的巫俗表演、假面舞、农乐表演等。江陵端午祭的祭祀仪式保存了完整的形式和内容，2005 年 11 月 25 日被联合国教科文组织指定为"人类口头和无形遗产"。每年端午祭期间，来自韩国和世界各地的观光者达百万人之多。

五、旅游市场

韩国旅游业较为发达。近年来，韩政府将旅游业确定为战略产业，积极鼓励和发展旅游业，通过对外宣传"韩流"文化、简化热点旅游地区入境手续、完善国内旅游市场、改善国内旅游硬件设施、提升相关服务水平等措施吸引国外游客。据韩国国家旅游发展局统计，2017 年访韩外国游客约为 1 334 万人次，2018 年访韩外国游客超过 1 534 万人次，主要客源国是中国、日本、美国、马来西亚等。2018 年韩国人出境旅游超过 2 869 万人次。

任务练习

一、情景模拟

请你模拟韩国的地陪人员，在参观游览的过程中向中国游客提供景点讲解服务，从而对韩国主要的旅游城市和著名景点、饮食习俗、旅游商品、节庆活动以及出入境旅游市场能深入了解。

二、知识检测

单选题

1. 下列关于韩国首尔景点的叙述中不正确的是(   )。
   A. 首尔的景福宫由李氏王朝的建立者李成桂所建,是朝鲜王朝的正宫,首尔规模最大、最古老的宫殿之一
   B. 崇礼门,也叫东大门,为首尔乃至韩国的主要地标之一
   C. 首尔的昌德宫是李氏王朝的王宫中保存最完整的一座宫殿,被列入世界文化遗产名录
   D. 位于首尔市的青瓦台是现在韩国总统的官邸

2. 关于庆州的叙述中不正确的是(   )。
   A. 庆州曾作为新罗王朝都城(当时叫金城)长达900年
   B. 庆州的石窟庵、佛国寺、千年古刹焚鱼寺都被列入世界文化遗产名录
   C. 庆州是韩国历史文化及文物最丰富的地方,被誉为"没有围墙的文化博物馆"
   D. 佛国寺是新罗时代的国寺,被誉为韩国最精美的佛寺

3. 下列不属于韩国当地特色美食的是(   )。
   A. 泡菜、酱汤   B. 烤肉、人参鸡汤
   C. 冷面、酱汤   D. 寿司、生鱼片

4. 韩国比较特殊的节庆活动是(   ),已被联合国教科文组织指定为"人类口头和无形遗产"。
   A. 中秋节   B. 春节
   C. 江陵端午祭   D. 重阳节

任务三 ● 泰国

子任务一　了解泰国

🔧 任务描述

　　模拟旅行社的前台销售人员向咨询的客人介绍泰国的基本国情、去泰国旅行的基本常识以及当地的习俗和禁忌。

任务内容

一、基本国情

（一）地理环境

泰国的
地理环境

泰国位于亚洲中南半岛的中南部，面积为 51.3 万平方千米，东北部与老挝相邻，东南部与柬埔寨相邻，西北与缅甸接壤，南面濒泰国湾并与马来西亚接壤，西南濒安达曼海。

泰国地势是东高西低，低缓的山地和高原较多，分为四个部分：北部山区丛林、中部平原、东北部高原，以及南部半岛和岛屿。湄南河自北向南流经泰国中部，全长 1 200 米，注入泰国湾。湄公河是东南亚最长的河流，发源于中国，在中国境内名为澜沧江，在云南出境后流经缅甸、老挝、泰国、柬埔寨，在越南南部注入南海。

（二）发展简史

公元 1238 年泰国形成较为统一的国家，先后经历了素可泰王朝、大城王朝、吞武里王朝和曼谷王朝，原名暹罗。16 世纪，葡萄牙、荷兰、英国、法国等殖民主义者先后入侵泰国。1896 年英法签订条约，规定暹罗为英属缅甸和法属印度支那间的缓冲国，暹罗成为东南亚唯一没有沦为殖民地的国家。19 世纪末，曼谷王朝拉玛五世朱拉隆公推动泰国近代化，借鉴西方经验进行社会改革。1932 年 6 月，人民党发动政变，改君主专制为君主立宪制。1939 年改国名为“泰王国”。1941 年被日本占领。1945 年日本投降后，再次改称“暹罗”。1949 年恢复国名“泰王国”。

（三）民族、宗教

泰国总人口为 6 900 万（截至 2019 年 1 月）。全国共有 30 多个民族。泰族为其主要民族，占人口总数的 40%。泰语为国语。90% 以上的民众信仰佛教，马来族信奉伊斯兰教，还有少数民众信仰基督教、天主教、印度教和锡克教。

（四）国旗、国徽

泰国国旗呈长方形，长与宽之比为 3∶2，由红、白、蓝、白、红五条横带组成，蓝带比红白带宽 1 倍。其中红色代表民族，象征各族人民的力量与献身精神。泰国以佛教为国教，白色代表宗教，象征宗教的纯洁。泰国是君主立宪制国家，国王是至高无上的，蓝色代表王室。

国徽图案是一只大鹏鸟，鸟背上蹲坐着那莱王。那莱王是传说中的守护神。国花为睡莲,国树为桂树(象征吉祥),大象被视为国兽。

(五)行政区划

全国分中部、南部、东部、北部和东北部五个地区,共有 77 个府,府下设县、区、村。曼谷是唯一的府级直辖市。

(六)政治、经济

泰国实行君主立宪制。世袭国王为国家元首和武装部队最高统帅。总理为政府首脑。国会是泰国的最高立法机构,为两院制,分上议院和下议院。

泰国是一个发展中国家,传统农业国。农产品是外汇收入的主要来源之一。泰国是世界最大天然橡胶出口国。木薯产量居世界第一位,泰国香米在世界上享有盛誉。海产品出口量也较大。泰国工业起步较晚,基础薄弱,目前主要工业部门是采矿、纺织、电子、塑料、食品加工、玩具、汽车装配、建材和石化等,旅游业保持稳定发展势头,是外汇收入的重要来源之一。1996 年泰国被列为中等收入国家。

(七)文学、艺术

泰国文化深受古代印度文化的影响。《罗摩衍那》和《摩诃婆罗多》中的神和英雄,是泰国古典戏剧中的主角。泰族的民间传说和歌曲同印度古典文学联系紧密。泰国的舞蹈被誉为世界上最具艺术性的舞蹈。泰国以优美典雅的古典舞蹈和丰富多彩的民间舞蹈著称于世。泰国舞的题材大多取自梵文神话,如中部的丰收舞,北部的长甲舞、蜡烛舞等。泰国还流行群众性集体舞。

二、出行须知

(一)基本常识

1. 气候

泰国气候属于热带季风气候,全年分为热、雨、旱三季。年平均气温为 24~30 ℃。常年温度不下 18 ℃,年平均降水量约为 1 000 毫米,6—10 月是雨季,9 月的雨量最多。

2. 货币

泰国官方货币是泰铢(货币符号:THB),汇率:1 泰铢 = 0.233 7 人民币,1 人民币 = 4.279 2 泰铢(2019 年 8 月 30 日)。

3. 时差

泰国采用东 7 区的区时,时间比中国北京时间晚 1 个小时。

（二）习俗和禁忌

1. 习俗

泰国人热情好客，喜欢微笑，被称为"微笑国度"。给客人戴花环和花串是当地的一种尊贵礼仪。泰国人问候的方式是双手合十，置于胸前，然后礼貌地点头鞠躬。双手举得越高，表示对对方越尊敬。政府官员、商人、知识分子也行握手礼，但男女间不握手。泰国男子一般在年满 20 岁前都要出家一次，时间是 3 天至 3 个月不等，这样才能获得成人资格。

2. 禁忌

皇室在泰国人民心中具有至高无上的威望，对皇室成员要表示敬意，不能讲对佛祖或王室不敬的话。在泰国，佛教是国教，对佛教建筑和僧人不可有不敬行为。参观寺院时，衣着要整齐，不可太暴露，女士要着长衣长裤，进入寺庙要脱鞋。遇见和尚应主动让路，乘车也应主动给其让座，但不可施舍现金。购买佛饰不能说"买"，必须说"求祖"。到泰国人家里做客要脱鞋，不能踩门槛，因佛教认为门槛是佛祖的肩膀。长辈在场时，为了避免高于长辈头部，晚辈须席地而坐或跪坐。

在泰国，忌讳摸他人的头部，尤其是孩子的头部；递接物品不能从别人头上经过，而且要用右手，吃饭也用右手，不洁之物用左手拿；睡觉时头不能朝西（尸体停放时头部朝西）；忌讳用红笔签名（写死人姓名用红色）；在某些农村地区，忌赞美别人家的小孩长得漂亮；泰国人忌讳褐色。

任务练习

一、情景模拟

请模拟旅行社的前台销售人员向咨询的客人介绍泰国的基本国情、去泰国旅行的基本常识与当地的习俗和禁忌。

二、知识检测

（一）单选题

1. 泰国东北部与老挝相邻，东南部与（　　）相邻。
   A. 柬埔寨　　　　　　　　　B. 中国
   C. 越南　　　　　　　　　　D. 马来西亚
2. 关于泰国国家象征的叙述中不正确的是（　　）。

A. 泰国以佛教为国教,红色代表宗教,象征宗教的纯洁

B. 泰国是君主立宪制国家,国王是至高无上的,蓝色代表王室

C. 国徽图案是一只大鹏鸟,背上蹲坐着那莱王(传说中的守护神)

D. 泰国国花是睡莲,大象被视为国兽

3. 泰国的舞蹈分为古典舞蹈和民间舞蹈,民间舞蹈不包括(　　　)。

　　A. 丰收舞　　　　　　　　　B. 长甲舞

　　C. 蜡烛舞　　　　　　　　　D. 群众性集体舞

4. 关于泰国经济的叙述中不正确的是(　　　)。

　　A. 泰国是一个发展中国家,是传统农业国

　　B. 农产品是外汇收入的主要来源之一,是锡矿石的最大出口国

　　C. 木薯产量居世界第一位,香米在世界上享有盛誉

　　D. 旅游业保持稳定发展势头,是外汇收入的重要来源之一

5. 泰国气候属于热带季风气候,全年分为热、雨、旱三季,6—10月是(　　　)。

　　A. 热季　　　　　　　　　　B. 雨季

　　C. 旱季　　　　　　　　　　D. 夏季

6. 关于泰国习俗的叙述中不正确的是(　　　)。

　　A. 对泰国皇室成员要表示敬意,不能讲对佛祖或王室不敬的话

　　B. 睡觉时头不能朝北,忌讳用红笔签名

　　C. 在泰国忌讳摸他人的头部,尤其是孩子的头部

　　D. 递接物品要用右手,吃饭也用右手,不洁之物用左手拿

7. 在泰国,佛教是国教,对佛教建筑和僧人不可有不敬行为,下列行为错误的是(　　　)。

　　A. 参观寺院时,衣着要整齐,不可太暴露,进入寺庙要脱鞋

　　B. 遇见和尚应主动让路,乘车也应主动给其让座,但可以施舍现金

　　C. 购买佛饰不能说"买",必须说"求祖"

　　D. 到泰国人家里做客要脱鞋,不能踩门槛,因佛教认为门槛是佛祖的肩膀

8. 泰国男子必须在(　　　)前出家一次才算成年。

　　A. 16 岁　　　　　　　　　　B. 18 岁

　　C. 20 岁　　　　　　　　　　D. 25 岁

（二）填表题

人口		货币		首都	
民族		国花		与北京时差	
语言		国树		主要宗教	

子任务二　认识泰国

任务描述

　　模拟泰国的地陪人员,在参观游览的过程中向中国游客提供讲解服务,从而对泰国主要的旅游城市和著名景点、饮食习俗、旅游商品、节庆活动以及出入境旅游市场能深入了解。

任务内容

一、旅游城市和著名景点

泰国旅游
宣传片

(一)曼谷

　　曼谷位于湄南河三角洲,地跨湄南河两岸,是泰国首都和最大城市,东南亚第二大城市,为全国政治、经济、文化和交通中心,有"东方威尼斯"之称。曼谷的旅游业发达,曾入选全球最受欢迎旅游城市。曼谷有大小寺庙400多座,到处是橘红色的庙宇屋顶和金碧辉煌的尖塔,佛庙林立,堪称"佛教之都"。其中玉佛寺、卧佛寺、金佛寺最为著名,被称为泰国三大国宝。此外,大王宫、郑王庙都是曼谷最著名的历史古迹,堪称泰国建筑史上的"一绝"。

　　1. 大王宫

　　大王宫位于泰国首都曼谷市中心、湄南河畔,又称故宫,是曼谷王朝一世王至八世王的王宫,是曼谷市内最为壮观的古建筑群。1782 年,曼谷王朝拉玛一世帕开始兴建大王宫,经过历代国王的不断改建和扩建,使其达到了现存的规模,总面积约为 22 万平方米,佛塔式高耸的尖顶与装饰着金色脊檐的鱼鳞琉璃瓦屋面,将建筑、绘画、雕刻和装潢艺术融为一体,可谓集泰国建筑艺术之精华于一身,异常精美壮观。大王宫建筑以白色为主色,风格主要为遏罗式,由 3 座宫殿(节基宫、律实宫、阿玛林宫)和 1 座寺院(玉佛寺)组成。阿玛林宫是大王宫最早的建筑,现在是国王登基加冕时举行仪式和庆典之地。节基宫是大王宫最大的一座宫殿,是国王接受外国使节递交国书的场所。大王宫四周筑有白色宫墙,高约 5 米,总长为 1 900 米。

　　2. 玉佛寺

　　玉佛寺位于曼谷大王宫的东北角,是泰国最著名的佛寺,为泰国王族供奉玉佛像和举行宗教仪式的场所,因寺内供奉着玉佛而得名。玉佛寺建于1784 年,面积约为大王宫的四分之一。寺内有玉佛殿、先王殿、佛骨殿、藏经阁、钟楼和金塔。玉佛殿是玉佛寺的主体建筑,大殿正中的神龛里供奉着被泰国人民视为国宝的玉佛像。玉佛高 66 厘米,宽 48 厘米,由一整块碧玉雕刻而成。每到换季时节,泰国国王都亲自为玉佛更衣,以保国泰民安。泰国内阁新当选时,新政府的全体阁员都会在玉佛寺向国王宣誓就职。国王在每年 5 月的农耕节还会在这里举行祈祷丰收的仪式。

3. 卧佛寺

卧佛寺位于大王宫南面,是曼谷最古老、规模最大的寺庙。卧佛寺建于 1793 年大城王朝时代。佛寺中佛塔林立,佛像多达 400 多尊。寺内卧佛长 46 米,高 15 米,每只脚的脚底长 5 米,上刻有 108 个佛像图案,为世界最大卧佛。

4. 金佛寺

金佛寺位于曼谷火车总站附近,寺内供奉着世界上最大的一尊金佛,该佛是用纯金铸成的如来佛像,高 3.73 米,重 5.5 吨,为素可泰王朝时代的风格,佛像金光灿烂,庄严华丽,被列为三大国宝之一。据说这座寺庙由三位华人集资建成,又称三华寺。

5. 郑王庙

郑王庙始建于大城王朝,是泰国最高的寺庙之一。庙内的婆罗式尖塔建于 1809 年,高达 79 米,为泰国最高塔。郑王庙的标志建筑紧靠湄南河的舍利塔群。

(二)清迈

清迈位于泰国北部,是清迈府的首府,是泰国第二大城市,也是泰国北部政治、经济中心和疗养胜地,其发达程度仅次于曼谷。市内风景秀丽,遍植花草,最著名的是玫瑰花,清迈也被称为“北方玫瑰城”。清迈平均海拔 300 米,是泰国的高原城市,气候凉爽,是著名的避暑胜地。清迈曾长期作为泰国的首都,至今仍保留着很多珍贵的历史和文化等遗迹。清迈也是泰国佛教圣地之一,有寺庙 100 多座。帕辛寺是清迈第一寺庙。契迪龙寺,又称大佛塔寺或查里鲁安寺,创建于 1411 年,与帕辛寺同为清迈地位最崇高的寺庙。斋里銮寺是兼具斯里兰卡建筑特点和印度教风格,清迈最高的寺院。位于市郊素贴山的素贴寺,又名双龙寺或舍利子佛寺,是清迈最大的佛教寺院。还有国王避暑行宫的普屏王宫等。

清迈是泰国北部的货物集散中心,世界著名的手工艺品制造中心,主要有木雕、漆器、银器、青瓷、藤器和竹器等精美工艺品。

(三)佛统

佛统在曼谷以西 58 千米,是泰国南部的一座城市,为佛统府首府,是泰国佛教活动中心。附近盛产稻米、玉米、甘蔗、水果、花卉等,为农产品贸易中心,商业发达。公元前243 年,印度孔雀王朝阿育王派遣僧侣来此传教,并建立佛塔,佛塔经过历代修缮与扩建,现高 127 米,是世界上最高的佛塔。佛统还拥有泰国唯一的比丘尼寺庙。泰国著名学府诗巴功大学在佛统的沙南曾行宫拥有一个分校。

（四）普吉岛

普吉岛位于泰国南部安达曼海中，是泰国最大的岛屿，著名的旅游胜地。这里有清澈湛蓝的海水、美丽洁白的沙滩、怪石林立的喀斯特地貌，还有天然的洞窟，以绚丽的风光和丰富的旅游资源被誉为"安达曼海的明珠""亚洲热带天堂"。主要景点有：攀牙湾、考帕泰奥国家公园、神仙半岛、普吉水族馆、珍珠养殖场和帕通海滩、乃央海滩等十多个美丽的海滩等。

（五）芭堤雅

芭堤雅位于曼谷东南154千米的暹罗湾，以阳光、沙滩、珊瑚岛、特色表演而出名，被誉为"东方夏威夷"，是世界著名的海滨旅游度假胜地。与曼谷、清迈、普吉岛一起被誉为泰国的四大旅游中心。市区面积为20多平方千米，气候宜人，年均温度在20℃左右，主要旅游项目有：东芭乐园文化村、海滩、珊瑚岛、大象表演、特色表演等。每年接待游客100多万人次，是泰国旅游业的重要支柱之一。

二、饮食习俗

泰国人常用勺子跟叉子吃饭，也用手抓着吃，以大米为主食，副食主要是蔬菜和鱼。泰国菜的特点是酸辣、开胃，里面用了大量的佐料和天然香料。鱼、虾、蟹都是各餐馆的特色菜，招牌菜有冬阴功（酸辣海鲜汤）、椰汁嫩鸡汤、咖喱鱼饼、绿咖喱鸡肉、芒果香饭等。带咖喱味的牛肉、鸡肉、虾、烤牛肉、烤鸡肉、猪肉等，是泰国菜的代表。泰国人特别爱吃咖喱饭，常吃鸡粥、猪油糕、甜包、酸猪肉、烤肉皮、剁生牛肉等。辣椒和鱼露被当作最好的调味品。泰国人好吃生食，有些蔬菜、海产放些调料就能生吃。泰国人的正餐都是以一大碗米饭为主食，佐以一道或两道咖喱料理、一条鱼、一份汤以及一份沙拉（生菜类），用餐顺序没有讲究，随个人喜好。

三、旅游商品

泰丝是泰国最有民族特色的商品，质地轻柔，色彩艳丽，富有光泽，有围巾、方巾、靠垫套等热销款式，其精致的做工和实惠的价格深受顾客的青睐。泰国有"热带水果王国"之称，皇帝蕉、榴莲和山竹等热带水果和榴莲糖、鱿鱼干、榴莲干等销量很大。还有手镯、蜡烛饼等工艺品和鱼露、咖喱等泰式调味品也深受游客的喜爱。由于地形和气候的原因，泰国有很多热带的经济作物与动物。盛产珍贵的柚木，珍稀动物有犀牛、象、虎、豹、鳄鱼等。所以泰国的皮革制品（鳄鱼皮、鸵鸟皮、蜥蜴皮、蛇皮、珍珠鱼皮等）和燕窝、鳄鱼肉等名贵的滋补食品，泰式精油都是游客的常购之物。

四、节庆活动

泰国有很多节庆活动,如宋干节(4月13日—15日);佛诞节(5月23日);农耕节(5月举行,具体日期由国王选定)、水灯节(泰国佛历12月15日)、国庆日(12月5日)。

宋干节,也称作泼水节,公历4月13日—15日举行,是传统的泰国新年。泼水节的前一天,泰国的家家户户都要进行大扫除。到了13日,每个人都穿着新衣服参拜寺院,为僧侣们供奉食物,在浴佛仪式结束后正式进行泼水庆祝。清迈的宋干节气氛热烈,堪称全国之最。人们在此期间尽可能做一些积功德的事情,节日的主要活动有:全国各地悬挂国旗;浴佛;浴僧;向长辈行洒水礼,祈求赐福;人们互相泼水祝福,敬拜长辈;放生及歌舞游戏。

佛诞节,佛祖释迦牟尼诞生、悟道和涅槃的日期皆发生在5月23日(泰历六月十五日)。佛教徒为了纪念大慈大悲佛祖,都在每年的泰国佛历六月十五日举行隆重的祭祀仪式。

水灯节,泰国佛历十二月十五日(中国农历十月十五日,公历约11月22日)举行的传统节日。节日期间,一般民众会自行制作水灯,点缀以花、烛,然后放在池河中。游客可以买事先做好的水灯,在灯内插上蜡烛和香,放到河面上,随水远行,代表了美好的希望和梦想。

五、旅游市场

泰国旅游业是泰国经济的支柱产业,2017年,泰国旅游业收入占其总GDP的10.6%。2017年,赴泰旅游的外国游客总数超过3 500万人次,为泰国旅游业创收超过1.82万亿泰铢(约合人民币3 660亿元)。2018年12月25日,泰国官方统计接待外国游客超过3 443万人次,主要客源国为中国、马来西亚、韩国等,其中占比最高的是中国,超过969万人次游客来自中国,对泰国旅游业贡献最大。

✎ 任务练习

一、情景模拟

模拟泰国的地陪人员,在参观游览的过程中向中国游客提供讲解服务,从而对泰国主要的旅游城市和著名景点、饮食习俗、旅游商品、节庆活动以及出入境旅游市场能深入了解。

二、知识检测

单选题

1. 下列关于曼谷的叙述中不正确的是(　　)。

　A. 曼谷旅游业发达,有"东方威尼斯"之称,曾入选全球最受欢迎旅游城市

　B. 曼谷有大小寺庙 400 多座,佛庙林立,堪称是"佛教之都"

　C. 曼谷的玉佛寺、卧佛寺、金佛寺最为著名,被称为泰国三大国宝

　D. 大王宫是曼谷王朝一世王至八世王的王宫,以红色为主色调,又称故宫

2. (　　)是泰国第二大城市,泰国北部避暑胜地,也被称为"北方玫瑰城"。

　A. 佛统　　　　　B. 清迈　　　　　C. 清莱　　　　　D. 芭堤雅

3. 清迈是泰国佛教圣地之一,有寺庙 100 多座,其中(　　)是清迈最大的佛教寺院。

　A. 帕辛寺　　　　B. 契迪龙寺　　　C. 斋里銮寺　　　D. 素贴寺

4. (　　)被誉为"东方夏威夷",与曼谷、清迈、普吉岛一起被誉为泰国的四大旅游中心。

　A. 济州岛　　　　B. 佛统　　　　　C. 芭堤雅　　　　D. 岘港

5. 泰国物产丰富、特产较多,下列不是当地特产的是(　　)。

　A. 鱼露、咖喱　　B. 榴莲糖、水果干　C. 泰丝、香料　　D. 燕窝

6. (　　)也称作泼水节,于公历 4 月 13 日—15 日举行,是传统的泰国新年。

　A. 宋干节　　　　B. 水灯节　　　　C. 佛诞节　　　　D. 古尔邦节

任务四 ● 马来西亚

子任务一　了解马来西亚

任务描述

　　模拟旅行社的前台销售人员向咨询的客人介绍马来西亚的基本国情、去马来西亚旅行的基本常识以及当地的习俗和禁忌。

任务内容

一、基本国情

（一）地理环境

马来西亚的
地理环境

马来西亚位于东南亚,地处太平洋与印度洋的交汇处,国土被南海分隔成东、西两部分。西马位于马来半岛南部,北与泰国接壤,南与新加坡隔柔佛海峡相望,东临南海,西濒马六甲海峡。东马包括沙捞越地区和沙巴地区,位于加里曼丹岛北部,与印度尼西亚、菲律宾、文莱相邻。面积约为33万平方千米。马来西亚半岛地势北高南低,马来西亚最高峰是高达4 101米的京那巴鲁山。

（二）发展简史

公元初,马来半岛有羯荼、狼牙修等古国。15世纪初,满刺加王国统一马来半岛的大部分。16世纪开始先后被葡萄牙、荷兰、英国占领。20世纪初,马来半岛完全沦为英国殖民地。加里曼丹岛上的沙捞越、沙巴历史上属于文莱,1888年两地沦为英国保护地。第二次世界大战中,马来半岛、沙捞越、沙巴被日本占领。战后英国恢复殖民统治。1957年8月31日,马来亚联合邦宣布独立。1963年9月16日,马来亚联合邦同新加坡、沙捞越、沙巴合并组成马来西亚(1965年8月9日新加坡退出)。

（三）民族、宗教

马来西亚人口为3 266万(截至2019年7月)。其中马来西亚人占69.1%,华人占23%,印度人占6.9%,其他种族占1%。马来语为国语,通用英语,华语使用较广泛。伊斯兰教为国教,其他宗教有佛教、印度教和基督教等。

（四）国旗、国徽

马来西亚国旗呈长方形,长与宽之比为2∶1。国旗由十四道红白相间的横条所组成,左上角为深蓝色的长方形,上有一弯黄色新月和一颗14个角的黄色星图案。14道红白横条和14角星代表马来西亚的13个州和政府,新月象征马来西亚的国教伊斯兰教,蓝色象征人民的团结及马来西亚与英联邦的关系(英国国旗以蓝色为旗底),黄色象征国家元首,红色象征勇敢,白色象征纯洁。

国徽中间为盾形徽,盾徽上面绘有一弯黄色新月和一颗14个尖角的黄色星,含义和国旗相同,盾面上的图案和颜色象征马来西亚的组成及其行政区划。盾徽两侧各站着一头红舌马来虎,两虎脚踩着金色饰带,上面书写着格言"团结就是力量"。

国花是扶桑花。

（五）行政区划

马来西亚分为 13 个州,这 13 个州是西马的柔佛、吉打、吉兰丹、马六甲、森美兰、彭亨、槟榔屿、霹雳、玻璃市、雪兰莪、登嘉楼以及东马的沙巴、沙捞越。有三个联邦直辖区:首都吉隆坡、纳闽和布特拉再也(简称布城,联邦政府行政中心)。

（六）政治、经济

马来西亚实行君主立宪联邦制,最高元首为国家首脑、伊斯兰教领袖兼武装部队统帅,由统治者会议从 9 个州的世袭苏丹中选举产生,任期五年,拥有立法、司法和行政的最高权力,以及任命总理、拒绝解散国会等权力。国会是最高立法机构,由上议院和下议院组成。总理由最高元首任命下议院多数党领袖担任。因历史原因,沙捞越州和沙巴州拥有较大自治权。

马来西亚是亚洲新兴工业国之一。政府鼓励以本国原料为主的加工工业,重点发展电子、汽车、钢铁、石油化工和纺织品等。橡胶、棕油和胡椒的产量与出口量居世界前列。马来西亚的锡产量长期居世界首位,有"锡和橡胶的王国"之誉。近年来,马来西亚十分重视旅游业的发展,相关产业发展迅速。

（七）文学、艺术

马来西亚的艺术受周边地区乃至中国的影响,形成了多元融合的现状。陀螺、风筝、马来武术、藤球、击鼓、皮影戏和传统舞蹈都是马来西亚的传统艺术和文化遗产。马来社交舞是马来西亚最为流行的传统舞蹈,经常由专业的舞者在马来婚礼上表演。马来西亚的传统乐器中,以各种鼓最为流行,常用的有双面鼓和单面鼓。锣也是马来人的重要乐器。

二、出行须知

（一）基本常识

1. 气候

马来西亚属于热带雨林和热带季风气候,无四季之分,全年平均温度在 26 ~ 30 ℃,雨量充沛,3—6 月和 10 月—次年 2 月是雨季。

2. 货币

马来西亚货币是林吉特或称马来西亚元,汇率:1 马来西亚林吉特＝1.700 4 人民币,1 人民币＝0.588 1 马来西亚林吉特(2019 年 8 月 30 日)。

3. 时差

马来西亚采用东八区时间,与中国时间一致,没有时差。

(二)习俗和禁忌

1. 习俗

马来西亚人重视礼节,男子常行的见面礼是抚胸鞠躬礼,女子常行的见面礼是曲膝鞠躬礼,有时还会行拍手抚唇礼。在家庭中,子女必须尊敬和服从父母,在父母面前必须端坐。马来西亚人待客热情,通常用糕点、茶、咖啡和冰水款待客人,客人必须吃一点,以示领受主人的热情和善意。马来西亚人普遍穿蜡染花布做的长袖衬衣"巴迪"服,被称为"国服",一般在正式场合穿。马来族男子的传统服装是上穿"巴汝",即无领、袖子宽大的外衣;下身则围一大块布,叫作"沙笼";头戴无沿的"宋谷"帽。马来族的女子穿"克巴亚",即无领、长袖的连衣长裙,头上围头巾。

2. 禁忌

马来西亚以伊斯兰教为国教,禁酒,禁赌,禁食猪肉、贝壳类食品和自死的动物。斋月期间,必须斋戒。进入清真寺和庙宇时均必须脱鞋。在公共场合无论男女绝不允许露出胳膊和腿,忌穿背心、短裤、短裙,一些清真寺还会供应长袍和头巾给女性参观者。马来西亚人禁忌数字"0""4""13"。马来西亚人喜欢绿色、红色、橙色等鲜艳颜色,一般不穿黄色服装,视黑色为消极色。马来西亚人忌讳别人触摸其头部,认为摸头是对他们的一种侵犯和侮辱;也忌讳触摸他们的背部,那样被认为会给他们带来厄运。与当地人打招呼、握手、送礼品或接物不可用左手。不得不用左手时,一定要说声"对不起"。不可用食指指人,若指示方向,只能用拇指。不要把脚底展露在他人面前,用脚底对着人是对别人的侮辱。在公开场合异性之间表示亲热是不受欢迎的。

任务练习

一、情景模拟

请模拟旅行社的前台销售人员向咨询的客人介绍马来西亚的基本国情、马来西亚旅行的基本常识与当地的习俗和禁忌。

二、知识检测

(一)单选题

1. 马来西亚领土被南海分成西马和东马两个部分,其中西马位于马来半岛南部,北

　与(　　)接壤。

　　A.印度尼西亚　　B.文莱　　　　　　C.泰国　　　　　D.东帝汶

2.关于马来西亚习俗和禁忌的描述不正确的是(　　)。

　　A.在马来西亚不能用食指指人,与当地人握手、递接物品忌用左手

　　B.马来西亚人喜欢绿色,忌穿红色服装,视黑色为消极色

　　C.马来西亚人忌讳摸别人的头和背部

　　D.进入清真寺必须脱鞋

3.关于马来西亚人服饰的描述不正确的是(　　)。

　　A.马来西亚人普遍穿蜡染花布做的长袖衬衣"巴迪"服,被称为"国服"

　　B.马来族男子一般上穿"巴汝",下身围"沙笼",头戴"宋谷"帽

　　C.马来族的女子穿无领、长袖的连衣长裙,头上围头巾

　　D.在公共场合女性可以穿背心、短裤、短裙

4.下列属于马来西亚的气候特征的是(　　)。

　　A.四季分明　　　　　　　　　B.全年温差大

　　C.属于热带气候　　　　　　　D.全年降水少

5.关于马来西亚国旗的描述不正确的是(　　)。

　　A.新月象征马来西亚的国教佛教

　　B.蓝色象征人民的团结及马来西亚与英联邦的关系

　　C.黄色象征国家元首

　　D.14道红白横条和14角星代表马来西亚的13个州和政府

6.关于马来西亚的经济叙述中不正确的是(　　)。

　　A.马来西亚近年来加大旅游业的发展

　　B.马来西亚的橡胶、棕油和胡椒的产量与出口量居世界前列

　　C.马来西亚在工业制造和铁路修建方面居世界领先地位

　　D.马来西亚曾是世界产锡大国,有"锡和橡胶的王国"之誉

7.马来西亚实行君主立宪联邦制,最高元首由统治者会议从(　　)州的世袭苏丹
　中选举产生。

　　A.8个　　　　　B.9个　　　　　C.10个　　　　　D.11个

(二)填表题

人口		货币		主要宗教	
民族		首都		与北京时差	
语言		国花			

子任务二　认识马来西亚

任务描述

模拟马来西亚的地陪人员,在参观游览的过程中向中国游客提供讲解服务,从而对马来西亚主要的旅游城市和著名景点、饮食习俗、旅游商品、节庆活动以及出入境旅游市场能深入了解。

任务内容

（左侧栏）马来西亚旅游宣传片

一、旅游城市和著名景点

（一）吉隆坡

吉隆坡位于马来半岛西南部,是马来西亚的首都、全国第一大城市,是马来西亚的政治、经济、交通和文化中心。吉隆坡的建筑具有多民族多元文化的特色,伊斯兰教的清真寺、印度教寺庙、国家纪念碑,古老和现代建筑兼收并蓄,东方和西方建筑和谐并存。其中国家清真寺是东南亚地区最大的清真寺,还有王宫、国家石油公司双塔大楼、黑风洞、独立广场、云顶高原等著名景点。

1. 国家清真寺

国家清真寺位于市中心,占地 0.055 平方千米,可容纳 8 000 人祈祷,是东南亚地区最大的清真寺。主要建筑有祈祷大厅、大尖塔及陵墓。大厅的屋顶由 49 个大小不等的圆拱组成,最大的圆拱直径 45 米,呈 18 条放射星芒,代表 13 个州和伊斯兰教五大戒律。尖塔高 73 米,直指苍穹,极具特色。建筑造型和装饰与麦加的三大清真寺相仿,气势恢宏,是伊斯兰建筑艺术的杰出代表。

2. 王宫

王宫坐落于吉隆坡中央车站以南,是国王的官邸。马来西亚的国王由 9 个州的世袭苏丹轮流担任,任期五年,每隔 5 年王宫就要迎接新国王。王宫是一座具有白色围墙金色圆顶的建筑,是国王接待外宾、举行国宴及就职仪式的场所。游客在此可观看王宫卫士的换岗仪式。

3. 国家石油公司双塔大楼

国家石油公司双塔大楼位于吉隆坡市中心,曾是世界最高的摩天大楼,现仍是世界最高的双塔楼,楼高 452 米,地上共 88 层,由美国建筑设计师西萨·佩里所设计。该大楼是马来西亚国家石油公司的综合办公场所,其内部还有石油博物馆、音乐厅等。大楼大量使用了不锈钢与玻璃等材质,是吉隆坡的知名地标及象征。

4. 黑风洞

黑风洞位于吉隆坡北郊 11 千米处,是印度教的圣地。它是一个石灰岩溶洞群,处在丛林掩映的半山腰,以黑洞和光洞出名。光洞附近的洞穴中有 1891 年建的印度教庙宇,供奉着苏巴玛廉神,还有成百尊的彩绘神像。山下有洞窟艺术博物馆,洞窟艺术博物馆展示有包括神像壁画在内的印度神话文物。登上山顶,可远眺橡胶园和锡矿山。

5. 独立广场

独立广场从 1961 年开始建设,1976 年建设完成,是世界上最大的广场之一。广场上建有马来西亚国家纪念碑,周边有很多有历史价值的建筑物,如全世界最高的旗杆(高 100 米)、圣玛利天主教堂、苏丹阿都沙末大厦等。

(二)槟城州

槟城州简称"槟州",是马来西亚十三个联邦州之一,位于马来西亚西北部。整个槟城被槟城海峡分成两部分:槟岛和威省。光大大厦为槟城著名地标。州首府乔治市是槟城重要港口城市,是首都吉隆坡和新山市之后的全国第三大城市。槟城不仅以多元文化和谐发展著称,而且以"电子制造业基地"的美名享誉全球。

槟城因岛上产槟榔树而得名,有"东方之珠"和"印度洋绿宝石"的美誉。历史古迹保存完好,使槟城首府乔治市被列为世界文化遗产。著名景点有蛇庙、极乐寺、甲必丹济宁清真寺、圣乔治教堂、康沃斯城堡、观音庙等。蛇庙建于 1850 年,是一座中国式寺庙,庙内群蛇盘绕,为世界罕见。13.5 千米的槟威大桥连接槟城和马来西亚半岛,也是目前东南亚最长、世界第四长的跨海大桥。

(三)马六甲

马六甲市位于马六甲海峡北岸,是马来西亚历史最悠久的古城,马六甲州的首府。该城始建于 1403 年,曾是马六甲苏丹国(满剌加王国)的都城。从 16 世纪起,先后受葡萄牙、荷兰、英国的殖民统治。数百年来,华人、印度人、阿拉伯人、暹罗人及爪哇人相继到此定居,经过融合形成独特的文化。古代修建的街道至今保存较好,市内有中国式的住宅、荷兰式的红色楼房和葡萄牙式的城堡,很多住宅墙上、木门上、窗户上等都有精美的装饰,形成该市独特的建筑风貌。著名景点有青云亭、三保庙、三保山、荷兰红屋、葡萄牙城堡等。

1. 青云亭

青云亭位于马六甲区的庙堂街,是马来西亚最古老的中国式庙宇,用楠木建造而成。庙里的大殿正座供奉有观音大士,左右为关帝和天后娘娘神座,庭院里可看到佛教、儒家和道家的教义,寺内石碑铭刻着郑和 1406 年访问马六甲的事迹。

2. 三保山

三保山位于马六甲东南部,也叫"中国山",是为纪念明代三保太监郑和而得名。1409 年,中国皇帝朱棣将汉丽宝公主许配给马六甲苏丹满苏沙。公主的随从共有 500 名女仆,她们死后被安葬在三保山,三保山现为中国境外最大的华人墓地。山下有三保庙,建于 1673 年,供有郑和座像,上挂"郑和三保公"横幅。西南山麓有佛寺,称三保寺;寺旁有井,称三保井。

3. 荷兰红屋

荷兰红屋坐落于马六甲河畔东岸广场上,建于 17 世纪,是东南亚现存最古老的荷兰式建筑物。广场四周都是荷兰式的红色建筑,当年是教堂,后来做了 300 多年的政府机关,1980 年改为马六甲博物馆。荷兰红屋内保留了马六甲各个时期的历史遗物,包括古代钱币和邮票,荷兰古代兵器,葡萄牙人 16 世纪以来的服装,马来西亚人婚嫁服饰,金、银、珠宝手工艺品等。

(四)基纳巴卢公园

基纳巴卢公园位于沙巴州首府东 93 千米,俗称神山公园,2000 年被列入世界文化遗产名录。该公园占地约 754 平方千米,园区内从热带植物到寒带植物都有,自然资源种类繁多,风景宜人,还有称为"神山"的基纳巴卢山(海拔 4 101 米)。公园内有六种主要地形,包括山峰、高原、河流、溪流和瀑布、温泉、山洞和巨大的岩石。

二、饮食习俗

马来西亚人以大米为主食,肉食主要食牛肉,喜辣味,咖喱牛肉风行马来西亚全国。马来西亚菜口味较重,多用胡椒和咖喱调味。其中较出名的美食有椰浆饭、沙嗲(鸡肉、牛肉及羊肉串)、马来糕点、竹筒饭、沙律啰惹、咖喱鸡、飞天薄饼、黄姜饭等。马来西亚人进餐不用刀叉或筷子,而是直接用右手抓食。餐毯上放几碗清水,供"洗手"之用。人们忌用左手递食物和进餐。马来西亚人禁酒,常饮咖啡和茶。

三、旅游商品

马来西亚特色的旅游商品主要有锡制品、东革阿里片、燕窝、白咖啡、豆蔻膏(功能类似于中国的万金油和风油精)、猫须茶、巴迪蜡染布、蝴蝶标本、黄金饰品、"兰"系列香水等。其中锡制品是很有价值的纪念物,也是马来西亚最出名的手工制品,有锡制水杯、茶叶罐、高脚杯、徽章、咖啡盘及烟灰缸等。

四、节庆活动

马来西亚全国各地大小节日约有上百个,政府规定的全国性节日有 10 个,即:国庆(又称独立日,8 月 31 日)、元旦、开斋节、春节、宰牲节(又名"古尔邦节",是穆斯林的盛大节日)、屠妖节(印度人的新年)、五一节、圣诞节、卫塞节(佛祖释迦牟尼诞辰)、现任最高元首诞辰。

开斋节,为伊斯兰教历十月一日,是马来西亚人最重要的节日。伊斯兰教历九月,全国穆斯林都要实行白天斋戒禁食,斋月后第一天就是开斋节。节日前夕,穆斯林要进行慈善捐赠活动。节日清晨,穆斯林们在教堂举行隆重的祷告仪式,之后互相祝贺。

宰牲节是伊斯兰教非常重要的一个节日,伊斯兰教历 12 月 10 日,全国放假一天。

五、旅游市场

旅游业是马来西亚的第三大经济支柱和第二大外汇收入来源。马来西亚拥有酒店约 4 072 家。据马来西亚旅游部统计,2018 年,到马来西亚观光的外国游客达到 2 583 万人次,同比下降 0.4%,旅游总收入约为 841 亿林吉特(约 1 383 亿元人民币),同比增长 2.4%。从客源国和地区排名中,前十位均为亚洲国家或地区。2018 年,中国是马来西亚第三大客源国,游客数量达 290 万人次。

任务练习

一、情景模拟

模拟马来西亚的地陪人员,在参观游览的过程中向中国游客提供讲解服务,从而对马来西亚主要的旅游城市和著名景点、饮食习俗、旅游商品、节庆活动以及出入境旅游市场能深入了解。

二、知识检测

单选题

1.下列不属于吉隆坡景点的是(　　)。

　　A.国家石油公司双塔大楼　　　　B.国家清真寺

　　C.黑风洞　　　　　　　　　　　D.蛇庙

2.马六甲是马来西亚历史最悠久的古城,郑和下西洋曾经到访过,因此留下了很多有关郑和的景点,( )除外。

   A. 三保山   B. 三保庙   C. 荷兰红屋   D. 三保井

3. 关于马来西亚饮食特点的叙述中不正确的是( )。

   A. 马来西亚人进餐不用刀叉或筷子,直接用右手抓食,忌用左手递食物和进餐

   B. 马来西亚菜口味较重,多用胡椒和咖喱调味,肉食主要食牛肉

   C. 马来西亚较出名的美食有椰浆饭、沙嗲、咖喱牛肉

   D. 马来西亚人可以饮酒,也常饮咖啡和茶

4. 下列( )分别是马来西亚最出名的手工制品和保健品。

   A. 锡制品、东革阿里片   B. 燕窝、白咖啡

   C. 兰花系列香水、蝴蝶标本   D. 黄金饰品、猫须茶

5. 马来西亚人最重要的节日是( )。

   A. 屠妖节   B. 宰牲节   C. 卫塞节   D. 开斋节

任务五 ● 新加坡

子任务一   了解新加坡

⚙ 任务描述

    模拟旅行社的前台销售人员向咨询的客人介绍新加坡的基本国情、去新加坡旅行的基本常识以及当地的习俗和禁忌。

任务内容

新加坡的
地理环境

一、基本国情

(一)地理环境

    新加坡位于马来半岛南端、马六甲海峡出入口,北隔柔佛海峡与马来西亚相望,南隔新加坡海峡与印度尼西亚相望。新加坡由新加坡岛及附近 63 个小岛组成,其中新加坡岛占全国总面积的 88.5%,新加坡面积为 724.4 平方千米(2018 年 12 月),新加坡属于热带城市国家。新加坡地势低平,平均海拔 15 米,最高峰武吉知马山海拔仅 177 米。

（二）发展简史

新加坡古称淡马锡，公元 8 世纪建国，属于印度尼西亚室利佛逝王朝。18—19 世纪是马来西亚柔佛王国的一部分。1824 年至第二次世界大战前沦为英国殖民地。1942 年被日本占领。1945 年日本投降后英国恢复其殖民统治。1946 年划为英属殖民地。1959 年实行内部自治，成为自治邦。1963 年 9 月与马来亚、沙巴、沙捞越共同组成马来西亚联邦。1965 年 8 月 9 日在李光耀的领导下脱离马来西亚，成立新加坡共和国；同年 9 月成为联合国成员国，10 月加入英联邦。

（三）民族、宗教

新加坡人口 564 万（2018 年 6 月），公民和永久居民 399 万。华人占 74% 左右，其余为马来西亚人、印度人和其他种族人。新加坡是世界上人口密度最大的国家之一。新加坡人口多居住在城市，因此被称为"城市国家"。

马来语为新加坡的国语。英语、华语、马来语、泰米尔语为官方语言，英语为行政用语。新加坡为多宗教国家，主要宗教有佛教、道教、伊斯兰教、基督教和印度教。

（四）国旗、国徽

新加坡国旗由红、白两个平行相等的长方形组成，长与宽之比为 3∶2，左上角有一弯白色新月以及五颗白色小五角星。其中红色代表平等，白色象征纯洁和美德，新月象征国家，五颗星代表民主、和平、进步、公正、和平等。

国徽由盾徽、狮子、老虎等图案组成。红色盾面上镶有白色的新月和五角星，其寓意与国旗相同。红盾左侧是一头狮子，为新加坡的象征；右侧是一只老虎，象征新加坡与马来西亚之间历史上的联系。

国花是卓锦·万代兰（胡姬花）。国鸟是黄腰太阳鸟。

（五）行政区划

新加坡是一个城市国家，故无省市之分，全国划分为 5 个社区，由相应的社区发展理事会（简称社理会）管理。5 个社区是：东北、东南、西北、西南和中区社区。

（六）政治、经济

新加坡的政体是议会共和制，实行三权分立。总统为国家元首，由全民选举产生。总统和议会共同行使立法权。议会称国会，实行一院制。总理从国会多数党中产生，其领导的内阁拥有行政权。

新加坡属于外贸驱动型经济，以电子、石油化工、金融、航运、服务业为主，高度依赖中、美、日、欧和周边市场，外贸总额是 GDP 的 4 倍。工业主要包括制造业和建筑业，是世界第三大炼油中心。

新加坡国小人少,资源不丰富,但地理位置优越,目前是国际通商口岸、免税购物中心、国际金融中心、世界著名转口港、贸易中心、交通中心、国际会议中心和"花园式城市",是东南亚名副其实的区域中心。

(七)文学、艺术

新加坡是东西方文化的交融之地,多元化是新加坡文化的最大特色。新加坡艺术节作为全新加坡最大的艺术盛典之一,汇集了大量的本地和海外艺术家及艺术组织的佳作。每年6月来自世界各地的30多个艺术团体将会在此举行80场精彩演出,新加坡艺术节已经成为极具规模的国际艺术盛事。

新加坡还是一个拥有众多博物馆的国度,艺术科学博物馆(ASM)是新加坡最富有视觉特色的博物馆之一,是新加坡一大拍照胜地,并且曾举办轰动一时的巡回展览,包括梵高多媒体画展《Van Gogh Alive》以及哈利·波特展。亚洲文明博物馆专门研究中国、东南亚、南亚和西亚的历史,以别具一格的方式展示多民族融合的新加坡社会。

二、出行须知

(一)基本常识

1. 气候

新加坡靠近赤道,为热带雨林气候,常年高温、潮湿、多雨。平均温度为23~34 ℃,年均降雨量在2 400毫米左右。10月到次年3月雨水较多,4—9月雨水相对较少。

2. 货币

新加坡货币是新加坡元,汇率:1新加坡元=5.155 7人民币,1人民币=0.194新加坡元(2019年8月30日)。

3. 时差

新加坡执行东八区时间,与中国北京时间零时差。

(二)习俗和禁忌

1. 习俗

新加坡的风俗习惯和节日因种族及宗教信仰的不同而异。华人基本保持中国的传统习俗,大多信奉佛教、道教;见面通常是握手、鞠躬或拱手作揖。马来西亚人大多信仰伊斯兰教,见面多采用"摸手礼",也称双手握礼;斋月时白天不进食,晚上方可吃东西,开斋节是马来西亚人最重要的节日,会庆贺一番。印度血统人大多信仰印度教,以牛为圣物,不吃牛肉;见面时大多行双手合十礼;社交活动和进餐只用右手;印度妇女头上点着檀香红点,男性则扎白色腰带;屠妖节是印度人最重要的节日。新加坡人时间观念强,一般会准时赴约。参加商务活动往往要互换名片。

2. 禁忌

新加坡人视"4""6""7""13""69"为消极数字,尤其忌讳"7",不喜欢黑色、紫色,认为不吉利,偏爱红色,忌讳猪、乌龟图案,喜欢红双喜、大象、蝙蝠图案。与新加坡人交谈,忌讳谈论宗教与政治等话题,会谈中尽可能不要抽烟等。忌讳说"恭喜发财",认为是教唆别人发不义之财的意思。当地人对男子蓄留长发很反感。不要随意双手叉腰,那是生气的意思。忌用左手吃东西、递接物品。不可触摸别人头部,不可露出脚心和鞋底。忌讳用食指指人。公共场所禁止吸烟。新加坡政府非常重视环保,乱丢垃圾会被处以罚款。

任务练习

一、情景模拟

请模拟旅行社的前台销售人员向咨询的客人介绍新加坡的基本国情、去新加坡旅行的基本常识与当地的习俗和禁忌。

二、知识检测

（一）单选题

1. 新加坡位于马来半岛南端,北隔狭窄的柔佛海峡与(　　　)紧邻。
   A. 马来西亚　　　　　　　　　B. 越南
   C. 印度　　　　　　　　　　　D. 中国

2. 在新加坡人口中,(　　　)占的比例最大。
   A. 马来西亚人　　　　　　　　B. 越南人
   C. 印度人　　　　　　　　　　D. 华人

3. 关于新加坡国家象征的叙述中不正确的是(　　　)。
   A. 国徽上红盾左侧是一头狮子,为新加坡的象征
   B. 国徽上红盾右侧是一只老虎,象征新加坡与马来西亚之间历史上的联系
   C. 国花是卓锦·万代兰(胡姬花)
   D. 国旗左上角有一弯白色新月以及五颗红色小五角星

4. 新加坡作为多元文化国家,有很多的禁忌,以下表述不正确的是(　　　)。
   A. 忌讳猪、乌龟的图案,喜欢大象、蝙蝠、红双喜的图案
   B. 不喜欢红色,不喜欢数字"4""7"
   C. 对男子留长发很反感,对乱扔垃圾的行为处罚重

D. 忌讳说"恭喜发财"

5. 关于新加坡经济的叙述中不正确的是(　　　)。

A. 新加坡目前是国际通商口岸、免税购物中心

B. 新加坡目前是国际金融中心、贸易中心、交通中心

C. 新加坡属于外贸驱动型经济,以电子、石油化工、金融、纺织业为主

D. 新加坡目前是国际会议中心和"花园式城市"

（二）填表题

人口		国花		主要宗教	
民族		气候		首都	
语言		与北京时差		货币	

子任务二　认识新加坡

任务描述

　　模拟新加坡的地陪人员,在参观游览的过程中向中国游客提供讲解服务,从而对新加坡主要的旅游城市和著名景点、饮食习俗、旅游商品、节庆活动以及出入境旅游市场能深入了解。

任务内容

一、旅游景点

（一）新加坡市

　　新加坡市是新加坡共和国的首都,位于新加坡岛的南端。新加坡市是新加坡政治、经济、文化中心,有"花园城市"之称,是世界上最大的港口之一和重要的国际金融中心。新加坡是"狮子城"的意思,现在新加坡市建有鱼尾狮雕像,是新加坡市的城徽和标志。此外,新加坡市内设立了新加坡国家博物馆、艺术科学博物馆、亚洲文明博物馆、牛车水(新加坡唐人街)、乌节路(购物区)、金沙娱乐城、克拉码头等旅游景点,有天福宫、马里安曼印度庙、苏丹清真寺等寺庙,还有新加坡动物园、植物园、裕廊鸟类公园等公园。

新加坡旅游宣传片

1. 鱼尾狮像

鱼尾狮像位于市内新加坡河畔的海滨大道,是新加坡市的标志和象征。该塑像高8米,重40吨,1972年由雕刻家林南雕塑完成。鱼尾狮像在白天与黑夜会呈现不同的景致,当潮水涨潮时,水会从狮子嘴里喷射出来。

2. 牛车水

新加坡的唐人街,是华人在新加坡的聚集地,因当地居民过去每天用牛车拉水清扫而得名"牛车水"。如今的牛车水是现代购物中心,各色小贩和百年老店毗邻而居。南桥路以西是珍珠坊、裕华国货、唐城坊等百货店,以东除了各式庙宇外,便是邻近滨海区的新兴商业区域。附近还有天福宫、马里安曼印度庙等极具历史价值的寺庙。牛车水最著名的活动是农历新年期间的民间庆典。

3. 天福宫

天福宫是新加坡最古老的庙宇,宫内正殿供奉着天妃,即海神"妈祖"。天福宫的后殿不仅供奉着释迦牟尼的塑像,还供奉着孔子的坐像。孔子像的左右分别是观音和弥勒佛,旁边还有刘备、关羽、张飞的立像。1973年新加坡政府将天福宫定为国家级古迹。

4. 马里安曼印度庙

马里安曼印度庙位于牛车水南桥路244号,是新加坡古老的印度庙,建于1827年。它是木梁结构建筑,1980年由印度工匠重新粉饰。庙里供奉的是马里安曼女神。庙内有很多精美的印度壁画和雕塑,香烟缭绕,庄严肃穆。

5. 小印度

小印度是新加坡印度族群的聚集地,犹如印度的缩影。它位于新加坡河的东岸。在屠妖节,即兴都教光节,小印度会被装点成金碧辉煌的神话世界。

6. 新加坡动物园

新加坡动物园位于新加坡北部的万里湖路,占地0.28平方千米,采用全开放式的模式,是世界十大动物园之一。园内以天然屏障代替栅栏,为各种动物创造天然的生活环境,有3 000多只动物在没有人为屏障的舒适环境下过着自由自在的生活。

7. 裕廊鸟类公园

裕廊鸟类公园位于新加坡西部裕廊山,是世界最大的鸟类公园,园内有天鹅、孔雀、鹦鹉、火烈鸟、鹰、大雁等600多种、8 000多只鸟类,有"鸟类天堂"之称。

(二)圣淘沙岛

圣淘沙岛位于新加坡本岛以南500米处,面积为3.47平方千米,是新加坡本岛以外的第三大岛。在殖民统治时期为英国海军基地,现已开发成设备齐全的海上乐园。岛上有建于1880年的英国碉堡西洛索炮台、5世纪的古炮、海洋博物馆(陈列有新加坡港历史、航海术的发展过程等资料)等,还有圣淘沙名胜世界、新加坡环球影城、蝴蝶馆、海豚世界、昆虫王国等乐园。圣淘沙被视为新加坡旅游与娱乐业的璀璨明珠,是集主题乐园、热带度假村、自然公园和文化中心于一体的休闲好去处,是新加坡最佳度假地。

二、饮食习俗

新加坡在饮食方式和习惯方面融合了马来人和华人的特色,其中最具代表性的菜是"娘惹菜",有甜酸、辛香、微辣等多种口味,所采用的佐料也达十多种,著名菜式有叻沙面线、亚叁香辣鱼、亚叁猪肉、香辣蟹等。华人饮食习惯与中国广东人很接近,偏爱广东菜,喜欢以茶待客,春节时有饮"元宝茶"的习惯,特色菜肴有肉骨茶、鸡肉饭、马来椰浆饭、红龟糕等。马来人按伊斯兰教的礼节待人接物,忌讳猪制品、贝壳类食品,也不饮酒,喜欢吃咖喱牛肉。

三、旅游商品

新加坡的特色纪念品有:鱼尾狮纪念品(如文化衫、钥匙扣、小摆设等)、胡姬花(兰花)首饰、新加坡产的蜡染印花布、猪肉干(类似广东甜腊肠)。

四、节庆活动

新加坡的国家统一的节日有:国庆节(8月9日)、食品节(4月17日)、百鸟争鸣节(每年的7月)。此外,还有各个民族的特色节日,如春节(华人最重要的传统节日,农历正月初一)、开斋节(伊斯兰教历十月)、泰米尔新年(4、5月间)、圣诞节(12月25日)等。

百鸟争鸣节是新加坡的民间传统节日,每年7月份举行。新加坡人喜欢饲养禽鸟,每年都会举办一次鸟鸣评比大赛。

五、旅游市场

据统计,旅游业已成为新加坡仅次于制造业和航运业的第三大支柱和第三大创汇行业。2018年,全年入境新加坡1 850万人次,同比增长6.21%,在赴新加坡的外国游客中,以亚洲地区的最多,约占一半以上,中国连续两年成为新加坡最大客源国。

新加坡政局稳定,经济繁荣,人均收入高,因此出境游已成常态化,其中比较热门的国家有马来西亚、印度尼西亚、中国、泰国、澳大利亚等。

任务练习

一、情景模拟

模拟新加坡的地陪人员,在参观游览的过程中向中国游客提供讲解服务,从而对新加坡主要的旅游城市和著名景点、饮食习俗、旅游商品、节庆活动以及出入境旅游市场能深入了解。

二、知识检测

单选题

1. 新加坡的( )菜式非常出名,有甜酸、辛香、微辣等多种口味。
   A. 娘惹菜　　　　　B. 寿司　　　　　C. 咖喱鸡　　　　　D. 宫保鸡丁
2. 下列不属于新加坡特色纪念品的是( )。
   A. 锡制品　　　　　B. 鱼尾狮纪念品　C. 猪肉干　　　　　D. 兰花首饰
3. 新加坡市有很多著名景点,( )被称为新加坡的标志和象征。
   A. 牛车水　　　　　B. 小印度　　　　C. 鱼尾狮　　　　　D. 天福宫
4. ( )是新加坡最古老的庙宇。
   A. 马里安曼印度庙　　　　　　　　B. 天福宫
   C. 牛车水　　　　　　　　　　　　D. 小印度

任务六 ● 印度尼西亚

子任务一 了解印度尼西亚

任务描述

模拟旅行社的前台销售人员向咨询的客人介绍印度尼西亚的基本国情、去印度尼西亚旅行的基本常识以及当地的习俗和禁忌。

任务内容

一、基本国情

（一）地理环境

印度尼西亚位于亚洲东南部，地跨赤道，是世界上最大的群岛国家，由太平洋和印度洋之间 17 000 多个岛屿组成，俗称"千岛之国"。印度尼西亚疆域横跨亚洲及大洋洲，北接马来西亚、文莱，西北隔马六甲海峡与新加坡相望，东北与菲律宾隔海相邻，东面是巴布亚新几内亚和东帝汶，东南临澳大利亚，东临太平洋，西濒印度洋，面积为 191.4 万平方千米。印度尼西亚是一个多地震多火山的国家，全国共有火山 400 多座，其中活火山 100 多座。

印度尼西亚地形以山地、丘陵为主，高原、盆地点缀其间，仅沿海有平原分布。位于新几内亚岛的查亚峰海拔为 4 884 米，是大洋洲的最高峰，峰顶终年覆盖冰雪。印度尼西亚的疆域有 84% 是海洋，境内河流众多，爪哇岛的梭罗河全长为 560 千米，为印度尼西亚最长的河流。苏门答腊岛上的多巴湖是印度尼西亚最大的淡水湖。

（二）发展简史

公元 3—7 世纪建立了一些分散的封建王国。13 世纪末—14 世纪初，在爪哇建立了印度尼西亚历史上最强大的麻喏巴歇封建帝国。15 世纪，葡萄牙、西班牙和英国先后入侵。1596 年荷兰入侵，1602 年荷兰人成立具有政府职权的"东印度公司"，1799 年年底印度尼西亚改设殖民政府。1942 年日本占领印度尼西亚，1945 年日本投降后，印度尼西亚爆发八月革命，8 月 17 日宣布独立，成立印度尼西亚共和国。1947 年 12 月 27 日成立联邦共和国，参加荷印联邦。1950 年 8 月正式宣布成立印度尼西亚共和国。

（三）民族、宗教

印度尼西亚人口为 2.62 亿（2019 年 4 月），为世界第四人口大国。有 100 多个民族，其中爪哇族占 45%，巽他族占 14%，马都拉族占 7.5%，马来族占 7.5%，其他占 26%。民族语言 200 多种，官方语言为印度尼西亚语。约 87% 的人信奉伊斯兰教，是世界上穆斯林人口最多的国家。6.1% 的人信奉基督教新教，3.6% 的人信奉天主教，其余信奉印度教、佛教和原始拜物教等。

（四）国旗、国徽

印度尼西亚国旗呈长方形，长宽比例为 3∶2。国旗由红白两色横带组成，上红下白。红色象征勇敢和正义;白色象征自由、公正和纯洁。

印度尼西亚国徽由一头鹰、一面盾牌和一条绶带组成,矫健的神鹰胸前佩戴着一块盾牌。鹰呈金黄色,其颈部、两翼翅膀和尾部羽毛分别为 45 根、17 根和 8 根,表示印度尼西亚独立于 1945 年 8 月 17 日。印度尼西亚的国花是毛茉莉。

(五)行政区划

印度尼西亚共有一级行政区(省级)34 个,包括首都雅加达、日惹、亚齐 3 个地方特区和 31 个省。二级行政区(县/市级)共 514 个。

(六)政治、经济

印度尼西亚的国家政体为总统内阁制。印度尼西亚宪法规定"五基"为立国基础,总统是国家元首、政府行政首脑和武装部队最高统帅。总统任命内阁,内阁对总统负责。人民协商会议为国家立法机构。总统、副总统均由全民直选产生,任期五年,总统可连任一次。

印度尼西亚是东盟最大的经济体。农业、工业、服务业均在国民经济中发挥着重要作用。工业发展方向是强化外向型制造业。主要部门有采矿、纺织、轻工等。锡、煤、镍、金、银等矿产量居世界前列。矿业在印度尼西亚经济中占有重要地位,产值占GDP 的 10%左右。印度尼西亚是一个农业大国,棕榈油、橡胶、咖啡、可可等产量居世界前列。印度尼西亚也是世界最大的椰子生产国。旅游业是印度尼西亚非油气行业中仅次于电子产品出口的第二大创汇行业。

(七)文学、艺术

印度尼西亚的戏剧、舞蹈和音乐极为著名,木偶戏是印度尼西亚最有代表性的戏剧艺术。巴厘岛居民以舞蹈著称于世,被称为"舞之岛"。巴厘岛的舞蹈和音乐带有宗教性质,源自印度教的信仰,讲究手和指尖的动作,多在寺庙前表演。佳美兰音乐是印度尼西亚最具有代表性的音乐形式,是印度尼西亚传统音乐文化的集中表现。印度尼西亚人民视佳美兰音乐为国宝。佳美兰音乐是一种以重金属敲击乐器为主体的合奏音乐,主要流行于爪哇岛和巴厘岛,常伴奏于各类戏曲、舞蹈中,也在各种类喜庆活动中演奏。

二、出行须知

(一)基本常识

1. 气候

印度尼西亚地跨赤道,是典型的热带雨林气候,年平均温度 25~27 ℃,具有高温多雨、风力小湿度大的特点,没有四季之分。雨季一般是从 11 月到第二年的 4 月,旱季从 5—10 月。

2. 货币

印度尼西亚的法定货币为印度尼西亚盾或卢比(IDR),汇率:1 印度尼西亚卢比＝0.000 502 5 人民币,1 人民币＝1 990.140 1 印度尼西亚卢比(2019 年 8 月 30 日)。

3. 时差

印度尼西亚实行的是东九区的区时,比中国北京时间晚 1 个小时。

4. 其他

2015 年 6 月 10 日,印度尼西亚正式对中国等 30 个国家的游客实施免签证。

(二)习俗和禁忌

1. 习俗

印度尼西亚人见面时一般行握手礼,尤其是第一次见面时,大多点头握手。

与熟人和朋友见面的传统礼节是用右手按住胸口互相问好。印度尼西亚女性的传统服装是上衣长而宽敞,对襟长袖,无领,多配以金色铜纽扣。爪哇族和巴厘岛的女性上衣款式比较简单,下身围纱笼(一种长围裙),并配有色调一致的腰带和披肩。

此外,印度尼西亚人有敬蛇的习俗,认为蛇是善良、智慧、德行的象征。他们偏爱茉莉花,喜爱带蛇或茉莉花图案的物品。

2. 禁忌

印度尼西亚是一个伊斯兰教国家,有很多和宗教信仰有关的禁忌。参观庙宇或清真寺时,不能穿短裤、无袖服、背心或裸露的衣服,并且一定要脱鞋。忌用左手递接物品。忌讳摸孩子的头部。忌讳吃猪肉食品,忌讳带有猪、龟图案的物品。讨厌老鼠,认为老鼠是有害的动物。忌饮烈性酒,不爱吃海参,也不吃带骨带汁的菜和鱼肚等。和他们交谈时应避开政治、宗教等话题。爪哇人忌讳夜间吹口哨,认为这样会招来游荡的幽灵。

✏️ 任务练习

一、情景模拟

请模拟旅行社的前台销售人员向咨询的客人介绍印度尼西亚的基本国情、去印度尼西亚旅行的基本常识与当地的习俗和禁忌。

二、知识检测

（一）单选题

1. 关于印度尼西亚基本国情的叙述中不正确的是（　　）。

　A. 地跨赤道,疆域横跨亚洲及南极洲

　B. 由 17 000 多个岛屿组成,被称为"千岛之国",是世界上最大的群岛国家

　C. 印度尼西亚是世界第四人口大国

　D. 印度尼西亚是多火山、多地震的国家

2. 印度尼西亚约87%的人口信奉（　　）,是世界上穆斯林人口最多的国家。

　A. 天主教　　　　　　　　　　　B. 伊斯兰教

　C. 基督教新教　　　　　　　　　D. 犹太教

3. 印度尼西亚地跨赤道,高温多雨,是典型的（　　）气候。

　A. 热带季风　　　　　　　　　　B. 热带海洋

　C. 地中海　　　　　　　　　　　D. 热带雨林

4. 关于印度尼西亚的文学艺术的叙述中不正确的是（　　）。

　A. 佳美兰音乐是印度尼西亚最具代表性的音乐形式,被印度尼西亚人民视为国宝

　B. 爪哇岛居民以舞蹈著称于世,被称为"舞之岛"

　C. 巴厘岛的舞蹈源自印度教的信仰,讲究手和指尖的动作

　D. 木偶戏是印度尼西亚最有代表性的戏剧艺术

5. 关于印度尼西亚习俗和禁忌的叙述中不正确的是（　　）。

　A. 忌讳用左手递接东西、忌讳吃猪肉制品,禁饮酒

　B. 印度尼西亚人敬蛇,偏爱茉莉花,喜欢带蛇或茉莉花图案的商品

　C. 与熟人和朋友见面的传统礼节是用左手按住胸口互相问好

　D. 印度尼西亚女性的日常上衣长而宽敞,对襟长袖,无领,多配以金色铜纽扣

（二）填表题

人口		国花		主要宗教	
民族		国鸟		首都	
语言		国石		与北京时差	
货币		国歌		国庆节	

子任务二　认识印度尼西亚

任务描述

　　模拟印度尼西亚的地陪人员,在参观游览的过程中向中国游客提供讲解服务,从而对印度尼西亚主要的旅游城市和著名景点、印度尼西亚的饮食习俗、旅游商品、节庆活动以及出入境旅游市场能深入了解。

任务内容

一、旅游城市和著名景点

(一)雅加达

　　雅加达位于爪哇岛西部的北岸,是印度尼西亚的首都,全国的政治、经济和文化中心,也是东南亚最大的城市,世界著名的海港。多数居民为印度尼西亚爪哇人,少数为华人、华侨、荷兰人。主要景点有中央博物馆(东南亚最大的历史博物馆)、缩影公园、独立广场、寻梦园、动物园和水族馆等。

1. 中央博物馆

　　中央博物馆位于雅加达市中心独立广场西边的独立西街,建成于 1868 年,是印度尼西亚规模最大、收藏最丰富的博物馆。中央博物馆是一座欧式的白色建筑。馆前草坪石墩上立有一座铜大象,为 1871 年暹罗王拉玛五世来访时所赠,故博物馆又称"大象博物馆"或"象屋"。

2. 缩影公园

　　缩影公园位于雅加达市以东 26 千米,占地约 1.2 平方千米,是由苏哈托夫人建议集资修建的。印度尼西亚缩影公园是世界上第一个介绍国土知识的"缩影公园"。入口处有一个巨大的火炬纪念碑,正面刻有印度尼西亚建国的五项原则,背面是巨大的印度尼西亚地形模型。园内把印度尼西亚所有岛屿及有代表性的景点,按比例缩小仿造。公园集中反映了印度尼西亚全国各地的名胜古迹和风土人情,游客可以欣赏苏门答腊岛的热带风光、庄严肃穆的白色寺庙、闻名世界的婆罗浮屠佛塔、古老的独木舟、用树干搭成的高层茅草棚等。

（二）泗水

泗水位于东爪哇北岸，也译为"苏腊巴亚"，是印度尼西亚的第二大城市，因该城居民曾抗击西方殖民者的侵略，故有"英雄城"之称。该市有迷人的海滩和美丽的公园，还有达尔莫动物园。该动物园以多种珍禽异兽和上百种猴子闻名于世。古建筑有1868 年兴建的大清真寺和1835 年兴建的亨德里克古堡等。

（三）万隆

万隆位于距首都东南约180 千米的火山群峰包围的高原盆地中，为印度尼西亚第三大城市，是著名的避暑旅游城市，不仅四季鲜花盛开，而且有众多的风景名胜。主要景点有皇家玫瑰公园、覆舟火山、万隆温泉、达哥瀑布和连旺天文台等。覆舟火山是活火山，游客可以到火山口观赏火山活动。具有历史意义的"万隆会议"于1955 年在万隆市独立大厦举行。

（四）日惹

日惹位于中爪哇的南部，是一座历史悠久的城市。日惹古时候是马打蓝王国的首都，18—19 世纪是日惹苏丹王国的首都，现已成为日惹特区的首府。日惹为爪哇文化艺术的发源地，文学和舞蹈发达，浮雕和雕像众多，学府林立，著名的卡查玛达大学就设于此。市内有城堡、宫殿和楼阁，富有古王城风貌。主要景点有日惹苏丹王宫、婆罗浮屠佛塔、普兰班南寺庙群等。

1. 日惹苏丹王宫

日惹苏丹王宫位于日惹市中心，建成于1756 年，是由日惹苏丹国首任国王哈孟古·布沃诺一世设计并建造的。日惹苏丹王宫为日惹苏丹的王宫，是一座有260 多年历史的宫殿。该建筑设计巧妙，匠心独运，有雄伟的王宫大殿、豪华的皇家园林、别致的小院落与清真寺等。印度尼西亚独立后，政府允许原王族一家继续住在宫内，宫中所用仆人仍着古时服装。

2. 婆罗浮屠佛塔

位于日惹以北42 千米处的婆罗浮屠佛塔是举世闻名的佛教古迹。"婆罗浮屠"梵文之意为"山丘上的佛塔"。该塔建于公元9 世纪的夏连特拉王朝时期，由5 层带边墙的平台组成正方形的塔基，方形平台上是4 层圆形平台，上面竖立着72 座钟形佛塔或佛龛，每座佛塔内有一尊佛像。该塔在1006 年因火山喷发而被掩埋，直至1814 年才被重新发现，后来对其进行了大规模的修缮。它是世界上现存最大的佛塔，与中国的长城、印度的泰姬陵、柬埔寨的吴哥窟、埃及的金字塔并称为古代东方的五大奇迹，1991年被列入世界文化遗产名录。

（五）巴厘岛

巴厘岛位于爪哇岛西部，面积约为 5 500 平方千米。岛上最高峰是阿贡火山，海拔 3 142 米。巴厘岛是印度尼西亚唯一信奉印度教的地区。80% 的人信奉印度教。当地的语言是巴厘语，也通行印度尼西亚语和英语。巴厘岛环境优美，风景如画，有"诗之岛""舞之岛""花之岛""千庙之岛""天堂岛"等诸多美称。巴厘岛众多神庙中最著名的是百沙基陵庙，有 1 000 多年的历史，是岛上最雄伟最神圣的寺庙，其石雕建筑与柬埔寨的吴哥窟类似。巴厘岛的舞蹈风格奇特，多与神话和宗教有关。岛上其他著名的景点有海神庙、库塔海滩、金巴兰海滩、乌鲁图瓦断崖等。巴厘岛作为浪漫圣地吸引无数游客来此举办婚礼及度假，已经成为世界著名的旅游岛。

二、饮食习俗

印度尼西亚人吃饭不用筷子，而是用勺和叉子，有时也喜欢用手抓。印度尼西亚人的主食是大米、玉米或薯类。不过，印度尼西亚人也喜欢吃面食，如各种面条、面包等。由于印度尼西亚人绝大部分信仰伊斯兰教，所以绝大部分居民不吃猪肉，而是吃牛羊鸡肉和鱼虾。印度尼西亚人制作菜肴时喜欢加入辣椒、葱、姜、蒜等各种香料，因此印度尼西亚菜有辛辣味香的特点。由于印度尼西亚盛产咖啡，所以印度尼西亚人喝咖啡很普遍，如同中国人喜欢喝茶一样。印度尼西亚的招牌菜之一就是印度尼西亚炒饭，它是印度尼西亚人民的至爱，此外还有印度尼西亚炒面、印度尼西亚煎饼等。

三、旅游商品

印度尼西亚的工艺品或特色纪念品有巴迪布、格里斯短剑、木雕、银制品和蜡染纪念品，另外还有铜或铜合金神像、皮影戏傀偪、木偶戏傀偪、景物模型、彩贝制品、丁香串艺术品、天然宝石、印度尼西亚风景画、小型宫廷金车、爪哇绢制人像、装饰扇、牛角制工艺品、果核小工艺品、龙目岛瓷壶等。

此外，印度尼西亚咖啡的种类有很多，最好的产自苏门答腊，称为黄金咖啡。印度尼西亚的咖啡是购物的佳品，坎帕阿也（Kapal Api）是最受欢迎的咖啡品牌。

四、节庆活动

印度尼西亚是伊斯兰教国家，有开斋节、宰牲节等宗教节日；此外，还有民族觉醒日（5 月 20 日，纪念 1908 年印度尼西亚民族运动组织"至善社"成立）、独立日（8 月 17 日）等重要节日。

五、旅游市场

旅游业是印度尼西亚非油气行业中仅次于电子产品出口的第二大创汇行业,政府长期重视开发旅游景点,兴建饭店,培训人员和简化入境手续。1997 年以来受金融危机、政局动荡、恐怖爆炸、自然灾害、禽流感等不利影响,旅游业发展缓慢。2007 年起增速,2017 年外国赴印度尼西亚游客为达 1 404 万人次。2018 年 1—11 月外国赴印度尼西亚游客 1 439 万人次。中国、新加坡、马来西亚、澳大利亚和日本为印度尼西亚前五大游客来源地。巴厘岛的旅游收入占到印度尼西亚旅游总收入的近一半。据印度尼西亚中央统计局公布的数据显示,2017 年赴印度尼西亚旅游的中国内地游客人数为 205.9 万人次,占印度尼西亚国际游客总数的 14.95%。中国已经连续两年成为印度尼西亚第一大国际游客来源地。而 2017 年在我国的入境游客中,有印度尼西亚游客约为 68 万人次,约占中国入境游客的 1.6%。

知识拓展

印度尼西亚国球——羽毛球

中国的国球是乒乓球,而印度尼西亚的国球则是羽毛球。自从 1957 年从马来西亚人手中夺得"汤姆斯杯"冠军后,当时的印度尼西亚总统苏加诺就明确宣布羽毛球为国球。在印度尼西亚体育界,羽毛球就是奥运金牌的象征。羽毛球赛事中历史最悠久的汤姆斯杯,在 1982 年中国队登上世界赛场前,印度尼西亚队一口气从 1958—1979 年拿了七次冠军。1989 年,印度尼西亚羽协代表全国人民向世界羽毛球联合会捐赠奖杯,创办世界羽毛球混合团体赛——苏迪曼杯(世界羽毛球混合团体锦标赛)。之所以称为"苏迪曼杯",是为了纪念印度尼西亚羽毛球协会的创始人、世界羽毛球联合会前副主席迪克·苏迪曼而命名的。他被誉为"羽毛球之父"。"苏迪曼杯"赛成为继汤姆斯杯赛、尤伯杯赛和世界锦标赛之后的一项重大的羽毛球国际赛事。

任务练习

一、情景模拟

模拟印度尼西亚的地陪人员,在参观游览的过程中向中国游客提供讲解服务,从而对印度尼西亚主要的旅游城市和著名景点、印度尼西亚的饮食习俗、旅游商品、节庆活动以及出入境旅游市场能深入了解。

二、知识检测

单选题

1. 雅加达的(　　)景区集中反映了印度尼西亚全国各地的历史古迹和民俗风情。
   A. 中央博物馆　　　B. 民族纪念碑　　　C. 缩影公园　　　D. 独立广场
2. 关于巴厘岛的叙述中不正确的是(　　)。
   A. 巴厘岛众多神庙中最著名、最雄伟的寺庙是海神庙,其历史超过 1 000 年
   B. 巴厘岛是印度尼西亚唯一信奉印度教的地区
   C. 巴厘岛有"诗之岛""舞之岛""花之岛""千庙之岛"等诸多美称
   D. 巴厘岛上最高峰是阿贡火山
3. 印度尼西亚的(　　)是举世闻名的佛教古迹和世界文化遗产,也是世界上现存最大的佛塔,被称为古代东方五大奇迹之一。
   A. 婆罗浮屠佛塔　　　　　　　　　B. 普兰班南寺庙
   C. 大雁塔　　　　　　　　　　　　D. 佛统大塔
4. 关于印度尼西亚的饮食特点叙述中不正确的有(　　)。
   A. 吃饭不用筷子,而是用勺和叉子,有时也喜欢用手抓
   B. 由于印度尼西亚盛产咖啡,所以印度尼西亚人喝咖啡很普遍
   C. 大部分印度尼西亚人都爱吃猪肉、牛羊肉、鸡肉
   D. 印度尼西亚菜一般辛辣、味香,印度尼西亚炒饭是招牌菜之一

任务七 ● 菲律宾

子任务一　了解菲律宾

任务描述

　　模拟旅行社的前台销售人员向咨询的客人介绍菲律宾的基本国情、去菲律宾旅行的基本常识以及当地的习俗和禁忌。

任务内容

一、基本国情

(一)地理环境

菲律宾的地理环境

菲律宾,全称菲律宾共和国。位于亚洲东南部,北隔巴士海峡与中国台湾地区遥遥相望,南和西南隔苏拉威西海、巴拉巴克海峡与印度尼西亚、马来西亚相望,西濒南海,东临太平洋。总面积为 29.97 万平方千米,共有大小岛屿 7 000 多个,其中吕宋岛、棉兰老岛、萨马岛等 11 个主要岛屿占菲律宾总面积的 96%。

菲律宾群岛地形多山地和活火山,地震频繁。吕宋岛东南的马荣火山是最大的活火山。棉兰老岛东南部的阿波火山海拔 2 954 米,为境内最高峰。萨马岛和棉兰老岛以东的菲律宾海沟,最深达 10 479 米,是世界海洋最深的地区之一。

(二)发展简史

14 世纪前后,菲律宾出现了由土著部落和马来族移民构成的一些割据王国,其中最著名的是苏禄王国。1521 年,麦哲伦率领西班牙远征队到达菲律宾群岛。此后,西班牙逐步侵占菲律宾,并统治了长达 300 多年。1898 年 6 月 12 日,菲律宾人民推翻西班牙殖民者的统治,宣告独立,成立菲律宾共和国。同年,美国依据对西班牙战争后签订的《巴黎条约》占领菲律宾。1942 年,菲律宾被日本占领。第二次世界大战结束后,菲律宾再次沦为美国殖民地。1946 年 7 月 4 日,菲律宾摆脱美国的殖民统治,宣布独立。

(三)民族、宗教

菲律宾全国总人口约为 1 亿 200 万(2019 年 4 月)。马来族占全国人口的 85% 以上,其他还包括他加禄人、伊洛人、邦邦牙人、维萨亚人和比科尔人等;外来后裔有华人、阿拉伯人、印度人、西班牙人和美国人,还受到为数不多的原住民。菲律宾有 70 多种语言。国语是以他加禄语为基础的菲律宾语,英语为官方语言。约 85% 的国民信奉天主教,4.9% 信奉伊斯兰教,少数人信奉独立教和基督教新教,华人多信奉佛教,原住民多信奉原始宗教。

(四)国旗、国徽

菲律宾国旗呈横长方形,长与宽之比为 2∶1。靠旗杆一侧为白色等边三角形,中间是放射着八束光芒的黄色太阳,三颗黄色的五角星分别在三角形的三个角上。旗面右边是红蓝两色的直角梯形,两色的上下位置可以调换。平时蓝色在上,战时红色在上。太阳和光芒图案象征自由;八道较长的光束代表最初起义争取民族解放和独立的八个省,其余光芒表示其他省。三颗五角星代表菲律宾的三大地区:吕宋、萨马和棉兰老。蓝色象征忠诚、正直,红色象征勇气,白色象征和平和纯洁。

菲律宾国徽呈盾形,中央是太阳放射光芒的图案,三颗五角星在盾面上部,其寓意和国旗相同。左下方的鹰、右下方的狮子图案,分别代表美国、西班牙的殖民统治时期。盾徽下面的白色绶带上用英文写着"菲律宾共和国"。

菲律宾的国花为茉莉花,国树为纳拉树,国石为珍珠,国鸟为菲律宾鹰,国果为杧果。

(五)行政区划

菲律宾全国划分为吕宋、维萨亚和棉兰老三大部分,设有首都地区、科迪勒拉行政区、棉兰老穆斯林自治区等18个地区,下设81个省和117个市。

(六)政治、经济

菲律宾实行总统制,总统是国家元首、政府首脑兼武装部队总司令。实行行政、立法、司法三权分立政体。总统拥有行政权,由选民直接选举产生,任期六年,不得连选连任。国会是最高立法机构,由参、众两院组成。司法权属最高法院和各级法院。

菲律宾是出口导向型经济,对外部市场依赖较大。第三产业在国民经济中地位突出,农业和制造业也占相当大的比重。主要出口产品为:椰子油、香蕉、鱼和虾、糖及糖制品、椰丝、菠萝和菠萝汁、未加工烟草、天然橡胶、椰子粉粕和海藻。椰子、甘蔗、马尼拉麻和烟草为四大经济作物。水产资源丰富,金枪鱼资源居世界前列。森林覆盖率达53%,有乌木、檀木等名贵木材。菲律宾是全球主要劳务输出国之一,在海外工作的劳工有1 000多万。2016年,菲律宾海外劳工汇款达269亿美元,成为菲律宾重要的外汇收入来源。旅游业是菲律宾外汇收入的重要来源之一。

(七)文学、艺术

著名的叙事诗《阿丽古荣》、史诗《呼得呼得和阿里姆》、民间故事《世界的起源》等都是古代优秀的口头文学作品。西班牙殖民统治期间,爱国诗人弗朗西斯科·巴尔塔萨尔在狱中创作了反对西班牙统治,期望获得民族独立的长篇叙事诗《弗罗兰第和萝拉》,被人们誉为"他加禄诗人之王"。著名爱国诗人和作家何塞·黎萨尔的长篇小说《不许犯我》《起义者》对菲律宾民族解放运动起了重要作用。他牺牲后,被尊为菲律宾民族英雄和国父。何塞·巴尔马、弗尔南多·马·格雷洛、塞西略·阿波斯托尔都是抒情诗人,并称为"诗中三杰"。他们各自创作的《菲律宾》《我的国家》《致黎萨尔》都充满了爱国激情,体现了时代精神。

菲律宾文化融合了西班牙文化和本土文化,还受到美国文化的影响,但影响最深的还是西班牙文化。菲律宾人民能歌善舞,全国几十个民族都有自己独特的音乐和舞蹈。竹笋舞在菲律宾十分流行。菲律宾的雕刻艺术(石雕、木雕、象牙雕刻等)在东南亚享有盛誉。

二、出行须知

(一)基本常识

1. 气候

菲律宾属季风型热带雨林气候,高温、多雨、湿度大、台风多。年平均气温约 27 ℃。菲律宾以东是台风发源地之一,每年 7—9 月台风路线多经吕宋岛。10—12 月台风路线南移,有时也在棉兰老岛北部登陆。

2. 货币

菲律宾的货币为比索,简写 P,分纸币及硬币两种。汇率:1 菲律宾比索 = 0. 1368 人民币,1 人民币 = 7. 309 菲律宾比索(2019 年 8 月 30 日)。

3. 时差

菲律宾使用东八区的区时,与中国北京时间无时差。

(二)习俗和禁忌

1. 习俗

菲律宾人在社交场合与客人相见,无论男女都习惯以握手为礼。熟人相见则比较随便。相熟的男子相见,有时会拍一下对方的肩膀,以示亲切和打招呼。穆斯林相见,往往行"摸手礼"。由于受西方文化的影响,菲律宾上层社会很盛行"女士优先"的风气。菲律宾人最爱茉莉花,在迎接嘉宾时,往往用茉莉花编成的花环敬献给对方,并挂在其脖子上。

菲律宾男子的国服叫"巴隆他加禄"衬衣,它是外交场合、庆祝活动和宴会的正式礼服。菲律宾女子的国服叫"特尔诺",这种服装结合了西班牙妇女服装的特点,两边高出肩稍许,宛如蝴蝶展翅,也叫"蝴蝶服",是一种圆领短袖连衣裙。

2. 禁忌

菲律宾人非常珍爱白色,茶色和红色属禁忌之色。菲律宾人忌讳数字"13",认为它是厄运、灾难的象征。拜访菲律宾人事先要准备一些礼品,如工艺品、酒类、水果等,进门时最好脱鞋。去卫生间时,务必征得主人同意。忌讳用左手传递东西或食物。在菲律宾的马来西亚人忌讳别人用手摸其头部和背部。站立时双臂交叉于胸前,或长时间与他人对视都是不礼貌的行为。与菲律宾人交谈要回避该国政治、宗教及本国状况和腐败问题。菲律宾人不爱吃生姜,也不喜欢吃动物内脏和腥味大的东西。

✎ **任务练习**

一、情景模拟

请模拟旅行社的前台销售人员向咨询的客人介绍菲律宾的基本国情、去菲律宾旅行的基本常识与当地的习俗和禁忌。

二、知识检测

（一）单选题

1. 关于菲律宾地理概况的叙述中不正确的是（   ）。
   A. 北隔巴士海峡与中国海南省遥遥相望
   B. 西濒南中国海，东临太平洋
   C. 菲律宾位于环太平洋地震带上，多地震多火山
   D. 吕宋岛东南的马荣火山是菲律宾最大的活火山

2. 菲律宾历史上受（   ）统治长达 300 年之久，文化上受其影响最深，有 85%的人信仰天主教。
   A. 美国   B. 日本
   C. 西班牙   D. 葡萄牙

3. 关于菲律宾国家象征的叙述中不正确的是（   ）。
   A. 旗面右边是红蓝两色的直角梯形，两色的上下位置可以调换
   B. 平时红色在上，蓝色在下；战时蓝色在上，红色在下
   C. 三颗五角星代表菲律宾的三大地区：吕宋、萨马和棉兰老
   D. 左下方的鹰和右下方的狮子图案，分别代表美国、西班牙的殖民统治时期

4. 著名爱国诗人和作家（   ）被尊为菲律宾民族英雄和国父。
   A. 何塞·巴尔马   B. 弗尔南多·马·格雷洛
   C. 塞西略·阿波斯托尔   D. 何塞·黎萨尔

5. 关于菲律宾经济的叙述中不正确的是（   ）。
   A. 椰子、甘蔗、马尼拉麻和烟草为四大经济作物
   B. 三文鱼资源居世界前列，拥有乌木、檀木等名贵木材
   C. 菲佣的足迹可以说遍布全球
   D. 菲律宾是全球主要劳务输出国之一，在海外工作的劳工有 1 000 多万

6. 关于菲律宾习俗的叙述中不正确的是（   ）。
   A. 由于受西方文化的影响，很盛行"女士优先"的风气，忌讳数字"13"

B. 在迎接嘉宾时,往往用茉莉花编成的花环敬献给对方,并挂在其脖子上

C. 菲律宾男子的国服叫"巴隆他加禄"衬衣

D. 珍爱白色,忌讳蓝色和红色;忌讳用左手传递东西或食物

（二）填表题

人口		国花		主要宗教	
民族		国鸟		首都	
语言		国石		与北京时差	
货币		国歌		建国纪念日	

子任务二　认识菲律宾

任务描述

模拟菲律宾地陪人员,在参观游览的过程中向中国游客提供讲解服务,从而对菲律宾主要的旅游城市和著名景点、饮食习俗、旅游商品、节庆活动以及出入境旅游市场能深入了解。

任务内容

一、旅游城市和著名景点

菲律宾旅游资源丰富,有奇异的热带风光、优良的海港、丰富多样的水果和美食,独具特色的唐人街以及众多的名胜古迹、群岛,融合了热带丛林、美丽海滨、火山地形、海底世界等诸多特色。主要城市有马尼拉、宿务、碧瑶、奎松等。主要的旅游景点有长滩岛、吕宋岛、薄荷岛,还有图巴塔哈礁自然公园、巴纳韦高山梯田、维甘历史古城等多处世界遗产。

菲律宾
旅游宣传片

（一）马尼拉

马尼拉是菲律宾的首都,是全国政治、经济、文化和宗教中心,也是全国最大的城市。马尼拉位于吕宋岛西岸,濒临马尼拉湾,跨巴石河两岸,河上的 6 座桥梁把城市南北两部分连接起来。它是东西文化交融的城市,是亚洲最欧化的城市,被称为"亚洲的

纽约"。主要景点有圣奥古斯丁教堂、马拉卡南宫、黎刹尔公园、椰子宫、菲律宾文化村等。

1. 圣奥古斯丁教堂

圣奥古斯丁教堂位于马尼拉王城区的古城墙内,是西班牙人在吕宋岛修建的第一座宗教建筑。该教堂的修建工程于 1586 年开始,直到 1607 年,耗时近 21 年修建的教堂正式完工,命名为马尼拉圣保禄教堂,距今已有 400 年历史,它是菲律宾现存最古老的石头建筑教堂,是菲律宾最早的巴洛克风格的教堂建筑。圣奥古斯丁教堂也逐渐成为马尼拉乃至整个菲律宾宗教和文化的标志。石块上的浮雕细致逼真。教堂内部的天花板和墙壁上都有绘画,正中是奥古斯丁像和耶稣像。历经地震、台风和战火而不倒的教堂,于 1993 年被联合国教科文组织列入世界文化遗产名录。

2. 马拉卡南宫

马拉卡南宫位于马尼拉巴石河北岸,是菲律宾的总统府,始建于 1802 年,已有两百多年的历史,是西班牙建筑艺术的典范。马拉卡南宫的建筑风格不仅有浓郁的东方色彩,而且还洋溢着西方情调。马拉卡南宫虽是总统府,但多年来一直向公众开放,供人参观。为了不影响总统办公和举行国事活动,参观的地点仅限于昔日的总统办公和住宿大楼。

3. 黎刹尔公园

黎刹尔公园位于马尼拉市中心,占地 0.58 平方千米,原名鲁纳达公园,后来为纪念菲律宾的民族英雄黎刹尔博士而改名为黎刹尔公园。黎刹尔博士是个教育家,同时也是文学家和艺术家。他早年学医,后从事反对西班牙殖民统治的斗争,领导人民进行独立运动,1896 年 12 月 30 日他被殖民统治者杀害,年仅 35 岁。为了纪念他的丰功伟绩,公园里铸有他的铜像,每天有两名警卫守护。

(二)宿务

宿务市位于宿务岛北岸,是菲律宾的中央直辖市、第二大城市,同时也是菲律宾最古老的城市。由于位处菲律宾中部,宿务市是菲律宾主要的国际航班中心,也是米沙鄢和棉兰老地区最重要的商业、贸易和工业中心,有"南菲律宾皇后""南菲律宾首都"之称。宿务市有圣佩德罗古堡、菲律宾第三任总统马赛赛的纪念碑、麦哲伦十字架亭、圣婴大教堂等景点。其中麦哲伦十字架亭是宿务市最著名的地标。

(三)碧瑶

碧瑶位于吕宋岛的西部,距马尼拉市 250 千米,是海拔 1 500 米的山城。碧瑶年平均气温 14~22 ℃,以花木繁盛、气候凉爽闻名于世,是菲律宾著名的避暑胜地,有"夏都""花都"之称。著名景点有:万寿宫、海约翰美军休养所、菲律宾士官军事学校、普陀寺等名胜古迹。万寿宫的大门和建筑均仿造英国的白金汉宫,建筑宏伟壮观,是菲律宾总统在碧瑶的下榻处。

(四)长滩岛

长滩岛位于菲律宾中部,处于班乃岛的西北尖端,形状如同一个哑铃。整座岛不过7 000 米长,却有一片长达 4 000 米的白色沙滩,被誉为"世界上最细的沙滩"。雪白的沙滩、碧蓝的海水、和煦的阳光使长滩岛成为著名的度假胜地。

(五)吕宋岛

吕宋岛位于菲律宾群岛的北部,它是菲律宾面积最大、人口最多、经济最发达的岛屿。吕宋岛盛产稻米、椰子,吕宋雪茄闻名于世。吕宋岛是菲律宾旅游的精华地区,外国游客一般以此为起点,游览菲律宾。除马尼拉外,吕宋岛其他主要旅游景点有塔尔湖、马荣火山、百胜滩等。

1. 塔尔湖

塔尔湖位于吕宋岛西南部,是菲律宾的避暑和旅游胜地。湖中有一个小岛,岛上的塔尔火山是世界上地势最低的火山,最高海拔 300 米。

2. 马荣火山

马荣火山位于吕宋岛东南端,是菲律宾最大的活火山,海拔 2 462 米,顶端被熔岩覆盖,呈灰白色,山体呈圆锥形,有"世界最完美的火山锥"之称。上半部几乎没有树木,下半部则森林茂密。

(六)巴纳韦高山梯田

巴纳韦高山梯田位于吕宋岛北部、马尼拉以北 250 千米的安第斯山上。这是两千多年前当地的伊富高民族在海拔 1 500 米以上的山上修建的古代水稻梯田,梯田面积最大的为 2 500 平方米,最小的仅为 4 平方米。用石块修成的梯田,外壁最高约达 4 米,最低的不到 1 米。整个梯田面积约 10 万平方千米,被誉为"世界第八大奇迹",1995年,被联合国教科文组织批准为世界文化遗产。

二、饮食习俗

菲律宾人习惯吃西餐,但对中餐也感兴趣。上层人士用餐惯使刀叉,农村人及穆斯林信徒惯用右手抓食。菲律宾一般以大米、玉米为主食。副食以各类蔬菜、海鲜、蛋禽及肉类为主。菲律宾菜是马来菜、中国菜、西班牙菜的奇妙混合,别有风味。菲律宾菜肴喜多放调料,尤喜香辣调味品。菲律宾人喜吃椰汁煮木薯。著名的菜肴有咖喱鸡肉、虾子煮汤、香蕉叶包饭、烤乳猪。在菲律宾,男女老幼爱喝啤酒,爱嚼甘蔗。菲律宾人在日常生活中嗜嚼槟榔。

三、旅游商品

菲律宾的刺绣世界闻名，男式国服"巴隆他加禄"衬衣就是具有菲律宾民族特色的独特艺术品，还有女式的刺绣服装，及与衣服配套的围巾、提包、手绢等。各种形状的编织篮、棉兰老岛色彩鲜艳的包、萨马岛和莱特岛上特产的垫子，既朴素又大方，都是很有特色的工艺品。此外，木雕工艺品、马尼拉的特产椰子、吕宋雪茄、水果干（芒果干、香蕉干）等都是很好的旅游商品。

四、节庆活动

菲律宾是世界上节日最多的国家之一，全国各民族大大小小节日有几百个，其中全国性的节日就有 20 多个。菲律宾的主要节日有独立日（即国庆节，6 月 12 日）、巴丹日（纪念二战阵亡战士，4 月 9 日）、英雄节（纪念国父黎萨尔殉难，12 月 30 日），还有许多和天主教有关的节日，如圣诞节、复活节、万圣节、五月花节、护城神节等。充满民族、宗教韵味的节日庆典，如碧瑶花节、牛仔竞技节、人体彩绘节、达沃丰收节、面具嘉年华等经常在各岛之间举行。

五、旅游市场

近年来，菲律宾政府把旅游业作为重点发展产业之一。随着中菲两国间直航航班数量的增多以及菲律宾政府推出针对中国团体游客、商人和参会代表的落地签政策，中国赴菲游客人数持续快速增长。菲律宾的第一大游客来源是韩国，中国也是菲律宾的重要客源国。据统计，在 2017 年最受我国游客欢迎的目的地国家中，菲律宾排名第七，赴菲律宾游客数量为 96.8 万人次。2018 年 1—9 月有 97.3 万人次的中国游客赴菲律宾旅游。2017 年，来中国旅游的菲律宾游客约有 117 万人次，比 2018 年同期实现了 34.9% 的高速增长。统计显示，2018 年前三季度菲律宾共接待 536 万人次的国际游客，其中中国游客占比达到 18%，仅次于居菲律宾第二大游客来源地的韩国。

知识拓展

菲律宾女佣为什么那么受欢迎？

菲律宾女佣，简称菲佣。菲佣的足迹可以说遍布全球。这与菲律宾多年来树立起的"世界家政服务"品牌密不可分。菲律宾人非但不会瞧不起女佣，相反还觉得一个家庭有女性到海外务工，是件很光彩的事情，许多受教育程度高的女性都愿意出外当家佣。菲佣出现在中国,最先是在香港,香港"第一代"菲佣出现在 20 世纪 70 年代。1970 年时香港大约有 50 名菲佣,她们主要受聘于居港的英美人士家庭,不少香港家庭也雇用菲佣当家佣。菲佣受欢迎主要是因为她们具有得天独厚的先天条件:一是讲英语;二是菲律宾人的种种天性,比如,大都耐心善良、笃信天主教;三是讲卫生,早睡早起,生活习惯好。菲佣素有"世界上最专业的保姆"之美誉。在世界家政行业中"菲佣"可以算得上是一个世界知名品牌。

任务练习

一、情景模拟

模拟菲律宾的地陪人员,在参观游览的过程中向中国游客提供讲解服务,从而对菲律宾主要的旅游城市和著名景点、饮食习俗、旅游商品、节庆活动以及出入境旅游市场能深入了解。

二、知识检测

1. (　　)是菲律宾最大的活火山,山体呈圆锥形,有"世界最完美的火山锥"之称。
  A.马荣火山　　　　　　　　B.阿贡火山
  C.阿波火山　　　　　　　　D.覆舟火山

2. 马尼拉是亚洲最欧化的城市,被称为"亚洲的纽约",下列不属于马尼拉的景点的是(　　)。
  A.万寿宫　　　　　　　　　B.圣奥古斯丁教堂
  C.马拉卡南宫　　　　　　　D.黎刹尔公园

3. (　　)是菲律宾的第二大城市和最古老的城市,麦哲伦十字架亭是其最著名的地标。
  A.碧瑶　　　　　　　　　　B.马尼拉
  C.宿务　　　　　　　　　　D.达沃

4. (　　)是菲律宾著名的避暑胜地,有"夏都""花都"之称。
  A.碧瑶　　　　　　　　　　B.马尼拉
  C.宿务　　　　　　　　　　D.达沃

任务八 ● 越南

子任务一　了解越南

任务描述

模拟旅行社的前台销售人员向咨询的客人介绍越南的基本国情、去越南旅行的基本常识以及当地的习俗和禁忌。

任务内容

一、基本国情

(一)地理环境

越南的
地理环境

越南位于东南亚中南半岛东部,北与中国接壤,西与老挝、柬埔寨交界,东面和南面临南海。越南国土狭长,呈"S"形,面积约为33万平方千米。

越南地形狭长、西高东低,境内四分之三为山地和高原。黄连山主峰番西邦峰海拔为3 142米,为越南最高峰,中部长山山脉纵贯南北,东部沿海为平原,地势低平,河网密布。越南境内主要河流有北部的红河、南部的湄公河。

(二)发展简史

公元968年越南成为独立的封建国家。1884年沦为法国保护国。第二次世界大战中被日本侵占。1945年"八月革命"取得胜利,9月2日胡志明发表《独立宣言》,宣布越南民主共和国成立。同年9月法国再次入侵越南,越南人民又进行了历时9年的抗法战争。1954年5月越南取得"奠边府大捷"后,法国被迫在日内瓦签订了关于恢复印度支那和平的协定,越南北方获得解放,南方仍由法国统治(后成立由美国扶植的南越政权)。1961年,越南人民在胡志明主席的领导下展开了为解放南方、统一祖国的抗美救国战争。1973年1月,越美签订关于结束战争、恢复和平的巴黎协定,同年3月美军从越南南方撤走。1975年5月,越南南方全部解放,抗美救国战争赢得彻底胜利。1976年7月,越南南北实现统一,定国名为越南社会主义共和国。

(三)民族、宗教

越南人口约为 9 620 万(2019 年 4 月),有 54 个民族,京族(也叫越族)占总人口的 86%,岱侬族、傣族、芒族、华人、侬族人口均超过 50 万。主要语言为越南语(官方语言、通用语言、主要民族语言)。主要宗教有佛教、天主教、和好教与高台教。

(四)国旗、国徽

越南的国旗又叫金星红旗,为长方形,长宽比例为 3∶2,红底中间有一颗黄色的五角金星,象征越南共产党对国家的领导,红色象征革命和胜利,五星的五个角分别代表工人、农民、士兵、知识分子和青年。

越南的国徽中间是一个大五角星,代表越南共产党,国徽四周是稻穗和金色齿轮,代表农民阶级及工人阶级。金色齿轮下方写着"越南社会主义共和国"的红底金字绶带。

越南国花是莲花。

(五)行政区划

越南全国划分为 58 个省和 5 个直辖市。直辖市分别是河内、胡志明市、芹苴、岘港、海防。

(六)政治、经济

越南是民主共和制国家。国会是国家最高权力机关,任期四年,通常每年举行两次例会。国家主席是国家元首和武装力量统帅,由国会代表以无记名投票方式选出,任期五年。政府是国家最高行政机关,总理和国家副主席由国家主席提名,经国会选举产生。越南共产党是越南唯一合法政党。

越南属发展中国家,也是个传统的农业国家,农业人口约占总人口的 75%,经济发展以农业为主。越南盛产稻米、热带经济作物(咖啡、橡胶、胡椒、茶叶、花生、甘蔗)和热带瓜果。主要工业产品有煤炭、原油、天然气、液化气等。

(七)文学、艺术

在文化方面,越南受中国文化影响比较大。越南使用汉字长达 2 000 多年。越南武术自古受中国武术影响较大,同时来自东南亚各国的拳术也渗透到越南武术中。然而,在吸收邻国武术精华的同时,越南武术也保留了大量自身的特点。目前最具影响的越南武术是越武道。水上木偶戏被越南政府视为一种重要的越南文化遗产,是国宝级的民间艺术。它起源于 10 世纪的越南李朝的红河三角洲一带,与中国古代宫廷的"水傀儡戏"有很多相似之处。法国人在 19 世纪进入越南时,在大城市建立了学校,教授欧洲艺术方法,因此法国艺术影响主要集中在河内和西贡。从那时起,越南艺术家开始使用丝绸、漆器等传统媒介来创作欧洲风格的艺术品。

二、出行须知

(一)基本常识

1. 气候

越南地处北回归线以南,高温多雨,属热带季风气候。年平均气温在 24 ℃左右,年平均降雨量为 1 500~2 000 毫米。北方分春、夏、秋、冬四季;南方雨旱两季分明,大部分地区 5—10 月为雨季,11 月—次年 4 月为旱季。

2. 货币

越南的货币叫越南盾(VND)。汇率:1 越南盾 = 0.000 308 6 人民币,1 人民币 = 3 240.427 8 越南盾(2019 年 8 月 30 日)。

3. 时差

越南首都河内位于东七区,比中国北京时间晚 1 个小时。

(二)习俗和禁忌

1. 习俗

越南是个很注重礼貌的国家。越南人见面时通常行握手礼。一些少数民族(如苗族、瑶族)行抱拳作揖礼。信仰佛教的人们相见时,一般行合十礼,即双手合十齐唇或齐额,向对方致意,双手不宜过高。一般和越南人打招呼,都会说 Xin chào(新早),这是一种礼貌,类似中国的"你好"。越南人喜欢嚼槟榔,还把槟榔当作求婚的信物。嚼槟榔、染齿是京族的古老习俗,在过去男女到了 17、18 岁就开始染齿,意味着成年,可以成亲了。越南人喜爱红色,视红色为吉祥、喜庆之色;非常喜欢狗,认为狗忠实、可靠、勇敢;钟爱桃花,认为桃花是吉祥之花,并称其为国花。

越南人平时多上穿素色衬衣,下穿深色的宽大裤子,脚穿凉鞋,头上戴一斗笠。越南女子在正式场合习惯穿着国服"奥黛",奥黛是越南的传统服装,也叫"长衫"。类似中国旗袍,剪裁非常合身,上身束腰,凸显女性玲珑有致的曲线,下摆舒展,开衩至腰际,活动方便。越南妇女穿长衫时,还要穿一条白色或黑色的宽腿拖地长裤。

2. 禁忌

越南人忌讳别人拍他的肩膀或用手指着他大声叫嚷,认为有失礼貌;忌讳用脚指物,或把脚掌对向别人,认为这是污辱人的动作;忌讳别人随意触摸他或其小孩的头部,认为被人摸过头会带来厄运。南部高棉人忌用左手行礼、进食、递接物品。越南人忌讳三人合影,不能用一根火柴或打火机连续给三个人点烟,认为不吉利。

任务练习

一、情景模拟

请模拟旅行社的前台销售人员向咨询的客人介绍越南的基本国情、去越南旅行的基本常识与当地的习俗和禁忌。

二、知识检测

（一）单选题

1. 越南有 54 个民族，(　　)是主要的民族，占总人口的 86%。
   A. 泰族　　　　　B. 芒族　　　　　C. 高棉族　　　　　D. 京族

2. 越南的第一任国家主席是(　　)。
   A. 胡志明　　　　　　　　　B. 阮富仲
   C. 阮氏金银　　　　　　　　D. 阮春福

3. (　　)被越南政府视为一种重要的越南文化遗产，是国宝级的民间艺术。
   A. 水上木偶戏　　　　　　　B. 越南武术
   C. 越南丝绸　　　　　　　　D. 越南木雕

4. 越南女子的国服叫（　　），类似中国旗袍，上身束腰，凸显女性身段，下摆舒展，开衩至腰际，活动方便。
   A. 纱丽　　　　　　　　　　B. 韩服
   C. 奥黛　　　　　　　　　　D. 蝴蝶服

5. 关于越南人的习俗和禁忌的叙述中不正确的是(　　)。
   A. 越南人忌讳别人触摸他的头部，忌讳别人拍他的肩膀
   B. 南部高棉人忌用左手行礼、进食、递接物品
   C. 越南人忌讳三人合影，不能用一根火柴或打火机连续给三个人点烟
   D. 越南人喜爱白色，京族有嚼槟榔、染齿的古老习俗

（二）填表题

人口		国花		主要宗教	
民族		国鸟		首都	
语言		国石		与北京时差	
货币		国歌		建国纪念日	

子任务二　认识越南

任务描述

模拟越南的地陪人员,在参观游览的过程中向中国游客提供讲解服务,从而对越南主要的旅游城市和著名景点、饮食习俗、旅游商品、节庆活动以及出入境旅游市场能深入了解。

任务内容

一、旅游城市和著名景点

(一)河内

河内是越南首都、越南第二大城市、全国的政治、经济、文化中心,位于红河三角洲西北部,水、陆、空交通便利,地理位置十分重要。城市地处亚热带,临近海洋,四季如春,花木繁茂,素有"百花春城"之称。河内是一座拥有上千年历史的古城,从 11 世纪起就是越南的政治、经济和文化中心,曾是越南李、陈、后黎等王朝的都城,名胜古迹众多,有"千年文物之地"的美誉。著名景点有胡志明主席宣读《独立宣言》的巴亭广场、还剑湖见证中越两国文化交流的文庙等。

1. 巴亭广场

巴亭广场位于河内市中心,广场长约 320 米,宽约 100 米,可以容纳十几万人,是河内人民集会和节日活动的场所,是河内的心脏。为了纪念越南人民的抗法斗争,在"八月革命"胜利后,遂以"巴亭"命名此广场。1945 年 9 月 2 日,胡志明主席在此宣读《独立宣言》,宣布越南民主共和国成立。巴亭广场西侧高耸着胡志明主席的陵墓。墓西北是胡志明在河内的旧居,西南面有胡志明博物馆。博物馆前有著名的独柱寺。从胡志明陵墓沿雄王路往北,右边是越共中央机关办公驻地,中央领导人也在这里会见外宾。雄王路左侧是主席府,是越南国家领导人会见外宾和举行重大活动的地方。主席府广场是外国高级代表团来访时举行欢迎仪式的地方。

2. 还剑湖

还剑湖位于河内市中心,南北狭长,呈椭圆形,面积约为 12 万平方米。岸边伴有笔塔、和风塔、水榭等古建筑,水中有玉山祠、栖旭桥、镇波亭和龟塔等名胜古迹点缀,是河

越南
旅游宣传片

内第一风景区。建于 1049 年的独柱寺,其佛堂建在一根柱子上,造型独特,已成为河内的象征。

(二)胡志明市

胡志明市位于越南南部湄公河三角洲地区,原名西贡,是越南直辖市、全国最大的城市、越南的经济中心、最大的港口和交通枢纽,也是前越南共和国的首都。1976 年越南社会主义共和国成立,战胜的北越为纪念其政权建立者胡志明,将该城市更名为胡志明市,将胡志明市的一个区命名为西贡。胡志明市是一座风景优美的城市,美丽的西贡河绕城而过,两岸景色迷人。市内保留了大量法国殖民时期的建筑,其风格完全不同于河内的风格,被越南人民称为"东方明珠"。主要景点有统一宫(原总统府)、天后庙、圣母大教堂、查甸植物园等。圣母大教堂位于第一郡,为法国人所建,造型独特,风格类似于巴黎圣母院,是胡志明市最大的天主教堂,于 1877 年动工,1880 年竣工。一切建材都从法国运来,教堂外墙面用法国马赛产砖,至今依然鲜红如初,格外醒目。

(三)顺化

顺化位于狭长形国土的中间位置,西靠长山山脉,东距南海 8 000 米,城区沿香江两岸分布。顺化古称富春,从 17 世纪到 20 世纪 40 年代,是越南的三朝古都。有阮氏王朝的皇宫和陵墓等古迹。顺化皇城位于香江北岸,仿中国北京故宫建造而成,呈四方形,四周有护城河环绕。城墙高 8 米,全部为砖砌。一共有 10 座城门,每座城门高约 16 米。顺化皇城于 1822 年竣工,为越南现存最大而又较完整的古建筑群,1993 年列入世界文化遗产名录。

(四)岘港

岘港位于越南中部,濒临南海,北连顺化、南接芽庄,是越南第四大城市、中央直辖市、美丽的海港城市。岘港面积为 1 256 平方千米,人口约 84 万,是整个东南亚最佳的避暑胜地,有"东方夏威夷"之称。岘港的主要景点有古代占婆塔群遗址、世界文化遗产会安古镇,还有美溪海滩、岘港大教堂、巴拿山等。

(五)芽庄

芽庄市位于越南中部沿海地区,庆和省省会,是一个海边小城市,位于丐河口南岸,人口约 50 万。古代建为城堡,附近福海地区为重要文化遗址,河口外有岛屿做屏障,建有空军基地,盛产鱼、虾和燕窝。这里建有海洋研究院,该研究院有 1 000 多种鱼类,是越南最大的水族馆。芽庄主要景点有芽庄海滨、芽庄珍珠岛、冲洛景区、婆那加占婆塔、芽庄大教堂、红石角、芽庄妙岛等。

（六）下龙湾

下龙湾位于越南东北部,海防东北方的下龙市附近。1 500平方千米的海面上,有约3 000个小岛,星罗棋布,姿态万千,为喀斯特地貌,奇丽壮观的景色酷似广西的桂林山水,有"海上桂林"的称号。这里也是电影《明日帝国》的拍摄地,1994年被列入世界文化遗产名录。

二、饮食习俗

越南的饮食文化和中国南方相近。越南人以米饭、米粉为主食,喜吃糯米。副食品有各种蔬菜和肉、禽、蛋、鱼等。鱼露、香花菜和青柠檬是越南人必不可少的调味品。越南的特色菜肴有脆皮烧鸡、甘蔗虾、糯米鸡、七味牛肉、鳝鱼煲、咖喱蟹及蕉叶煎鱼等。越南菜受法国菜的影响较大,越菜里的沙律、扎肉及猪扒、橙汁卤鸭都带有法国菜的风格。越南人常吃的小吃有米粉、春卷、虾饼、牛肉粉、肉粽、灌肠等。滴漏咖啡在越南人日常生活中不可或缺。越南人爱饮酒,尤其是米酒,也喜欢饮茶,最喜爱的是荷花茶。

三、旅游商品

1. 水果干

越南盛产热带水果,有各种水果干,如菠萝蜜干、芭蕉干等。

2. 越南咖啡

越南南部属湿热的热带气候,十分有利于咖啡种植。越南咖啡的香味较浓,酸味较淡,口感细腻润滑、芳香浓郁,代表性产品是中原咖啡、西贡咖啡、高地咖啡、摩氏咖啡。此外,别具特色的还有越南的鸡蛋咖啡。

3. 越南香水

法国统治越南70年期间掠夺了大量的天然香料,同时法国人也把香水的制造工艺和技术带到了越南。得益于热带丛林中丰富的香料和法国的制造工艺,历经上百年的积淀,造就了独特的越南香水,被称为"越南三宝"（另外两宝分别是白虎膏和牛角梳）之一。

四、节庆活动

受到中国文化的影响,越南和中国传统节日相同,如春节、清明节、端午节、中秋节、重阳节等,其中春节为最盛大的节日。另外越南还有几个重要的国家节日:越南共产党成立日:2月3日(1930年);越南国庆日:9月2日(1945年),越南南方解放日:4月30日(1975年);胡志明诞辰:5月19日(1890年)。

五、旅游市场

越南旅游资源丰富,近年来旅游业增长迅速,经济效益显著。2018年接待国外游客约为1 550万人次,比2017年增长19.9%。其中中国游客超过400万人次,居第一位。主要客源国(地区)为中国、韩国、日本、美国、中国台湾地区、马来西亚、澳大利亚、泰国和法国。

知识拓展

越南国服——"奥黛"

奥黛是越南的国服,类似中国旗袍,也称"越南旗袍"。通常使用丝绸作为布料,上衣是一件长衫,胸袖剪裁非常合身,凸显女性玲珑有致的曲线,而两侧开高叉至腰部,走路时前后两片裙摆随风飘逸;下半身配上一条喇叭筒的长裤,因此日常生活的行、住、坐、卧都很方便。

任务练习

一、情景模拟

模拟越南的地陪人员,在参观游览的过程中向中国游客提供讲解服务,从而对越南主要的旅游城市和著名景点、饮食习俗、旅游商品、节庆活动以及出入境旅游市场能深入了解。

二、知识检测

单选题

1. 巴亭广场位于(　　)中心,广场上有胡志明主席的陵墓、故居和胡志明博物馆。
　　A. 胡志明市　　　　B. 海防市　　　　C. 河内市　　　　D. 岘港市

2. (　　)位于越南中部,是美丽的海港城市,东南亚最佳的避暑胜地,有"东方夏威夷"之称。
　　A. 胡志明市　　　　B. 海防市　　　　C. 河内市　　　　D. 岘港市

3. (　　)位于越南东北部,在海防市东北1 500平方千米的海面上,有约3 000个小岛,蔚为壮观,有"海上桂林"之称。

  A. 丰芽-格邦国家公园   B. 美溪海滩

  C. 巴拿山   D. 下龙湾

4. ( )是一座拥有上千年历史的古城,从 11 世纪起就是越南政治、经济和文化中心,名胜古迹众多,有"千年文物之地"的美誉。

  A. 胡志明市   B. 海防   C. 岘港   D. 河内

5. "越南三宝"指的是白虎膏、牛角梳和( )。

  A. 越南咖啡   B. 越南香水 C. 越南大米   D. 钻石

6. 受到中国文化的影响,越南和中国传统节日相同,下列不属于越南重要节日的是( )。

  A. 胡志明诞辰 B. 泼水节   C. 春节   D. 中秋节

任务九 ● 印度

子任务一　了解印度

任务描述

  模拟旅行社的前台销售人员向咨询的客人介绍印度的基本国情、去印度旅行的基本常识以及当地的习俗和禁忌。

任务内容

印度的
地理环境

一、基本国情

(一)地理环境

  印度是南亚次大陆最大的国家。北部同中国、尼泊尔、不丹接壤,孟加拉国夹在东北国土之间,东部与缅甸为邻,南部与斯里兰卡、马尔代夫隔海相望,西北部与巴基斯坦交界。东临孟加拉湾,西濒阿拉伯海。面积约为 298 万平方千米。

  印度地势是南北高中间低,北部为喜马拉雅山地,中部是印度河-恒河平原,南部是德干高原及其东西两侧的海岸平原。多条河流发源于或流经印度,如恒河,印度河上流的一小段也位于印度境内。

(二)发展简史

印度是世界四大文明古国之一。公元前 2500—前 1500 年,创造了印度河文明。公元前 1500 年左右,原居住在中亚的雅利安人中的一支进入南亚次大陆,征服当地土著,创立了婆罗门教。公元前 4 世纪,崛起的孔雀王朝统一印度。公元前 3 世纪,阿育王统治时期达到鼎盛,把佛教定为国教。公元 4 世纪,笈多王朝建立,形成中央集权大国,统治 200 多年。中世纪,小国林立,印度教兴起。公元 8 世纪,阿拉伯人入侵,1206年,建立德里苏丹王朝。1526 年,建立莫卧儿帝国,成为当时世界强国之一。1600 年,英国开始入侵印度。1757 年,印度沦为英殖民地,1849 年,全境被英占领。1947 年 6月,英国通过"蒙巴顿方案",将印度分为印度和巴基斯坦两个自治领。同年 8 月 15 日,印度独立。1950 年 1 月 26 日,印度宪法正式生效,印度成立共和国,同时仍为英联邦成员。

(三)民族、宗教

印度总人口为 13.24 亿(2019 年 1 月),是世界第二人口大国。印度有 100 多个民族,其中印度斯坦族约占总人口的 46.3%,其他较大的民族包括马拉提族、孟加拉族、比哈尔族、泰卢固族、泰米尔族等。印地语为国语,印地语和英语同为印度的官方语言。世界各大宗教在印度都有信徒,其中印度教教徒和穆斯林分别约占总人口的 80.5% 和 13.4%。

(四)国旗、国徽

印度国旗呈长方形,长与宽之比为 3 : 2,自上而下由橙、白、绿三个相等的横长方形组成,白色长方形中心绘有 24 根轴条的蓝色法轮。橙色象征勇敢和自我牺牲精神,也是教士法衣的颜色;白色象征纯洁的真理;绿色表示信心。法轮是印度孔雀王朝阿育王时代佛教圣地石柱柱头的狮首图案之一,对于印度人而言,它是神圣之轮、真理之轮、向着进步转动之轮、永远轮回苍穹之轮。

印度国徽图案来源于孔雀王朝阿育王时代石柱顶端的石刻。圆形台基上站立着三只金色的狮子,象征信心、勇气和力量。台基四周有四个守卫四方的守兽:东方是象,南方是马,西方是牛,北方是狮。守兽之间雕有法轮。图案下面有梵文书写的格言:"唯有真理得胜。"

国花是荷花。国鸟是蓝孔雀。国树是菩提树。

(五)行政区划

印度联邦行政区划中的一级行政区域包括有 28 个邦、6 个联邦属地及 1 个国家首都辖区。邦下设县,中央直辖区下设立区。每一个邦都有各自的民选政府,而联邦属地及国家首都辖区则由联合政府指派政务官管理。

（六）政治、经济

印度是联邦制共和国，采取英国式的议会民主制。联邦议会由总统和两院组成。总统为国家元首和武装部队的统帅，由议会两院及各邦议会当选议员组成选举团选出，任期五年，依照以总理为首的部长会议的建议行使职权。两院包括联邦院（上院）和人民院（下院）。以总理为首的部长会议是最高行政机关。总理由总统任命人民院多数党的议会党团领袖担任，部长会议还包括内阁部长、国务部长。总理和内阁部长组成的内阁是决策机构。

印度是一个农业大国，是世界上最大的粮食生产国之一，农业人口占总人口的72%。农业由严重缺粮到基本自给，工业形成较为完整的体系，自给能力较强。20世纪90年代以来，服务业发展迅速，目前，印度已成为全球软件、金融等服务业重要出口国。矿产资源丰富，有矿藏近100种。云母产量世界第一，煤和重晶石产量居世界第三。主要工业包括纺织、食品加工、化工、制药、钢铁、水泥、采矿、石油和机械等。汽车、电子产品制造、航空和空间等新兴工业近年来发展迅速。

（七）文学、艺术

印度古代文学中最著名的作品是《摩诃婆罗多》和《罗摩衍那》两部史诗，对印度后来的文学产生了深远的影响。泰戈尔是印度著名的文学家，他一生创作颇丰，涉及文学、戏剧、哲学、政治等各个领域，代表作品为《吉檀迦利》。泰戈尔于1913年获诺贝尔文学奖。

印度的音乐、舞蹈、电影风格独特，享誉全球。印度人能歌善舞，音乐、舞蹈历史悠久，丰富多彩，与宗教联系紧密，舞台艺术和古典舞蹈举世闻名。印度舞蹈注重用身体的每个动作和脸部表情来表现主题。印度电影业发达，出产规模居世界第二，有"东方好莱坞"之称和"电影王国"之誉。许多电影制片厂都设在孟买，孟买被誉为"印度的好莱坞"。印度的建筑艺术富有宗教色彩，泰姬陵堪称印度古代建筑艺术的奇葩，被称为东方五大奇迹之一。起源于印度、距今5 000年历史的瑜伽，已经成为风靡世界的运动。

二、出行须知

（一）基本常识

1. 气候

印度全境炎热，大部分地区属于热带季风气候，而印度西部的塔尔沙漠则是热带沙漠气候。夏天时有较明显的季风，冬天则较无明显的季风。印度气候分为雨季（6—10

月)、旱季(3—5月)以及凉季(11月—次年2月),冬天时受喜马拉雅山脉屏障影响,通常无寒流或冷高压南下影响印度。

2.货币

印度的货币为卢比(INR),汇率:1印度卢比=0.099 78人民币,1人民币=10.021 8印度卢比(2019年8月30日)。

3.时差

印度位于东五区,比中国北京时间晚3个小时。

(二)习俗和禁忌

1.习俗

印度人与人见面的礼节,通常是双手合掌,表示致意。合掌时,对长辈宜高,对平辈宜平,对晚辈则低,分别表示尊敬、对等和关怀。拥抱也是常用的见面礼。摸足是行大礼,在很重要的场合,对于特别尊敬的长者或老师用额头触碰其脚、吻其足。迎候嘉宾要敬献花环,客人越高贵,所献的花环越粗。印度人在表示赞同或同意时,是摇头而不是点头。昂贵的嫁妆是印度人婚姻中的一种传统习俗。

此外,由于大部分印度人信仰印度教,还有很多宗教习俗。狮子和老虎是印度的国兽,受到尊崇。印度人常用狮子来形容帝王,当作王权的象征。印度有些地方只准用尊敬的外号来称呼老虎。大象、牛、蛇、猴子在印度教中都占有较高的地位。在印度教的神话中,大象是一些神祇的坐骑或化身;牛、蛇分别是湿婆神的坐骑和化身;猴子被视为圣兽。印度人把恒河视为神圣的河,印度教徒一定要到恒河朝圣祝祷,洗圣浴、饮圣水,死后葬于恒河,并以此为一生必须完成的夙愿。

印度的服饰也有非常鲜明的风格特点。印度女性的传统服饰为纱丽。妇女额头上常点有红色的吉祥痣,称为"特丽佳",印度女性喜欢佩戴项链、耳环、鼻圈、胸饰、戒指、脚镯等饰物。鼻圈多为金银制品,是已婚女子的服饰标志。项链被当作避邪之物在婚礼上由新郎给新娘戴上,只要不离婚就会戴上一辈子。男性穿宽松的立领长衫,即"古尔达"上衣,搭配窄脚的长裤。

2.禁忌

印度人不喜欢白色、黑色和灰色,忌讳数字"3""13",3是因为湿婆神有3只眼睛,第三只眼睛是毁灭性的;13是因为人死后有13天丧期。

印度教徒禁食牛肉,印度教寺庙不许牛皮制品入内。穆斯林不吃猪肉,也忌讳使用猪皮制品。印度社会重男轻女,穆斯林女子严禁抛头露面,严禁不戴面纱,更不能与陌生人随便交往,也不可同异性握手。印度男女在公开场合不能握手、拥抱和接吻。忌用左手接递东西或进食。忌讳触摸他人的头部,尤其是不可触摸或拍小孩的头部。忌讳用鼻子嗅或用手摸陈列的花环。印度人睡觉时,不能头朝北、脚朝南。印度人的饭菜放在扁圆形的金属盘中("塔利")送上,主人会替客人夹菜,客人不能自取。印度人认为厨房是隐私之地,未经邀请不能进入。

任务练习

一、情景模拟

请模拟旅行社的前台销售人员向咨询的客人介绍印度的基本国情、去印度旅行的基本常识与当地的习俗和禁忌。

二、知识检测

（一）单选题

1. 关于印度人口、民族、宗教、语言的叙述中不正确的是（　　　）。
   A. 印度人口超过 13 亿，是世界上第二人口大国
   B. 印度是多民族国家，印度斯坦族是人口最多的民族
   C. 印地语和英语为印度的官方语言
   D. 印度是多宗教的国家，信奉佛教的信徒人数最多

2. 印度历史上最强大的封建帝国是（　　　），是当时的世界强国之一。
   A. 孔雀王朝　　　　B. 阿育王时期　　　C. 笈多王朝　　　　D. 莫卧儿帝国

3. 印度国旗的法轮图案、国徽图案都是来源于印度（　　　）阿育王时代佛教圣地石柱柱头的狮首图案。
   A. 孔雀王朝　　　　B. 德里苏丹王朝　　C. 笈多王朝　　　　D. 莫卧儿帝国

4. 关于印度经济、文学、艺术的叙述中不正确的是（　　　）。
   A. 印度舞蹈注重用身体的每个动作和脸部表情来表现主题
   B. 印度电影业发达，出产规模居世界第二，有"东方好莱坞"之称
   C. 泰戈尔是印度著名文学家，代表作品《古檀迦利》，曾获诺贝尔文学奖
   D. 目前印度已成为全球软件、保险等服务业重要出口国

5. 下列关于印度习俗和禁忌的叙述中，不正确的是（　　　）。
   A. 印度人忌讳黑色、白色、灰色，忌讳数字"3""13"
   B. 印度人常见的见面礼有双手合十礼、拥抱礼，欢迎客人则敬献花
   C. 印度女性的传统服饰为纱丽，妇女额头上常点有红色的吉祥痣
   D. 印度教徒不吃牛肉，穆斯林不吃猪肉，穆斯林女子可以不戴面纱

6. 由于宗教原因印度人尊崇很多动物，（　　　）除外。
   A. 狮子、老虎　　　B. 马、羊　　　　　C. 牛、蛇　　　　　D. 大象、猴子

（二）填表题

人口		国花		主要宗教	
民族		国鸟		首都	
语言		国石		与北京时差	
货币		国树		国庆节	

子任务二　认识印度

任务描述

　　模拟印度的地陪人员，在参观游览的过程中向中国游客提供讲解服务，从而对印度主要的旅游城市和著名景点、饮食习俗、旅游商品、节庆活动以及出入境旅游市场能深入了解。

任务内容

一、旅游城市和著名景点

（一）新德里

印度
旅游宣传片

　　新德里位于印度西北部，是印度首都，全国政治、经济和文化中心，享有"七朝之都"的美誉，也是印度北方最大的商业中心之一。它与斋浦尔、阿格拉构成了印度著名的旅游金三角。主要产业包括 IT、电信、餐饮住宿服务、金融、媒体和旅游业。新德里是在古老的德里城基础上扩建而成的，新德里和老德里中间隔着一座印度门，印度门以南为新德里，印度门以北为老德里。1931 年起新德里开始成为首府，1947 年印度独立后成为首都。新德里旧城区里有很多历史古迹，新城区有很多现代化建筑。主要名胜古迹有红堡、贾玛清真寺、胡马雍陵、库特卜塔等。

　　1. 红堡

　　红堡位于新德里东部老城区、亚穆纳河西岸，是莫卧儿帝国时期的皇宫，也是印度最大的王宫。它是由莫卧儿王朝第五代皇帝沙贾汗所建，自 1639 年开始建造，历时 10 年建成，是一座颇具伊斯兰风格的古老建筑，因其围墙是用红色砂岩建成，故称红堡。

周围有护城河环绕,四周城墙约 2 000 米长,高 30 米。王宫分为外殿和内殿,最豪华的宫殿是白色大理石建造的枢密宫。1947 年尼赫鲁总理在此宣布印度独立,并升起第一面三色国旗。宫内还有御浴室、国王私室、珍珠清真寺以及楼台亭榭等建筑,这些建筑保存得都比较完好。

2. 贾玛清真寺

贾玛清真寺位于老德里东北角,是全印度最大的清真寺,也是目前世界上最大的清真寺。面积 1 170 为平方米,可容纳 25 000 名信众。莫卧儿帝国第五代皇帝沙贾汗于 1650 年下令修建,历时 7 年建成。清真寺四周是红色砂岩墙体,地面、墙壁、顶棚都采用白色大理石装饰,风格独特,优美醒目。寺顶有三个白色的穹形圆盖,中央各竖有一个铜尖塔,高达 60 米。清真寺两侧各建有一座以红砂石和白色大理石堆叠而成的叫拜塔,均为 3 层,每层都有阳台和大厅,大厅中还有宽敞的壁龛,为做礼拜时教长所站立的位置。

3. 胡马雍陵

胡马雍陵位于新德里的东南郊,建于 1556 年,是莫卧儿王朝第二代皇帝胡马雍及其妃子的陵墓,是一座伊斯兰式的大型陵墓,也是伊斯兰教与印度教建筑风格结合的典型。陵墓主体建筑由红色砂岩构筑,强调和谐对称的形式,陵体呈方形,四面为门,陵顶呈半圆形。整个建筑庄严肃穆,为印度乃至世界建筑史上的精品,被列入世界文化遗产名录。

4. 库特卜塔

库特卜塔位于新德里东南 15 千米处,是印度最高的塔,建于 1193 年,是为纪念伊斯兰的胜利而建。既有印度教的特点,又有伊斯兰文化的特征。塔高约 75 米,共五层,下面三层是红砂石建造,最上面两层是白色大理石建造。塔内有 300 多级破损的石阶,登上塔顶可眺望新德里及亚穆纳河的景色,现已禁止游人登塔。塔附近有一清真寺遗址,赫赫有名的阿育王石柱就竖立在寺中。

(二)孟买

孟买位于印度西部、阿拉伯海岸,是马哈拉施特拉邦的首府,印度西岸的大城市及全国工商、金融中心,因孟巴女神而得名。她是渔民们的保护神,孟巴女神庙坐落在孟巴女神湖畔。孟买是天然良港,濒临阿拉伯海湾,也是近些年来印度发展最快和最富裕的城市,有"印度的西部门户""商业首都""金融首都"等称号。印度电影业基地宝莱坞也设在这里,被誉为"印度的好莱坞"。孟买有印度门、象岛石窟等世界文化遗产,在市内还有桑贾伊·甘地国家公园。

1. 印度门

印度门位于孟买阿波罗码头,正对孟买湾,高 26 米,是一座融合印度和波斯文化特色的拱门,1911 年为纪念英国国王乔治五世和皇后玛丽到访印度而建,外形酷似法国的凯旋门,现已成为孟买的象征、印度的门面和标志性建筑。

2. 象岛石窟

象岛石窟位于孟买以东 6 千米的阿拉伯海上,16 世纪,因葡萄牙人发现了圆雕的大象而得名。岛上石窟开凿于公元 6—9 世纪,雕刻的题材多与印度教有关,表现了印度教三大主神之一——湿婆神的传说故事。其中最著名的 5 号石窟内有一座高约 5.5 米的湿婆神像,雕刻生动细致,非常精美,为印度石窟艺术中的精品。

3. 阿旃陀石窟群

阿旃陀石窟群位于孟买东北部马哈拉施特拉邦奥兰加巴德县阿旃陀村的瓦古尔纳河谷悬崖峭壁上,离谷底 70 多米,整个石窟群长 500 多米,共 29 个洞窟。它是印度古代佛教徒作为佛殿、僧房而开凿的,距今已有 2 000 多年的历史。于公元前 1 世纪前后开始开凿,至公元 6、7 世纪才完工,历时达 700 余年。有石雕佛像、藻井图案和壁画等。现存最多的是壁画。壁画内容主要表现佛的生平故事和印度古代的宫廷生活。它已经被列入世界文化遗产名录。该石窟对中国石窟艺术有较大影响,《大唐西域记》中有所记载。

(三)阿格拉

阿格拉是印度北方邦西南部城市,在亚穆纳河西岸,1566—1569 年和 1601—1658 年两度为莫卧儿帝国首都。有泰姬·玛哈尔陵等历史性建筑物,同时也是谷物、棉花的集散地,向以地毯、金银细工、雕刻、铁器皿制造驰名。主要景点有阿格拉红堡、泰姬陵、阿克巴陵等。

1. 泰姬陵

泰姬陵位于阿格拉城内,亚穆纳河右侧,是印度知名度最高的古迹,是莫卧儿王朝第五代皇帝沙贾汗为其已故皇后阿姬曼·芭奴(泰姬·玛哈尔)修建的陵墓,被誉为"完美建筑",又称为"印度的珍珠"。它建于 1631—1654 年,耗资 4 000 万卢比,动用了 2 万名工匠,花了 23 年时间建成,全部用纯白色大理石建筑,由殿堂、钟楼、尖塔、水池等构成,工艺高超,是伊斯兰教建筑的代表作,被誉为东方五大奇迹之一。

2. 阿格拉红堡

建立在阿格拉的"红堡",坐落在亚穆纳河畔,距泰姬陵 15 千米,建成于 1573 年,占地 1.5 平方千米。外围由高 12 米的红色砂岩城墙围成,总体呈半圆形,与首都德里的红堡齐名。它曾经是莫卧儿王朝的皇城所在地,现在是伊斯兰教建筑的代表之作,著名世界文化遗产和印度著名的旅游胜地。

(四)加尔各答

加尔各答是印度西孟加拉邦的首府。它位于印度东部恒河三角洲地区,胡格利河(恒河的一条支流)的东岸,是印度最大的港口和铁路、航空枢纽,最大的黄麻加工中心,印度教徒的活动中心。它原是英属印度的首都,泰戈尔的故乡。印度第三大大都会区(仅次于孟买和德里)和印度第四大城市。著名景点有维多利亚纪念馆、印度博物馆、圣保罗大教堂等。

(五)其他景点

1. 阿姆利则金庙

阿姆利则金庙位于阿姆利则市,是印度锡克教最大、最神圣的寺庙,整座金庙的建造共耗费 750 千克黄金,因寺门、19 个圆形寺顶均贴满金箔而得名,建于 1589—1601 年,总面积约 10 万平方米。这座被誉为"锡克教圣冠上的宝石"的建筑,风格典雅,造型优美,既有伊斯兰教建筑的肃穆庄重,又有印度教建筑的绚丽璀璨。锡克教信徒来此朝圣者络绎不绝。

2. 那兰陀寺

那兰陀寺位于印度比哈尔邦巴膳贡附近,是古印度著名佛教圣地遗址。据佛教传说,原是释迦牟尼大弟子舍利弗的诞生及逝世处,有释迦牟尼也曾路经此地的说法。该寺庙在历史上曾有九百万多卷的藏书,最盛时有上万僧人学者聚集于此,7 世纪,中国唐朝的玄奘、义净也曾在此学习多年。从 1861 年开始,那烂陀寺院遗迹被陆续挖掘,已发掘出 8 座大型寺院、4 座中型寺院和 1 座小型寺院等。

二、饮食习俗

印度人的主食是烙饼和咖喱米饭,喜欢吃的肉类是鸡鸭和鱼虾,但印度人吃素者多,食荤者少,每餐都有豆子汤,不吃蘑菇、木耳和笋类蔬菜。印度南部人口味重,嗜好辛辣性食物;北部口味相对较轻。印度最著名的菜是"炖杜里鸡",印度人做饭喜欢用咖喱粉,爱吃甜食。印度人几乎都不饮酒,喜欢喝红茶、咖啡、酸奶和冷开水。印度人吃饭不用刀叉或筷子,普遍用右手直接抓取进食。印度人实行分餐制,严禁众人在同一盘内取食。

三、旅游商品

印度历史悠久、物产丰富、手工艺发达,因此有很多特色的手工艺品:皮制用品如皮包、骆驼皮鞋子;手织制品如手绢、地毡、头巾、台布、床单等;著名的克什米尔羊毛、羊绒围巾及丝织品;用印度红、蓝等宝石加工成的珠宝首饰;青铜银制品如浮雕、水瓶、泰姬陵模型等;木制雕刻品及檀香木手工艺品:檀木笔、木制彩色手镯、檀香木雕等;还有传统服装纱丽、精油、香料、大吉岭红茶、挂毯、檀香、大象工艺品等。

四、节庆活动

印度的重要节日有:共和国日:1 月 26 日;独立日:8 月 15 日;洒红节:每年公历 3

月、4 月间,印度教四大节日之一,该节日正处于印度春季收获季节,作物即将开镰收割,冬去春来之际,因此也被称为春节;灯节:在公历 10、11 月间,是印度教徒最大的节日,全国庆祝 3 天。

洒红节,也叫"胡里节""色彩节",每年 3、4 月间举行,该节日源于印度的著名史诗《摩诃婆罗多》,是印度教节日,也是全国性的大节日,是印度教的春节,标志着春天的开始,也象征着正义对邪恶的胜利。节庆活动内容主要包括向参加活动的人们彼此泼洒五颜六色的颜料和点篝火"焚烧胡里"等。

每年 10 月底到 11 月初是印度传统的"排灯节",它是印度最重大的节日之一,是印度教四大节日之一,相当于新年。排灯节期间,印度几乎家家张灯结彩,燃放鞭炮,故又叫灯火节。按照传统习惯,许多居民晚上在家里摆上小油碗,点亮蜡烛。一家人围着蜡烛吃小吃、聊天,其乐融融。

五、旅游市场

印度的旅游业和服务业也比较发达,在国民经济中占有相当的比重。旅游业是印度政府重点发展产业,也是重要就业部门,提供了 2 000 多万个岗位。入境旅游人数近年来逐年递增,旅游收入不断增加。2017 年印度入境旅游人数突破 1 000 万人次,旅游收入超过 270 亿美元。2017 年印度出境游旅客为 2 400 万人次。

任务练习

一、情景模拟

模拟印度的地陪人员,在参观游览的过程中向中国游客提供讲解服务,从而对印度主要的旅游城市和著名景点、饮食习俗、旅游商品、节庆活动以及出入境旅游市场能深入了解。

二、知识检测

单选题

1. 下列景点中,(   )不属于印度新德里。

    A. 阿旃陀石窟群   B. 德里红堡

    C. 贾玛清真寺   D. 胡马雍陵

2. 泰姬陵是印度知名度最高的景点,全部用纯白色大理石建筑,是(   )建筑中的杰出作品。

A. 伊斯兰教 　　　　　　　　B. 佛教

C. 锡克教 　　　　　　　　　D. 印度教

3. 下列关于孟买的叙述中不正确的是(　　)。

　　A. 孟买是印度西岸的大城市及全国工商、金融中心

　　B. 孟买有"印度的东部门户""商业首都""金融首都"等称号

　　C. 印度电影业基地宝莱坞也设在这里,被誉为"印度的好莱坞"

　　D. 印度门是 1911 年为纪念英国国王乔治五世和皇后玛丽到访印度而建,已成
　　　　为孟买的象征

4. 阿姆利则金庙是印度(　　)最大最神圣的寺庙,共耗费 750 千克黄金。

　　A. 印度教 　　　B. 佛教 　　　C. 锡克教 　　　D. 伊斯兰教

5. 关于印度人的饮食习俗的叙述中不正确的是(　　)。

　　A. 印度人的主食是烙饼和咖喱米饭,一般用左手直接抓取进食

　　B. 印度人吃素者多,食荤者少,喜欢吃的肉类是鸡鸭和鱼虾

　　C. 印度人不吃蘑菇、木耳和笋类蔬菜,每餐都有豆子汤,做饭喜欢用咖喱粉

　　D. 印度人几乎不饮酒,喜欢喝红茶、咖啡等饮料

6. 印度有很多特色的手工艺品,(　　)不属于印度特产。

　　A. 克什米尔羊毛制品、披肩 　　　　B. 蓝宝石首饰、大吉岭红茶

　　C. 纱丽、香料 　　　　　　　　　　D. 葡萄酒、精油

7. (　　)是印度教节日,也被称为春节,大家彼此泼洒颜料以表示祝福。

　　A. 共和国日 　　　　　　　　B. 独立日

　　C. 洒红节 　　　　　　　　　D. 排灯节

任务十 ● 阿拉伯联合酋长国

子任务一　了解阿拉伯联合酋长国

⚙ 任务描述

　　模拟旅行社的前台销售人员向咨询的客人介绍阿拉伯联合酋长国的基本国情、去阿拉伯联合酋长国旅行的基本常识以及当地的习俗和禁忌。

任务内容

一、基本国情

（一）地理环境

阿拉伯联合酋长国,简称阿联酋,位于阿拉伯半岛东部,北濒波斯湾,西北与卡塔尔为邻,西、南与沙特阿拉伯交界,东和东北与阿曼毗连,面积为 8.36 万平方千米,是一个以产石油著称的西亚沙漠国家,俗称"沙漠中的花朵"。

境内除东北半岛有哈贾尔山脉外,绝大部分地区为沙漠和洼地,其间有砾石、沙丘和绿洲。阿布扎比市西南面有艾因绿洲和由 30 多个小绿洲组成的绿洲群。

阿联酋的
地理环境

（二）发展简史

公元 7 世纪阿拉伯隶属阿拉伯帝国。自 16 世纪开始,葡萄牙、荷兰、法国等殖民主义者相继侵入。19 世纪初,英国入侵波斯湾地区,1820 年沦为英国的保护国。1971年,英国宣布终止保护条约。同年 12 月 2 日,阿拉伯联合酋长国宣告成立,由阿布扎比、迪拜、沙迦、富查伊拉、乌姆盖万和阿治曼 6 个酋长国组成联邦国家。1972 年 2 月10 日,哈伊马角加入联邦。

（三）民族、宗教

阿联酋的人口约 930 万(2019 年 8 月),外籍人口占 88.5%,主要来自印度、巴基斯坦、埃及、叙利亚、巴勒斯坦等国。官方语言为阿拉伯语,通用语为英语。居民大多信奉伊斯兰教,多数属逊尼派。

（四）国旗、国徽

阿联酋国旗呈长方形,长与宽之比为 2∶1,由红、绿、白、黑四色组成,这四色是泛阿拉伯颜色,代表穆罕默德后代的几个王朝。旗面靠旗杆一侧为红色竖长方形,象征祖国,右侧是三个平行相等的横长方形,自上而下分别为绿、白、黑三色,绿色象征牧场,白色象征祖国的成就,黑色象征战斗。

阿联酋国徽主体是一只黄白色的隼,尾毛为白色。隼胸前为一个绘有国旗图案的圆形,围以象征七个酋长国的七角星。隼爪下的绶带书写"阿拉伯联合酋长国"。

阿联酋国花是孔雀草,国鸟是游隼。

（五）行政区划

阿联酋由 7 个酋长国组成：阿布扎比、迪拜、沙迦、哈伊马角、阿治曼、富查伊拉、乌姆盖万。

（六）政治、经济

联邦最高委员会由 7 个酋长国的酋长组成，是最高权力机构。国内外重大政策问题均由该委员会讨论决定。总统和副总统从最高委员会成员中选举产生，任期五年。总统兼任武装部队总司令。除外交和国防相对统一外，各酋长国拥有相当的独立性和自主权。联邦经费基本上由阿布扎比和迪拜两个酋长国承担。

目前阿联酋经济主要依靠石油生产和石油化工，同时注重发展经济多样化，扩大贸易，增加非石油收入在国内生产总值中的比例。除了石油化工工业以外，还有液化天然气、炼铝、塑料制品、建筑材料、服装和食品加工等工业。主要农产品有椰枣、玉米、蔬菜、柠檬等。沿海居民主要从事捕鱼业和珍珠采集业。部分居民从事游牧，养殖羊和骆驼。近年来，阿联酋大力发展旅游经济、民航产业，阿联酋航空公司居阿拉伯国家首位。

（七）文学、艺术

阿联酋作为一个典型的阿拉伯国家，文学艺术的根基是伊斯兰教文化，在饮食、服装、建筑、文学、艺术等各个方面，伊斯兰文化都根深蒂固地扎根在阿联酋国民的日常生活中。但是，阿联酋又是一个多民族、多元化的国家。占阿联酋迪拜人口大多数的，是来自南亚的印度人和巴基斯坦人，另外还有许多欧洲人到来，又将西方的文化传入这个国家。

二、出行须知

（一）基本常识

1. 气候

阿联酋属热带沙漠气候，夏季（5—10 月）炎热干燥，气温 40~50 ℃，冬季（11 月—翌年 4 月）气温 7~20 ℃，偶有沙暴。年平均降水量约 100 毫米，多集中于 1—2 月。

2. 货币

阿联酋货币为迪拉姆和辅币费尔。汇率：1 迪拉姆＝100 费尔。汇率：1 阿联酋迪拉姆＝1.836 22 人民币，1 人民币＝0.545 迪拉姆（2019 年 8 月 30 日）。

3. 时差

阿联酋位于东四区，其时间比中国北京时间晚 4 个小时。

（二）习俗和禁忌

1. 习俗

阿联酋的习俗与其他阿拉伯国家大致相同。阿联酋人在社交场合与客人相见时，一般行握手礼。他们与亲朋好友相见，一般相互拥抱，再行亲吻礼，对方也应还之以礼。异性之间见面，一般只行握手礼。握手和递东西都要用右手。阿联酋的妇女地位低下，一般不允许她们会客和在公共场合露面。阿联酋人酷爱羚羊。对骆驼也非常喜爱，将其视为最亲密的伙伴。其法律明文规定，若有人撞死或伤害骆驼，要受到重罚。阿联酋人喜爱绿色，认为绿色会给人们带来美好和幸福，特别喜爱椰枣树，因为椰枣是阿联酋人生活中必不可少的食品。阿布扎比人比较偏爱白色的鹰。因为阿拉伯人多数是穆斯林，他们习惯将赞美真主的话时刻挂在嘴边。阿拉伯人在互相拜访时很注重衣着和礼节，拜访者一般都事先预约并准时赴约。互赠礼品被认为是一种友好的表示。

2. 禁忌

阿联酋人禁忌粉红色、黄色、紫色。阿联酋股市大屏幕上，涨股用绿色表示，跌股用红色表示，与我国正好相反。

在饮食方面，一般阿拉伯家庭仍是席地用餐，且用右手抓食。忌用左手递接东西或食物，否则就是极大的不恭敬。禁饮酒，禁食猪肉，禁止食用猪肉制品，不吃动物内脏。斋月期间，在日出后和日落前，禁在公共场所和大街上吸烟、吃东西，当地绝大多数餐馆在这个时期关门停业。斋月期间，女士们要尽量穿长袖衣服和长裤，穿着不能太暴露。

与当地人交往时，与男性谈话不能主动询问其夫人的情况，与妇女交往只能简单问候几句，不能单独或长时间地与她们谈话，更不能因好奇地盯住她们的服饰看，也不要给她们拍照。阿联酋人最忌讳有人用脚掌对着他们，认为"脚掌对人"是一种侮辱人的动作。

任务练习

一、情景模拟

请模拟旅行社的前台销售人员向咨询的客人介绍阿联酋的基本国情、去阿联酋旅行的基本常识与当地的习俗和禁忌。

二、知识检测

（一）单选题

1. 阿联酋的外籍人口占88.5%，数量最多的外籍人主要来自（　　　　）。

　　A. 印度、巴基斯坦　B. 埃及、叙利亚　　C. 巴勒斯坦　　　D. 欧洲

2. 阿联酋大部分人信奉（　　）。

　　A. 印度教　　　　　B. 伊斯兰教　　　C. 基督教　　　　D. 佛教

3. 联邦最高委员会由（　　）酋长国的酋长组成,是最高权力机构。

　　A. 5个　　　　　　B. 6个　　　　　C. 7个　　　　　　D. 8个

4. 阿联酋经济主要依靠（　　）,俗称"沙漠中的花朵"。

　　A. 液化天然气　　　B. 炼铝　　　　　C. 塑料制品　　　D. 石油化工

5. 阿联酋属于（　　）气候。

　　A. 地中海　　　　　B. 高原山地　　　C. 热带季风　　　D. 热带沙漠

6. 阿联酋时间比中国慢（　　）个小时。

　　A. 2　　　　　　　B. 3　　　　　　C. 4　　　　　　　D. 5

7. 下列有关阿联酋的习俗和禁忌描述中错误的是（　　）。

　　A. 阿联酋人喜欢绿色,涨股用绿色表示,跌股用红色表示,与我国股市正好相反

　　B. 阿联酋人喜欢骆驼、酷爱羚羊,特别喜爱椰枣树

　　C. 阿联酋的妇女地位比较高,一般允许她们会客和在公共场合露面

　　D. 阿联酋人大多用右手抓食,忌用左手递接东西或食物,忌讳用脚掌对人

（二）填表题

人口		国花		主要宗教	
民族		国鸟		首都	
语言				与北京时差	
货币				国庆节	

子任务二　认识阿联酋

⚙ **任务描述**

　　模拟阿联酋的地陪人员,在参观游览的过程中向中国游客提供讲解服务,从而对阿联酋主要的旅游城市和著名景点、阿联酋的饮食习俗、旅游商品、节庆活动以及出入境旅游市场能深入了解。

任务内容

一、旅游城市和著名景点

（一）阿布扎比

阿布扎比酋长国是阿联酋最大的酋长国，阿布扎比是阿联酋的首都，全国第一大城市。面积为 67 340 平方千米，其中包括大约 200 个岛屿，占全国总面积的 86.68%。人口为 236 万（2016 年），约占全国总人口的 39%。因陆地和波斯湾海底有藏量丰富的油田，故阿布扎比酋长国为阿联酋最富有的两个酋长国之一。阿布扎比酋长国的石油占全国石油的 94%，因此石油是阿布扎比酋长国主要的财政收入和经济来源。主要景点有谢赫扎伊德清真寺、法拉利主题公园、酋长宫殿酒店等。

1. 谢赫扎伊德清真寺

谢赫扎伊德清真寺坐落在阿布扎比东南端，是中东最大的清真寺，也是世界第六大清真寺，为伊斯兰建筑的杰作，于 2007 年斋月期间对公众开放。它是为了纪念 1972 年建立阿联酋后的第一任总统谢赫扎伊德而兴建的，谢赫扎伊德的墓穴就安放在清真寺院内，供世人拜谒。清真寺由 38 家工程公司承建，雇佣 3 000 名工人，历时 13 年，耗资 55 亿美元建造而成。整个建筑群都采用来自南斯拉夫的白玉大理石建造，非常庄严肃穆。该清真寺外有 1 048 根柱子，柱子上贴满金叶。大厅铺着造价 580 万美元的地毯，这是世界上最大的手工编织地毯，由 1 200 名伊朗工人用 38 吨羊毛花了一年半时间编织而成。祈祷大厅由 11 000 多颗施华洛世奇镀金水晶装饰，价值千万美元。谢赫扎伊德清真寺堪称世界上最奢华的清真寺。

2. 法拉利主题公园

法拉利主题公园为全球唯一的法拉利主题公园，也是全球最大的室内主题乐园，斥资 400 亿美元，占地 86 000 平方米，坐落在亚斯岛开发区一个庞大的三角形红屋顶下，毗邻一级方程式阿布扎比站的赛道。在面积达 20 万平方米的火红屋顶上有一个全球最大、直径为 66 米的巨型"跃马"厂徽。在这里，游客可以观赏众多法拉利经典款及各个时期的跑车、赛车系列；可以参观整个法拉利总部的 F1 车房、风洞实验室、模拟驾驶器、赛车组装车间等；可以体验全球最快的法拉利过山车；还可以接受培训，为真正的 F1 赛车更换轮胎。

3. 酋长宫殿酒店

酋长宫殿酒店位于阿布扎比西北的海岸边，为八星级酒店，是迄今为止最奢华、最昂贵的酒店，由著名的英国设计师约翰·埃利奥特设计，斥资 30 亿美元建造。该酒店被认为"简直是为国王而建的"。酒店与阿联酋总统府仅一街之隔，远看像一个巨大的

阿联酋旅游宣传片

城堡,拥有 1 300 多米长的黄金海岸线。

(二)迪拜

迪拜是阿联酋第二大城市,也是阿联酋人口最多的城市、海湾乃至整个中东地区的重要港口和贸易中心,也是一座国际化大都市,有"阳光之城"的美誉。面积 3 885 平方千米,占阿联酋总面积的 5%,迪拜的经济实力在阿联酋排第一,阿联酋 70% 左右的非石油贸易集中在迪拜,所以习惯上迪拜被称为阿联酋的"贸易之都",也是中东地区的经济和金融中心,迪拜几乎成了奢华的代名词。迪拜拥有世界上第一家七星级酒店(帆船酒店)、世界最高的摩天大楼(哈利法塔)、全球最大的购物中心(迪拜 MALL)、世界最大的室内滑雪场等。著名旅游景点有哈利法塔、帆船酒店、朱美拉清真寺、棕榈岛、世界群岛等。

1. 哈利法塔

哈利法塔原名迪拜塔,是位于迪拜的一栋摩天大楼,有 162 层,总高 828 米,是全球最高建筑,由美国芝加哥公司的建筑师阿德里安·史密斯设计,韩国三星公司负责建造,2004 年动工,2010 年竣工启用,同时正式更名为哈利法塔。哈利法塔加上周边的配套项目,总投资超过 70 亿美元。大厦内设有 56 部升降机,速度最高达 17.4 米/秒,另外还有双层的观光升降机,每次最多可载 42 人。

2. 帆船酒店

帆船酒店,因其外形像迎风飘扬的风帆而得名,又称阿拉伯塔酒店,于 1999 年 12 月开业,塔高 321 米,共有 56 层,是全球最高的七星级酒店。酒店共有房间 202 间,皆为复式套房,面积最小的房间为 170 平方米,面积最大的皇家套房,更有 780 平方米之大。酒店顶部的圆台设有停机坪。酒店还配有宝马和劳斯莱斯豪华汽车,专供游客往返机场使用。酒店豪华尊贵的服务宗旨是让房客有阿拉伯国王的感觉,并且入住皇家套房,还能享受管家、厨师和服务员们七对一的服务。

3. 朱美拉清真寺

朱美拉清真寺是迪拜最大、最美的清真寺之一,是迪拜的地标之一,也是摄影师喜欢拍摄的地点,在国际各类出版物中频频出现。该清真寺依照中世纪法蒂玛王朝的建筑传统而修建,堪称是现代伊斯兰建筑的辉煌典范,也是迪拜唯一一座欢迎非穆斯林游客参观的清真寺。

4. 棕榈岛

棕榈岛工程由朱美拉棕榈岛、杰贝阿里棕榈岛、迪拉棕榈岛和世界岛 4 个岛屿群组成,所有的岛屿均由人工填海完成,耗资 140 亿美元,全部用沙子和岩石搭建,被称为"世界第八奇迹"。为了建成棕榈树形状的岛屿,迪拜使用了世界上唯一一颗私人卫星,用以在施工过程中进行准确定位。棕榈岛是世界最具标志性的住宅及旅游项目。每个岛上都有大量的别墅、公寓发售,为整个迪拜酋长国增添了诸多供不应求的海滩。

5. 世界群岛

世界群岛又名世界岛,位于迪拜海岸线上,所有小岛被建成一系列地球各大洲形状的人工岛屿。它由 300 个人工岛组成,每座小岛的建筑费用约 2 500 万美元,最小也要 685 万美元。来迪拜旅游时,可乘直升机在高空俯瞰海岸线上的这一人类奇迹。据相关媒体报道,世界岛正在渐渐下沉,或面临被淹没的危险。

二、饮食习俗

阿联酋的餐饮为阿拉伯风味,阿拉伯餐与西餐相似,包括开胃菜、汤、沙拉、烧烤、甜点。阿联酋人与其他阿拉伯国家的人一样,喜欢吃牛羊肉,特别喜欢吃烧烤,烤牛、烤羊、烤鸡是阿联酋的特色菜肴。红茶、椰枣茶和薄荷茶是风行于阿联酋的三大饮料。甜品也非常有名,由肉、水果、蔬菜制成,配上阿拉伯风味的酱汁,香甜可口。沙拉则是以水果、蔬菜配上酸奶、橄榄油、盐等,既可口又开胃。阿联酋常见的主食是阿拉伯大饼,外脆里嫩,是人们喜爱的大众食品,吃大饼时必须蘸霍姆斯酱。常吃的菜肴有西红柿沙拉、洋葱拌辣椒、羊肉串等。他们用餐一般用右手抓食。

三、旅游商品

阿联酋是商品集散地和转口贸易中心,在这里可以免税购物。每年 3 月举办的迪拜国际购物节,是吸引全球游客的重要活动。持续一个多月的购物节聚集了世界一流的商品和货物,很多商品是以世界最低价格出售的。

1. 黄金饰品

阿联酋的黄金制品不仅设计大方美观,而且价格合理。在迪拜有很多的黄金店铺,质量有保证,价格便宜,因为这里的黄金只论重量,不要手工制作的费用。

2. 波斯地毯

波斯地毯制造业是阿拉伯著名的手工业之一,在制作上非常考究,既考虑地毯的美观,又保证地毯的耐用性。波斯地毯充满了异域风情,为装饰家居的上等之选。

3. 香水

"香水是属于阿拉伯的",这是真实的描绘。阿拉伯人世代奉行着焚烧熏香的习俗。檀香木香水代表着主人对远道而来的宾客衷心的欢迎,女宾光临或出行之际,都会在香味燃放器前稍稍伫立,让香气遍布全身。

4. 阿拉伯银铜制品

阿拉伯的银铜制品样式多而新颖,有中东样式的茶壶、波斯风情的刀剑、阿拉伯样式的匕首等,有些银铜制品上镶嵌了绚丽夺目的宝石,非常高贵典雅。

5. 椰枣

椰枣是阿拉伯民族最原始的食品。椰枣具有人体所需的绝大部分营养元素,其中维生素就有 7 种以上,而且具有抗癌功能。

此外,阿联酋还是世界上众多顶尖名牌服饰的集聚地。

四、节庆活动

阿联酋是伊斯兰教国家,除了开斋节、古尔邦节、穆罕默德生日等宗教节日外,还有国庆日(12 月 2 日)、建军节(12 月 10 日)、骆驼大赛(12 月 10 日)。

1. 开斋节

开斋节在伊斯兰教历十月一日。清晨日出后不久,人们到大清真寺进行开斋节礼拜,称为"会礼",然后回家享受大餐,日常饮食时间恢复正常,餐厅日间恢复正常营业。开斋节一般为期三天,有浓厚的节日气氛,有各种表演和烟花秀等。

2. 古尔邦节

古尔邦节在伊斯兰教历的十二月十日。清晨会礼结束后,人们以宰牛、宰羊、宰骆驼的形式欢庆节日,并祈祷祝愿在麦加朝觐的穆斯林兄弟姐妹们圆满完成朝觐、平安回家。

3. 穆罕默德生日

伊斯兰教历的三月十二日是宗教领袖穆罕默德的生日,人们会进行大规模的纪念活动。

4. 骆驼节

每年的骆驼节设有多个比赛项目,包括骆驼选美、骆驼竞跑、猎鹰比赛等,其中的骆驼选美和骆驼竞跑最引人注目,吸引了数以百计的骆驼们来竞争价值不菲的奖品,最好的骆驼被予以重奖,既奖励骆驼也奖励饲养者。赛骆驼已经成为这个国家最受欢迎的观赏体育项目。

五、旅游市场

旅游业在阿联酋经济中占主导地位,2018 年阿联酋接待了 1 670 万名外国游客,在世界十大游客入境国中排名第七,中国成为迪拜旅游市场的第四大客源国。2017 年旅游业对阿联酋国内生产总值的贡献总额为 1 541 亿迪拉姆(约合 420 亿美元),占国内生产总值的 11.3%。

任务练习

一、情景模拟

模拟阿联酋的地陪人员,在参观游览的过程中向中国游客提供讲解服务,从而对阿联酋主要的旅游城市和著名景点、阿联酋的饮食习俗、旅游商品、节庆活动以及出入境旅游市场能深入了解。

二、知识检测

单选题

1. 谢赫扎伊德清真寺位于阿联酋的(　　　)。
　　A. 迪拜酋长国　　　　　　　　B. 阿布扎比酋长国
　　C. 沙迦酋长国　　　　　　　　D. 阿治曼酋长国

2. 哈利法塔位于阿联酋的(　　　)。
　　A. 迪拜酋长国　　　　　　　　B. 阿布扎比酋长国
　　C. 沙迦酋长国　　　　　　　　D. 阿治曼酋长国

3. 下列关于迪拜的叙述中不正确的是(　　　)。
　　A. 拥有世界最高的摩天大楼哈利法塔
　　B. 拥有世界上第一家七星级酒店帆船酒店
　　C. 拥有世界上唯一的法拉利主题公园
　　D. 拥有世界最大的购物中心

4. 以下有关阿联酋饮食习俗的叙述中不正确的是(　　　)。
　　A. 红茶、椰枣茶和薄荷茶是风行阿联酋的三大饮料
　　B. 阿联酋人爱吃牛羊肉,烤牛、烤羊、烤鸡是阿联酋的特色菜肴
　　C. 阿拉伯餐与西餐相似,包括开胃菜、汤、沙拉、烧烤、甜点
　　D. 阿联酋常见的主食是米饭,他们用餐一般用右手抓食

5. 下列不属于阿联酋特色旅游商品的是(　　　)。
　　A. 黄金饰品、阿拉伯银铜制品　　　B. 波斯地毯
　　C. 香水　　　　　　　　　　　　D. 钻石

6. 下列节日中(　　　)进行的比赛已经成为这个国家最受欢迎的观赏体育项目。
　　A. 开斋节　　　B. 建军节　　　C. 国庆节　　　D. 骆驼节

任务十一 ● 土耳其

子任务一　了解土耳其

任务描述

　　模拟旅行社的前台销售人员向咨询的客人介绍土耳其的基本国情、去土耳其旅行的基本常识以及当地的习俗和禁忌。

任务内容

土耳其的
地理环境

一、基本国情

（一）地理环境

　　土耳其横跨欧亚两洲,位于地中海和黑海之间,其中97%的面积位于亚洲的小亚细亚半岛,3%的面积位于欧洲的巴尔干半岛,总面积78.36万平方千米。东部与格鲁吉亚、亚美尼亚、阿塞拜疆和伊朗接壤,东南与叙利亚、伊拉克接壤,西临爱琴海,西北与希腊和保加利亚毗连。北临黑海,南临地中海,博斯普鲁斯海峡、达达尼尔海峡以及马尔马拉海,是沟通黑海和地中海的唯一水道,战略位置十分重要。

　　土耳其地势东高西低,大部分为高原和山地,仅沿海有狭长平原。大部分属小亚细亚高原(又称安纳托利亚),最大的高原是安纳托利亚高原。亚拉拉特山海拔5 165米,是土耳其最高峰。幼发拉底河与底格里斯河发源于此,从境内穿过向东南流去。

（二）发展简史

　　土耳其人史称突厥,公元8世纪时开始从阿尔泰山一带迁入小亚细亚,1299年建立奥斯曼帝国。16世纪达到鼎盛,统治区域地跨欧、亚、非三大洲。1914年奥斯曼帝国在第一次世界大战中加入同盟国作战,1918年战败。根据《凡尔赛合约》,土耳其丧失了大片领土,土崩瓦解。20世纪初,土耳其沦为英、法、德等国的半殖民地。1919年,凯末尔领导民族解放战争反抗侵略并取得胜利,1923年10月29日,建立土耳其共和国。凯末尔当选首任总统。

(三)民族、宗教

土耳其人口为 8 081 万(2018 年)。土耳其族占 80%以上,库尔德族约占 15%。土耳其语为国语。99%的居民信奉伊斯兰教,其中 85%属逊尼派,其余为什叶派(阿拉维派);少数人信仰基督教和犹太教。

(四)国旗、国徽

土耳其国旗呈长方形,长与宽之比为 3∶2。旗面为红色,靠旗杆一侧有一弯白色新月和一颗白色五角星。红色象征鲜血和胜利;新月和五角星象征驱走黑暗、迎来光明,还标志着土耳其人民对伊斯兰教的信仰,也象征幸福和吉祥。

土耳其的国徽图案为一弯新月和一颗五角星,寓意与国旗相同。有时将月和星置于一个红色椭圆形中,其上方写着"土耳其共和国"。

土耳其的国花是郁金香,国鸟是红翼鸫,国石是绿松石。

(五)行政区划

土耳其行政区划等级为省、县、乡、村。全国共分为 81 个省、约 600 个县、3.6 万多个乡村。

(六)政治、经济

土耳其的政体是总统制共和政体,总统是象征性的国家元首,总理掌握行政权。2017 年 4 月 16 日,土耳其举行修宪公投获得通过,政体由议会制改为总统制。行政权完全移交给总统。总统可以直接任命包括副总统和内阁部长在内的政府高官,可以任命最高司法机关的多数成员,可以不经过议会批准颁布法令和宣布国家进入紧急状态。大国民议会是最高立法机构,任期五年。

土耳其属发展中国家,是传统的农牧业国家,主要农产品有烟草、棉花、稻谷、橄榄、甜菜、柑橘等,安卡拉羊毛闻名于世。自 20 世纪 80 年代实行对外开放政策以来,土耳其由经济基础较落后的传统农业国向现代化工业国快速转变。工业基础好,主要有食品加工、纺织、汽车、采矿、钢铁、石油、建筑、木材和造纸等产业。矿产资源丰富,花岗石和大理石储量占世界 40%,品种数量均居世界第一;铬矿储量 1 亿吨,居世界前列。

(七)文学、艺术

历史上曾跨越欧、亚、非的奥斯曼帝国是海上丝绸之路的重要通道,对东西方文化交流发挥过重要作用。希腊文化、罗马文化、基督教文化、伊斯兰教文化在这里相互融合,使土耳其文化具有东方本源和西方特征彼此交融的特点。

土耳其知名度最高的文学巨匠奥尔罕·帕慕克以其作品《我的名字叫红》在 2006年荣获诺贝尔文学奖,被认为是当代欧洲最杰出的小说家之一。土耳其的艺术形式多样,丰富多彩。由于土耳其99%的居民信仰伊斯兰教,土耳其的建筑风格具有典型的伊斯兰教风格。土耳其的舞蹈更是风格各异,不同地区的舞蹈形式都各不相同。转舞是为了纪念杰出的土耳其诗人梅乌拉那·杰拉莱丁·鲁米和伊斯兰神秘主义而表演的一种舞蹈,已入选联合国教科文组织的人类口头和非物质文化遗产代表作。土耳其的戏剧发源于卡拉戈兹皮影戏,是一种介于英国传统滑稽木偶剧以及美国打闹喜剧之间的传统表演艺术。伊斯坦布尔国际艺术节是世界知名的艺术节。

二、出行须知

(一)基本常识

1. 气候

土耳其的气候类型因其地形而比较多样化。南部沿海地区属亚热带地中海气候,内陆高原为热带草原向沙漠性气候过渡,属于大陆型气候,温差较大。最冷的 1 月,安纳托利亚高原大部分地区气温在-1 ℃左右;最热的 8 月,地中海沿岸地区气温在 24~28 ℃。

2. 货币

土耳其货币为新土耳其里拉。汇率:1 新土耳其里拉 = 1.234 6 人民币,1 人民币 = 0.81 新土耳其里拉(2019 年 8 月 30 日)。

3. 时差

土耳其每年 3 月份最后一个星期日开始,到 10 月份的最后一个星期日使用夏令时,比中国时间晚 5 小时,其他时段比中国北京时间晚 6 个小时。

(二)习俗和禁忌

1. 习俗

土耳其人殷勤好客,性格热诚而直率。在社交场合与人相见时,土耳其人首先向对方问好,然后握手,同时还要祝愿对方身体安好。与亲朋好友见面时,土耳其人一般会与对方行亲吻礼。晚辈在拜见长辈时行“捧手碰额礼”,首先捧过长辈的右手亲吻一下,随后再恭恭敬敬地将它捧至自己的额头上,轻轻地碰上一下。和客人道别时行“交手鞠躬礼”,先将双手交叉放在胸前,深深地向对方鞠躬约 90°,以表示对客人的敬重和惜别之情。

土耳其人像其他穆斯林一样,进入清真寺一般要脱鞋,偏爱绿色、白色和绯红色。土耳其人特别喜欢鲜花,并赋予不同颜色的鲜花以特定含义。通常都喜欢在自家门口挂上几瓣蒜以逢凶化吉。爱好蒸汽浴,从中世纪起就有被称为“哈曼”的公共澡堂。爱好戏剧,在广场、酒馆、咖啡店都会有演出。土耳其流行肚皮舞,分为民族舞、表演舞,后者适合在舞厅或酒廊表演。土耳其还有斗骆驼的习俗。土耳其的农村和小城镇买卖婚姻的现象依然存在,还有两家互换新娘(用适龄妹妹交换新娘)的婚俗,两家都不必出聘金。

2. 禁忌

土耳其人禁忌紫色、黄色和花色,他们认为黄色寓意着死亡;花色是凶色,布置房间切忌使用花色。在土耳其应慎用绿三角,绿三角是免费用品的标志。

土耳其是个伊斯兰教国家,忌讳用左手传递东西或食物。土耳其人对已婚男女或恋人在公共场合亲昵的举止极为反感和厌恶,认为这是一种伤风败俗的行为。土耳其人忌讳吃猪肉和一切外形丑陋或不洁之物,如甲鱼、螃蟹等,忌讳使用猪制品。在土耳其访问客人,要提前预约,准时赴约,赴宴时最好给女主人带一束鲜花。与土耳其人忌谈有关政治及土耳其与希腊的纷争问题。土耳其的基督教徒忌讳数字"13"。

✏️ 任务练习

一、情景模拟

请模拟旅行社的前台销售人员向咨询的客人介绍土耳其的基本国情、去土耳其旅行的基本常识与当地的习俗和禁忌。

二、知识检测

(一)单选题

1. 下列国家大部分居民都信仰伊斯兰教,(   )除外。
   A.阿联酋　　　　B.土耳其　　　　C.印度尼西亚　　D.菲律宾

2. 土耳其人特别禁忌的颜色是(   ),布置房间最忌讳使用。
   A.白色　　　　　B.花色　　　　　C.绿色　　　　　D.绯红色

3. 假如你7月份在土耳其旅行,土耳其为上午9点,中国北京时间为(   )。
   A.下午2点　　　B.下午3点　　　C.下午4点　　　D.下午5点

4. 土耳其共和国是一个横跨欧、亚两洲的国家,北临黑海,南邻(   )。
   A.波罗的海　　　B.里海　　　　　C.北海　　　　　D.地中海

5. 土耳其的首任总统是(   ),被称为"土耳其之父"。
   A.凯德尔　　　　B.凯末尔　　　　C.曼德拉　　　　D.魏茨曼

6. 关于土耳其人的习俗和禁忌叙述中不正确的是(   )。
   A.土耳其人和客人道别时一般行"捧手碰额礼"
   B.土耳其人通常都喜欢在自家门口挂上几瓣大蒜以逢凶化吉

C. 土耳其人爱好戏剧，喜欢跳肚皮舞，还有斗骆驼的习俗

D. 土耳其有两家互换新娘的婚俗，即用适龄妹妹和亲家交换新娘

（二）填表题

人口		国花		主要宗教	
民族		国鸟		首都	
语言		国石		与北京时差	
货币				国庆节	

子任务二　认识土耳其

任务描述

　　模拟土耳其的地陪人员，在参观游览的过程中向中国游客提供讲解服务，从而对土耳其主要的旅游城市和著名景点、土耳其的饮食习俗、旅游商品、节庆活动以及出入境旅游市场能深入了解。

任务内容

土耳其
旅游宣传片

一、旅游城市和著名景点

（一）安卡拉

　　安卡拉是土耳其的首都、全国第二大城市，安卡拉省省会，土耳其政治、经济、文化、交通和贸易的中心，位于小亚细亚半岛上安纳托利亚高原的西北部。安卡拉是一座历史悠久的古城，罗马时代是文化、商业贸易和艺术的中心，素有"土耳其的心脏"之称。安卡拉市区名胜古迹很多，如罗马时期的尤利阿奴斯之柱、奥古斯都神殿、罗马浴场、安卡拉城堡；拜占庭时期的城堡和墓地；塞尔柱时期的阿拉丁清真寺等。除古迹外，安卡拉还有现代化的建筑，最具代表性的就是安塔库勒塔和安卡拉国家歌剧院，其中安塔库勒塔为安卡拉最知名的观景塔。

1. 安卡拉城堡

安卡拉城堡是安卡拉的地标性建筑。此城堡是由拜占庭皇帝米凯尔二世兴建的。

它位于旧城的山上,城堡矗立在山坡的最高处,从城堡上可俯瞰安卡拉市的全景。

2. 尤利阿奴斯之柱

尤利阿奴斯之柱位于乌鲁斯地区,建于公元362年,高15米,一般被认为是为了纪念罗马皇帝尤利阿奴斯的来访而修建的。在柱子的顶端还装饰了树叶形的装饰品。

3. 土耳其国父纪念馆

土耳其国父纪念馆是为纪念土耳其共和国的创始人凯末尔而建的,1953年建成。整个纪念馆是一座茶色石质的宏伟建筑,墙上刻有凯末尔劝勉民众的文字,内殿有一个黑色的大理石墓碑,显得庄严肃穆。纪念馆除安放有凯末尔遗体外,还在博物馆中介绍凯末尔领导和建立土耳其共和国的过程,以及陈列他生前用过的物品等。纪念馆的广场气势雄伟,每逢整点有仪仗队换岗仪式,该仪式庄重肃穆,卫兵英姿飒爽,吸引不少游客驻足观看。

(二)伊斯坦布尔

伊斯坦布尔是土耳其最大的城市和港口,是土耳其政治、经济、文化、金融、新闻、贸易、交通中心,世界著名的旅游胜地,繁华的国际大都市之一,位于巴尔干半岛东端,博斯普鲁斯海峡南口西岸,扼黑海入口,横跨欧、亚两洲,战略地位极为重要。伊斯坦布尔历史悠久,始建于公元前660年,当时称拜占庭。

公元324年,罗马帝国的君士坦丁大帝从罗马迁都于此,改名君士坦丁堡,于1453年成为奥斯曼帝国首都,习惯上称为伊斯坦布尔。直到凯末尔建立土耳其共和国之后,迁都安卡拉。伊斯坦布尔当选为2010年欧洲文化之都和2012年欧洲体育之都。该市的历史城区在1985年被联合国教科文组织列为世界文化遗产。主要景点有蓝色清真寺、圣索菲亚大教堂、托普卡珀宫、大市集等。

1. 蓝色清真寺

蓝色清真寺,又名苏丹艾哈迈德清真寺,是伊斯兰世界优秀的古典建筑师锡南的得意门生迈赫迈特·阿加的代表作,也是伊斯坦布尔最重要的标志性建筑之一。蓝色清真寺始建于1609年,位于伊斯坦布尔旧城市中心,因寺内墙壁全部用蓝、白两色的依兹尼克瓷砖装饰而得名。蓝色清真寺属阿拉伯风格的圆顶建筑,是世界上现存的唯一六塔清真寺,象征伊斯兰教六大信仰,被誉为世界十大奇景之一。

2. 圣索菲亚大教堂

圣索菲亚大教堂坐落在蓝色清真寺对面,距今有近1 500年的历史。大教堂始建于公元325年,后因战乱损毁,公元537年查士丁尼皇帝重建。它作为基督教的宫廷教堂,持续了9个世纪,在1453年以后,被土耳其人占领,改建成为清真寺。1935年,第一任土耳其总统将其变为博物馆。圣索菲亚大教堂因其巨大的圆顶而闻名于世,大圆顶直径32.6米,离地55米高,在17世纪圣彼得大教堂完成前,一直是世界上最大的教堂。穹隆底部密排着一圈40个窗洞,教堂内部空间饰有金底的彩色玻璃镶嵌画。它是拜占庭建筑最光辉的代表,是东正教的中心教堂,是拜占庭帝国极盛时代的纪念碑。

（三）伊兹密尔

伊兹密尔是土耳其的第三大城市，第二大港，位于安纳托利亚高原西端的爱琴海边，是重要的工业、商业、外贸、海运中心之一，同时也是历史文化名城、旅游胜地和军事要塞。伊兹密尔有众多的名胜古迹，如古钟楼、15 世纪的希萨尔清真寺及世界古代七大奇迹之一的阿尔忒弥斯神庙遗迹等。伊兹密尔举世闻名的景点有：埃菲斯希腊古城遗址、圣母玛利亚之屋等。此外，塞尔柱古城遗址近年来已引起突厥史专家们的关注。

1. 爱琴海岸

爱琴海是地中海东部的一个大海湾，在希腊和土耳其之间，拥有许多岛屿，因此又被称为"多岛海"。同时，爱琴海也是黑海沿岸国家通往地中海以及大西洋、印度洋的必经水域，在航运和战略上都具有重要地位。爱琴海风景秀美、气候宜人，拥有充足的阳光、湛蓝的大海、舒爽的海风，是各国观光游客向往的旅游度假胜地。

2. 圣母玛利亚之屋

圣母玛利亚之屋是圣母玛利亚晚年在以弗所的故居。相传，耶稣死后第四年，圣母玛利亚来到"夜莺山"隐居，直到去世。如今，圣母玛利亚之屋已经被改建成了一座小教堂，内供圣母像，并于 1961 年被宣布为基督教圣地。

（四）著名景点

1. 棉花堡

棉花堡位于土耳其德尼兹利市的西南部，是远近闻名的温泉度假胜地。"棉花"是指其色白如棉花，远看像棉花团，其实是坚硬的石灰岩地形。"城堡"是说它由整个山坡构成，一层又一层，形状像城堡，故得名棉花堡。此地多温泉，温泉自洞顶流下，将山坡冲刷钙化沉淀成阶梯状，平台处泉水蓄积成塘。温泉水水温终年保持在 36 ~ 38 ℃，可治疗风湿、消化不良、皮肤病等，来此泡温泉的游客络绎不绝。

2. 特洛伊

特洛伊位于今土耳其的希萨利克，古希腊殖民城市。荷马史诗《伊利亚特》中讲述的"特洛伊战争"即发生于此，特洛伊也因此闻名。特洛伊城最后由希腊人用"木马计"攻破，城市在战争中成为废墟。19 世纪考古发掘，获得大批文物珍品。1998 年特洛伊被列入世界文化遗产名录。距离特洛伊遗址不远处有一座博物馆，是唯一收藏特洛伊文物的博物馆。

3. 卡帕多奇亚

卡帕多奇亚位于土耳其中部安纳托利亚高原，以其奇特的岩石构造、岩洞和半隐居人群的历史遗迹令人神往。这里起初是基督教徒躲避罗马人迫害的避难处，公元 4 世纪，一群僧侣在岩面上开凿了上千个洞窟，不少岩洞内还保存有许多湿壁画。卡帕多奇亚独特的喀斯特地貌与月球表面类似，被称为"地球上最像月球的地方"。卡帕多奇亚还是地球上最适合乘热气球的地方之一,去土耳其旅行的人基本上都会去卡帕多奇亚乘热气球。

二、饮食习俗

土耳其菜系与中国菜系、法国菜系并称为世界三大菜系。土耳其菜融合了中东及西方饮食文化,上菜方式、用餐方式都和西餐一样,以汤、色拉、主菜、甜点的顺序上菜;吃饭用刀、叉、勺,完全是西餐的吃法。餐后一般饮咖啡或红茶。土耳其人的主食是面包和饼,很少吃米饭,没有面条和粥,白奶酪和橄榄油是其餐桌上必不可少的调味品。

土耳其最美味的食物是烧烤。土耳其人特别爱吃羊肉,尤其以羊脑髓最为珍贵,烤全羊是土耳其人招待贵宾的特色菜。土耳其人对茄子倍加青睐,烹制茄子的菜肴品种多达几百种。土耳其啤酒、葡萄酒和拉克酒(茴香酒)是当地的特色,堪称一流。

三、旅游商品

土耳其的安卡拉羊毛、地毯闻名全球,红茶托盘和茶具、海泡石烟斗、蓝眼睛、金饰品、银铜制品、丝巾、骆驼牙雕、琥珀都是土耳其著名的旅游纪念品。

1. 地毯

土耳其地毯具有悠久的历史,最早可以追溯到公元前 3000 年的青铜器时期,是世界上三大名毯之一。自古以来,做工精良的土耳其地毯分很多种类,有毛地毯、麻地毯,最昂贵的是丝地毯。

2. 土耳其红茶托盘和茶具

土耳其红茶历史悠久,自然要有茶具与之匹配。土耳其茶具都配有精美的底座,用以放置方糖和小勺,茶杯有水晶、银、玻璃等材质的,价格也多少不等。

3. 海泡石烟斗

海泡石是一种极轻质、吸收性极佳的稀有白色硬质黏土矿石。最优质、最适合用于烟斗制作的海泡石原料,产自伊斯坦布尔东南约 200 英里(1 英里 = 1 609. 344 米)的地下深处。海泡石烟斗用久了,在烟油和手汗的内外共同作用下,会散发出自然、深邃和高贵的棕金色。

4. 蓝眼睛

蓝眼睛又称土耳其之眼,或者恶魔眼,标准称呼是"美杜莎之眼"。美杜莎是希腊神话中的女妖,传说她能将任何直视她眼睛的人变成石像。美杜莎之眼被抽象成圆形鱼眼状的装饰物,可以去凶辟邪,造型很多变,可以做成项链、别针、钥匙圈、耳环等各种首饰,是土耳其最具特色的旅游纪念品之一。

四、节庆活动

土耳其的主要节日有:新年(1月1日)、国家主权和儿童日(4月23日)、青年和体育节(5月19日)、胜利日(8月30日)、共和国成立日(10月29日)。还有开斋节、古尔邦节等宗教节日。土耳其比较有特色的民族节日是"妇女国"狂欢节、油跤节和梅斯尔糖果节。

1. 青年和体育节

1919年5月19日,土耳其国父凯末尔将军正式宣布土耳其独立战争开始,并且领导人民反对欧洲列强对土耳其的侵略。战争胜利结束后,凯末尔将5月19日定为土耳其青年节,认为青年是国家的未来,是建设富强国家的基础。因为青年节又兼体育节,所以每逢这一天,土耳其青年都会不约而同地来到户外,参加各种各样的体育活动。

2. 梅斯尔糖果节

梅斯尔糖果节至今已有470年的历史。相传奥斯曼帝国苏丹塞利姆一世的母亲在马尼萨得病,吃什么药都不见效。后来一位老医生研制出一种由41种草药和调料组成的梅斯尔药。苏丹的母亲服药后痊愈,便下令把这种药用纸包好,在清真寺的顶上分发给老百姓,让更多的人得到医治,从此这一传统代代相传,形成了今天的梅斯尔糖果节。糖果节期间,马尼萨市街道两旁的商店和住宅悬挂上土耳其国旗,当地人则穿上14世纪奥斯曼帝国时期的盛装,走上街头,游行欢庆。游行结束后,数万民众争先恐后地抢梅斯尔糖果,场面热烈壮观。

五、旅游市场

旅游业是土耳其外汇收入重要来源之一。2018年外国游客总数达4 611万人次,旅游收入295亿美元。2017年土耳其接待游客3 860万人次,其中中国游客约25万,旅游收入达263亿美元,比2016年增长18.9%。

任务练习

一、情景模拟

模拟土耳其的地陪人员,在参观游览的过程中向中国游客提供讲解服务,从而对土耳其主要的旅游城市和著名景点、土耳其的饮食习俗、旅游商品、节庆活动以及出入境旅游市场能深入了解。

二、知识检测

单选题

1. 土耳其国父纪念馆位于土耳其的(　　)。
    A. 安卡拉　　　　B. 伊斯坦布尔　　C. 伊兹密尔　　　D. 安塔利亚

2. 关于伊斯坦布尔的叙述中不正确的是(　　)。
    A. 伊斯坦布尔是土耳其最大的城市和港口，横跨欧、亚两洲
    B. 开始称拜占庭，后改名君士坦丁堡
    C. 有"土耳其心脏"之称
    D. 著名景点有蓝色清真寺、圣索菲亚大教堂

3. 土耳其著名景点棉花堡的名称由来与(　　)有关。
    A. 棉花　　　　　B. 雪　　　　　　C. 盐湖　　　　　D. 石灰岩

4. 土耳其被称为"地球上最像月球的地方"的景点，也是地球上最适合乘热气球的地方是(　　)。
    A. 棉花堡　　　　　　　　　　B. 安卡拉古城
    C. 卡帕多奇亚　　　　　　　　D. 库沙达瑟

5. 中国菜、法国菜和(　　)并称为世界三大菜系。
    A. 德国菜　　　　B. 英国菜　　　　C. 日本菜　　　　D. 土耳其菜

6. (　　)属地中海的一部分，因岛屿星罗棋布，所以又有"多岛海"之称。
    A. 黑海　　　　　B. 地中海　　　　C. 爱琴海　　　　D. 死海

任务十二 ● 柬埔寨

任务描述

模拟旅行社的前台销售人员向咨询的客人介绍柬埔寨的基本国情、去柬埔寨旅行的基本常识与当地的习俗和禁忌、柬埔寨的旅游城市和著名景点、饮食特点、旅游商品、节庆活动及柬埔寨的旅游市场。

![任务内容]

一、基本国情

（一）地理环境

柬埔寨的地理环境

柬埔寨王国,旧称高棉,位于中南半岛南部,东部和东南部与越南接壤,北部和老挝交界,西部和西北部与泰国毗连,南部濒临泰国湾。面积约 18 万平方千米。

中部和南部是平原,东部、北部和西部被山地、高原环绕,大部分地区被森林覆盖。豆蔻山脉东段的奥拉山,海拔 1 813 米,是境内最高峰。境内有湄公河和东南亚最大的淡水湖——洞里萨湖(又称金边湖)。

（二）发展简史

柬埔寨是个历史悠久的文明古国,于公元 1 世纪下半叶建国。公元 9—14 世纪的吴哥王朝为鼎盛时期,创造了举世闻名的吴哥文明。1863 年起,柬埔寨沦为法国的殖民地。1940 年被日本占领。1945 年又沦为法国的保护国。1953 年 11 月 9 日独立。1970 年,西哈努克亲王在北京宣布成立柬埔寨民族统一战线和王国民族团结政府。20 世纪 70 年代开始,经历了长期的战乱。1993 年,柬埔寨举行大选,恢复了君主立宪制,进入和平与发展的新时期。

（三）民族、宗教

柬埔寨的总人口约 1 480 万人(2019 年)。高棉族占总人口的 80%,还有占族、普农族、老族、泰族、斯丁族等少数民族。华人华侨约 110 万。高棉语为通用语言,与英语、法语同为官方语言。佛教为国教,95% 以上的居民信奉佛教,伊斯兰教信徒占总人口的 2%,少数城市居民信奉天主教。

（四）国旗、国徽

柬埔寨国旗呈长方形,长与宽之比为 3∶2,由三个平行的横长方形相连构成,中间是红色宽面,上下均为蓝色长条。红色宽面中间绘有白色镶金边的佛教建筑吴哥寺,象征柬埔寨悠久的历史和古老的文化。红色代表民族,白色代表佛教,蓝色象征王室。

柬埔寨国徽图案的中心是一把由托盘托举的王剑,象征一切权力归于国王,王权至高无上;左右两侧各由一头大象和狮子守护,共有五层的华盖,"五"这个数字在柬埔寨风俗中寓意为完美、吉祥。

柬埔寨的国花是隆都花。

（五）行政区划

全国分为 20 个省和 4 个直辖市。直辖市包括金边市、白马市、拜林市、西哈努克市，其他比较有名的省份有柏威夏省、菩萨省、暹粒省（暹粒）、上丁省、茶胶省等。

（六）政治、经济

柬埔寨实行的是君主立宪制政体。国王是终身制国家元首、武装力量最高统帅、国家统一和永存的象征，有权宣布大赦，在首相建议并征得国会主席同意后有权解散国会。王位不能世袭。国王去世、退休或退位后，由首相、佛教两派僧王、参议院和国会正、副主席共 9 人组成的王位委员会在 7 日内从安东、诺罗敦和西索瓦三支王族后裔中遴选产生新国王。国会是柬埔寨国家最高权力机构和立法机构，每届任期五年。

柬埔寨是传统农业国，工业基础薄弱，是世界最不发达国家之一，贫困人口占总人口的 14%，依赖外资外援。经济以农业为主，全国 90% 的人口从事农业。制革、玉石等手工业较著名。

（七）文学、艺术

柬埔寨文化是由印度文化、中国文化以及其自身的本土文化通过碰撞和融汇而逐渐形成的。公元 802—1426 年是柬埔寨文化的繁荣时期，婆罗门教和佛教对柬埔寨文学有巨大的影响，这一时期主要是宗教文学，如著名的《罗摩的故事》就是由印度的史诗《罗摩衍那》改写的。吴哥王朝结束后，最有价值的是民间文学，代表作有《特明吉的故事》和《阿勒沃的故事》。柬埔寨沦为法国殖民地之后，随着西方文化的传入，现代小说出现，《苏帕特》和《拜林玫瑰》都是当时具有代表性的作品，它们体现了民族化的精神，被认为是"高棉化文学运动"中的优秀作品。1953 年柬埔寨赢得独立，柬埔寨文学得到了发展，中长篇小说开始涌现。20 世纪 60 年代初，诗人伊姆·乌莱写了不少慷慨激昂的反美爱国诗篇，他的诗集有《怒火熊熊》等。

此外柬埔寨人创造了辉煌灿烂、极具特色的吴哥窟雕塑与建筑艺术，其艺术成就主要在于雕刻和建筑完美的结合与合理运用。

二、出行须知

（一）基本常识

1. 气候

柬埔寨属热带季风气候，年平均气温 29~30 ℃，5—10 月为雨季，11 月—次年 4 月为旱季，受地形和季风影响，各地降水量差异较大。

2. 货币

柬埔寨的货币是瑞尔（K）。在柬埔寨旅行不必兑换当地货币，美元在当地完全通用，只有1美元以下小额的找零才会用到瑞尔。汇率：1柬埔寨瑞尔＝0.001 759人民币，1人民币＝568.464 3柬埔寨瑞尔（2019年8月30日）。

3. 时差

柬埔寨的时间比中国北京时间晚1个小时。

（二）习俗和禁忌

1. 习俗

柬埔寨是一个文明古国，又是佛教国家，讲究温、良、恭、谦、让，尊老爱幼，长幼有序。"合十礼"是柬埔寨传统的见面礼。平辈相见，双手置于胸前；晚辈见长辈，双手举至下颚；百姓见高僧，双手举至眉宇；身份低的人见官员，先俯身跪地，再双手合十高举过头。柬埔寨人见面和分别时有礼貌地以双手合在一起，指尖朝上，口说"三拜"。柬埔寨人认为右手干净，左手污垢，用餐或递接物品要用右手或者双手。

柬埔寨人的民族服饰有"纱笼""干曼"两种。柬埔寨男子日常的上衣直领多扣，妇女的便服上衣多为丝质圆领对襟短袖衫，通常在腰间缠一条图案优美的长方巾。他们常用服装的色彩表示日期，有"七彩星期"的说法。

2. 禁忌

柬埔寨人忌讳白色，忌穿白色的裤子和纱笼，认为白色是死亡的象征，忌讳孔雀图案。柬埔寨人认为星期六不吉利。到柬埔寨人家中做客，忌把鞋子带入屋内。农村的房屋多为高脚式竹木结构，地板离地面约两米，用扶梯上下。客人上梯前应先将鞋脱掉放在梯下，否则是不礼貌的。在柬埔寨，特别注意要尊敬和尚，女性不得接触和尚，还有不要用手去摸别人的头。

三、旅游城市和著名景点

（一）金边

金边是柬埔寨王国首都，坐落在湄公河与洞里萨河之间的三角洲地带，是柬埔寨最大的城市，也是全国政治、经济、文化、交通、贸易、宗教中心，主要的工商企业、金融机构汇集于此。金边始建于14世纪，15世纪为高棉国都。市内著名景点有金边皇宫、塔山寺、独立纪念碑、银阁寺、独立广场、万谷湖等。

1. 金边皇宫

金边皇宫，坐落于金边西贡大街，面对湄公河、洞里萨河、巴沙河交汇而形成的四臂湾，也称四臂湾大皇宫，属于典型的高棉式建筑。它建于1866—1870年，目前仍是国王

柬埔寨
旅游宣传片

官邸。宫殿建筑物和寺庙的设计与风格深受曼谷王朝的影响。皇宫为长方形,长435米,宽402米,外有城墙,里面共有20余座建筑物。建筑极富高棉传统风格和宗教色彩,多为黄、白两色,黄色代表佛教,白色代表婆罗门教。皇宫建筑的屋顶中央都有高高的尖塔,屋脊两端尖尖翘起,造型美观,金碧辉煌。整个皇宫分为两部分,北面部分因有王室居住,游客不能入内参观,可供参观的为南面的银殿。

2. 塔山寺

塔山寺又名塔子山,位于金边市区的北面,坐落于一座高约100米的小山顶上,是金边的最高点,登上山顶的高塔,可以俯瞰金边市区。塔山寺建于14世纪,原名金边寺,也是金边地名的起源。寺内有大量高棉风格浮雕。山门上有两座矮塔,而山路两口各有一尊七头那迦蛇神像,扶手上则有不少吴哥式雕塑。

3. 独立纪念碑

独立纪念碑矗立在诺罗敦大道与西哈努克大道交会的十字路口上,是为庆祝柬埔寨脱离法国殖民政权和纪念在战争中为国牺牲的英勇烈士而建。独立纪念碑由柬埔寨著名设计师凡·莫尼旺设计,于1958年动工兴建,1962年11月落成。整座纪念碑底座宽36米、高37米。每年独立节,柬埔寨国王或者国王代表都在此举行隆重的庆典,而来访的外国元首也多到这里献花圈。

(二)暹粒

暹粒是暹粒省的省府,西北部重要城市,公元9~15世纪为高棉王国的首都。城北的吴哥窟是著名的佛教古迹,也是东南亚著名胜地之一。此外,还有洞里萨湖、文化村等景点。洞里萨湖是东南亚最大的淡水湖,又称金边湖。

吴哥古迹

吴哥古迹位于暹粒省境内,位于金边西北约310千米处。吴哥古迹群是柬埔寨吴哥王朝的都城遗址,也是柬埔寨民族的象征,它与我国的长城、印度的泰姬陵、埃及的金字塔、印度尼西亚的婆罗浮屠,并称为"东方五大奇迹",1992年被列入世界文化遗产名录。吴哥建于公元802~1201年,前后历时400年。在公元9—15世纪时,吴哥曾是柬埔寨的国都。1431年暹罗军队入侵后,吴哥遭到了严重破坏,王朝被迫迁都金边。此后,吴哥被遗弃湮没于丛林之中,直到19世纪60年代被法国博物学家发现才重现光辉。吴哥古迹现存600多处,分布在面积45平方千米的森林里,主要包括吴哥王城(大吴哥)和吴哥窟(小吴哥)。大吴哥和小吴哥是它的主要组成部分,其中有许多精美的佛塔以及众多的石刻浮雕,蔚为壮观。这些佛塔全部用巨大的石块垒砌而成,有些石块重达8吨以上。小吴哥是吴哥古迹最精华的部分,又称吴哥寺,或吴哥窟,梵语意为"寺之都",被称作柬埔寨国宝,是世界上最大的庙宇,同时也是世界上最早的高棉式建筑。苏利耶跋摩二世时为供奉毗湿奴而建,30多年才完工。城墙上有一尊微笑的四面湿婆佛像石雕闻名于世,成为高棉民族的象征。

(三)西哈努克市

西哈努克市是西哈努克省的省会,原名磅逊,位于柬埔寨西南部磅逊湾,是柬埔寨最繁忙的海岸港口,也是柬埔寨国内除了吴哥窟以外最热门的旅游胜地。主要景点有隆三龙岛、贡布海滨度假地、波科山避暑胜地。

四、饮食习俗

因为湄公河流经柬埔寨境内并注入洞里萨湖,所以柬埔寨的稻米和淡水鱼产量都很丰富。柬埔寨人的主食是大米,副食以鱼虾、生菜和凉拌菜为主,喜食素菜,较少食肉。当地出产的各种特色香料也为高棉菜增加了独特的味道。柬埔寨人吃饭时席地而坐,用手抓饭,将饭菜包在事先准备好的生菜叶里,蘸着佐料往嘴里送。柬埔寨人最著名的早餐是米线。凉拌菜、熏鱼、滑蛋虾仁、素菜、菜扒虾丸、高棉螃蟹、烤猪肉饭、柬埔寨米饭是待客的名菜。

五、旅游商品

柬埔寨的旅游纪念品,以手工艺品较有特色,如金银器、瓷器、珠宝、翠玉、油画、拓碑画、面具、木雕等,最著名的是红宝石。绸缎和棉织品如纱笼、围巾,也很受欢迎。还有具有典型的热带风情和浓厚的东南亚风情的手工艺品,布包、藤编包等织物。

六、节庆活动

柬埔寨主要节日有:

(1)独立节:11月9日。1953年11月9日,柬埔寨王国摆脱法国殖民统治宣告独立,这一天被定为柬埔寨国庆日,也是建军日。

(2)国王诞辰:5月14日。在这一天,柬埔寨全国庆祝3天。

(3)佛历新年:4月13日—15日。

(4)御耕节:佛历六月下弦初四,由国王或其代表在毗邻王宫的王家田或其他选定地点举行象征性耕种仪式,祈祷来年风调雨顺、五谷丰登。

(5)送水节(又称龙舟节):11月13日—15日,民族传统节日。时值雨季结束进入旱季,来自全国各地的代表队在皇宫前的洞里萨河上举行龙舟比赛,表达对洞里萨河、湄公河养育之恩的感谢。

七、旅游市场

旅游业是柬埔寨的第二大支柱产业,其占 GDP 的比例超过 10%。据新华网数据,2018 年柬埔寨共吸引国际游客 620 万人次,比上一年增长 10.7%。其中,中国游客数量最多,约为 200 万人次。2018 年柬埔寨旅游业收入达 43.56 亿美元,同比增长 19.8%。预计 2019 年柬埔寨将接待国际游客 680 万人次,2020 年将接待国际游客 750 万人次。柬埔寨的长远规划是 2030 年吸引国际游客 1 500 万人次。中国为柬埔寨最大客源国,越南和老挝分别排列第二、第三位。

知识拓展

高棉王国与"高棉的微笑"

高棉王国是位于东南亚中南半岛柬埔寨的一个古国。约公元 400 年,高棉人建立了叫作真腊的国家,它在 700 年前后阇耶跋摩一世统治时期最为强盛。1431 年,入侵的暹罗军队强迫高棉人放弃吴哥,因此高棉帝国灭亡。"高棉的微笑"的由来:在柬埔寨暹粒吴哥城里面的巴戎寺中,有 49 座巨大的四面佛雕像,佛像为典型高棉人面容,个个面带笑容,据说是建造巴戎寺的神王阇耶跋摩七世的面容。佛像面带安详的微笑,这就是令吴哥窟蜚声世界的"高棉的微笑"。

任务练习

一、情景模拟

请模拟旅行社的前台销售人员向咨询的客人介绍柬埔寨的概况、出国旅行需要注意的事项、行程安排及特色。

二、知识检测

(一)单选题

1.下列国家中,与柬埔寨不接壤的国家是(　　)。

　A.泰国　　　　　B.老挝　　　　　C.印度　　　　　D.越南

2.柬埔寨的主体民族是(　　),占总人口的 80%。

A. 高棉族　　　　B. 傣族　　　　C. 土族　　　　D. 老族

3. 柬埔寨是世界上最不发达国家之一,(　　　)是柬埔寨第一大支柱产业。

A. 农业　　　　B. 旅游业　　　　C. 制造业　　　　D. 博彩业

4. 柬埔寨和(　　　)都是佛教国家,传统的见面礼都是"合十礼"。

A. 越南　　　　B. 泰国　　　　C. 韩国　　　　D. 马来西亚

5. 位于金边的独立纪念碑是为庆祝柬埔寨脱离(　　　)殖民统治而建。

A. 法国　　　　B. 泰国　　　　C. 英国　　　　D. 荷兰

6. 关于吴哥古迹的叙述中不正确的是(　　　)。

A. 吴哥古迹是柬埔寨吴哥王朝的都城遗址,也是柬埔寨民族的象征,被誉为东
方五大奇迹之一

B. 吴哥古迹主要包括吴哥王城(大吴哥)和吴哥窟(小吴哥)

C. 1431 年暹罗军队入侵后,吴哥遭到了严重破坏,王朝被迫迁都西哈努克

D. 吴哥窟是吴哥古迹最精华的部分,被称作柬埔寨国宝,是世界上最大的庙宇

7. (　　　)是柬埔寨的传统民族节日,来自全国的代表队在洞里萨河上举行龙舟比
赛,表达对洞里萨河、湄公河养育之恩的感谢。

A. 独立日　　　　B. 送水节　　　　C. 佛历新年　　　　D. 御耕节

(二)填表题

人口		国花		主要宗教	
民族				首都	
语言				与北京时差	
货币				建国纪念日	

任务十三 ● 斯里兰卡

任务描述

　　模拟旅行社的前台销售人员向咨询的客人介绍斯里兰卡的基本国情、去斯里兰卡旅行的基本常识与当地的习俗和禁忌、斯里兰卡的旅游城市和著名景点、饮食特点、旅游商品、节庆活动及旅游市场。

任务内容

一、基本国情

(一)地理环境

斯里兰卡,旧称锡兰,梵文意思为"狮子"。中国古代称为狮子国、僧伽罗。它是南亚次大陆以南印度洋上的岛国,西北隔保克海峡与印度相望,接近赤道,面积是 65 610 平方千米。风景秀丽,素有"印度洋上的明珠"之称。

斯里兰卡的平原约占国土总面积的 80%,还有少部分是高原和山地。皮杜鲁塔拉勒山脉是最高峰,海拔为 2 524 米。主要河流有马哈韦利河等,境内还有多条运河和湖泊,最大湖泊为巴蒂卡洛湖。

(二)发展简史

公元 2500 年前,北印度的雅利安人移民至斯里兰卡建立了僧伽罗王朝。公元前 247 年,印度孔雀王朝的阿育王派其子来岛弘扬佛教,受到当地国王欢迎,从此僧伽罗人摒弃婆罗门教而改信佛教。公元前 2 世纪前后,南印度的泰米尔人也开始迁徙并定居锡兰岛。从公元 5 世纪直至 16 世纪,僧伽罗王国和泰米尔王国之间征战不断。16 世纪起先后被葡萄牙人和荷兰人统治。18 世纪末沦为英国殖民地。1948 年 2 月 4 日宣布独立,定国名为锡兰。1972 年改称斯里兰卡共和国。1978 年改国名为斯里兰卡民主社会主义共和国,后为英联邦成员国。

(三)民族、宗教

斯里兰卡总人口是 2 144 万(2017 年)。僧伽罗族占 74.9%,泰米尔族占 15.4%,摩尔族占 9.2%,其他占 0.5%。僧伽罗语、泰米尔语同为官方语言和全国语言,上层社会通用英语。居民中的 70.2%信奉佛教,12.6%信奉印度教,9.7%信奉伊斯兰教,7.4%信奉天主教和基督教。

(四)国旗、国徽

斯里兰卡国旗呈横长方形,长与宽之比约为 2∶1。四周的黄色边框和框内靠左侧的黄色竖条,将整个旗面划分为左右结构的框架。左边框内是绿色和橙色的两个竖长方形;右侧为咖啡色长方形,中间是头紧握战刀的黄色狮子,长方形的四角各有片菩提树叶。咖啡色代表僧伽罗族;橙、绿色代表少数民族。菩提树叶表示对佛教的信仰,而其形状又和该国国土轮廓相似;狮子图案标志着该国的古称"狮子国",也象征刚强和勇敢。

斯里兰卡国徽的中心图案为金色的莲花环绕雄狮,上为法轮,两束稻穗分悬神坛两边,神坛左右是圆形的月亮和太阳。象征正直的法轮高立于其上,表示佛力无边,永远护佑斯里兰卡。

斯里兰卡的国花是睡莲。国树是铁木树。国鸟是黑尾原鸡。

(五)行政区划

斯里兰卡分为9个省和25个县。9个省分别为西方省、中央省、南方省、西北省、北方省、北中央省、东方省、乌瓦省和萨巴拉加穆瓦省。

(六)政治、经济

斯里兰卡实行议会民主制。总统为国家元首、政府首脑和武装部队总司令,享有任命总理和内阁其他成员的权力。议会为一院制,是最高立法机构。

斯里兰卡是以种植园经济为主的农业国家,工业基础薄弱,以农业和服装加工业为主。茶叶、橡胶和椰子产量均居世界前列。红茶驰名世界,出口量位居世界之冠,有"红茶王国"的美称。石墨、宝石资源丰富,有"宝石王国"的美称。

(七)文学、艺术

斯里兰卡在艺术方面比较出名的是传统舞蹈,称为僧伽罗舞蹈,主要以鼓乐伴奏,节奏感强,舞蹈者随鼓乐四肢和身体做各种旋转变化,同时伴以抒情、柔软的手部动作。僧伽罗舞大致可分为康提舞(又称高地舞)、低地舞和萨巴拉加穆瓦舞(又称中地舞)三大系统。

二、出行须知

(一)基本常识

1. 气候

斯里兰卡接近赤道,终年如夏,年平均气温28 ℃,受印度洋季风影响,西南部沿海地区湿度大。

2. 货币

斯里兰卡的货币为卢比。汇率:1斯里兰卡卢比=0.039 74人民币,1人民币=25.162 7斯里兰卡卢比(2019年8月30日)。

3. 时差

斯里兰卡位于东五区,比中国北京时间晚3个小时。

（二）习俗和禁忌

1. 习俗

斯里兰卡大部分人信仰佛教,相见或告别时,一般双手合十,表示敬意、欢迎或欢送。当对方施合掌礼时,客人也一定要还之以同样的礼节。

斯里兰卡人喜欢红色、白色、黄色等颜色,喜欢用燃灯的方式来庆祝开业、奠基、宗教仪式等,认为点燃油灯象征着事业的繁荣和生活幸福。斯里兰卡人以摇头表示同意,点头表示拒绝。斯里兰卡人十分喜爱兰花,尊兰花为国花,并视其为友谊的象征。人们还常以兰花扎成花环,并用它来敬献给客人,然后再送上一份酱叶,以表达盛情欢迎。斯里兰卡人对狮子极为崇拜,喜欢黑尾原鸡,更视乌鸦为吉祥物,对大象怀有极友好的感情,认为大象会为人们带来了吉祥。

2. 禁忌

斯里兰卡大多数人信仰佛教,许多的习俗都与佛教有关,在斯里兰卡佛教僧侣是备受尊敬的。斯里兰卡居民和佛教僧侣对话时,不论站着、坐着,都设法略低于僧侣的头部,更不能用左手拿东西递给佛教僧侣和信徒。路上遇到僧侣,拍照需先征得同意。很多佛教景点都会要求脱鞋进入以示尊重,服装尽量保守,不可太过暴露,不能对佛像做踩、跨、骑等无礼动作,参观寺庙时需要按顺时针方向,寺庙内不可拍照。给当地人送礼物时,不要送花。斯里兰卡人吃饭和接受礼物时,都要用右手,忌讳用左手传递东西或食物,对当地人来说,左手是肮脏的。在斯里兰卡,不能随便摸小孩的头。斯里兰卡有不少清真餐馆,这些餐馆不供应酒精饮料,点餐时需要注意。在斯里兰卡,情侣在公共场合不要过分亲昵,以尊重当地人的传统。

三、旅游城市和著名景点

科伦坡市的两大标志景观是斯里兰卡最大的文物收藏地——科伦坡国立博物馆和班达拉奈克国际会议大厦,前者保存着明朝三宝太监郑和下西洋时在斯里兰卡建立的纪念碑,后者是46年前中国援助建造的国际知名大厦。其他著名景点有:锡吉里亚古宫、都波罗摩塔、波隆纳鲁瓦古城、阿努拉达普拉古城。维哈拉马哈德公园和德希韦拉热带动物园是著名的植物、动物观赏地。

（一）科伦坡

科伦坡位于斯里兰卡的西南海岸,是斯里兰卡的首都和最大的城市,也是全国的政治、经济、文化和交通中心,是进入斯里兰卡的门户,也是印度洋重要港口,素有"东方十字路口"之称。早在公元8世纪时,阿拉伯商人就已在此经商,12世纪时科伦坡已初具规模,斯里兰卡国内生产的茶叶、橡胶、椰子和宝石,都是从这里源源不断地输往海外。科伦坡地处海滨,市内树木苍翠,街道上到处栽有国树的铁木树和国花的睡莲,但更多的是椰子树。这里还是乌鸦的天堂，在市内达数万只。在科伦坡老城街头，佛教、印度教、伊斯兰教寺庙和基督教的教堂交相辉映。

1. 科伦坡国立博物馆

科伦坡国立博物馆位于首都市中心，是斯里兰卡最古老的博物馆，建于 1877 年，馆内收藏有该国各个历史时期的文物。其中石碑大厅的"郑和碑"是中国明代郑和首访斯里兰卡时的文物，用了汉文、泰米尔文和波斯文三种文字篆刻了碑文，科伦坡国立博物馆是了解该国文化和历史的最佳去处。

2. 班达拉奈克国际会议大厦

班达拉奈克国际会议大厦位于科伦坡贝塔区中心地带，建筑宏伟，精美壮观，是该市标志性建筑之一。1964 年，周总理访问锡兰，班达拉奈克夫人希望中国为锡兰援建一座国际会议大厦，周恩来总理当即慷慨答应。大厦由中国工程技术人员帮助修建，于 1973 年 5 月落成。为纪念已故班达拉奈克总理，大厦命名为班达拉奈克国际会议大厦，简称"班厦"。这是周总理送给斯里兰卡人民最好的礼物，是中斯友谊至高无上的象征。美丽的班厦作为科伦坡市的一景，至今仍是各国游人来访的必到之处。

（二）波隆纳鲁瓦古城

波隆纳鲁瓦古城位于斯里兰卡国东北部，距首都科伦坡东北 210 千米。公元 933 年，波隆纳鲁瓦为斯里兰卡首都，现存的名胜古迹大部分建于波罗迦罗摩巴忽大帝和尼散迦摩罗当政期间。建筑规模极为宏大，有 1800 年前的人工湖、800 年前的国王宫殿、700 多年前的湿婆神庙，还有斯里兰卡最大的石窟法显石窟、婆罗门教遗址和 800 多年前花园城市的遗迹。波隆纳鲁瓦古城于 1982 年被列入世界文化遗产名录。

（三）阿努拉达普拉古城

阿努拉达普拉古城位于斯里兰卡中北部，是斯里兰卡最早的佛教圣地，曾是僧伽罗王朝的都城，斯里兰卡最古老的城市之一。古城区现专门辟为考古公园，古城里有许多寺庙和佛塔等。其中最大的一座佛塔建于公元 4 世纪，是斯里兰卡最大的佛塔。还有一颗已有 2 600 多年树龄的菩提树，也是世界上最古老的菩提树，是斯里兰卡仅次于佛牙的国宝。城区还有古代修建的复杂灌溉系统，有古水库 3 座。阿努拉达普拉古城 1982 年被列入世界文化遗产名录。

（四）康提

康提位于斯里兰卡南部，是斯里兰卡著名古都、全国第二大城市，中央省首府，1998 年被列入世界文化遗产名录。康提盛产茶叶和水稻，是斯里兰卡中部主要的商业、宗教、文化和交通中心。世界著名的佛牙寺就坐落在康提，寺内供奉着一颗佛牙，因此康提也成为佛教中心，每年一度的佛牙大游行就在这里举行。皇家植物园位于康提城西南 5 千米处，面积超过 60 万平方米，是斯里兰卡最大的植物园。

四、饮食习俗

斯里兰卡人大多以米饭为主食,也爱吃炒面及炒饭等食品。在斯里兰卡,人们一般不吃牛肉。菜肴多用椰汁、红辣椒、咖喱做调料,喜欢辛辣、浓烈的味道。他们有嚼酱叶的嗜好,习惯在酱叶上抹些石灰,再加上几片槟榔,然后把它们卷在一起嚼,据说可以提神、助消化。他们饭后爱喝咖啡及红茶,他们饮用红茶时,一般喜欢放糖、牛奶。斯里兰卡农民一般多喜欢饮用一种用椰花酿造的淡酒。他们一般是用手抓食,用餐习惯通常每人面前摆两碗水,清水供净手用,冷开水供饮用。咖喱鱼、咖喱饭、小圆饼、兰卡炒饼、金椰子、锡兰红茶等都是当地的特色饮食。

五、旅游商品

斯里兰卡主要特产是蓝宝石和锡兰红茶。还有一些具有当地特色的物品可供选择,如:香料、面具、象粪纸、木雕、纺织品等。

六、节庆活动

斯里兰卡是世界上节日最多的国家之一。除了国庆节、五一国际劳动节、民族英雄日、僧伽罗和泰米尔新年、班达拉奈克逝世纪念日外,其他均为宗教性节日。比较有民族特点的节日主要有:僧伽罗和泰米尔新年、维萨克节、佛牙节、普桑节等。

1. 僧伽罗和泰米尔新年

每年的公历 4 月 13 日、14 日是僧伽罗和泰米尔传统新年,相当于我们的春节,是全年最盛大的节日。新年期间,主要的习俗有送旧月、迎新月、沐浴净身、生火做饭、吃团圆饭、串亲戚、抹头油、洗头礼等多种活动。

2. 维萨克节

维萨克节是斯里兰卡最盛大的佛教节日,在公历 5 月的月圆日。节日期间,全国各地佛旗高悬,家家户户张灯结彩,制作各种形状和规格的灯笼,挂在建筑物上。夜幕降临时,四处灯光辉煌,象征佛灯长明。

3. 佛牙节

佛牙节一般在七八月份举行,是佛教最盛大的节日之一,即把佛牙舍利塔放在大象背上,巡游全城,让民众分享佛牙荣光的活动。佛牙节游行的两天会有 100 万个座席,大概每年有上百万人观看或参加这个节庆活动。

七、旅游市场

旅游业是斯里兰卡的支柱产业,2018 年斯里兰卡旅游业收入 44 亿美元,接待国内外游客 230 万人次,同比增长 10.3%。2017 年全年共接待外国游客超过 211 万人次,同比增长 3.2%,印度是其最大客源国,中国是第二大客源国(26.8 万次)。2017 年全年斯里兰卡人出境旅游超过 143 万人次。

任务练习

一、情景模拟

请模拟旅行社的前台销售人员向咨询的客人介绍斯里兰卡的概况、出国旅行需要注意的事项、行程安排及特色。

二、知识检测

(一)单选题

1. 斯里兰卡的古代国名是(   )。
   A. 锡兰国　　　　　　B. 龟兹国　　　　　　C. 楼兰国　　　　　　D. 天竺

2. 斯里兰卡西北隔保克海峡与(   )相望。
   A. 印度　　　　　　　B. 韩国　　　　　　　C. 日本　　　　　　　D. 中国

3. 斯里兰卡居民中大部分人信奉(   )。
   A. 基督教　　　　　　B. 佛教　　　　　　　C. 印度教　　　　　　D. 伊斯兰教

4. 关于斯里兰卡的经济叙述中不正确的是(   )。
   A. 斯里兰卡的红茶享誉全球
   B. 斯里兰卡是一个以种植园经济为主的农业国
   C. 宝石资源丰富,有"宝石王国"的美称
   D. 茶叶、锡和椰子产量均居世界前列

5. 下列关于斯里兰卡习俗和禁忌的叙述中不正确的是(   )。
   A. 斯里兰卡人喜欢用燃灯的方式来庆祝开业
   B. 视乌鸦为吉祥物,对大象怀有极友好的感情,崇拜老虎
   C. 斯里兰卡人以摇头表示同意、点头表示不同意
   D. 在斯里兰卡佛教僧侣是备受尊敬的

6. 下列建筑中(   )是 30 年前中国援助建造的国际知名大厦,是中斯两国人民友谊的见证。
   A. 科伦坡国立博物馆　　　　　　B. 班达拉奈克国际会议大厦
   C. 佛牙寺　　　　　　　　　　　D. 都波罗摩塔

7. 下列节日中(   )是全年最盛大的节日,相当于中国的春节。

A.僧伽罗和泰米尔新年   B.佛牙节

C.维萨克节   D.普桑节

（二）填表题

人口		国花		主要宗教	
民族		国鸟		首都	
语言		国树		与北京时差	
货币		旅游商品			

任务十四 ● 马尔代夫

任务描述

模拟旅行社的前台销售人员向咨询的客人介绍马尔代夫的基本国情、去马尔代夫旅行的基本常识与当地的习俗和禁忌、马尔代夫的旅游城市和著名景点、饮食习俗、旅游商品、节庆活动及旅游市场。

任务内容

一、基本国情

（一）地理环境

马尔代夫位于南亚,是印度洋上的群岛国家,距离印度南部约为 600 千米,距离斯里兰卡西南部约为 750 千米。南北长 820 千米,东西宽 130 千米,由 26 组自然环礁、1192 个珊瑚岛组成,分布在 9 万平方千米的海域内,其中约 200 个岛屿有人居住。总面积为 9 万平方千米(含领海面积),陆地面积为 298 平方千米,是亚洲最小的国家。

马尔代夫地势低平,平均海拔为 1.2 米,是世界上海拔最低的国家,也是世界上最大的珊瑚岛国。

（二）发展简史

公元前 5 世纪雅利安人来此定居,1116 年建立苏丹国。近 400 年来,先后遭受葡

马尔代夫
的地理环境

萄牙和荷兰殖民主义者的侵略与统治,1887 年沦为英国保护国。1965 年 7 月 26 日宣布独立。1968 年 11 月 11 日建立马尔代夫共和国。

(三)民族、宗教

马尔代夫人口 44 万(2019 年 1 月),均为马尔代夫族。马尔代夫的民族语言和官方语言为迪维希语,上层社会通用英语。伊斯兰教为马尔代夫国教,属逊尼派。

(四)国旗、国徽

马尔代夫国旗呈长方形,长与宽之比为 3 : 2,由红、绿和白三色组成。旗地为绿色长方形,四周为宽度占全旗宽度 1/4 的红边,绿色长方形正中为一牙白色新月。红色象征为国家主权和独立而献身的民族英雄的鲜血;绿色意味着生命、进步和繁荣;白色新月表示和平、安宁和马尔代夫人民对伊斯兰教的信仰。

马尔代夫国徽是中心为一弯新月环绕一颗黑白两色的五角星。两侧为交叉的两面国旗。基部为一条白色饰带,其上用阿拉伯文写有"马尔代夫共和国"字样。星月图案后绘有一棵棕榈树。星、月象征人民信仰伊斯兰教,棕榈树象征国家的热带海岛环境和人民对这一生命之树的依赖。

马尔代夫的国花是粉色玫瑰,国树是棕榈树。

(五)行政区划

马尔代夫全国分为 21 个行政区,包括 18 个行政环礁及马累、阿杜和福阿穆拉三个市。

(六)政治、经济

马尔代夫为总统制国家。总统是国家元首、政府首脑和武装部队统帅,有权任命内阁成员,但须经议会批准。立法、行政、司法权分别归属人民议会、总统和法院。总统由全体选民直接选举产生,任期不得超过两届。内阁由副总统、部长和总检察长组成。

马尔代夫经济结构单一、资源贫乏、严重依赖进口,经济基础较为薄弱。旅游业、航运业是主要经济支柱。渔业资源丰富,有各种热带鱼类及海龟、玳瑁和珊瑚、贝壳之类的海产品。2011 年以前,马尔代夫曾被列为世界最不发达国家。近几年已成为南亚地区人均 GDP 最高的国家,基础设施和互联互通水平也有较大提升。

(七)文学、艺术

马尔代夫受印度洋临海国家的文化影响很深,这在马尔代夫艺术中有很大的体现。如它的音乐汇集了非洲东部、印度南部、阿拉伯、马来西亚、印度尼西亚音乐的特点,其使用当地大鼓演奏的音乐,与非洲的鼓乐相似。

二、出行须知

(一)基本常识

1.气候

马尔代夫位于赤道附近,具有明显的热带雨林气候特征,无四季之分。年降水量为1 900毫米,年平均气温为28 ℃。日平均最高温度为31 ℃,最低温度为26 ℃。

2.货币

马尔代夫的货币是拉菲亚,比人民币购买力约低一半。主要币值有1拉菲尔及1、2、5、10、25、50拉雷,1拉菲尔 = 100拉雷。汇率:1拉菲亚=0.429 8人民币,1人民币=2.327拉菲亚(2019年8月30日)。

3.时差

马尔代夫首都马累位于东五区,比中国北京时间晚3小时。

4.其他

中国公民赴马尔代夫旅游均可获取一个月有效的落地签证,且为免费。

(二)习俗和禁忌

1.习俗

马尔代夫居民大多是虔诚的穆斯林,讲礼貌、重礼节、淳朴好客,每天会进行五次祷告。星期五的伊斯兰教主麻日是他们每周的休息日,商店、公共场所在这一天会关门歇业。男士一般穿白色衬衫,长裙围腰。女性服装色彩鲜艳,一般不戴面纱,常穿轻质的上装和长裙。马尔代夫男子可以拥有四个妻子,子女在血统上随丈夫,都有财产继承权。

2.禁忌

当地居民禁食猪肉、不吃无鳞鱼,不饮酒。进入清真寺衣着要端庄,不能太暴露。在马尔代夫不要主动与当地人握手。社交场合忌讳高声讲话、指手画脚、跷二郎腿、摸他人头部,忌讳用左手递东西,忌讳用手或食指指人。出境时不允许携带任何种类的珊瑚、海龟制品。游客不可收集沙滩或海中的贝壳,购买贝壳要去当地承认的商店买。马尔代夫禁止裸泳。

三、旅游城市和著名景点

(一)马累

马累是马尔代夫的首都,全国经济、政治及文化中心。马累人口为 24.8 万,面积为 1.96 平方千米,是世界上最小的首都之一。全国唯一的国际机场位于马累东北部 2 千米的机场岛。著名景点有古清真寺、国家博物馆、苏丹公园、新伊斯兰教中心等。

1. 古清真寺

古清真寺建于 1656 年,而神奇的回教尖塔直到 1675 年才建成,白色的建筑上可以非常清晰地看见古兰经的碑文,寺内安息着马尔代夫的皇室成员和民族英雄。在古清真寺前面的是建于 1913 年的总统官邸。

2. 国家博物馆

家博物馆位于马累市中心的苏丹公园内,是在原来的苏丹王府邸基础上改建的,为一座三层楼房。馆内陈列着苏丹王朝的宝座、皇冠、古炮、刀枪和从入侵者手中缴获的武器,还有古老的制作精良、图案优美的手工艺品,如石刻、木雕和漆雕等。展品中有一支铜制长枪,这是马尔代夫民族英雄穆罕默德·塔库拉夫·阿里·阿拉扎姆曾使用过的枪。他用这支枪刺死了葡萄牙侵略者的首领,继而全歼葡军,赢得了自由和独立。它是马尔代夫人民追求自由和独立的象征。

(二)海岛度假村

马尔代夫是著名的潜水胜地,热带海岛度假是马尔代夫旅游的主打产品。著名度假岛有天堂岛、太阳岛、双鱼岛、拉古娜岛、梦幻岛、玛娜法鲁岛等,浅海边还建有海中别墅。

1. 天堂岛

天堂岛位于北马累环礁,距离马累机场约 10 千米,是马尔代夫著名的度假海岛,是电影《日落之后》的拍摄地。岛上有别墅、海景房,海鲜餐厅等设施设备齐全。天堂岛周围的海水清澈,有大量珊瑚礁和热带鱼类,适合潜水和冲浪。

2. 太阳岛

太阳岛位于马尔代夫南部的阿瑞环礁群岛,距离马累机场约 110 千米,乘水上飞机需 35 分钟,行船需 4 小时。它是马尔代夫最大的休闲度假村岛,岛上设施设备齐全豪华,可以提供多国和当地美食,有众多水上和陆上游乐项目。

3. 双鱼岛

双鱼岛位于马累环礁南部,距离机场岛 34 千米,曾连续多年获得“最佳海滨奖”称号,有长达 2 千米的洁白海滩,设施现代舒适。从马累国际机场坐高速艇到该岛大约

45 分钟,白天夜晚都可航行。

4. 拉古娜岛

拉古娜岛位于马尔代夫南环礁,是电影《青春珊瑚岛》和《重回蓝色珊瑚礁》的拍摄地,海岛周边的海水颜色绚丽多彩,食宿条件优越,设备齐全豪华,可以提供较为正宗的中餐。

5. 梦幻岛

梦幻岛位于北马累环礁,距离马累机场约 18 千米。该岛根据世界各地游客的需求而设计了房间,配备便利设施,是一个世界著名的冲浪度假胜地与岛屿,拥有主办世界冲浪竞赛的特权。

6. 玛娜法鲁岛

玛娜法鲁岛距离马累约 320 千米,是马尔代夫的传统度假村,除了别墅和套房,岛上还有一个室内活动中心,包括健身房、球室、游泳池等。也有一个专门的儿童室内活动中心,有很多马尔代夫的传统水上运动项目。

四、饮食习俗

马尔代夫人以米饭为主食,其次是红薯、山芋等。他们吃得最多的食品是鱼和椰汁米饭。口味以甜淡为主,习惯使用刺激性芳香调味品,比较著名的美食有炸鱼球,金鱼及椰子煮成的古拉、辣鱼糕、露撒把特的甜奶饮品等。

五、旅游商品

马尔代夫的特色商品主要有贝壳产品、芦苇垫子、木漆盒子、鲨鱼骨、玳瑁和珊瑚、木制烟缸、胡椒瓶和贝壳项链等。

六、节庆活动

马尔代夫的独立日是每年的 7 月 26 日,会在共和广场举行大型的庆典活动,身穿彩色服装的学生表演传统舞蹈和现代舞蹈。

七、旅游市场

马尔代夫的旅游业是其第一大经济支柱。2017 年旅游业产值 66.81 亿卢菲亚,同比增长 3.3%。2017 年外国赴马尔代夫游客 139 万人次,2018 年赴马尔代夫游客超过 148 万人次,2018 年中国赴马尔代夫旅游的人数超过 28 万,是马尔代夫的第一大客源国。

任务练习

一、情景模拟

模拟旅行社的前台销售人员向咨询的客人介绍马尔代夫的基本国情、去马尔代夫旅行的基本常识与当地的习俗和禁忌、马尔代夫的旅游城市和著名景点、饮食习俗、旅游商品、节庆活动及旅游市场。

二、知识检测

（一）单选题

1. 关于马尔代夫的叙述中不正确的是(   )。
   A. 马尔代夫是印度洋上的群岛国家，与印度、斯里兰卡相望
   B. 马尔代夫是亚洲最小的国家
   C. 马尔代夫地势低平，平均海拔 1.2 米，是世界上海拔最低的国家
   D. 马尔代夫是世界上最小的珊瑚岛国

2. 马尔代夫的大多数人信仰(   )。
   A. 基督教　　　　B. 伊斯兰教　　　　C. 佛教　　　　D. 印度教

3. 下列产业中，不是马尔代夫主要产业的是(   )。
   A. 农业　　　　B. 旅游业　　　　C. 航运业　　　　D. 渔业

4. 马尔代夫是有很多禁忌，下列叙述中错误的是(   )。
   A. 出境时可以携带任何种类的珊瑚、海龟制品
   B. 当地人不吃猪肉，不吃无鳞鱼，不饮酒
   C. 不能用左手递接东西，不能摸别人的头
   D. 进入清真寺衣着要端庄，不能太暴露

5. (   )的伊斯兰教主麻日是他们每周的休息日，商店在这一天关门歇业。
   A. 周六　　　　B. 周日　　　　C. 周五　　　　D. 周一

6. 马尔代夫的时间比中国时间晚(   )。
   A. 1 个小时　　B. 2 个小时　　C. 3 个小时　　D. 4 个小时

7. 马尔代夫有众多岛屿，其中拥有世界冲浪竞赛特权的是(   )。
   A. 马累　　　　B. 天堂岛　　　　C. 太阳岛　　　　D. 梦幻岛

8. (   )是马尔代夫最大的休闲度假村岛。
   A. 马累　　　　B. 天堂岛　　　　C. 太阳岛　　　　D. 梦幻岛

（二）填表题

人口		国花		主要宗教	
民族		国树		首都	
语言		货币		与北京时差	

项目三

欧洲地区

欧洲，也称作"欧罗巴洲"，位于东半球的西北部，北临北冰洋，西濒大西洋，南隔地中海和与非洲相望，东以乌拉尔山脉、乌拉尔河，东南以里海、大高加索山脉和黑海与亚洲为界。欧洲总面积为1 016万平方千米，有45个国家和地区，总人口约7.28亿，是世界人口第三大洲，仅次于亚洲和非洲；也是世界各大洲中人口密度最大的一个洲，居民多信仰天主教、基督教新教和东正教。在地理上习惯分为北欧、南欧、西欧、中欧和东欧五个地区。

欧洲是世界上城市化程度最高的区域之一，现代物质文明和精神文明高度发达。经济发达、发展水平居各大洲之首，绝大多数国家已经进入发达国家行列。工业、交通、商贸、金融、保险等行业在全世界举足轻重，科学技术的许多领域处于世界领先地位。欧洲是近代旅游业的发源地，也是世界上最大的旅游目的地和世界旅游业最发达的地区之一，旅游接待和服务设施完备，交通发达，旅游业已经成为就业人口最多的行业。

欧洲自然旅游资源丰富，丰富的地文景观（横亘欧洲南部的阿尔卑斯山脉是欧洲最大的山脉）、众多的水域风光（伏尔加河、多瑙河、莱茵河、塞纳河和泰晤士河等）、独特的生物景观（荷兰的郁金香等）、奇特的气候与天象景观（北欧国家的极光现象）为欧洲的旅游发展开拓了广阔的天地，为热爱大自然的旅游者提供了一个休闲度假的好去处。

欧洲是古希腊古罗马文明、日耳曼文化和俄罗斯文化的发源地，又是近代文艺复兴的摇篮，数千年的灿烂文明留下了无数的文化遗产，人文旅游资源丰富。世界文化遗产数量居七大洲之首，王宫、教堂、城堡被称为"欧洲三绝"。西欧地区丰富的人文景观、中欧地区的湖光山色、南欧的地中海风光、北欧地区的冰雪王国都令人流连忘返。

本项目介绍欧洲地区17个主要的客源国和目的地国：英国、法国、荷兰、比利时、德国、瑞士、奥地利、捷克、意大利、西班牙、葡萄牙、希腊、俄罗斯、芬兰、瑞典、挪威、丹麦。

📋 **学习目标**

　　模拟领队召开出境说明会、模拟目的地国地陪在旅行游览中进行讲解服务、模拟中国旅行社前台销售人员对游客咨询三个旅行社典型工作任务,通过任务驱动和情景模拟的方式了解欧洲 17 个主要客源国或目的地国的地理、历史、民族与宗教、国旗国徽、行政区划、政治与经济、文学与艺术等基本国情;饮食习俗、旅游商品、习俗和禁忌、节庆活动等民俗风情;旅游城市和著名景点;旅游市场。了解欧洲主要客源国或目的地国旅游业发展的基本特征。

任务一 ● 英国

子任务一　了解英国

⚙️ **任务描述**

　　模拟某旅行社的领队,向参加了该旅行社英国旅行团的游客召开出境说明会,初步了解去英国旅行的基本常识、英国的习俗和禁忌、饮食习俗、旅游商品以及节庆活动。

👥 **任务内容**

一、出行须知

(一)基本常识

1. 气候

英国属温带海洋性气候,气候终年温和湿润,通常最高气温不超过 32 ℃,最低气温不低于−10 ℃。1 月平均气温达 4~7 ℃,7 月平均气温 13℃～17 ℃。多雨雾,秋冬尤甚。10 月—次年 1 月最为湿润。

2. 货币

英镑(GBR)是英国国家货币单位名称。汇率：1 英镑 = 100 新便士。汇率：1 英镑 = 8.750 5 人民币，1 人民币 = 0.114 3 英镑(2019 年 8 月 30 日)。

3. 时差

英国分夏令及冬令时间。3 月最后一个星期天到 10 月最后一个星期天实行夏时制,英国比中国北京时间晚 7 个小时;冬令时期间,英国比中国北京时间晚 8 个小时。

4. 其他

英国是为数不多的靠左侧行驶的国家,与我国靠右侧行驶的规则正好相反。英国街道很少设自行车道,所以在英国骑自行车尤其要注意安全。

另外, = ,英国曾是欧盟国家,但不是申根成员国,从申根国去往英国旅游还要另外办签证。

(二)习俗和禁忌

1. 习俗

英国人待人彬彬有礼,讲话十分客气,"谢谢""请"字不离口。英国人的见面一般行握手礼,戴帽子的男士在与英国人握手时,最好先摘下帽子再向对方示敬。

在英国,特别注重绅士风度,尊重妇女、女士优先是人尽皆知的行为准则。就餐时,男士们要为女士们拉开椅子。乘电梯时男士要摁住电梯站立一旁让女士先进。

英国人的时间观念很强,拜访别人或洽谈生意,一般要预约,并准时赴约,但也不要提前到达,以免女主人还没准备好而感到尴尬。在接受礼品方面,英国人和我国的习惯有很大的不同。主人收到礼物时常常当着客人的面打开礼品,并给以热情的赞扬表示谢意。

2. 禁忌

在颜色方面,英国人忌讳墨绿色,认为墨绿色会给人带来懊丧。数字方面,英国人忌讳"3""13"等数字。英国等欧美国家大都认为星期五是不吉利的日子,如果星期五碰巧又是 13 号,那就更忌讳了。他们忌送百合花、菊花,认为百合花和菊花意味着死亡。英国人忌用大象图案(他们认为大象是蠢笨的象征)、山羊(山羊有"不正经男子"和"坏人"的意思)和孔雀(孔雀是祸鸟,孔雀开屏是自我炫耀的不良习性)等图案做商品装饰。英国人很忌讳黑猫,尤其是黑猫若从面前穿过,会感到恶心,认为这将预示要遭到不幸。

英国人比较保守,不爱交际,与英国人聊天忌问私事,如婚姻、收入、职业、年龄等问题,并保持至少 50 厘米的距离。在英国,在众人面前,忌讳相互交头接耳。四人交叉握手或一火点三烟都被英国人所忌讳。另外,英国人以排队有耐心著称,在公共场所自觉排队,切忌插队。

二、饮食习俗

英国人不善烹饪,饮食较简单,炸鱼、薯条源自英国,英国的三明治成为现代快餐业的标志。家庭一般是一日三餐加茶点(上午茶和下午茶),晚餐是一天中的正餐,食物丰盛,进餐时一般爱喝啤酒,尤其是苦啤酒和黑啤酒。苏格兰的威士忌在世界上久负盛名,深受欢迎。午后喝"下午茶"的生活方式最早起源于英国,英国人喝下午茶的三部曲包括:享用美味点心、品赏精致的茶器和品茶。英国人一般爱喝红茶,茶叶消费量在西方各国中居于首位。

三、旅游商品

1. 巴宝莉

巴宝莉(Burberry)是英国服饰品牌中的国宝级品牌,由当时只有二十一岁的英伦小伙子 Thomas Burberry 一手创立。100 多年来,巴宝莉成了一个最能代表英国气质的品牌。

2. 美体小铺

美体小铺(The Body Shop)是一种纯天然植物护肤品,品类丰富,目前已生产出 600 多种适用于身体和皮肤的绿色美容美体保养品。

3. 泰迪熊

泰迪熊(Teddy Bear),美国称为罗斯福熊。泰迪熊历史悠久,是用于儿童玩耍的玩具熊。在欧美国家,一只泰迪熊可以被当作家庭一员,甚至可以陪伴一家三代人成长。近年来一些泰迪熊变成了昂贵的收藏品。很多国家都有泰迪熊博物馆,世界上第一个泰迪熊博物馆建于英格兰的汉普郡。

4. 苏格兰威士忌

英国苏格兰威士忌历史悠久,在世界上最负盛名。苏格兰高地的特殊水质和极为严格的酿造工艺,使那里出产的威士忌被誉为"液体黄金"。

5. 英国红茶

英国红茶是一种发酵茶,随着发酵程度的不同,英国红茶呈现出不同的颜色、香味和口感。在过去几百年英国红茶已成为英国人重要的饮料。英国川宁红茶举世闻名,被指定为英国皇室御用茶。

6. 银器

英国的银器非常华丽、做工精良而复杂,广受各国游客的欢迎,特别是银制的圣诞餐具,不仅美观且品种多,从蜡烛台到刀叉再到碟子应有尽有。

四、节庆活动

英国有很多传统节日与活动。据统计,英国全年有全国性和地方性的节日106个。在英格兰、苏格兰和威尔士,民间节日主要有元旦、耶稣受难日、复活节、春假日、夏假日、圣诞节等。在北爱尔兰,还有圣帕特里克节。

1. 国庆日

英国国庆日是女王的"官方生日"。英国女王伊丽莎白二世的真正生日是1926年4月21日,而其"官方生日"则定在每年6月的第二个星期六。每年的这个时候,一向有"雾都"之称的伦敦天气也比较好。其主要活动是由女王亲自检阅"军旗敬礼分列式"。

2. 圣帕特里克节

圣帕特里克节是每年的3月17日,是为了纪念爱尔兰守护神圣帕特里克。这一节日于5世纪末期起源于爱尔兰,如今已成为爱尔兰的国庆节。随着爱尔兰后裔遍布世界各地,现在已经渐渐在一些国家成为节日。美国从1737年3月17日开始庆祝。圣帕特里克节的传统颜色为绿色。

3. 诺丁山狂欢节

诺丁山狂欢节起源于1964年,是欧洲规模最大的街头文化艺术节,仅次于巴西的里约热内卢狂欢节,每年8月底的最后一个周末在英国伦敦西区诺丁山地区举行,以非洲和加勒比地区文化为主题,是英国多元文化的象征之一。

任务练习

一、情景模拟

出境说明会应该介绍哪些内容?将学生分为几个组,分别准备出境说明会的PPT和讲稿,模拟某旅行社的领队,向参加该旅行社英国旅行团的游客召开出境说明会。

二、知识检测

单选题

1. 英国人忌讳哪种动物或颜色(　　)?
A. 黄色　　　　　B. 仙鹤　　　　　C. 核桃　　　　　D. 墨绿色
2. 伦敦地方时即格林尼治时间属于(　　)。

  A. 东八区   B. 东九区   C. 中时区   D. 西五区

3. 英国属(　　),终年温和湿润,多雨雾。

  A. 温带海洋性气候   B. 地中海气候

  C. 温带大陆性气候   D. 温带季风气候

4. 服饰品牌(　　)成了一个最能代表英国气质的品牌。

  A. 巴宝莉   B. 蔻驰   C. 阿玛尼   D. 普拉达

5. 英国人不善烹饪,饮食较简单,(　　)不是英国的代表性食物。

  A. 炸鱼   B. 土豆条   C. 三明治   D. 鹅肝

6. (　　)是欧洲规模最大的街头文化艺术节。

  A. 诺丁山狂欢节   B. 里约热内卢狂欢节

  C. 科隆狂欢节   D. 尼斯狂欢节

子任务二　感知英国

任务描述

  模拟英国的地陪人员,到机场接机后向中国游客致欢迎辞,送客人回酒店途中向中国游客介绍英国的基本国情,使游客进一步了解英国的地理、历史、民族与宗教、国旗国徽、行政区划、政治与经济、文学艺术等知识。

任务内容

一、地理环境

  英国本土位于欧洲大陆西北面的不列颠群岛,由大不列颠岛(包括英格兰、苏格兰、威尔士)、爱尔兰岛东北部和一些小岛组成,面积为24.4万平方千米,海岸线全长为11 450千米。东、南隔北海、多佛尔海峡、英吉利海峡与欧洲大陆相望;西南陆界与爱尔兰共和国接壤。

  全境分为英格兰东南部平原区、中西部山区、苏格兰山区、北爱尔兰高原和平原区。英国主要河流有塞文河和泰晤士河等。塞文河是英国第一长河。泰晤士河全长为346千米,终年不冻。本尼维斯山海拔1 344米,是英国的最高峰。北爱尔兰的内伊湖是英国最大的湖泊。英国沿海渔产资源丰富,东北部有北海渔场,是世界四大渔场之一。

二、发展简史

公元 1—5 世纪,大不列颠岛东南部受罗马帝国统治。后盎格鲁、撒克逊、朱特人相继入侵。7 世纪开始形成封建制度。829 年英格兰统一,史称"盎格鲁-撒克逊时代"。1066 年诺曼底公爵威廉渡海征服英格兰,建立诺曼底王朝。1338 年—1453 年英法进行"百年战争",英国先胜后败。1536 年英格兰与威尔士合并。1588 年击败西班牙的"无敌舰队",树立了其海上霸权。1640 年爆发资产阶级革命,1649 年 5 月 19 日宣布为共和国。1660 年诺曼底王朝复辟。1688 年发生"光荣革命",确定了君主立宪制。1707 年英格兰与苏格兰合并,1801 年又与爱尔兰合并。18 世纪 60 年代至 19 世纪 30 年代成为世界上第一个完成工业革命的国家。1914 年占有的殖民地比本土大 111 倍,是第一殖民大国,自称"日不落帝国"。1921 年爱尔兰南部 26 郡成立"自由邦",北部 6 郡仍归英国。目前,英国是英联邦 53 个成员国的盟主,英国在海外有 13 块领地。1973 年 1 月加入欧共体。

三、民族、宗教

英国人口约为 6 605 万(2017 年)。主要由英格兰人、苏格兰人、威尔士人和爱尔兰人等多个民族组成。官方语言为英语,威尔士北部还使用威尔士语,苏格兰西北高地及北爱尔兰部分地区仍使用盖尔语。居民多信奉基督教新教,主要分英格兰教会(亦称英国国教圣公会,其成员约占英国成人的 60%)和苏格兰教会(亦称长老会,有成年教徒 59 万)。另有天主教会及伊斯兰教、印度教、犹太教和佛教等较大的宗教社团。

四、国旗、国徽

英国国旗呈横长方形,长与宽之比为 2∶1,被称为"米字旗",由深蓝底色和红、白色"米"字组成。旗中带白边的红色正十字代表英格兰守护神圣乔治,白色交叉十字代表苏格兰守护神圣安德鲁,红色交叉十字代表爱尔兰守护神圣帕特里克。

英国国徽中心图案为一枚盾徽,盾面上左上角和右下角为红底上三只金狮,象征英格兰;右上角为金底上半站立的金狮,象征苏格兰;左下角为蓝底上金黄色竖琴,象征北爱尔兰。盾徽两侧各由一只头戴王冠、分别代表英格兰和苏格兰的狮子和独角兽守护。

英国的国花为玫瑰。国石为钻石。国鸟为红胸鸲,又名知更鸟。

英国的国旗、国徽、国花

五、行政区划

全国分为英格兰、威尔士、苏格兰和北爱尔兰四部分。英格兰划分为 9 个地区,下辖伦敦、56 个单一管理区政府、201 个非都市区和 36 个都市区政府。苏格兰下设 32 个

区。威尔士下设 22 个区。北爱尔兰下设 11 个地方市郡。苏格兰、威尔士议会及其行政机构全面负责地方事务,中央政府仍控制外交、国防、总体经济和货币政策、就业政策以及社会保障等。

六、政治、经济

英国政体为君主立宪制。君主是国家元首、最高司法长官、武装部队总司令和英国国教圣公会的"最高领袖",形式上有权任免首相、各部大臣、高级法官、军官、各属地的总督、外交官、主教及英国圣公会的高级神职人员等,并有召集、停止和解散议会,批准法律,宣战媾和等权力,但实权在内阁。苏格兰有自己独立的法律体系。议会是最高立法机构,由君主、上院(贵族院)和下院(平民院)组成。由君主任命在议会中占多数席位的政党领袖出任首相并组阁,向议会负责。

英国是世界上第五大经济体,欧盟第二大经济体,仅次于德国。英国是欧盟中能源、资源最丰富的国家,主要有煤、石油、天然气、核能和水力等。能源产业在英国经济中占有重要地位。英国主要工业有:采矿、冶金、化工、机械、电子、电子仪器、汽车、航空等。生物制药、航空和国防是英国工业研发的重点,也是英国最具创新力和竞争力的行业。目前,英国工业产值约占国内生产总值的 23%。同许多发达国家一样,随着服务业的不断发展,英国制造业自 20 世纪 80 年代开始萎缩。英制造业中电子和光学设备、人造纤维和化工产品,特别是制药行业仍保持雄厚实力。世界第二和第三大制药公司(分别为葛兰素史克和阿斯利康)总部位于英国,主要的研发和制造工厂也设在英国。英国的旅游业也相当重要,从业人员约 270 万,占就业人口的 9.1%。

七、文学、艺术

英国文学源远流长,16—19 世纪,是英国古典文学大放异彩的全盛时期。威廉·莎士比亚是欧洲文艺复兴时期最重要的作家、杰出的戏剧家和诗人,在欧洲文学史上占有特殊的地位,代表作有《哈姆雷特》《罗密欧与朱丽叶》《麦克白》等。其他代表作家如丹尼尔·笛福(《罗宾逊漂流记》)、狄更斯(《雾都孤儿》)、勃朗特姐妹(《简·爱》《苔丝》)、和简·奥斯汀(《傲慢与偏见》)等。19 世纪出现了浪漫主义诗人拜伦和雪莱、批判现实主义小说家狄更斯、戏剧家萧伯纳等。

音乐在英国文化生活中占有相当重要的地位,无论是古典音乐、流行音乐都很发达。其中古典音乐方面,英国知名的交响乐队有伦敦交响乐团、BBC 交响乐团、伦敦爱乐乐团、爱乐管弦乐团、皇家爱乐乐团。著名的苏格兰风笛发音粗犷有力、音色嘹亮、采用各种装饰音,有极强的音乐表现力,是古典音乐的传播媒介。英国伦敦的皇家歌剧院和英国国家歌剧院是世界上最好的歌剧院之一。每年在英国的大小城镇举行许多音乐会和其他艺术节,其中爱丁堡国际艺术节现已成为国际艺术盛会。

此外,英国是世界上高等教育最发达的国家,拥有世界最顶尖的高等教育设施及师资力量,是近现代高等教育体制的发源地,为英国和世界培养了许多杰出科学家和政治家。现有大学138所,其中最著名的两所大学是牛津大学和剑桥大学。

任务练习

一、情景模拟

请模拟英国的地陪人员,在机场接机并向中国游客致欢迎辞,送客人回酒店途中向中国游客介绍英国的基本国情。

二、知识检测

(一)单选题

1.( )全长354千米,是英国第一长河。
    A. 塞文河   B. 塞纳河   C. 泰晤士河   D. 多瑙河

2.英国国教为( )。
    A. 天主教   B. 东正教   C. 基督教新教   D. 犹太教

3.全球第一个爆发资产阶级革命,最早完成工业革命,号称"日不落帝国"的国家是( )。
    A. 西班牙   B. 英国   C. 比利时   D. 德国

4.英国政体为议会制的君主立宪制,( )是国家元首。
    A. 国王   B. 首相   C. 总统   D. 总理

5.英国工业研发的重点,英最具创新力和竞争力的行业,不包括( )。
    A. 生物制药   B. 航空   C. 国防   D. 能源产业

6.以下不是威廉·莎士比亚代表作品的是( )。
    A.《哈姆雷特》   B.《麦克白》
    C.《傲慢与偏见》   D.《罗密欧与朱丽叶》

(二)填表题

人口		国花		主要宗教	
民族		国鸟		首都	
语言		国石		与北京时差	
货币				国庆节	

子任务三　认识英国

任务描述

　　模拟英国的地陪人员,在参观游览的过程中向中国游客提供景点讲解服务,从而对英国主要的旅游城市和著名景点、英国的出入境旅游市场能深入了解。

任务内容

一、旅游城市和著名景点

(一)伦敦

　　伦敦位于英格兰东南部,跨泰晤士河下游两岸,是英国的首都,全国政治、经济、文化与交通的中心,全国最大港口,世界十大都市之一。伦敦也称"大伦敦",下设独立的32个城区和1个"金融城"。伦敦市分为伦敦城、西伦敦、东伦敦、南区和港口。伦敦城是世界著名的金融中心,西伦敦是英国王宫、首相官邸、议会和政府各部所在地,东伦敦是工业区和工人住宅区,南区是工商业和住宅混合区,港口指伦敦塔桥至泰晤士河河口处之间的地区。伦敦市偏爱红色,公共汽车、酒店的侍者服装都是红色,在给商号、酒吧取名时,"red"这个词最受人们青睐。英国王室公开表示,红色是尊贵的象征,皇家每逢节日或重大仪式,红色一定是主色调。伦敦历史悠久,名胜古迹众多,拥有许多世界一流的博物馆、美术馆和著名建筑,是世界著名的旅游胜地。著名景点有:白金汉宫、伦敦塔、西敏寺、大英博物馆、国家艺术馆、威斯敏斯特教堂、大本钟、格林尼治天文台、圣保罗大教堂、海德公园等。

1.白金汉宫

　　白金汉宫位于西伦敦的中心城区,1703年由白金汉公爵所建而得名。1837年维多利亚女王登基后至今一直是英国国王或女王的官邸。很多重要的国事活动都在该宫举行,来英国进行国事访问的国家元首也在宫内下榻。这是一座规模宏大的三层长方形建筑群,属于意大利建筑风格,是英国王权的象征。每年8、9月份白金汉宫都对外开放,王座室、音乐厅、国家餐厅、女王美术馆和皇家马厩等都可以供游客参观。每天上午11点半,游客还可以在宫殿正门欣赏很有特色的身穿古代传统制服的皇家卫队在此举行换岗仪式。

2. 伦敦塔

伦敦塔位于泰晤士河畔，又叫"伦敦古堡"，是英国最古老的王宫之一。它建于 11 世纪，中世纪的历代英王曾在那里居住了 400 多年。伦敦塔经过历代的扩建和修整，曾做过堡垒、王宫、监狱、皇家铸币厂和伦敦档案馆，现已作为博物馆对外开放，专门展出各种古代兵器、盔甲和历代国王的皇冠与权杖等，是伦敦最受欢迎的景点之一。

3. 威斯敏斯特教堂

西敏寺位于伦敦议会广场西南侧，在国会大厦西侧不远处，又名威斯敏斯特教堂。始建于 1050 年，以后历代增建。它是典型的哥特式建筑，历代国王加冕登基和王室成员举行婚礼的地方。教堂后部的墓地葬有 20 多位国王和许多重要的文化名人，如莎士比亚、狄更斯、达尔文、牛顿、丘吉尔等，所以它被视为英国"荣誉的宝塔尖"。

4. 大英博物馆

大英博物馆又称不列颠博物馆，坐落在伦敦鲁塞尔大街上，建于 1753 年，1759 年对外开放，是英国最大的综合性博物馆，世界四大博物馆之一。它收藏了世界各地的许多文物和图书珍品，共有 100 多个陈列室，展品 400 多万件，主要分为埃及文物馆、希腊罗马文物馆、西亚文物馆、欧洲中世纪文物馆和东方艺术文物馆，大英博物馆以收藏的古罗马遗迹、古希腊雕像和埃及木乃伊而闻名于世。

5. 威斯敏斯特宫及大本钟

威斯敏斯特宫位于伦敦泰晤士河畔，又称英国国会大厦，是英国哥特式建筑的代表作，也是世界最大的哥特式建筑之一，建于 11 世纪中期，初为英国主要王宫，1547 年起改为英国国会驻地。议会大厦东北角的钟塔大本钟（2012 年改名为"伊丽莎白塔"）高 97 米，建于 1858 年，钟表盘直径为 7 米，为伦敦和英国的标志。其报时的前奏音乐闻名世界。

6. 圣保罗大教堂

圣保罗大教堂是伦敦规模最大的教堂，英国国教的中心教堂，世界五大教堂之一，被誉为古典主义建筑的纪念碑。圣保罗大教堂建于 1675—1710 年，建筑总高约 108 米，由英国建筑师雷恩设计。建筑为华丽的巴洛克风格，内有许多王公、将军、名人的坟墓和纪念碑，如两位 11 世纪撒克逊国王、威灵顿将军、雷恩建筑师的坟墓。1981 年黛安娜王妃与查尔斯王子的婚礼大典在此举办。

（二）爱丁堡

爱丁堡自 11 世纪起一直是苏格兰的首府，苏格兰政治、文化和金融中心，位于苏格兰南部低地的中心，有着"北方雅典"的美誉。爱丁堡有新城与旧城之分。老城是古堡所在地，古堡因城得名，里面有圣玛格丽特教堂，是爱丁堡最古老的建筑。1974 年以来，每年 8 月份都要举行为期三周的国际艺术节，吸引了大量游客。爱丁堡还是苏格兰民俗和文化的展示中心，尤其是方格裙和风笛格子裙。著名景点有爱丁堡城堡、荷里路德宫、卡尔顿山、苏格兰皇家博物馆、爱丁堡动物园等。

（三）牛津大学和剑桥大学

牛津大学位于伦敦西北 78 千米处，建于 1168 年，是英国最古老的大学，世界上现存第二古老的学校。整个大学没有围墙，由遍布于牛津城各地的 35 个学院组成，注重人文、社会、政治等学科。英国历史上有 29 位首相毕业于牛津大学，毕业生中有 21 位获得诺贝尔奖，因而被誉为"象牙之塔"。

剑桥大学位于伦敦往北 80 千米处，成立于 1209 年，是世界上第七古老的大学，和牛津大学都是英国及世界顶尖的大学。从剑桥走出的名人数不胜数，包括牛顿、达尔文、霍金等，还有 15 位英国首相以及 25 位其他国家的元首，中国著名诗人徐志摩的诗《再别康桥》写的就是这里。剑桥有 20 个学院，三一学院是剑桥最大的学府，伟大物理学家牛顿曾在此学习过。剑桥大学更侧重于自然科学的教学和研究，它的诺贝尔奖获得者人数位于世界前列。

（四）巴斯

巴斯位于英格兰西南部，临近威尔士，位于伦敦往西 156 千米处。在公元 60 年左右，罗马人因为巴斯的温泉资源，在此建造了浴池和神庙。现在的巴斯仍保着非常完好的罗马式和乔治国王时期的建筑风格，1987 年整个城市被列为世界文化遗产。巴斯以其深厚的历史文化底蕴、独特的建筑风格及优美的环境每年吸引着 500 万名来自世界各地的游客到访，是英国最重要的旅游目的地之一，是一座精致而美丽的小城。著名景点有：罗马浴池、巴斯修道院、皇家新月楼、简·奥斯汀纪念馆、巨石阵等。

巨石阵位于英格兰威尔特郡埃姆斯伯里，离伦敦大约 120 千米。巨石阵大约高 7 米，呈环形排布，直径超过 100 米，极具震撼力。巨石阵是英国最著名的史前建筑遗迹，它的建造起因和方法至今在考古界仍是个不解之谜。1986 年，"巨石阵、埃夫伯里和相关遗址"被列为世界文化遗产。

（五）温莎城堡

温莎城堡位于伦敦以西约 35.41 千米的温莎小镇，濒泰晤士河南岸，是英国王室的行宫。它为花岗岩建筑群，是英国最大的城堡，也是世界上有人居住的城堡中面积最大的一个。现任女王大多时间居住在这里，并经常在此进行各种官方和私人的活动。每当女王在城堡中时，就会升起王室的旗帜。除温莎城堡以外，温莎小镇还有不少其他值得参观的地方，比如著名的伊顿公学、皇家马会等。

二、出入境旅游市场

联合国世界旅游组织发布的《世界旅游组织旅游亮点（2018 年版）》的报告显示，

在世界最大的旅游市场和目的地中,英国位居世界第七。2017年英国接待外国游客总数达3 921万人次,接待外国游客的旅游收入达245亿英镑(约合2 130亿元人民币),同比增长12.1%。英国入境的国际游客前十名分别来自法国、美国、德国、印度、西班牙、荷兰、波兰、意大利、比利时、澳大利亚。而2017年英国接待的中国游客数量达到33.7万,比2016年增加了29%。中国游客在英旅游期间的花费总量更是惊人,消费总额达6.94亿英镑(约合60.38亿元人民币)。英国的首都伦敦是最受外国人喜爱的目的地。旅游业是英国的重要产业之一,占其国内生产总值的9%。

英国人出境旅游的主要旅游目的地是欧洲,其次是美洲和亚洲。主要目的地国家是西班牙、希腊、法国等阳光充足的热带岛屿和海边。2015年英国来华人数为57.96万人次,2016年英国来华人数为59.5万人次,2017年英国来华人数为59.18万人次。英国是中国第15位客源国。

知识拓展

英国人的服饰

英国人平时穿着休闲,但在特殊场合十分重视传统服饰。比如法官的黑袍、假发,牧师的长袍,女王的礼服,王宫卫士的服饰,都是英国很有传统特色的服饰。下面介绍两种最有代表性的服饰文化:

1. 英国人的帽子

在英国,许多社交习俗都与帽子有关系。假如一个男士去拜访朋友,进屋后一定要先摘下帽子。在街上遇见熟人的时候,女士只要对熟人点头微笑或打个招呼即可,但男士一般还要脱帽施礼。英国有一种黑色圆顶硬礼帽,英文叫a bowler hat(波乐帽),在绅士界和商人中颇为流行,而且已成为英国男子社会地位的象征。

2. 苏格兰的裙子

苏格兰裙是苏格兰男人独有的一种传统符号,它的历史可以追溯到16世纪。最早,它是苏格兰高地人的服装。它起初的形态是一段超过1.5米宽,6米长的未经剪裁的布料,折叠裹在身上,腰间用皮带固定。这种装束非常适合高地的气候和地形。下半身的样子和苏格兰短裙相仿,比裤子舒服,行动自如;上半身可做斗篷御寒,打开腰带就是毯子。19世纪以后,这种高地人的传统服饰也逐渐被接受,成为苏格兰民族特色的标志。

一套正式的苏格兰裙及配饰包括:长度及膝的方格呢裙、色调与之相配的背心和花呢夹克、长筒针织厚袜、皮带、帽子、毛皮带、匕首;有时肩上还斜披一条花格呢毯,用别针在左肩处固定。只有纯羊毛、纯手工、制造于苏格兰的格子裙,才能被称为"苏格兰格子裙"。

✎ 任务练习

一、情景模拟

请你模拟英国的地陪人员,在参观游览的过程中向中国游客提供景点讲解服务,并穿插介绍当地的美食和特产。

二、知识检测

（一）多选题（每题有 2~4 个正确答案）

1. 英国是世界上高等教育最发达的国家,以下是英国的大学的有（　　　）。
　　A. 帝国理工大学　　　　　　　　B. 牛津大学
　　C. 剑桥大学　　　　　　　　　　D. 哈佛大学

2. 世界四大博物馆是指（　　　）。
　　A. 卢浮宫　　　　　　　　　　　B. 大英博物馆
　　C. 纽约大都会艺术博物馆　　　　D. 故宫

3. 英国伦敦的著名景点有（　　　）。
　　A. 白金汉宫　　　　　　　　　　B. 威斯敏斯特宫和大本钟
　　C. 卢浮宫　　　　　　　　　　　D. 圣保罗大教堂

（二）判断题（正确的打"√",错误的打"×"）

1. 圣保罗大教堂是世界著名的宗教圣地,英国第一大教堂,位列世界五大教堂之列。（　　　）

2. 爱丁堡是英格兰的首府,英格兰政治、文化和金融中心,有"北方雅典"的美誉。（　　　）

3. 威斯敏斯特教堂后部的墓地,葬有许多重要的文化名人,如莎士比亚、狄更斯、达尔文、牛顿、丘吉尔等,被视为英国"荣誉的宝塔尖"。（　　　）

任务二 ● 法国

子任务一 了解法国

任务描述

模拟中国某旅行社的领队,向参加该旅行社法国旅行团的游客召开出境说明会,初步了解去法国旅行的基本常识、法国的习俗和禁忌、饮食习俗、旅游商品以及节庆活动。

任务内容

一、出行须知

(一)基本常识

1.气候

法国西部属温带海洋性气候,终年湿润多雨,云雾多,日照时间不长;南部属亚热带地中海气候,冬季温暖多雨,夏季炎热干燥;中部和东部属大陆性气候,冬无严寒、夏无酷暑且雨量适中。1月平均气温北部为1~7 ℃,南部为6~8 ℃;7月平均气温北部为16~18 ℃,南部为21~24 ℃。一年四季适合旅游。

2.货币

法国是首批加入欧元区的国家(欧元区共有19个成员国,包括德国、法国、意大利、荷兰、比利时、西班牙、葡萄牙、奥地利、芬兰、希腊等)。汇率:1欧元=7.940 7人民币,1人民币=0.125 9欧元(2019年8月30日)。

3.时差

法国分夏令及冬令时间。3月最后一个星期天到10月最后一个星期天实行夏时制,法国比中国北京时间晚6个小时;冬令时期间,法国比中国北京时间晚7个小时。

4.其他

法国是"申根国家"之一,持有"申根国家"签证,可在所有申根国家旅游,最长停留期限为90天。

申根国家共有 26 个,包括荷兰、比利时、法国、德国、瑞士、奥地利、意大利、葡萄牙、西班牙、希腊、波兰、捷克、匈牙利、挪威、瑞典、丹麦、芬兰等国家。外国人得到其中一国的申根签证,就可前往其他申根国家访问,无须其他签证。

(二)习俗和禁忌

1.习俗

法国人重视社交礼仪,推崇老练文雅、衣着光鲜、善于交际的作风,倡导高雅生活、精致生活。在人际交往中法国人的礼节主要有握手礼、拥抱礼、贴面礼和吻手礼。

法国人爱冒险,喜欢浪漫,渴求自由,是最著名的"自由主义者"。与法国人打交道,约会必须事先约定,并且准时赴约,但是他们偶尔也会迟到。受"骑士风度"传统的影响,法国人非常尊重妇女,比如让妇女先行;介绍两人相见时,职务相等时一般先介绍女士;同她们握手时,一定要等其先伸手,她们可戴着手套,而男士一定要摘下手套。

法国人自尊心强,偏爱"国货"。法国的时装、美食和艺术是全世界有口皆碑的,所以法国人拥有极强的民族自尊心和民族自豪感,在他们看来,世间的一切都是法国最棒。法国自诩为"语言贵族",与法国人交谈时,如能讲几句法语,一定会使对方热情有加。

2.禁忌

法国人忌讳黄色、墨绿色。和其他欧美国家一样,法国也很忌讳数字"13",认为"13""星期五"都是不吉利的,甚至是大祸临头的一种预兆。他们认为孔雀为祸鸟,仙鹤是蠢汉和淫妇的象征。在法国,菊花被视为丧葬用花,用核桃待客或做装饰也被视为不吉利。他们认为对老年妇女称呼"老太太"是污辱的语言。在法国,忌讳男人向女人赠送香水,会被人认为有不良企图之嫌。在法国,忌讳别人打听他们的收入、年龄、政治倾向等个人的私事。在法国,送礼物宜选具有艺术品位和纪念意义的物品,不宜送刀、剑、剪、餐具或是带有明显的广告标志的物品。在法国,在接受礼品时若不当着送礼者的面打开其包装,则是一种无礼的表现。

二、饮食习俗

作为世界三大烹饪王国之一,法国的饮食文化有着悠久的历史和传统,法国菜有着与众不同的特点:一是用料讲究,花色品种繁多,强调色、香、味、形;二是特别注重酒与菜的搭配,饭前与饭后、吃红肉和白肉都要喝不同的酒;三是烹调时用酒调味比较多,肉类菜烧得不太熟,牡蛎一般喜欢生吃;四是进餐的程序和礼仪、餐具和酒具的形状乃至服务员上菜倒酒的方式也有严格的规矩。法国代表菜肴有:马赛鱼羹、鹅肝排、巴黎龙虾、红酒山鸡、沙福罗鸡、鸡肝牛排等。

法国人爱吃面包和奶酪,是世界闻名的"奶酪王国"。蜗牛与鹅肝是最有特色的法式菜。法国的葡萄酒、香槟和白兰地(干邑)享誉全球。法国人一般喝矿泉水,不习惯喝开水。咖啡更是法国人每天都不能少的饮料。

三、旅游商品

法国的时装、香水、包包、化妆品、葡萄酒、香槟酒、奶酪、马赛香皂、蜂蜜、马卡龙等举世闻名,都是不错的特色商品。

1. 巴黎时装

巴黎是国际时尚大都市之一,巴黎、纽约、伦敦和米兰的时装是引领时尚的风向标,也是享誉世界的四大时装中心。法国时装的著名品牌有路易·威登、香奈儿、伊夫·圣罗兰、迪奥、爱马仕等。

2. 格拉斯香水

时装设计师们在创作时装的同时,还会调制与华服相配的香水。最好的香水在格拉斯,这个因香水工业和香水贸易而繁荣的法国南部城镇有"世界香水之都"的美名。

3. 波尔多的红葡萄酒

波尔多是法国最大的精品葡萄酒产地并且被视为法国著名的产区。拉菲罗斯柴尔德酒庄是波尔多最著名,也是世界上最著名的酒庄。

4. 干邑白兰地

白兰地通常被称为"葡萄酒的灵魂",起源于法国干邑镇。干邑白兰地必须以铜制蒸馏器双重蒸馏,并在法国橡木桶中密封酿制两年,这样才可称作干邑白兰地。市面上出售的干邑白兰地中,以"XO"为最高品质。

5. 香槟

香槟和波尔多一样是法国葡萄酒的著名产地,同时也是酒的名字。香槟与快乐、欢笑和高兴同义,每逢喜庆的日子必不可少,也是葡萄酒之王。

四、节庆活动

法国和其他基督教国家一样,有一些和基督教有关的宗教节日,比如圣诞节(12 月 25 日)、复活节、耶稣升天节(复活节后 40 天)、圣灵降临节(复活节后 50 天)、万圣节(11 月 1 日)等,其中圣诞节是最重要的节日。除此以外,法国还有很多重要的节庆活动,对世界各国的游客极具吸引力。

1. 戛纳电影节

法国是全世界公认的电影发源地。法国人卢米埃尔兄弟和乔治·梅里埃 1895 年公开放映了《工厂的大门》等影片,标志着电影时代的到来。

戛纳国际电影节创立于 1946 年,与威尼斯国际电影节、柏林国际电影节并称为欧洲三大国际电影节,也称世界三大国际电影节,最高奖是"金棕榈奖"。每年定在 5 月中旬举办,为期 12 天左右,通常于星期三开幕、隔周星期天闭幕。

　　2.尼斯狂欢节

　　每年 2 月底至 3 月上旬在尼斯举行的法国尼斯狂欢节是世界著名的三大狂欢节之一,延续大约两周时间。每届尼斯狂欢节都确定一个主题,欢笑、疯狂、爱情、20 世纪、新千年、欧洲等概念都有涉及,比如为配合 2012 年举办的伦敦奥运会,第 128 届尼斯狂欢节主题为"运动之王"。每届都以花车、彩车游行等活动为主,最后一日的盛装大游行、焰火表演等活动是整个节日的高潮。

✏ 任务练习

一、情景模拟

　　出境说明会应该介绍哪些内容? 将学生分为几个组,分别准备出境说明会的 PPT 和讲稿,模拟中国某城市某旅行社的领队,向参加了该旅行社法国旅行团的游客召开出境说明会。

二、知识检测

单选题

1.法国人喜欢的动物或颜色是(　　)。
　　A.孔雀　　　　　　　　　　B.仙鹤
　　C.核桃　　　　　　　　　　D.红色

2.法国的(　　)属亚热带地中海气候。
　　A.里昂　　　　　　　　　　B.巴黎
　　C.波尔多　　　　　　　　　D.戛纳

3.(　　)不属于世界四大时装周之一。
　　A.米兰　　　　　　　　　　B.伦敦
　　C.巴黎　　　　　　　　　　D.柏林

4.关于法国饮食的叙述中不正确的是(　　)。
　　A.法国人爱吃面包和奶酪,是世界闻名的"奶酪王国"
　　B.蜗牛与肥鹅肝是最有特色的法式菜
　　C.法国人对菜肴与酒水的搭配颇为讲究
　　D.法国人特别爱吃的食物是炸鱼薯条

5.（　　）是欧洲的三大电影节之一,最高奖是"金棕榈奖"。

A. 威尼斯国际电影节　　　　　　　　B. 柏林国际电影节

C. 戛纳国际电影节　　　　　　　　　D. 美国奥斯卡电影节

子任务二　感知法国

任务描述

　　模拟法国的地陪人员,在机场接机向中国游客致欢迎辞,送客人回酒店途中向中国游客介绍法国的基本国情,进一步了解法国的地理、历史、民族与宗教、国旗国徽、行政区划、政治与经济、文学艺术等知识。

任务内容

一、地理环境

　　法国位于欧洲大陆西部,国土面积约为 55.16 万平方千米(包括科西嘉及其他岛屿),是西欧面积最大的国家。法国版图像六边形,三边邻水,三边靠陆。西北面隔英吉利海峡和多佛尔海峡与英国相望;西部紧靠大西洋比斯开湾;东部临地中海;自东北至西南与 8 个国家接壤,分别是比利时、卢森堡、德国、瑞士、意大利、摩纳哥、西班牙和安道尔。法国南到赤道、北至北极的距离相等,位于世界大陆的中心,这种地理位置使其成为世界航空中心。

　　法国的地形以平原和丘陵为主,地势东南高西北低。中部为中央高原;西南部法西边境地区是比利牛斯山脉;东南部为阿尔卑斯山脉,主峰勃朗峰海拔 4 810 米,为欧洲最高峰;法国西部和北部是平原地区,占全国总面积的 2/3。河流主要有卢瓦尔河、罗讷河、塞纳河。地中海上的科西嘉岛是法国最大的岛屿。

二、发展简史

　　法国古称"高卢"。公元前 1 世纪,被罗马人占领,受罗马统治达 500 年之久。公元 5 世纪,法兰克人征服高卢,建立法兰克王国。公元 843 年建立查理曼帝国,形成独立国家。10 世纪后,建立起中央集权国家。1337 年英国国王觊觎法国王位,爆发了"百年战争",1453 年以法国胜利而告终。17—18 世纪波旁王朝路易十四在位期间,封建社会步入鼎盛时期。1789 年 7 月 14 日爆发资产阶级大革命,发表《人权宣言》,废除君主制,并于 1792 年建立法兰西第一共和国。此后历经拿破仑建立的第一帝国、波旁王朝复辟、七月王朝、第二共和国、第二帝国、第三共和国。1871 年巴黎人民武装起义,建立了世界上第一个无产阶级政权——巴黎公社。第一次世界大战法国参加协约国,对同盟国作战获胜。第二次世界大战中法国遭德国入侵,戴高乐将军组织了反法西斯的"自由法国"运动,1944 年 8 月巴黎解放。1946 年法兰西第四共和国成立。1958 年法兰西第五共和国成立,戴高乐当选为第一任总统。

三、民族、宗教

法国人口数量在欧洲仅次于俄国和德国,居第三位。其人口约 6 719 万(2018 年 1 月,含海外领地),其中本土人口为 6 502 万。来自非洲和其他欧洲国家的移民人口达到 490 万,占全国总人口的 8.1%,法国已成为全球第六大移民国。法国的主要民族以法兰西人为主,还有布列塔尼、巴斯克、科西嘉、弗拉芒、加泰隆等少数民族。法国的官方语言为法语。法语是联合国工作语言之一,目前使用人口超过 1 亿。法国居民中90%的人信奉天主教,另有约 400 万穆斯林及少数新教、犹太教、佛教、东正教教徒。

四、国旗、国徽

法国全称是法兰西共和国,别名为"高卢雄鸡"。

法国国旗呈长方形,长与宽之比为 3：2。旗面由三个平行且相等的竖长方形构成,从左至右分别为蓝、白、红三色,分别代表自由、平等、博爱,是法国大革命的象征。

法国没有正式国徽,但传统上采用大革命时期的纹章作为国家的标志。纹章为椭圆形,上面绘有束棒,束棒两侧饰有橄榄枝和橡树枝叶,其间缠绕的饰带上用法文写着"自由、平等、博爱"。整个图案由带有古罗马军团勋章的绶带环饰。

法国的国花是鸢尾花, 国鸟是公鸡。

五、行政区划

法国分为大区、省和市镇。本土划为 13 个大区、96 个省,还有 5 个海外单省大区、5 个海外行政区和 1 个地位特殊的海外属地。法国共有 36 700 个市镇。法国本土原来有 22 个大区,2016 年调整为 13 个大区,其中法兰西岛、中部-卢瓦尔河谷、卢瓦尔河地区、布列塔尼、普罗旺斯-阿尔卑斯-蓝色海岸、科西嘉 6 个区整体保留,其他 16 个区合并成 7 个区。

六、政治、经济

法国实行总统共和政体。总统是国家元首,由选民直接选举产生。议会为最高立法机构,由国民议会和参议院组成。

法国是最发达的工业国家之一,在核电、航空、航天和铁路方面居世界领先地位。经济实力仅次于美、日、德,在西方世界位居第四。法国是以工业为主导,工农业都很发达的先进国家。法国工业部门齐全,钢铁、汽车和建筑业为三大工业支柱。核电设备能力、石油和石油加工技术仅次于美国,居世界第二位;航空和航天工业仅次于美国和俄罗斯,居世界第三位。钢铁、纺织业居世界第六位。法国也是欧盟最大的农业生产国、世界主要农副产品出口国、世界第五大出口国。出口商品主要有机械、汽车、化工产品、钢铁、农产品、食品、服装、化妆品和军火等,其中农产品出口仅次于美国居世界第二位,葡萄酒出口占世界出口的一半。法国时装、香水、法式大餐都在世界上享有盛誉。服务业在法国国民经济和社会生活中占有举足轻重的地位,其大型零售超市众多,拥有家乐福、欧尚等世界著名品牌。法国还是世界第一大旅游接待国,它悠久的历史、丰富的文化古迹及乡野风光吸引着来自世界各地的游客。

七、文学、艺术

浪漫主义使法国涌现出无数的思想家、文学家和艺术家。

自从16世纪以来,法兰西文学界群星璀璨。16世纪有拉伯雷为代表的文艺复兴文学;17世纪莫里哀为代表的古典主义;19世纪上半叶以雨果为代表的浪漫主义文学和以巴尔扎克为代表的现实主义文学;19世纪后期以左拉为代表的自然主义文学等等。其中的《巴黎圣母院》《红与黑》《高老头》《基督山伯爵》《悲惨世界》《约翰·克利斯朵夫》等,已被翻译成各国语言,在世界广为流传。进入20世纪,罗曼·罗兰等作家也为中国读者所熟悉。自1901年颁发诺贝尔文学奖以来,法国已有12位作家获此殊荣。

艺术方面,出现了雕塑艺术大师罗丹、印象派代表人物莫奈、野兽派的代表人物马蒂斯等,他们的作品为世界各博物馆收藏。

✏ 任务练习

一、情景模拟

请你模拟法国的地陪人员,在机场接机向中国游客致欢迎辞,送客人回酒店途中向中国游客介绍法国的基本国情以及行程安排。

二、知识检测

（一）单选题

1.法国西北一面隔英吉利海峡和多佛海峡与（　　）相望。
  A.西班牙　　　　　B.英国　　　　　　C.比利时　　　　　D.德国

2.法国居民中90%的人信奉（　　）。
  A.天主教　　　　　B.东正教　　　　　C.基督教新教　　　D.犹太教

3.拿破仑·波拿巴是法兰西（　　）的皇帝。
  A.第一帝国　　　　B.第二帝国　　　　C.第三共和国　　　D.第五共和国

4.关于法国经济的叙述中不正确的是（　　）。
  A.法国的时装、葡萄酒、香水享誉全球
  B.法国素有"西欧粮仓"之称，是欧盟最大的农业生产国
  C.法国在核电、航空、航天和铁路方面居世界领先地位
  D.法国是世界三大汽车生产国之一

5.法国著名文学家（　　）的代表作是《巴黎圣母院》。
  A.雨果　　　　　　B.巴尔扎克　　　　C.大仲马　　　　　D.小仲马

（二）填表题

人口		国花		主要宗教	
民族		国鸟		首都	
语言				与北京时差	
货币				国庆节	

子任务三　认识法国

任务描述

　　模拟法国的地陪人员，在参观游览的过程中向中国游客提供景点讲解服务，从而对法国主要的旅游城市和著名景点、法国的出入境旅游市场能深入了解。

法国的
旅游宣传片

任务内容

一、旅游城市和著名景点

（一）巴黎

巴黎是法国的首都,是法国政治、经济、金融、文化、教育事业的中心,联合国教科文组织总部的驻地,有"世界浪漫之都""世界花都""时尚之都"的美誉。巴黎已有 2 000多年的历史。市区人口为 224 万(2019 年 1 月),包括市区和郊区的巴黎大区人口达 1 149 万。巴黎是一座世界历史文化名城,名胜古迹比比皆是,埃菲尔铁塔、卢浮宫、凡尔赛宫、巴黎圣母院、凯旋门、巴黎协和广场、爱丽舍宫、枫丹白露宫、蓬皮杜文化艺术中心等,让国内外游客流连忘返。美丽的塞纳河流经巴黎市中心,两岸分布着众多的名胜古迹,30 多座造型各异的大桥横跨河上,其中最壮观的是亚历山大三世桥。塞纳河上的西岱岛是法兰西民族的发祥地。

1. 埃菲尔铁塔

埃菲尔铁塔位于巴黎市中心塞纳河畔,法国和巴黎的标志,是世界上第一座钢铁结构的高塔。1889 年在巴黎举行世界万国博览会,同年也是法国大革命 100 周年,法国著名建筑师斯塔夫·埃菲尔设计建造了铁塔。铁塔于 1887 年起建,1889 年完工。塔高 320 米,分三层。从一侧望去,像倒写的字母"Y",有"云中牧女"之称。在夜晚灯光的映射下,璀璨夺目的埃菲尔铁塔成为巴黎夜景中最靓丽的一道风景。

2. 卢浮宫

卢浮宫,法国历史上最悠久的王宫,现为法国美术博物馆,位于巴黎市中心塞纳河右畔,也是世界上最大的美术博物馆。卢浮宫整体建筑呈"U"形,正门入口处的透明金字塔建筑是美籍华裔建筑师贝聿铭的杰作。馆内收藏有 17 世纪以及欧洲文艺复兴时期许多艺术家的作品 40 万件,分为 6 大部分:希腊和罗马艺术馆、东方艺术馆、埃及艺术馆、欧洲中世纪、文艺复兴时期和现代雕像馆、历代绘画馆。《爱神维纳斯》《胜利女神尼卡》《蒙娜丽莎》是著名的宫中三宝。

3. 凡尔赛宫

凡尔赛宫位于巴黎西南郊凡尔赛镇,1661 年为太阳王路易十四修建,路易十五和路易十六也曾在这里悠闲享乐。凡尔赛宫占地为 111 万平方米,其中建筑面积为 11 万平方千米,园林面积为 100 万平方米,主体建筑有 500 多间殿堂。它曾是法国的王宫,它是典型的洛可可式建筑风格,被联合国教科文组织列为世界文化遗产。宫中最富丽堂皇的殿堂是镜廊。宫殿外观宏伟壮观,内部陈设及装饰金碧辉煌,正宫前面还有一座风格独特的法兰西式大花园。

4. 巴黎圣母院

巴黎圣母院坐落在塞纳河中间的西岱岛上,是巴黎最著名的中世纪哥特式大教堂,与卢浮宫、埃菲尔铁塔齐名为巴黎三大旅游热点。巴黎圣母院始建于 1163 年,历时约 200 年,可容纳 9 000 人做礼拜,是巴黎最古老最宏伟的天主教堂。自建成以来,一直是法国各种重要典礼仪式的活动场所,拿破仑 1804 年即在此登基。圣母院以正门的浮雕和院内的"玫瑰玻璃窗"最为出名。正面有三重哥特式拱门,门上装点着犹太和以色列的 28 位国王的全身像。法国大文豪雨果的小说《巴黎圣母院》更使其名扬世界。

5. 凯旋门

凯旋门位于巴黎戴高乐广场中央,香榭丽舍大街的西端,是拿破仑为纪念 1806 年打败俄奥联军而建,历时 30 年。门高 50 米,宽 45 米,厚 22 米,是世界上最大的凯旋门。凯旋门的四周都有巨幅浮雕,其中最著名的是右侧石柱上的《出征》(又名《马赛曲》)浮雕。门的正下方有建于 1920 年的无名战士墓地,墓前的火炬常年不灭。巴黎市区以凯旋门为中心,呈放射状分布着 12 条道路,每条道路都有 40~80 米宽,就像星星发出的灿烂光芒,所以广场也叫星形广场。

6. 巴黎协和广场

巴黎协和广场位于巴黎市中心、塞纳河北岸。1757 年由著名建筑师卡布里埃尔设计建造,名称几经变更。协和广场中央矗立着一尊高 23 米、有 3 400 多年历史的埃及方尖碑,这是埃及总督送给路易·菲利普国王的礼物。石碑两侧各有一座喷水池。广场四周放置了 8 座雕像。协和广场最美丽的莫过于它的夜景。

7. 香榭丽舍大街

香榭丽舍大街西起星形广场(中央有凯旋门),东至协和广场,全长约 1 800 米,是巴黎最繁华、最著名的街道之一。附近有波旁宫、玛德琳娜大教堂、图勒里公园、卢浮宫、市府大厦和爱丽舍宫等名胜古迹。大街上齐聚了巴黎最繁华的百货公司、时装店、咖啡馆等。它也是法国许多重大节庆典礼的庆祝中心。每年 7 月 14 日国庆阅兵式、新年联欢都在这条著名的街道上举行。

(二)马赛

马赛是法国最大的港口和第二大城市,也是仅次于鹿特丹的欧洲第二大港,是普罗旺斯的首府。著名的《马赛曲》即诞生于此地。马赛建于公元前 6 世纪古希腊时代,已有 2 600 年的历史。马赛的伊夫岛上有一座高大而阴森的城堡,法国著名作家大仲马的小说《基督山伯爵》中描写的伊夫岛和伊夫古堡就是以此为原型创作而成。马赛著名的旅游景点还有圣维克托大教堂、圣母大教堂、肯尼迪断崖路、旧港等。

(三)里昂

里昂位于法国东南部,在索恩河与罗讷河的汇合处,是法国第三大城市。里昂始建于公元前 43 年,当时被古罗马帝国统治,称为高卢。里昂是南部高卢的首府,罗马皇帝行宫所在地。里昂至今完好地保存着中世纪至近代的各式建筑,联合国教科文组织1998 年将里昂旧城区列为世界文化遗产。里昂的丝绸纺织业占有十分重要的地位,是法国乃至欧洲享有盛名的丝都。里昂也是法国第二大博览会中心。里昂著名的旅游景点有里昂大教堂、古罗马剧场遗址、高卢—罗马文化博物馆、沃土广场、富尔维耶尔山丘等。

(四)尼斯

尼斯是法国南部城市,位于地中海沿岸,是蓝色海岸地区的首府,是法国仅次于巴黎的第二大旅游胜地,也是全欧洲最具魅力的黄金海岸。在地理上,尼斯三面环山,一面临海,有 7 500 米长的海岸线。尼斯以其全年温和的地中海气候、灿烂的阳光、悠长的石滩而闻名。尼斯被人称为:"世界富豪聚集的中心。"尼斯狂欢节是法国最有名的节日之一,也是世界最著名、最盛大的狂欢节之一,最精彩的是花车游行、烛光游行和奇装异服表演。

(五)戛纳

戛纳位于法国南部地中海沿岸,和尼斯、马赛地区一起被称为"蔚蓝色海岸"。每年有许多重大的国际会议和文化活动在此举行,最为世人瞩目的是每年 5 月举行的戛纳国际电影节,其产生的金棕榈奖被公认为电影界最高荣誉之一。戛纳风景秀丽、气候宜人,是欧洲有名的旅游胜地,主要景点有:海滨大道、老城区、11 世纪城堡等。

(六)波尔多

波尔多是法国西南部的港口城市,位于加龙河下游,距大西洋 98 千米,人口为20.8 万,是法国重要港口和铁路枢纽。波尔多以出产葡萄酒闻名于世。波尔多的葡萄酒品种和产量在世界名列前茅,出口历史已有几个世纪。当地有 13 957 家葡萄种植和葡萄酒生产企业,年营业额 135 亿法郎,其中出口额占 41 亿法郎。

此外,波尔多还有圣安德烈大教堂、圣米歇尔塔等古迹和博物馆。

二、出入境旅游市场

联合国世界旅游组织发布的《世界旅游组织旅游亮点(2018 年版)》报告显示,在世界最大的旅游市场和目的地中,法国位居世界第一(西班牙、美国和中国依次是第二、三、四位),是目前最大的世界旅游目的地国。

法国旅游部发布公告说,2018 年法国共接待外国游客 8 940 万人次,比 2017 年(2017 年法国接待外国游客总数达 8 700 万人次)增加 3%,创历史新高。具体而言,亚洲游客在人数增长方面最为突出,增幅达 7.4%。此外,欧洲仍是法国最大的外国游客来源地,占总数的 79%。报告指出,旅游业是支撑法国经济发展的关键部门之一,2018 年接待外国游客创收达到 562 亿欧元(约合 4 337.45 亿元人民币),较上一年[2017 年接待外国游客的旅游收入达 537 亿欧元(约合 4 189 亿元人民币)]增加了近 5%。2018 年法国国际旅游业收入破纪录,整体收入仅次于美国和西班牙。据法国电视 3 台报道,2018 年总共有 220 万中国游客抵达法国旅游,平均停留天数 6 天。中国游客在法国总共消费 40 亿余欧元。其中 3.75% 的中国游客到法国购物。

法国的沿海旅游胜地是最受外国人喜爱的目的地,其次巴黎也深受偏爱。旅游业是法国重要产业之一,占其国内生产总值的 7%,提供了约 200 万个固定就业岗位。法国旅游业的发展目标是 2020 年接待 1 亿人次外国游客。

法国人出境旅游的人数占全国度假旅游(国内和国际的)人数的 17% 左右,他们主要的旅游目的地国家是近邻西班牙和意大利。德国作为法国人商业旅游的目的地名列第一,其次则是英国。2017 年法国是中国第 18 位客源国,法国来华旅游人数在 2017 年中国入境旅游人数中占比 1.10%。

知识拓展

法国香水之都——格拉斯

提起法国香水,人们会自然地想到巴黎。其实,真正称得上法国香水摇篮的不是巴黎,而是位于法国南部一个不大的城市——格拉斯。法国香水的制造不仅起源于此,而且这里至今仍是巴黎各大香水厂的原料供应地。格拉斯之所以能成为法国香水的摇篮,主要取决于其优越的自然环境和传统的手工业。

16 世纪时,原籍意大利的卡特林娜·美迪厅女王向格拉斯介绍了一位意大利香水专家,并要求利用格拉斯优越的水土和气候条件,以及它的鲜花种植园,成为生产香精的基地。

其实,西班牙和意大利流行带香味的手套,而格拉斯的传统手工业,使用橄榄油熟皮制成的手套气味显然不会太好,因此当地的不少熟皮匠人开始同时制造香精,在熟皮时使用香精,制成的香味手套很受当时上层社会的欢迎。

但谁也不会想到这些匠人竟成了日后征服世界时尚圈的香水的发明者和早期制造者。17 世纪的欧洲人就知道,最迷人的香水出自格拉斯。这个法国南部的小城是法国香水的摇篮,至今仍是法国香水的重要产地和原料供应地,风靡世界的"香奈儿 5 号"香水就诞生于此。它也为法国赢得了"香水之国"的美誉。

任务练习

一、情景模拟

请你模拟法国的地陪人员,在参观游览的过程中向中国游客提供景点讲解服务,并穿插介绍当地的美食、特产和文化艺术等内容。

二、知识检测

（一）多选题（每题有 2~4 个正确答案）

1. 法国巴黎的著名景点有（　　）。
　　A. 埃菲尔铁塔　　　B. 凯旋门　　　　C. 卢浮宫　　　　D. 凡尔赛宫

2. （　　）狂欢节是法国最有名的节日之一,也是世界最著名、最盛大的狂欢节之一。
　　A. 马赛　　　　　　B. 里昂　　　　　C. 尼斯　　　　　D. 戛纳

3. 卢浮宫的三宝有（　　）。
　　A.《爱神维纳斯》　　　　　　　　B.《胜利女神尼卡》
　　C.《蒙娜丽莎》　　　　　　　　　D.《最后的晚餐》

（二）判断题（正确的打"√"，错误的打"×"）

1. 波尔多是法国最大的精品葡萄酒产地,普罗旺斯是世界香水之都。（　　）

2. 东起协和广场、西至星形广场(戴高乐广场),全长约 1 800 米的香榭丽舍大街是巴黎最具特色、最繁华的街道。（　　）

3. 凡尔赛宫是欧洲最豪华的宫殿,是太阳王路易十五在位期间开始修建的。（　　）

4. 里昂的伊夫岛上有一座高大而阴森的城堡,法国作家大仲马的小说《基督山伯爵》中描写的伊夫岛和伊夫古堡就是以此为原型创作而成。（　　）

5. 凯旋门位于巴黎戴高乐广场中央,香榭丽舍大街的西端,是拿破仑为纪念 1806 年打败俄奥联军而建,是世界上最大的凯旋门。（　　）

6. 巴黎圣母院是巴黎最古老、最宏伟的天主教堂,拿破仑 1804 年在此登基,圣母院以正门的浮雕和院内的"玫瑰玻璃窗"最出名。（　　）

任务三 ● 荷兰

子任务一　了解荷兰

任务描述

模拟旅行社的前台销售人员向咨询的客人介绍荷兰的基本国情、去荷兰旅行的基本常识以及当地的习俗和禁忌。

任务内容

一、基本国情

(一)地理环境

荷兰位于欧洲西北部,东邻德国,南接比利时,西、北濒北海,地处莱茵河、马斯河和斯海尔德河三大河流入海口。海岸线长 1 075 千米,面积约为 41 526 平方千米,荷兰素有"欧洲大门"之称。

"荷兰"在日耳曼语中叫尼德兰,意为"低地之国"。24%的面积低于海平面,1/3 的面积仅高出海平面 1 米。从 13 世纪即开始围海造田,修筑的拦海堤坝长达 1 800 千米,增加土地面积约为 6 000 平方千米。如今荷兰国土的 20%是人工填海造出来的。西部沿海为低地,东部是波状平原,中部和东南部为高原,南部由莱茵河、马斯河、斯海尔德河的三角洲连接而成。西北濒海处有艾瑟尔湖。

(二)发展简史

16 世纪前长期处于封建割据状态。1568 年爆发长达 80 年的反抗西班牙统治的战争。1581 年北部 7 省成立荷兰共和国(正式名称为尼德兰联合共和国)。1648 年西班牙正式承认荷兰独立。17 世纪成为海上殖民强国,在世界各地建立殖民地和贸易据点,被誉为该国的"黄金时代"。18 世纪后,荷兰殖民体系逐渐瓦解,国势渐衰。1795 年法国军队入侵。1814 年脱离法国,1815 年成立荷兰王国。1848 年宪法正式确立君主立宪制。第一次世界大战期间保持中立。第二次世界大战初期宣布中立,1940 年 5

月遭德军入侵,王室和内阁成员流亡英国,成立流亡政府。战后放弃中立政策,加入北约和欧共体。

(三)民族、宗教

荷兰人口为 1 726 万人(2018 年)。是世界上人口密度最高的国家之一。荷兰是世界上平均身高最高的国家,居民平均身高为男 182.5 厘米、女 172 厘米。76.9%为荷兰族,此外还有弗里斯族,摩洛哥、土耳其、苏里南为较大的少数族裔,华人已成为第四大少数族裔。官方语言为荷兰语,弗里斯兰省讲弗里斯语。本土居民中 29%信奉天主教,19%信奉基督教(2017 年)。

(四)国旗、国徽

荷兰原名"尼德兰王国",在荷兰语中意为"低洼的地方"。

国旗呈长方形,自上而下由红、白、蓝三个平行相等的横长方形相连而成。国徽即奥伦治·拿骚王室的王徽,为斗篷式,顶端带王冠的斗篷中有一盾徽,蓝色盾面上有一只头戴三叶状王冠的狮子,一爪握着银色罗马剑,一爪抓着一捆箭,象征团结就是力量。盾徽上面有一顶王冠,两侧各有一只狮子,下边的蓝色饰带上写着威廉大公的格言"坚持不懈"。

荷兰的国花是郁金香,国鸟是琵鹭,国石是钻石。

荷兰国旗、国徽、国花

(五)行政区划

荷兰王国由荷兰本土 3 个海外特别行政区(博纳尔、圣尤斯特歇斯和萨巴)以及 3 个海外属地(阿鲁巴、库拉索、圣马丁)组成。荷兰本土划分为 12 个省,省下设 380 个市镇。

(六)政治、经济

荷兰是世袭君主立宪王国。立法权属国王和议会,行政权属国王和内阁。枢密院为最高国务协商机构,主席为国王本人,其他成员由国王任命。

荷兰是世界经济最发达的国家之一,西方十大经济强国之一。荷兰属外向型经济,80%的原料靠进口,60%以上的产品供出口。其工业发达,主要工业部门有食品加工、石油化工、冶金、机械制造、电子、钢铁、造船、印刷、钻石加工等。荷兰是世界主要的造船国家之一。鹿特丹是欧洲最大的炼油中心。其农业高度集约化,常年位居世界第二大农产品出口国。荷兰花卉产业发达,是世界上最大的花卉生产和出口国,阿尔斯梅尔是世界上最大的花卉交易市场。奶制品的消费量与出口量居世界第一。服务业是国民经济支柱产业,占国内生产总值的 70.2%,主要集中于物流、银行、保险、旅游和法律等行业。荷兰国际集团(ING)是荷兰第一大金融机构,全球 500 强企业。荷兰著名的跨国公司有荷兰皇家壳牌集团、飞利浦电子公司、联合利华公司(英、荷合资企业)等。

陆、海、空运输十分发达。鹿特丹港是世界第一大港。

(七)文学、艺术

荷兰的绘画在世界上享有盛名,伦勃朗和梵高被公认为是荷兰最有名的艺术家。伦勃朗是 17 世纪前半期最著名的画家,主要作品有《夜巡》《戴金盔的人》等。梵高是 19 世纪末期的著名画家,世界最杰出的艺术家之一,主要作品有《向日葵》《夜晚的咖啡馆》《星月夜》《乌鸦群飞的麦田》等。

二、出行须知

(一)基本常识

1. 气候

荷兰属海洋性温带阔叶林气候。沿海地区夏季平均气温为 16 ℃,冬季 3 ℃;内陆地区夏季为 17 ℃,冬季为 2 ℃。年平均降水量 797 毫米。气候的季节性相对不明显,日照较少,全年天气偏凉。

2. 货币

荷兰是首批加入欧元区的国家。汇率:1 欧元 = 7. 940 7 人民币,1 元人民币 = 0. 125 9 欧元(2019 年 8 月 30 日)。

3. 时差

荷兰分夏令及冬令时间。3 月最后一个星期天到 10 月最后一个星期天实行夏时制,夏令时期间,荷兰比中国北京时间晚 6 个小时。冬令时期间,荷兰比中国北京时间晚 7 个小时。

4. 其他

荷兰是申根国家之一,持有申根国家签证,可在所有申根国家旅游,最长停留期限为 90 天。

(二)习俗和禁忌

1. 习俗

荷兰人讲秩序、爱清洁,性格豪放,时间观念强,有很强的自信心。在正式场合,荷兰人与客人见面通常行握手礼;在日常生活中,朋友相见时大多施拥抱礼或亲吻礼。

荷兰以海堤、风车和宽容的社会风气而闻名,对安乐死、同性恋、红灯区非常宽容。和其他欧洲国家一样,流行“女士优先”的礼仪,送礼物一般送鲜花、巧克力和葡萄酒,不送昂贵的礼物,也要用色彩鲜艳的包装纸包好并当面打开。

平时荷兰人穿着比较随意,但在正式场合要求着正装。在荷兰,星期日被视为安静的"休养日",大多数商店停业,家庭也不收拾庭院和洗衣物等。荷兰人喜欢鲜花,家家户户都在房前屋后种植鲜花,美化环境。荷兰人的家具、室内装饰闻名于世,所以荷兰人喜欢别人恭维他们的家具、艺术品、地毯和家中摆设。

2. 禁忌

和欧洲国家一样,荷兰人忌讳"13"和"星期五",忌讳询问他们的宗教信仰、工资、私人财产、衣物价格、婚姻、个人取向等问题。交谈时一般喜欢谈论体育、旅游、工作等,不愿谈论荷兰的政治、经济等问题,不愿谈纳粹,不喜欢高谈阔论、出言不逊、打断别人等。荷兰人倒咖啡比较讲究,只倒到杯子的三分之二处,倒满是失礼的行为,会被视为缺乏教养。荷兰人忌讳吃动物的内脏和带骨头、鱼刺的食物,还特别忌讳别人对他们拍照。

任务练习

一、情景模拟

请模拟旅行社的前台销售人员向咨询的客人介绍荷兰的基本国情、去荷兰旅行的基本常识与当地的习俗和禁忌。

二、知识检测

(一)单选题

1. (   )因地势低,长期与海搏斗,修筑拦海堤坝增加土地面积。
   A. 英国   B. 法国   C. 荷兰   D. 比利时

2. 17 世纪(   )成为海上殖民强国,被誉为"海上的马车夫"。
   A. 英国   B. 法国   C. 荷兰   D. 比利时

3. 荷兰是世界上(   )的国家。
   A. 平均体重最重   B. 平均寿命最长   C. 平均身高最高   D. 平均寿命最短

4. (   )是荷兰的国花,库肯霍夫公园是著名的观赏地。
   A. 玫瑰   B. 鸢尾花   C. 郁金香   D. 矢车菊

5. (   )不是荷兰的企业品牌。
   A. 联合利华   B. 飞利浦   C. 壳牌石油   D. 汇丰银行

6. 《向日葵》《乌鸦群飞的麦田》等绘画作品是荷兰著名画家(   )的作品。
   A. 梵高   B. 伦勃朗   C. 毕加索   D. 高更

7. 下列对荷兰的习俗和禁忌表述不正确的有(   )。
   A. 荷兰人倒咖啡比较讲究,只倒到杯子的三分之二处

B. 荷兰人忌讳吃动物的内脏和带骨头、鱼刺的食物

C. 在荷兰,星期六被视为安静的"休养日",大多数商店停业

D. 荷兰人喜欢别人恭维他们的家具、艺术品、地毯和家中摆设

（二）填表题

人口		国花		主要宗教	
民族		国鸟		首都	
语言		国石		与北京时差	
货币				国庆节	

子任务二　认识荷兰

任务描述

模拟荷兰的地陪人员,在参观游览的过程中向中国游客提供讲解服务,从而对荷兰主要的旅游城市和著名景点、荷兰的饮食习俗、旅游商品、节庆活动以及出入境旅游市场能深入了解。

任务内容

一、旅游城市和著名景点

荷兰是世界上博物馆密度最大的国家,全国有 600 多座博物馆。阿姆斯特丹是宪法确定的正式首都,然而政府、女王的王宫和大多数使馆都位于海牙。此外,国际法庭也设在海牙。

（一）阿姆斯特丹

阿姆斯特丹是荷兰的首都,全国最大城市和第二大港口,也是荷兰的经济、文化中心和交通枢纽。阿姆斯特丹是一座地势低于海平面 1～5 米的"水下城市",有 90 个小岛,160 条运河和 1 281 座桥梁,船只可以在市区运河中自由航行到市区的任何地方。阿姆斯特丹的美术馆和博物馆有 60 多座,其中最知名的是收藏了伦勃朗的《夜巡》及维米尔等其他 17 世纪荷兰著名画家作品的国立博物馆,以及以收藏梵高作品数量居世

荷兰
阿姆斯特丹
宣传片

界第一位的国立梵高美术馆,还有收藏高更、毕加索及其他印象派名画家作品的市立博物馆。

1. 荷兰王宫

市中心的达姆广场是该市的心脏,广场旁坐落着著名的王宫,为荷兰著名建筑师范坎本设计。王宫是荷兰女王接见外宾、举行重大活动的场所,原为阿姆斯特丹的市政厅,建于1648年,历时8年,花费超过70吨黄金。建筑全部采用意大利白色大理石建造完成。主宫外部墙面的雕刻精美绝伦,描绘了世界各地的人们向阿姆斯特丹女神进献礼物的场景。内部装饰华丽而考究,全部由伦勃朗等黄金时代著名的画家完成,在市民厅的大理石地板上还绘有世界地图。

2. 水坝广场

水坝广场(DAM,也叫达姆广场),阿姆斯特丹的市中心广场。因1270年阿姆斯特河上的第一个水坝修建于此而得名。广场中央矗立的白色的战争纪念碑是1956年为纪念两次世界大战中的牺牲者而建立的。水坝广场对面是荷兰王宫。旁边是大教堂,为荷兰历代君王加冕登基大典的地方。在广场上逗鸽子是一项其乐无穷的活动。

(二)海牙

海牙位于荷兰西南海岸,是荷兰第三大城市,13世纪成为皇家行宫,后逐渐发展成为荷兰的政治中心。19世纪首都迁往阿姆斯特丹后,议会、首相府和中央政府各部仍设在这里,各国大使馆、联合国国际法庭也聚集在海牙。鹳鸟徽是海牙的市徽。海牙著名的景点有和平宫、马德罗丹微缩城、国会大厦等。

1. 和平宫

和平宫位于海牙市郊,是联合国国际法院所在地。1907年奠基,1913年竣工。和平宫是一座棕红色的宫殿式两层建筑,屋顶有3个尖顶塔楼,西边耸立的钟塔是附近最高的建筑物。正面是由9个大拱门组成的走廊,底层的拱顶大厅全部采用大理石修建,并饰以金色浮雕。和平宫的国际法图书馆是世界上最大的收藏法学书籍的图书馆。

2. 马德罗丹微缩城

马德罗丹微缩城位于海牙与斯维宁根之间,是一座面积仅1.8万平方米的微型"城市",是荷兰历史和文化的高度浓缩,城内汇集了国内120多座著名建筑和名胜古迹。所有复制品都以25∶1比例建造。

(三)鹿特丹

鹿特丹是荷兰第二大城市,世界第一大港口,其年货物吞吐量约3亿吨,不仅是全球最大的商品集散中心、欧洲最大的炼油中心和世界第三大炼油中心,还是造船和炼钢等重工业基地。鹿特丹港拥有世界最大的集装箱码头,全年进港停泊的远洋轮达3万多艘,是国际航运枢纽和国际贸易中心。

该城呈中世纪布局,拥有港口、博物馆及其他众多观光景点。1960 年为了迎接在鹿特丹举办的花展而建的"欧洲桅杆"是鹿特丹的象征和荷兰的一个著名景点。位于鹿特丹东南 10 千米处的小孩堤防风车村(小孩堤坝),至今仍保存着 19 架建于 1740 年的风车,这些风车已被列入联合国教科文组织的世界文化遗产名录。

二、饮食习俗

荷兰人和其他欧洲国家一样流行吃西餐。荷兰人不讲究吃,早餐和午餐经常是冷的,以面包、奶酪、熏肉类、生蔬菜,牛奶和果汁为主,只有晚餐是热的。他们的国菜是用胡萝卜、土豆和洋葱混合烹调而成的"大烩菜"。荷兰人不太喜欢喝茶,日常喝牛奶解渴。荷兰的奶酪十分有名,其消费量与出口量均居世界首位。

三、旅游商品

1. 木鞋

荷兰地少且低洼,在围海造田过程中,因能防潮、好清洗,且能起到劳动保护作用,木鞋应运而生。现在荷兰每年生产 370 多万双木鞋,85%内销,15%出口,从原先的实用演变为现在的一种工艺,成为特色产品和旅游纪念物。

2. 钻石

荷兰并不出产钻石,然而自 16 世纪以来,阿姆斯特丹因为钻石切割工匠独特的手艺成为全球的钻石加工基地。

3. 蓝瓷

17 世纪是荷兰的黄金时期,由于中国青花瓷的引进,荷兰的代尔夫特渐渐发展成为生产蓝瓷的重镇,其形状和花纹酷似中国瓷器,风行全欧洲。时至今日,荷兰人依然视蓝瓷为国宝,经常当作"国礼"赠送给其他国家的领导人。

4. 琴酒

和蓝瓷一样,琴酒也是起源于 17 世纪,当时荷兰人为了预防热带性疾病,酿造了有利尿、清热作用的琴酒,又称"金酒"或"杜松子酒",后来被人们作为正式的酒精饮料饮用。

四、节庆活动

荷兰的重要节日如下。国王节(国庆日,系现任国王威廉·亚历山大生日):4 月27 日;解放日(第二次世界大战期间盟军解放荷兰日):5 月 5 日。

1. 郁金香节

荷兰人把每年最接近 5 月 15 日的星期三定为"郁金香节"。人们用五颜六色的鲜花装饰成各种各样的花车,在乐队的伴奏下,浩浩荡荡地穿街过市。人们还头戴花环,挥舞花束,簇拥着"郁金香女王"游行,每年全世界有几十万人涌到荷兰,参加这具有浓郁民族风情的盛会。

2. 国王节

过去每年的 4 月末,为庆祝女王的生日,荷兰全国都会迎来热闹的女王节。2017年荷兰女王退位后,由她的长子继成为荷兰国王,2018 年荷兰也因此迎来自 1890 年以来的第一个国王节。历时多年的女王节第一次更改为国王节,日期也改成国王的生日——4 月 27 日。荷兰的街道上充满着红白蓝相间的荷兰国旗、代表着皇室的橙色旗帜、游行的队伍与热闹的音乐会,荷兰人民欢欣鼓舞地庆祝这个重要的日子。

五、旅游市场

旅游业作为荷兰服务业的重要组成部分迅速发展,是荷兰国民经济的支柱产业的重要组成部分。2018 年,赴荷兰的外国游客达 1 910 万人次,比 2017 年增加了 7%。在所有外国游客中,79% 来自欧洲,非欧洲游客则主要来自北美、中美和南美洲。根据荷兰一银行经济处的分析数据,预计在 2020 年,前往荷兰度假的外国游客数量将会超过2 000 万人,将会超荷兰本国人口(荷兰只有 1 700 万人口)。靠着遍地郁金香、风车等独具特色的旅游资源,荷兰吸引了大量的外国游客。

知识拓展

荷兰四宝——风车、木鞋、郁金香、奶酪

通常,荷兰的形象会与贸易、郁金香、风车、木鞋、奶酪和白蓝彩釉陶器等相联系。其中,风车、木鞋、郁金香、奶酪号称荷兰四宝。

风车是荷兰的象征,荷兰被誉为"风车之国"。荷兰坐落在盛行西风带区域内,一年四季盛吹西风,同时又濒临大西洋,海陆风长年不息,这就给缺乏水力、动力资源的荷兰提供了利用风力的优越条件。

荷兰素有"木鞋王国"之称。木鞋在荷兰已有几百年的历史,从原先的实用演变为现在的一种工艺,成为特色产品和旅游纪念品,进而成为一种文化。在鞋内填进稻草等物既可御寒防冻,又舒适耐穿。

郁金香是荷兰的国花,是美好、庄严、华贵和成功的象征,在荷兰人的生活中必不可少。16 世纪,在维也纳皇家花园当园丁的克卢修斯,千方百计得到了原产于土耳其的郁金香并带到了荷兰,使这种花很快地遍及荷兰各地,曾一度掀起了郁金香热。历史悠久的库肯霍夫郁金香公园位于荷兰著名的郁金香产地里斯附近,占地 32 万平方米,已经成为荷兰最著名、环境最优美的旅游景点。现在荷兰的郁金香是主要的出口创汇商

品之一。

有俗话说:"不吃奶酪,等于未到荷兰。"荷兰有各种各样的奶酪,微微的酸与甜结合在一起,味道醇正,营养价值很高,是一种上等佳品。荷兰是世界上最大的奶酪生产国,仅乳牛就有500万头。全国超过一半的奶酪产自小城豪达,这里的奶酪也最为出名,就像一个黄色的大车轮,表面覆有一层标有口味的薄蜡,乳味重,非常受欢迎。豪达市奶酪交易中心始建于1668年,是世界上最古老的奶酪交易中心。

此外,荷兰以社会风气宽容开放著称。2001年荷兰成为全球第一个同性婚姻合法化的国家。2002年荷兰又成为全球第一个安乐死合法化的国家。同时,荷兰在对待毒品、性交易和堕胎的法律是在世界范围内最为自由化的。

◆ 任务练习

一、情景模拟

模拟荷兰的地陪人员,在参观游览的过程中向中国游客提供讲解服务,从而对荷兰主要的旅游城市和著名景点、荷兰的饮食习俗、旅游商品、节庆活动以及出入境旅游市场能深入了解。

二、知识检测

单选题

1.梵高美术馆位于荷兰的(　　)。
　A.海牙　　　　　　B.阿姆斯特丹　　C.鹿特丹　　　　D.马德里

2.国际法庭位于荷兰的(　　)。
　A.海牙　　　　　　B.阿姆斯特朗　　C.鹿特丹　　　　D.苏黎世

3.荷兰的(　　)十分有名,其消费量与出口量均居全球之冠。
　A.奶酪　　　　　　B.红茶　　　　　C.葡萄酒　　　　D.咖啡

4.(　　)是荷兰的国宝,从中国引进,代尔夫特是最著名的产地。
　A.风车　　　　　　B.蓝瓷　　　　　C.银器　　　　　D.钻石

5.下列不属于荷兰四宝的是(　　)。
　A.郁金香　　　　　B.木鞋　　　　　C.奶酪　　　　　D.水晶

6.荷兰的国王节,街道上插满了代表着皇室的(　　)旗帜和荷兰国旗。
　A.红色　　　　　　B.白色　　　　　C.蓝色　　　　　D.橙色

任务四 ● 德国

子任务一 了解德国

任务描述

模拟中国某旅行社的领队,向参加了该旅行社德国旅行团的游客召开出境说明会,初步了解去德国旅行的基本常识、习俗和禁忌、饮食习俗、旅游商品以及当地特色的节庆活动。

任务内容

一、出行须知

(一)基本常识

1. 气候

德国的纬度相当于中国的黑龙江省。位于北纬47°~55°的北温带,西北部海洋性气候较明显,往东、南部逐渐向大陆性气候过渡。1月平均气温为-5~1℃,7月为14~19℃。由于受到大西洋暖流的影响,冬季无严寒,夏季无酷暑,一年四季皆适合旅游。

2. 货币

德国是首批加入欧元区的国家,汇率:1欧元=7.940 7人民币,1人民币=0.125 9欧元(2019年8月30日)。

3. 时差

德国分夏令及冬令时间。3月最后一个星期天到10月最后一个星期天实行夏时制,德国比中国北京时间晚6个小时;冬令时期间,德国比中国北京时间晚7个小时。

4. 其他

德国和法国一样也是申根国家之一,可在所有申根国家旅游,最长停留期限为90天。

（二）习俗和禁忌

1.习俗

在德国，朋友见面以握手礼为主，十分亲密、长时间未见的朋友相见时可以相互拥抱。情侣、夫妻见面行拥抱和亲吻礼。

德国人非常有礼貌和守时，做事情一丝不苟，以讲究秩序和纪律著称，不徇私情，很少会闯红灯和插队。德国人非常守时，应邀到德国人家中做客，应按时到达，如果无法准时赴约，应向朋友表示歉意并请求原谅。德国人不习惯送重礼，应邀去别人家做客时，可以备葡萄酒、鲜花、画册或书等礼物。在德国，收到礼物后应当面打开并表示感谢；出席晚宴、舞会、音乐会等正式活动，应着正装；出席葬礼尽可能穿黑色的衣服。

2.禁忌

德国人忌讳红色、茶色和深蓝色，礼品包装忌讳用黑色、白色；忌讳"13"和"星期五"；忌食核桃，认为核桃是不吉祥之物；忌吃狗肉。德国人讨厌菊花、蔷薇、蝙蝠图案。他们的服饰和其他商品包装上忌用纳粹标志。德国人忌讳在公共场合窃窃私语（夫妻或情侣除外），不喜欢他人过问自己的私事，和人交谈最好不要涉及纳粹、宗教与党派之争的话题。德国人访友会事先约定，不会贸然登门。德国人不习惯送重礼，有纪念意义即可。德国人不喜欢客人赠送玫瑰花，因为有浪漫的含义。德国人的生日不得提前祝贺。

二、饮食习俗

德国人主食是面包、土豆，配以奶酪、黄油、香肠、牛奶和水果等，在口味上喜欢清淡，不喜欢油腻、辛辣食品，不爱吃海参；食用生菜、生肉较多，鞑靼牛排就是生牛肉拌生鸡蛋。德国的很多菜都带酸味，如"酸牛肉""酸味猪脚"等。面包是德国人最重要的主食，其消费量居世界第一。德国人爱吃肉，尤其偏爱吃猪肉，也特别喜欢吃香肠，德国有1 500多种香肠，著名的"黑森林火腿"味道奇香无比。德国的国菜就是在酸卷心菜上铺满各式香肠。德国人喝啤酒如同喝白开水。用啤酒调味是德国菜一大特色。此外，德国美食还有著名的德式青豆汤、德式生鱼片、德式烤杂肉、德式肉肠、酸菜、德式苹果酥、煎甜饼等。

三、旅游商品

德国的特产有望远镜、照相机、刀具、皮制品、瓷器、手表、旅行箱、香水、耳机、小提琴、黑森林火腿等。尤其是德国皮具以持久耐用而深受世人推崇。德国优质钢材制成的刀具以持久耐用、刀刃锋利而著称，著名品牌有双立人、福腾宝等。德国的陶瓷也独具特色，梅森（Meissen）可以说是欧洲高级瓷器的代名词。科隆是举世闻名的香水生产基地,1709 年由意大利人乔万尼·玛丽亚·法丽娜在德国的科隆研制成功世界上最早的人工合成香精,因此人们把香水称为"科隆之水",最著名的品牌是以店铺门牌命名的 4711 科隆香水。

四、节庆活动

德国的重要节日有:新年(1 月 1 日);复活节(每年春分月圆之后第一个周日,3 月 21 日至 4 月 25 日之间);五一国际劳动节(5 月 1 日);德国统一日(国庆节,10 月 3 日);圣诞节(12 月 25 日)。

1. 科隆的狂欢节

科隆狂欢节是继巴西里约热内卢狂欢节之后全球第二大狂欢节庆活动,也被称为"第五季节",是全德国最盛大的狂欢节,每年于 11 月 11 日 11 时 11 分准时在科隆市的老广场上开幕,一直持续到第二年的 2 月才结束。但节日的高潮一般在每年的 1 月底至 2 月底,正好与中国的农历新年接近。科隆狂欢节的主角是小丑和狂人,游行是节日的重头戏,每年都会有很多人在道路两旁观看游行队伍,并会得到队伍中撒出的糖果。人们穿着奇装异服沉浸在欢乐中,所有商店都会在这时关门停业。

2. 慕尼黑啤酒节

慕尼黑啤酒节是慕尼黑一年中最盛大的活动,每年 9 月末到 10 月初举行,持续两周,到十月的第一个星期天为止。啤酒节的特色活动有开幕仪式、盛装巡游、啤酒帐篷、游乐项目等。每年啤酒节的第一个周日,来自全德国各个州的人们会穿上富有特色的民族服装盛装游行。慕尼黑的八大啤酒厂则在特蕾泽大广场上搭起巨大的啤酒帐篷,招徕本国顾客和接待来慕尼黑旅游的外国客人,每个帐篷里放有长条木桌和板凳,一般可容纳三四千人,最大的有 7 000 个座位。各帐篷里都由身穿巴伐利亚民族服装的女服务员给顾客送酒。目前每年啤酒节的游客数量维持在 600 万人左右。其中很多游客来自外国,主要来自意大利、美国、日本、澳大利亚。每届啤酒节要消费约 600 万升啤酒、50 万只鸡、100 头牛,同时为慕尼黑带来 8.3 亿欧元的收入。

3. 柏林国际电影节

柏林国际电影节创办于 1951 年,与戛纳国际电影节、威尼斯国际电影节并称为欧洲三大国际电影节,最高奖项是"金熊奖",每年 2—3 月份举行。

知识拓展

住在德国

国际上流传一种说法:"吃在中国,穿在法国,住在德国。"在德国,不论走进哪一户人家,都会有一种赏心悦目的感觉,都能让人感受到整洁舒适和深厚的文化底蕴。德国人和中国人一样,一辈子勤奋工作,为的就是房子、车子和环球旅游。有一个舒适的房子便成了德国人最大的追求之一。很多德国人成家立业后,都会自己买块地盖房子。所有的建筑环节都由买主亲自动手,自行找水工、电工、木匠。为了节省高昂的人工费,许多精打细算的德国人干脆自己动手刷墙、铺地、拉电线,几乎家家都专门辟出一间作为"家庭修配工场",供大人和孩子在这里维修、拆卸、安装、加工、制造、做实验等。尽管德国人富有,但在家庭室内装修上并不攀比豪华。他们觉得家庭装修用钱来堆砌是愚蠢的。据说,德国人凡事自己动手还有最重要的原因,就是以此来影响和培养下一代。德国人重"身教"轻"言教",父母多用行动教育孩子,让他们懂得一切靠自己而不能坐享其成,只有劳动才能创造财富。

此外,德国人多喜欢清静的生活,除特殊场合外,不大喜欢喧闹。许多人虽在城里上班,但却把家安在乡村或者城市附近的小镇。例如,晚上8点至第二天早晨8点不可以演奏乐器、大声喧哗。如果晚上要搞聚会活动,事先要向邻居讲明情况,请求他们谅解,并尽可能安排在周末,尽可能不大声喧闹。否则,受干扰的邻居会十分恼怒,可能会当面提出抗议,个别人甚至会请警察出面进行干预。

任务练习

一、情景模拟

出境说明会应该介绍哪些内容? 将学生分为几个组,分别准备出境说明会的PPT和讲稿,模拟某旅行社的领队,向参加了该旅行社德国旅行团的游客召开出境说明会。

二、知识检测

单选题

1.关于德国人生活方式的叙述中不正确的是( )。
  A.德国人以讲究秩序和纪律著称,很少闯红灯

B. 德国人很喜欢清静,不喜欢喧闹

C. 德国人非常守时

D. 德国人讨厌仙鹤、孔雀、核桃图案

2. 德国的纬度相当于中国的(　　),但冬季无寒冬、夏季无酷暑。

　　A. 山东　　　　　　B. 黑龙江　　　　　C. 江苏　　　　　　D. 辽宁

3. 关于德国人饮食习惯的叙述中不正确的是(　　)。

　　A. 面包是德国人最重要的主食,其消费量居世界第一

　　B. 德国人爱吃肉,尤其偏爱吃猪肉

　　C. 德国人也特别喜欢吃香肠,德国有1 500多种香肠

　　D. 德国人喝葡萄酒如同喝白开水,用葡萄酒调味是德式菜一大特色

4. 如果你在德国旅行,回国前会给家人购买德国的特色商品,(　　)除外。

　　A. 科隆香水和刀具　　　　　　　B. 瓷器餐具

　　C. 旅行箱　　　　　　　　　　　D. THE BODY SHOP 洗浴用品

5. 如果你在中国的国庆节期间去德国旅游,最有可能赶上德国的(　　)。

　　A. 科隆狂欢节　　　　　　　　　B. 柏林电影节

　　C. 慕尼黑啤酒节　　　　　　　　D. 尼斯狂欢节

子任务二　感知德国

任务描述

模拟德国的地陪人员,在机场接机向中国游客致欢迎辞,送客人回酒店途中向中国游客介绍德国的基本国情,进一步了解德国的地理、历史、民族与宗教、国旗国徽、行政区划、政治与经济、文学艺术等知识。

任务内容

一、地理环境

德国位于欧洲的心脏地带,与9个国家相邻,是欧洲邻国最多的国家,德国国土总面积约为357 021平方千米。东部与波兰、捷克接壤;南部与奥地利、列支敦士登和瑞士交界;西部与荷兰、比利时、卢森堡、法国相邻;北接丹麦,濒临北海和波罗的海,并和瑞典等北欧国家相望。因德国居欧洲的中心,水陆空多条通道经过德国,故被称为"欧洲走廊"。

德国地势北低南高,北部是丘陵,西南部是山地,南部是巴伐利亚高原和阿尔卑斯

山。其中德奥边境的阿尔卑斯山脉的主峰楚格峰海拔为 2 963 米,为全国最高峰。主要河流有莱茵河、易北河、美茵河,均向北流淌,唯有多瑙河自西向东注入黑海。德国境内最大的天然湖泊是博登湖,位于德国、瑞士和奥地利交界处。

二、发展简史

德意志民族是日耳曼民族中的一些部落经过长期融合形成的。962 年建立德意志民族的神圣罗马帝国。1871 年建立统一的德意志帝国。1914 年德国加入第一次世界大战。1919 年魏玛共和国建立。1939 年德国发动第二次世界大战。战后,德国被美、英、法、苏四国占领,柏林市也划分成 4 个占领区。1948 年 6 月,美、英、法三国占领区合并。1949 年 5 月 23 日,合并后的西部占领区成立了德意志联邦共和国。同年 10 月 7 日,东部的苏占区成立了德意志民主共和国。德国从此正式分裂为两个主权国家。1990 年 10 月 3 日,民主德国正式加入联邦德国,德国实现统一。

三、民族、宗教

德国人口为 8 298 万(2019 年 4 月),是欧盟人口最多的国家,人口密度为 231 人/平方千米,是欧洲人口最稠密的国家之一。

德国主要是德意志人(日耳曼人),有少数丹麦人和索布族人。外籍人口为 1 062.39 万,占人口总数的 12.8%,其中土耳其人最多,约 148.35 万。德国通用德语。德国居民中信奉基督教新教和罗马天主教的各占约 30%。

四、国旗、国徽

德国全称"德意志联邦共和国"。德国国旗呈横长方形,自上而下由黑、红、黄三个平行相等的横长方形相连而成。德国国徽是金黄色的盾徽。盾面上是一头红爪红嘴、双翼展开的黑鹰,黑鹰象征着力量和勇气。德国国花是矢车菊,国鸟是白鹳,国石是琥珀。

五、行政区划

德国行政区划分为联邦、州、市镇三级,共有 16 个州,13 175 个市镇。各州的名称是:巴登-符腾堡州、巴伐利亚州、柏林市、勃兰登堡州、不来梅市、汉堡市、黑森州、梅克伦堡-前波莫瑞州、下萨克森州、北莱茵-威斯特法伦州、莱茵兰-普法尔茨州、萨尔州、萨克森州、萨克森-安哈特州、石勒苏益格-荷尔斯泰因州和图林根州。其中柏林、不来梅和汉堡为市州。

六、政治、经济

德国国家政体为议会民主制下的总理负责制。联邦总统为国家元首,联邦总理为政府首脑。议会由联邦议院和联邦参议院组成。

德国是高度发达的工业国。其经济总量位居欧洲首位,世界第四。德国以重工业为主,汽车和机械制造、化工、电气等部门是支柱产业,其他制造行业如食品、纺织与服装、钢铁加工、采矿、精密仪器、光学以及航空航天业也很发达。德国主要工业部门的产品一半以上销往国外,机械工业号称"王牌工业",其机床工业的产值居世界第一位。德国是世界第三大汽车出口国,仅次于美国和日本。德国核电工业处于世界领先地位。农业发达,机械化程度很高。旅游业、交通运输业发达,特别是高速公路的长度、密度居于世界前列。

七、文学、艺术

德国拥有悠久的历史文化,自中世纪起,它便被称为诗人、音乐家及思想家的国度。

德国诞生了博大精深的古典哲学和现代哲学,孕育了众多伟大的哲学家:马克思、恩格斯、马丁·路德、黑格尔、费尔巴哈、康德、叔本华和尼采等。马克思、恩格斯创立了无产阶级的革命理论马克思主义。德国也是盛产诗人的民族,涌现出歌德、海涅、席勒等伟大的诗人。歌德是著名诗人、剧作家和思想家,主要作品有《少年维特之烦恼》《浮士德》等。

德国是世界著名的音乐之乡。德国造就了各个不同时期的音乐大师,如巴赫、贝多芬、勃拉姆斯、理查·施特劳斯、门德尔松、瓦格纳等。巴赫是德国17世纪最杰出的作曲家之一,被尊称为"西方近代音乐之父"。贝多芬因其对古典音乐的重大贡献而被后世尊称为"乐圣""交响乐之王"。舒伯特与舒曼则是19世纪德国浪漫派音乐的杰出代表。瓦格纳是19世纪下半叶决定德国和欧洲音乐发展道路的中心人物。勃拉姆斯一生虽然只写了四首交响曲,但仍被称为是贝多芬之后最伟大的交响曲作曲家之一。柏林爱乐乐团更是享誉世界。

德国还涌现出众多的科学家,如伦琴、爱因斯坦等。伦琴因发现了"伦琴射线"于1901年获诺贝尔物理学奖。爱因斯坦为美籍德裔物理学家,其相对论揭示了空间和时间的辩证关系,对20世纪物理学的发展产生了极为深刻的影响,是世界上最伟大的科学家之一。

任务练习

一、情景模拟

请你模拟德国的地陪人员,在机场接机向中国游客致欢迎辞,送客人回酒店途中向中国游客介绍德国的基本国情以及行程安排。

二、知识检测

(一)单选题

1.下列国家中不是位于德国西部的国家是(   )。

    A.荷兰   B.比利时   C.法国   D.丹麦

2.德国人口最多的是(   )。

    A.德意志人即日耳曼人   B.犹太人

    C.吉卜赛人   D.土耳其人

3.东部的(   )占领区成立了德意志民主共和国(东德)。

    A.英国   B.美国   C.法国   D.苏联

4.(   )是两次世界大战的策源地。

    A.英国   B.意大利   C.法国   D.德国

5.下列音乐家中不全是德国的音乐大师的是(   )。

    A.巴赫和勃拉姆斯   B.莫扎特和舒曼

    C.舒伯特和舒曼   D.勃拉姆斯和瓦格纳

6.关于德国经济的叙述中不正确的是(   )。

    A.汽车和机械制造、化工、电气等部门是支柱产业

    B.机械工业号称"王牌工业",其机床工业的产值居世界第一位

    C.经济总量居欧洲第二位、世界第四

    D.世界三大汽车生产国之一

(二)填表题

人口		国花		主要宗教	
民族		国鸟		首都	
语言		国石		与北京时差	
货币				国庆节	

子任务三　认识德国

任务描述

模拟德国的地陪人员,在参观游览的过程中向中国游客提供景点讲解服务,从而对德国主要的旅游城市和著名景点、德国的出入境旅游市场能深入了解。

任务内容

德国的
旅游宣传片

一、旅游城市和著名景点

德国拥有丰富的自然和人文旅游资源。其南部的阿尔卑斯山是重要的夏季疗养地和冬季运动中心;中部黑森山地是德国最受欢迎的旅游区之一;莱茵河是德国的黄金水道和最大河流,多瑙河沿岸景色秀丽,博登湖是世界著名的疗养胜地。德国历史悠久,古建筑以王宫、教堂、古城堡、市政厅等为主要代表。德国拥有众多的博物馆,还被称为展览会的王国。著名景点有科隆大教堂、柏林国会大厦、波恩文化艺术展览馆、罗滕堡、慕尼黑德意志博物馆、海德堡古城堡、巴伐利亚新天鹅城堡和德累斯顿画廊等。

(一)柏林

柏林是德国的首都,全国第一大城市,位于德国东北部。柏林始建于1237年,以一只站立的黑熊作为柏林城的城徽,1871年俾斯麦统一德国后定都柏林。柏林不仅是德国重要的经济城市,也是德国最大的对外文化窗口。成立于1882年的柏林爱乐乐团享誉世界,两年一度的柏林国际电影节是欧洲著名的电影节之一。柏林的主要景点有勃兰登堡门、柏林墙遗址、国会大厦、柏林大教堂、电视塔等。电视塔高368米,是柏林最高的建筑。柏林的菩提树大街是欧洲最著名的林荫大道之一。

1. 勃兰登堡门

勃兰登堡门位于柏林菩提树大街西端,是柏林的标志和德国的象征。1788年为庆祝普鲁士王国统一德国而兴建,是依据雅典城门造型而建的普鲁士王国的凯旋门,是德国古典主义建筑的杰作。城门历时3年完工,顶上有胜利女神驾驭的四马战车。东、西德分裂时代,勃兰登堡门内侧筑起柏林墙,1989年柏林墙被拆后,勃兰登堡门与柏林墙一同成为德国统一的象征。

2. 柏林墙遗迹

柏林墙是 1961 年民主德国为隔离东德和西德而建的,是冷战时期德国分裂的标志性建筑,1989 年被拆毁。为了纪念这段历史,统一后的德国重建了一段 70 米长的柏林墙,墙上绘有来自 21 个国家的艺术家不同风格的作品,也称东边画廊。

3. 国会大厦

国会大厦位于柏林,被称为第三帝国国会大厦,也是希特勒发表就职演说的地方,后改为柏林德国历史展览馆。1991 年改建一新的国会大厦正式落成,成为统一后德国联邦议会的所在地,其屋顶的弯形圆顶也是最受欢迎的游览胜地。国会大厦体现了古典式、哥特式、文艺复兴式和巴洛克式的多种建筑风格,是德国统一的象征。

(二)汉堡

汉堡是德国的第二大城市、重要工业和港口城市,人口约 330 万,始建于 1188 年,曾是“汉萨同盟”成员。市内河道纵横,有大小桥梁 2 300 多座,是欧洲拥有桥梁最多的城市,有“北方威尼斯”之称。市区中央的阿尔斯特湖,与其南面的五个大教堂尖塔交相辉映,为汉堡增添了无穷的魅力。米歇尔教堂是汉堡的象征。

(三)慕尼黑

慕尼黑是巴伐利亚州的首府,德国第三大城市,被誉为“啤酒之都”和“博览会之城”。作为历史文化名城,慕尼黑与法国的巴黎和奥地利的维也纳并列为欧洲三大文化中心。慕尼黑有“四多”:博物馆多、喷泉多、雕塑多和啤酒多。玛利亚广场是慕尼黑的市中心广场,广场西北面是圣母玛利亚教堂,建于 1488 年,高 109 米,是慕尼黑的标志性建筑。广场北面是哥特式建筑市政厅,其钟楼上有著名的玩偶报时钟,被视为慕尼黑市的骄傲。慕尼黑的宝马汽车博物馆和奥林匹克中心等也是吸引游客的热门景点。

(四)科隆

科隆位于莱茵河畔,是德国的第四大城市。它于 2 000 年前由罗马人所建,至今保留了不少罗马帝国时代的历史遗迹。经常举办各类国际博览会,有“传媒与通信之城”的美誉。科隆有三宝:香水、狂欢节、大教堂。科隆大教堂是科隆的象征,始建于 1248 年,建造期长达 630 多年,是世界上最高的双塔式教堂(157 米)。教堂内的摆钟是世界上最大的摆钟。保存三圣遗骨的黄金匣“三王龛”是教堂的极品收藏。科隆大教堂与巴黎圣母院、梵蒂冈圣彼得大教堂并称为欧洲三大宗教建筑。

(五)法兰克福

法兰克福位于德国中部美茵河畔,是欧洲重要的交通枢纽,德国的金融中心和博览会城市。众多的跨国公司、银行、国际博览会都落户于这座国际化大都市。欧洲中央银行就设在法兰克福,也是世界著名的金融中心。法兰克福证券交易所是德国最大的交易所,法兰克福机场是欧洲第二大机场。此外法兰克福还是著名的会展城市、世界图书业的中心,每年举办图书博览会、汽车展以及其他 9 个专业博览会,每年客商多达 1 200万人。法兰克福和莱比锡是德国图书出版业中心。德国图书出版量在世界上仅次于美国占第二位。"德国最大的书柜"德意志图书馆也坐落于此。这里还是世界文豪歌德的故乡。歌德在此出生并度过青年时光,完成了《浮士德》及《少年维特之烦恼》等著名的作品。主要景点有旧市政厅、歌德博物馆、法兰克福展览中心、罗马广场等。

(六)海德堡

海德堡位于德国的西南部,过去曾是科学和艺术的中心,德国最古老的大学——创立于 1386 年的海德堡大学也坐落于此。在始建于 13 世纪,历时 400 年才完工的海德堡古堡可以俯瞰城市的全景,里面有长 9 米、高 8 米的特大酒桶,世上少见。歌德曾赞美:"海德堡是我把心遗忘的地方。"马克·吐温也说海德堡是他"到过的最美的地方"。

(七)其他景点

1. 无忧宫

无忧宫位于波茨坦市北郊,为普鲁士国王腓特烈二世模仿法国凡尔赛宫所建。整个王宫及园林面积为 90 万平方米,因建于一个沙丘上,故又称"沙丘上的宫殿"。宫殿正殿中部为半球形圆顶,两翼为长条锥脊建筑。宫殿东侧画廊珍藏着 124 幅名画,多为文艺复兴时期意大利、荷兰画家的名作。宫殿的花园内还有一座"中国茶亭"。里面的塞西利安霍夫宫因举行过 1945 年的波茨坦会议而扬名世界。

2. 新天鹅城堡

德国是世界上拥有古堡数量最多的国家,至今有 1.5 万座,最著名的是新天鹅城堡。新天鹅城堡位于巴伐利亚西南部的菲森镇,是巴伐利亚国王路德维希二世 1868 年建造的行宫。其附近还有一座旧天鹅堡和它遥遥相对,它是德国境内被拍照次数最多的建筑物,也是德国的象征。迪士尼乐园里面的睡美人城堡的灵感据说就来源于它。

二、出入境旅游市场

2018 年德国游客过夜数为 4.776 亿人次,同比增长 4%,连续第九年创纪录增长。其中,外国游客过夜数为 8 770 万人次,同比增长 5%;国内游客过夜数达到 3.899 亿人次,同比增长 4%。

据联邦统计局的数据,2018 年德国入境游客源市场的前三位排名没有改变,仍分别为荷兰(1 140 万住宿间,游客夜宿率上升 1.6%)、瑞士(690 万,上升 3.8%)和美国(670 万,上升 7.1%)。

就洲际市场来看,德国最大的客源市场仍是欧洲,市场份额达 72.9%,德国近 3/4

的国际游客来自欧洲,本年度增长了 4.6%,与整体市场一致。推动欧洲游客总量上升的动力主要源于波兰(增加 37.1 万住宿间夜宿)、意大利(增加 26.2 万)、西班牙(增加 25.5 万)和瑞士(增加 25.4 万)。在欧洲以外的客源区域中,美洲市场增加 6%,相较于欧洲市场的 4.6%增长更明显,而亚洲市场在经历了几年的迅猛发展后,增速已逐渐回落,本年度仅增长了 2.4%。与此同时,2018 年中国游客在德国住宿间夜宿达 302 万,相比上一年增加 16 万住宿间夜宿,增长了 5.6%。

世界旅游监测(World Travel Monitor)2018 年度调查的初步测算结果表明,德国继续成为欧洲第二大旅游目的地,并且游客人数还在不断增加。虽然西班牙仍排名首位,但 6 660 万的入境总量只是与去年持平,而欧洲赴德出游数量则增加了 5%,达到 5 930 万人次。排名第三的是法国,游客总量为 4 460 万人次。

✏ 任务练习

一、情景模拟

请你模拟德国的地陪人员,在参观游览的过程中向中国游客提供景点讲解服务,并穿插介绍当地的美食、特产和文化艺术。

二、知识检测

(一)多选题(每题有 2~4 个正确答案)

1. 下列景点中不全在柏林的有(　　)。
　　A.勃兰登堡门和柏林墙遗址　　　　B.国会大厦和柏林电视塔
　　C.柏林墙遗址和犹太人墓碑　　　　D.菩提树大街和蓬皮杜艺术中心

2. 下列关于德国的旅游城市表述中正确的有(　　)。
　　A.法兰克福是第五大城市、金融中心和会展城市
　　B.汉堡是第二大城市、著名的港口城市
　　C.科隆是第四大城市,有世界上最高的双塔式教堂
　　D.第三大城市慕尼黑被誉为"啤酒之都",也是大文豪歌德的故乡

3. 欧洲三大宗教建筑指的是(　　)。
　　A.科隆大教堂　　　　　　　　　　B.巴黎圣母院
　　C.梵蒂冈圣彼得大教堂　　　　　　D.伦敦圣保罗大教堂

(二)判断题(正确的打"√",错误的打"×")

1. 勃兰登堡门和柏林墙都是德国统一的象征,是普鲁士国王威廉二世为了纪念普

鲁士在七年战争取得胜利而建的凯旋门。(　　)

2. 德国是世界上古堡数量最多的国家,旧天鹅城堡是德国境内被拍照数量最多的景点之一,也是迪士尼乐园城堡的原型。(　　)

3. 科隆有三宝:皮具、狂欢节、大教堂。其中科隆大教堂是世界上最高的双塔式教堂,是科隆的象征。(　　)

任务五 ● 瑞士

子任务一　了解瑞士

任务描述

模拟旅行社的前台销售人员向咨询的客人介绍瑞士的基本国情、去瑞士旅行的基本常识以及当地的习俗和禁忌。

任务内容

一、基本国情

(一)地理环境

瑞士是中欧国家之一,瑞士北邻德国,西邻法国,南邻意大利,东邻奥地利和列支敦士登。全境以高原和山地为主,有"欧洲屋脊"之称。面积为 41 284 平方千米。

瑞士国境几乎都在阿尔卑斯山脉之中,多是高山及湖泊。瑞士是欧洲大陆三大河流发源地,有"欧洲水塔"之称,主要河流有莱茵河(瑞士最大的河流)、阿勒河、罗讷河。湖泊共有 1 484 个,其中最大的是莱芒湖(又名日内瓦湖)。

(二)发展简史

公元 3 世纪阿勒曼尼人和勃艮第人入侵,7—8 世纪他们占领的地区先后成为法兰克王国的一部分。11 世纪受神圣罗马帝国统治。1648 年摆脱罗马帝国统治正式独立,宣布执行中立政策。1798 年拿破仑一世吞并瑞士,建立"海尔维共和国"。1815 年维也纳会议确认瑞士为永久中立国。1848 年制定宪法,设立联邦委员会,成为统一的联邦制国家。瑞士在两次世界大战中均保持中立。

(三)民族、宗教

瑞士人口为 830.62 万人(2016 年 1 月),其中外籍人口超过 24.6%。居民成分复杂,有日耳曼族、意大利族、法兰西族等。德语、法语、意大利语及拉丁罗曼语等 4 种语言均为官方语言,居民中讲德语的占大多数。瑞士居民主要信仰天主教和基督新教,另有少数人信奉伊斯兰教或不信教。

(四)国旗、国徽

瑞士全称"瑞士联邦"。国旗呈正方形,旗底为红色,正中一个白色"十"字。国徽为盾徽。图案颜色与国旗相同。瑞士国花是火绒草,国石是水晶。

瑞士国旗、国徽、国花

(五)行政区划

瑞士的行政区划分为三级,即联邦、州、市镇。全国由 26 个州组成(其中 6 个州为半州),包括苏黎世、伯尔尼、卢塞恩、日内瓦等 20 个州和上瓦尔登、下瓦尔登、巴塞尔城、巴塞尔乡、外阿彭策尔、内阿彭策尔 6 个半州。

(六)政治、经济

瑞士实行议会民主制,也是联邦制国家。联邦议会由具有同等权限的国民院和联邦院组成,是联邦的立法机构。联邦委员会是国家最高行政机构,由 7 名委员组成,分任 7 个部的部长,实行集体领导,任期四年。联邦委员会全体成员集体作为国家元首。瑞士联邦主席由 7 名委员轮流担任,对外代表瑞士,任期一年。

瑞士是高度发达的工业国。机械制造、化工、医药、高档钟表、食品加工、金融业(银行、保险)、纺织业、旅游业是瑞士的主要支柱产业。瑞士的工业技术水平先进,产品质量精良,在国际市场具有很强的竞争力。其主要出口商品是机械设备、化工产品、医药、精密仪器、钟表及食品。瑞士除 ABB、雀巢、诺华、苏尔寿等著名大公司外,绝大多数为中小企业。瑞士旅游业十分发达,是仅次于机械制造和化工医药的第三大创汇行业。瑞士的金融业发达,2013 年全国共有 283 家银行、207 家保险企业,最大城市苏黎世是国际金融中心之一,是仅次于伦敦的世界第二大黄金交易市场,是继英国、日本和美国之后的世界第四大国际金融中心,有"金融帝国"之称。钟表工业是瑞士的传统工业,一直保持世界领先地位,瑞士被称为"钟表王国"。瑞士是全球最富裕、生活水平最高的国家之一。苏黎世和日内瓦分别被列为世界上生活品质最高城市的第一名和第二名。

(七)文学、艺术

受德语、法语、意大利语和拉丁罗曼语的影响,瑞士文化也呈现出独特的多样性。

在艺术上,瑞士的日内瓦交响乐团和苏黎世音乐厅交响乐团在国内外享有一定声誉;瑞士电影发展规模虽然不大,但在其历史上也有光辉的一页。创办于1946年的瑞士洛迦诺国际电影节为期约两周,现已成为与戛纳电影节、柏林电影节地位相当的国际A类电影节,其最高奖项是"金豹奖"。

瑞士传统民间乐器有瑞士手风琴、海克布里(扬琴的一种)及单簧口琴。阿尔卑斯长号原是阿尔卑斯山区牧民召唤牧群、传递信息的工具,这种长3~4米、重4千克的木质长号已成为瑞士山区文化的代表。

二、出行须知

(一)基本常识

1. 气候

瑞士地处北温带,阿尔卑斯山由东向西伸展,形成了瑞士气候的分界线。阿尔卑斯山以北受海洋性气候和大陆性气候交替影响,气候变化较大,年平均气温为9 ℃。阿尔卑斯山以南则属地中海气候,全年气候宜人。

2. 货币

瑞士不属于欧盟国家,使用的货币为瑞士法郎。汇率:1瑞士法郎＝7.312 1人民币,1人民币＝0.136 8瑞士法郎(2019年8月30日)。

3. 时差

瑞士采用冬令时和夏令时。从3月的最后一个星期天到10月的最后一个星期天瑞士采用夏令时,瑞士比中国北京时间晚6个小时。冬令时期间,瑞士比中国北京时间晚7个小时。

4. 其他

瑞士是申根国家之一,持有申根国家签证,可在所有申根国家旅游,最长停留期限为90天。

(二)习俗和禁忌

1. 习俗

瑞士人约会讲究准时,办事追求效率,以吃苦耐劳闻名,善于理财。瑞士人行走时习惯相互礼让,与人相逢总以点头问好。他们日常一般以握手为礼,男子间相见,有时也施以拥抱礼;女子之间,也常以吻面颊为礼。在公共场合,瑞士人相互接触时,"你好""谢谢""请"一类的礼貌用语使用频繁,对妇女极为尊重,在公共场合都有"女士优先"的习惯。他们与客人对话,习惯轻声细语,讲究安静。

瑞士人性格爽快、注重感情。他们喜欢红、黄、蓝、橙、绿、紫色,以及红白相间、浓淡相间的二重色。对数字"11"备加偏爱与崇拜,视其为吉祥的数字。他们在聊天时,喜欢议论体育、旅游、政治及关于瑞士的话题。

瑞士人酷爱清洁,不但个人居室住所干净整齐,也十分注意保持公共场所的卫生,而且在城市、乡间,都绝少有乱弃废物的现象。他们也十分重视环境污染问题,因此在保护环境卫生、防止污染方面有许多严格而具体的规定。瑞士人赠花很有讲究,他们珍视火绒草,用它象征至高无上的荣誉,常将它作为最珍贵的礼物奉献给外宾,以表达友好、诚挚、崇敬之意。

瑞士人酷爱冰雪运动和水上活动,帆船、滑水和帆板在瑞士有着众多爱好者。游山玩水、文化探索和修养康复等是瑞士人旅游的主题。

2. 禁忌

瑞士人不喜欢黑色(参加宗教葬礼时穿着的颜色)。瑞士人忌讳"13"和"星期五",认为这些是令人厌恶和恐惧的,会给人们带来不幸或灾祸。他们忌讳猫头鹰,认为它会给人以刺探、欺骗、阴谋和险恶的印象。忌讳有人打听他们的年龄、工资及家庭状况,认为这些是个人的私事,不须他人过问。他们不习惯接受别人赠送 3 支红玫瑰,因为 3 支带有浪漫色彩;他们不愿看到在公共场所晒衣服,认为这样做不雅观,会影响环境的美观。他们在餐厅就餐时,不愿听到餐具相互碰撞的声响和咀嚼食物的声音,也不喜欢吃辣味过重的菜肴。

任务练习

一、情景模拟

请模拟旅行社的前台销售人员向咨询的客人介绍瑞士的基本国情、去瑞士旅行的基本常识与当地的习俗和禁忌。

二、知识检测

(一)单选题

1. 瑞士境内最大的湖泊是(　　　)。
　　A. 日内瓦湖　　　　　　　　　B. 博登湖
　　C. 卢塞恩湖　　　　　　　　　D. 苏黎世湖

2. (　　　)在两次世界大战中均保持中立,而且是联邦制的国家。
　　A. 德国　　　　　　　　　　　B. 瑞士
　　C. 英国　　　　　　　　　　　D. 法国

3. (　　　)不属于瑞士的四种官方语言之一。

    A.德语   B.法语

    C.意大利语   D.英语

4.关于瑞士的表述中不正确的有(　　)。

    A.金融帝国   B.钟表王国

    C.世界公园   D.制鞋王国

5.瑞士联邦委员会全体成员集体作为国家元首,瑞士联邦主席由(　　)名委员轮流担任。

    A.6   B.7

    C.8   D.9

6.(　　)是阿尔卑斯山区牧民召唤牧群、传递信息的工具,已经成为瑞士山区文化的代表。

    A.瑞士手风琴   B.海克布里

    C.单簧口琴   D.阿尔卑斯长号

7.关于瑞士人喜好的表述中不正确的是(　　)。

    A.珍视火绒草,喜欢"11"   B.喜欢红白相间的颜色

    C.酷爱清洁   D.忌讳乌龟

8.下列国家中(　　)使用的货币不是欧元。

    A.法国   B.德国

    C.意大利   D.瑞士

（二）填表题

人口		国花		主要宗教	
民族		国石		首都	
语言				与北京时差	
货币				国庆节	

子任务二　认识瑞士

任务描述

    模拟瑞士的地陪人员,在参观游览的过程中向中国游客提供讲解服务,从而对瑞士主要的旅游城市和著名景点、饮食习俗、旅游商品、节庆活动以及出入境旅游市场能深入了解。

任务内容

一、旅游城市和著名景点

(一)伯尔尼

伯尔尼是瑞士首都,伯尔尼州的首府。位于瑞士中部偏西,1911 年建成。伯尔尼在德语中意为"熊",其州徽、市徽皆以熊为图案。伯尔尼是瑞士传统钟表业的中心,许多世界名表都诞生于此,故也被称为"表都"。

伯尔尼旧城区保留了大量中世纪的城市面貌,有 13 世纪的钟楼、鹅卵石铺就的街道、带有拱廊的商店、叮当作响的古老电车以及鳞次栉比的钟表店等,被联合国教科文组织列入了世界文化遗产名录。还有 100 多处喷泉,联邦国会大楼,长达 6 千米的购物长廊,深受游客青睐。尤其是阶梯大教堂,有气势恢宏的《末日审判》、彩绘玻璃窗以及雕刻精美的唱诗班座席,也是到访游客必去之处。

(二)苏黎世

苏黎世是瑞士第一大城市,苏黎世州的首府。苏黎世作为世界金融和证券交易中心,也是全欧洲最富裕的城市之一,集中了 120 多家银行,享有"欧洲百万富翁都市"的称号;它还有仅次于伦敦的世界第二大黄金交易市场。苏黎世也是瑞士著名的文化教育和科研中心,有众多的图书馆和档案馆、博物馆,有近百个画廊及享有盛名的音乐厅和歌剧院、美术馆等。历史上许多名人都曾在这里定居过,如大文豪歌德、音乐家瓦格纳、科学家爱因斯坦、革命家列宁等。国际足球联合会总部也设在苏黎世。苏黎世连续多年被评为世界上"最宜居城市"之一。苏黎世湖畔的格罗斯大教堂、圣彼得大教堂、圣母教堂是苏黎世城的重要标志。班霍夫大街是和巴黎香榭丽舍大街齐名的商业街,云集着世界著名的银行和证券交易所,有"瑞士华尔街"之称,还有瑞士国家博物馆等著名景点。

(三)日内瓦

日内瓦是瑞士第二大城市,位于西欧最大的湖泊日内瓦湖畔。日内瓦通用法语,英语也很普及。日内瓦是继纽约之后联合国机构和国际组织最多的城市,亨利·杜南于 1859 年在日内瓦创立国际红十字会,此后,联合国驻欧洲总部、世界卫生组织、世贸组织等 150 多个世界性机构的总部陆续设立于日内瓦。日内瓦是个重要的国际性城市,因此被誉为"国际会议之城"。日内瓦湖上 140 米高的大喷泉是日内瓦的象征。罗讷河横贯市中心,河中的卢梭岛上竖立着卢梭铜像。日内瓦的著名景点有万国宫、莱蒙湖、花钟、国际红十字会和红新月博物馆等。

1. 万国宫

万国宫是联合国驻日内瓦办事处所在地,又称联合国欧洲总部,位于日内瓦莱蒙湖畔的阿丽亚娜公园内,由四组宏伟的建筑群组成。中央是大会厅,北侧是图书馆和新楼,南侧是理事会厅,总占地面积为2.5平方千米。各成员国均捐献了各种装饰物和陈设物品,真正体现了万国宫建筑的"万国"特色。

2. 莱蒙湖(日内瓦湖)

莱蒙湖位于日内瓦东北,是阿尔卑斯山区最大的湖泊,平均水深150米,湖泊形似新月,瑞士、法国各占一半。湛蓝的湖水终年不冻,湖中还有一座高达140余米的人工喷泉,堪称日内瓦的象征。

(四)卢塞恩

卢塞恩(又译为"琉森")处在瑞士的中部,是卢塞恩州的首府,属于德语区。卢塞恩是一个湖光山色相互映衬的小城,并完好地保存了中世纪的风貌,是瑞士最美丽的城市之一。无数文人墨客和艺术家们在此流连忘返,并得到了无穷的灵感:文学家大仲马、音乐家瓦格纳对它如痴如醉;一代佳人奥黛丽·赫本在这里定居;维克多·雨果曾多次来到卢塞恩,他所居住的小楼至今仍完整地保存着。卡佩尔廊桥和八角水塔是卢塞恩的地标,此外还有狮子纪念碑、布巴基大壁画、冰川公园等著名景点。

1. 卡佩尔廊桥和八角水塔

卡佩尔廊桥又叫教堂桥,是卢塞恩的标志,始建于1333年,也是欧洲最古老的有顶木桥,桥的横梁上绘有120幅宗教油画,描绘了当年黑死病流行景象。这座桥横跨罗伊斯河,桥身中央有一个八角形的水塔,建造于公元1300年前后,水塔的中间层是卢塞恩火炮协会总部所在地。

2. 狮子纪念碑

狮子纪念碑是世界最有名的雕像之一,1821年由丹麦雕塑家雕刻在天然岩石上。一支箭深深地插进了濒临死亡的雄狮背上,狮子面露痛苦的神情,前爪按盾牌和长矛,盾牌上有瑞士国徽。这座雕像是为了纪念1792年8月10日,为保护巴黎杜伊勒里宫中的路易十六家族的安全,全部战死的786名瑞士雇佣兵而建的。这次事件之后,瑞士停止出口雇佣兵,仅留下在梵蒂冈为天主教廷服务的近卫军,一直服务到现在。后来,美国作家马克·吐温来到卢塞恩,将《濒死的卢塞恩狮子》誉为"世界上最悲壮和最感人的雕像"。

(五)洛桑

洛桑是瑞士第二大讲法语的城市,位于日内瓦湖北岸。它是瑞士联邦沃州和洛桑区首府。国际奥林匹克委员会从1915年起开始设在洛桑,因此洛桑也被称为"奥林匹克的首都"。洛桑是瑞士文化和人才中心,这里的酒店学校和芭蕾舞"洛桑奖"都闻名于世。洛桑的主要景点有奥林匹克博物馆等。

奥林匹克博物馆坐落在瑞士洛桑的奥林匹克公园内,毗邻国际奥委会总部。1993年对外开放,是世界上最大的记录奥林匹克运动发展史的博物馆。馆内陈列着首届古代奥运会举办地奥林匹亚山的模型,首届现代奥运会的纪念金币,还有顾拜旦的生平照片、著作,1936年以后历届奥运会使用过的火炬等。

(六)其他景点

1. 西庸古堡

西庸古堡是一座雄伟的中世纪水上城堡,位于沃州蒙特勒附近的日内瓦湖畔。古堡于11—13世纪大规模扩建,基本形成现在人们看到的集军事防御、仓储、牢狱等功能于一体的封闭式封建古堡。由于它扼守着阿尔卑斯山的咽喉要道,地理位置十分重要,历代统治者为了控制军事意义重大的南北通道在此驻兵把守,使得西庸古堡成为一座极具代表性的中世纪防御要塞,也因英国诗人拜伦的著作《西庸的囚徒》而闻名于世。

2. 拉沃的梯田式葡萄园

拉沃的梯田式葡萄园是瑞士著名的葡萄酒产地,距今已有800多年的历史。2007年6月28日,第31届世界遗产大会将其列入世界文化遗产名录。

二、饮食习俗

瑞士人以喜食牛肉、奶酪、巧克力、速溶咖啡和浓缩食品而闻名。瑞士的葡萄酒、奶酪、巧克力等在世界上享有极大的声誉。

到瑞士不可错过的美食有奶酪火锅、芝士火锅、烤香肠、瑞士湖鱼、巴塞尔式烤汤粉、奶油蘑菇鸡酥皮盒、玉米粥和炖牛肉、伯尔尼式榛子姜汁饼、肉馅饼等。辛辣的拉可雷特芝士和奶酪火锅并称瑞士的国菜,瑞士版的土豆糊或土豆煎饼也是瑞士的国菜之一。瑞士的德语区、法语区、意大利语区有各自的饮食文化,饮食习惯也不尽相同,而苏黎世小牛肉却是各个地区都风行的特色菜。圣加仑小牛肉香肠是瑞士烧烤野餐、宗教庆典和其他节日餐桌上不可或缺的。瑞士人普遍能饮酒,如葡萄酒、啤酒等。

三、旅游商品

1. 钟表

自1587年在日内瓦开始生产手表起,瑞士一直保持着在世界钟表业的领先地位。瑞士手表产量约占据世界市场40%的份额。瑞士表以加工精细、造型优美、款式新颖、时间精准、价格昂贵而闻名于世。高品质的瑞士表不仅是身份的象征,也具有收藏价值。中国人耳熟能详的品牌有帝陀、劳力士、欧米茄、浪琴、雷达、天梭等,顶级的百达翡丽、江诗丹顿、伯爵、爱彼等品牌也逐渐被更多的人购买收藏。

2. 军刀

瑞士军刀又常称为瑞士刀或万用刀,是集剪刀、平口刀、开罐器、螺丝起子和镊子等许多工具于一身的折叠小刀。瑞士军刀的创制者是卡尔·埃尔森纳。这种刀具的功能非常多,最多的甚至有 40 多种功能,其设计也很精美,逐渐成为世界各国士兵的必备装备,也成了大众喜爱的收藏品。

3. 巧克力

除了钟表和军刀外,瑞士的巧克力也是大众喜爱的商品。瑞士人达尼尔·彼德于 1875 年发明了牛奶巧克力的制作方法。瑞士的巧克力种类繁多,味道各异。瑞士最有名的巧克力就是"瑞士莲"巧克力。

四、节庆活动

瑞士的重要节日有:国庆节(8 月 1 日)、圣诞节(12 月 25 日)。此外,还有伯尔尼洋葱节、纳沙泰尔的葡萄酒节等有特色的节日。

1. 伯尔尼洋葱节

伯尔尼洋葱节是瑞士规模最大的洋葱节,每年 11 月第四个星期一举行。首都附近的农民把洋葱编成串出售,最长的洋葱串近两米。洋葱还被制作成形态各异的工艺品,有马蹄、车轮形,还有"洋葱娃娃""读报老太"等各种造型,其中"洋葱猪""洋葱猫""洋葱昆虫"最受欢迎。

在洋葱节上,孩子们相互抛撒彩色纸屑,并向游客扔彩色纸屑,还用塑料锤敲打游客。洋葱节集市上还有洋葱系列美食展示,游客可以品尝洋葱汤、洋葱饼,喝用葡萄酒熬的热汤。

2. 纳沙泰尔的葡萄酒节

在纳沙泰尔州,每年 9 月底举行为期三天的葡萄酒节,是瑞士最大的葡萄酒节。庆祝活动中,最引人注目的是花车游行。在游行列队中,有牛车和其他动物,还有人扮演的酒神。在纳沙泰尔葡萄酒节上,赢得选美前三名的姑娘们参加巡游表演。

五、旅游市场

根据瑞士酒店业统计数据显示,2018 年 5—10 月期间在瑞登记入住人数为 2 200 万人次。与 2017 年同期相比,增加了 3.1%。其中,外国游客过夜住宿总计 1 250 万人次,同比增长 3.6%;瑞士本国游客过夜住宿总计 950 万人次,同比增长 2.4%。中国游客过夜住宿同比增长了 8.1%,但是中国游客平均一人次住 1.3 夜,低于平均水平。

中国已成为瑞士第四大旅游客源国。2015 年中国赴瑞游客人数达到了创纪录的 136 万人次。

知识拓展

阿尔卑斯山

阿尔卑斯山脉是欧洲最高的山脉,西起法国东南部的尼斯附近地中海海岸,呈弧形向北、东延伸,经意大利北部、瑞士、列支敦士登、德国西南部,东止奥地利的维也纳盆地,绵延1 200千米,宽度为130~260千米,平均海拔约3 000米,总面积大约为22万平方千米。其中有82座山峰海拔超过4 000米。虽然阿尔卑斯山脉经过6个国家的部分地区,但主要分布在瑞士和奥地利国境内。

去瑞士旅游不可能绕开阿尔卑斯山,甚至有行家说"瑞士旅游就是从一个山头到另一个山头"。瑞士境内有皮拉图斯山、少女峰、铁力士山、马特洪峰等知名山峰和终年不化的冰河,是冰雪运动的胜地、探险者的乐园。

任务练习

一、情景模拟

模拟瑞士的地陪人员,在参观游览的过程中向中国游客提供讲解服务,从而对瑞士主要的旅游城市和著名景点、饮食习俗、旅游商品、节庆活动以及出入境旅游市场能深入了解。

二、知识检测

单选题

1. 关于瑞士旅游城市的表述中不正确的是(　　)。
   A. 位于伯尔尼的狮子纪念碑被誉为"世界上最悲壮和最感人的雕像"
   B. 苏黎世是世界金融和证券交易中心,也是全欧洲最富裕的城市之一
   C. 日内瓦是瑞士境内国际化程度最高的城市,是继纽约之后联合国机构和国际
      组织最多的城市
   D. 奥林匹克博物馆坐落在洛桑的奥林匹克公园内
2. (　　)是瑞士传统钟表业的中心,被称为"表都",熊是该城的城徽。
   A. 日内瓦　　　　　B. 伯尔尼　　　　　C. 苏黎世　　　　　D. 卢塞恩
3. 11月第四个星期一,你可以在(　　)感受瑞士规模最大的洋葱节。

    A 日内瓦   B. 伯尔尼   C. 苏黎世   D. 卢塞恩

4.（   ）不是瑞士的特色商品。

    A. 军刀和钟表   B. 钟表和八音盒

    C. 巧克力和军刀   D. 雀巢咖啡和玻璃器皿

5. 瑞士的很多美食在世界上享有极大的声誉，不包括（   ）。

    A. 葡萄酒和奶酪   B. 巧克力和苏黎世小牛肉

    C. 土豆饼和芝士火锅   D. 比萨和意粉

任务六 ● 意大利

子任务一　了解意大利

任务描述

　　模拟中国某旅行社的领队，向参加了该旅行社意大利旅行团的游客召开出境说明会，初步了解去意大利旅行的基本常识、习俗和禁忌、饮食习俗、旅游商品以及当地特色的节庆活动。

任务内容

一、出行须知

（一）基本常识

1. 气候

　　意大利大部分地区属于亚热带地中海气候，冬季温暖多雨，夏季炎热干燥，1 月平均气温为 2～10 ℃，7 月为 23～26 ℃。这种气候特别适宜葡萄和亚热带果树的生长，也为旅游业的发展提供了有利条件。北部地区属于温带大陆性气候，阿尔卑斯山区的气候呈垂直变化。

2. 货币

　　意大利境内流通欧元。汇率：1 欧元 = 7.940 7 人民币，1 人民币 = 0.125 9 欧元（2019 年 8 月 30 日）。

3. 时差

意大利采用夏令时及冬令时。3 月最后一个星期天到 10 月最后一个星期天实行夏时制,意大利比中国北京时间晚 6 个小时;冬令时期间,意大利比中国北京时间晚 7 个小时。

4. 其他

意大利也是"申根国家"之一,可在所有申根国家旅游,最长停留期限为 90 天。

(二)习俗和禁忌

1. 习俗

意大利主要风俗习惯与其他西方国家无显著区别。意大利人待人热情,注重公共场合的文明礼貌,与宾客见面时常握手,亲朋好友久别重逢会热情拥抱,处处女士优先。意大利人作息习惯是晚起晚睡,午餐一般在 1 点 30 分钟左右,晚餐在 8、9 点钟。每天工作时间不长,午休时间却很长。意大利人时间观念不强,特别是出席宴会、招待会等活动时常常失约或晚点。赴家宴要携带礼物送给主人,礼物不在贵重,但讲究包装,主人会当面打开礼物表示赞赏之情。

2. 禁忌

意大利人喜欢绿色和灰色,忌讳紫色。意大利人忌讳"13"和"星期五"。忌讳菊花,他们把它视为"丧花"。给意大利人送鲜花要送单数,但不宜送 13 朵,也不宜给一般的女性送红玫瑰。忌讳用手帕作为礼品送人,他们认为手帕是一种令人悲伤的东西。意大利人忌讳用一根火柴给 3 个人点烟。如果四个人站在一起,应避免交叉握手,形成"十"字架形,他们被认为不吉利。在意大利参加宴请活动或到朋友家做客时,在喝饮料、酒水、菜汤和吃面条时尽量不要发出声音。在意大利交际场合,忌讳用手指抠鼻子和挖耳朵。

二、饮食习俗

意大利菜讲究原汁原味,对烹饪火候极为讲究,以味浓著称,烹调方法以炒、煎、红烩、红焖为主。烹煮过程爱用橄榄油、黑橄榄、干白酪、香料、柠檬汁、番茄和醋调味。意大利菜肴鲜嫩香浓,精美可口的面食、奶酪、火腿和葡萄酒名扬世界,巴马火腿、芝士焗蟹盖、托斯卡那羊排、炖羊肉、烤龙虾、佛罗伦萨西冷扒等菜肴也广受欢迎。源于那不勒斯的意大利烤饼"比萨"风靡全球;最接近中国人饮食习惯的意大利面,也叫意粉,据说至少有 500 余种;意大利还是冰淇凌的发源地;用芝士作为烹饪用料也是意大利人始创的。意大利人爱喝酒,每人年均喝葡萄酒达 120 升之多,居世界第一位,在各种宴会上,每上一道菜都要换一种酒。意大利人还喜欢喝咖啡。

三、旅游商品

意大利的橄榄油、时装、葡萄酒、皮具、威尼斯面具、威尼斯吹制玻璃器皿都是世界上闻名的旅游商品。

1. 橄榄油

橄榄油因其天然的保健和美容功效在西方被誉为"液体黄金""植物油皇后",西班牙、意大利、希腊为世界三大橄榄油生产国和出口国。意大利的橄榄油产量仅次于西班牙,居世界第二位,但却是最大的橄榄油出口国和消费国。

2. 时装

意大利米兰是与法国巴黎齐名的时装中心,但是在服装的面料、设计、款式以及手工方面,米兰更胜一筹。米兰著名的品牌有阿玛尼和范思哲,作为品牌设计师,范思哲被美国《时代》杂志给予了很高的评价,被誉为"结合了时尚与艺术的设计师"。

3. 葡萄酒

意大利葡萄酒的产量和出口量均居世界首位。意大利酿酒的历史有 3 000 年之久,被古希腊人誉为"葡萄酒之国"。利古里亚、佛罗伦萨生产的高档葡萄酒在全世界享有盛誉。

4. 皮具

意大利皮具因为它一贯的高品质在欧洲乃至全世界享有盛誉,著名品牌有古驰、普拉达、阿玛尼、华伦天奴、芬迪等。

5. 威尼斯面具

威尼斯的面具文化在欧洲文明中别具一格,威尼斯面具是威尼斯狂欢节必不可少的道具之一,它和华丽的服饰一起构成狂欢节上一道美丽的风景。18 世纪以前,面具就融入当地百姓的日常生活中,当时居民外出,不论男女,都要戴上面具、披上斗篷。

6. 威尼斯吹制玻璃器皿

西罗马帝国灭亡后,地中海东部和中东地区的玻璃制造技术经难民带到威尼斯。l5 世纪以来,威尼斯逐渐成为欧洲最著名的玻璃生产基地。威尼斯玻璃工厂集中在穆拉诺岛上,所有玻璃制品均为手工制造,出产的玻璃器皿质地和色泽都可以与天然水晶媲美。

四、节庆活动

意大利重要节日有:元旦(1 月 1 日);主显节(1 月 6 日);复活节(春分后第一次月圆之后的第一个星期日);解放日(4 月 25 日);国庆日(6 月 2 日);圣母升天节(8 月15 日);万圣节(11 月 1 日);胜利日(11 月 4 日);圣诞节(12 月 25 日)。

1. 威尼斯狂欢节

威尼斯狂欢节起源于西元 11 世纪,18 世纪间蔚为风尚,工业革命后一度没落。威尼斯狂欢节作为意大利历史最悠久的狂欢节之一,每年都吸引着来自世界各地的人们参与其中。精致的面具、华丽的服饰,是威尼斯狂欢节中最大的亮点。威尼斯狂欢节与巴西嘉年华及法国尼斯嘉年华并列为世界 3 大嘉年华。威尼斯狂欢节一般在二月初到三月初之间举办。

2. 威尼斯电影节

威尼斯电影节创办于 1932 年,是世界上第一个国际电影节,号称"国际电影节之父"。其每年 8—9 月间举办,最高奖项是金狮奖。

任务练习

一、情景模拟

在出境说明会上应该介绍哪些内容? 将学生分为几个组,分别准备出境说明会的 PPT 和讲稿,模拟某旅行社的领队,向参加了该旅行社意大利旅行团的游客召开出境说明会。

二、知识检测

单选题

1. 下列国家中不是申根成员国的是(   )。
   A. 英国　　　　　　 B. 法国　　　　　　 C. 意大利　　　　　　 D. 德国
2. 关于意大利禁忌的叙述中不正确的是(   )。
   A. 意大利人喜欢绿色和灰色,忌讳紫色
   B. 给一般的女性送红玫瑰比较适宜
   C. 送鲜花要送单数,但不宜送 13 朵,也忌讳送菊花
   D. 忌讳用手帕作为礼物送人
3. 关于意大利的饮食习惯的表述中不正确的是(   )。
   A. 意大利的比萨、意粉等面食,奶酪,火腿和葡萄酒名扬世界
   B. 意大利的菜肴常用橄榄油、黑橄榄、柠檬汁等调味
   C. 意大利人特别爱喝啤酒和咖啡,人均消费量居于世界前列
   D. 意大利是冰淇凌的发源地,将芝士作为烹饪用料也是意大利人始创的
4. 如果你在意大利旅行,你可能会购买的当地特色商品中不包括(   )。

A. 皮具和吹制玻璃器皿   B. 葡萄酒和橄榄油

C. 面具和米兰时装   D. 化妆品和香水

5. 如果你 2 月初到 3 月初之间到威尼斯旅行,你可能会巧遇(   )。

A. 威尼斯电影节   B. 各种戴着面具的市民

C. 吹着风笛的市民   D. 吹着阿尔卑斯长号的市民

子任务二 感知意大利

任务描述

　　模拟意大利的地陪人员,在机场接机,并向中国游客致欢迎辞,在送客人回酒店途中向中国游客介绍意大利的基本国情,以进一步了解意大利的地理、历史、民族与宗教、国旗与国徽、行政区划、政治与经济、文学艺术等知识。

任务内容

一、地理环境

　　意大利位于欧洲南部,包括亚平宁半岛及西西里岛、撒丁岛等岛屿,面积约为 30.13 万平方千米。北以阿尔卑斯山为屏障,与法国、瑞士、奥地利和斯洛文尼亚接壤,东、西、南三面被亚得里亚海、爱奥尼亚海、第勒尼安海环绕,境内还有两个主权袖珍国——梵蒂冈和圣马力诺共和国。意大利地理位置十分重要,是欧洲的南大门,也是沟通欧、亚、非三大陆的纽带和桥梁。

　　意大利地形宛如一只靴子插入地中海,被称为"靴国"。意大利全境 4/5 的国土为山地,地震频繁,火山活跃。阿尔卑斯山脉横贯北部,意法边境的勃朗峰海拔为 4 810 米,为欧洲第二高峰。亚平宁山脉斜贯亚平宁半岛,半岛上还有著名的维苏威火山和欧洲最大的活火山——埃特纳火山。波河是意大利最大的河流,波河平原土壤肥沃,是意大利最发达的工农业区。意大利较大的湖泊有加尔达湖、马焦雷湖等。

二、发展简史

　　公元前 2000 年,古意大利部落就居住于此。公元前 754 年,罗马人建成罗马城,经历了罗马共和国(前 509—前 28 年)和罗马帝国(前 27—476 年),962 年受神圣罗马帝国统治。11 世纪,诺曼人入侵南部并建立王国,12—13 世纪分裂成许多王国、公国、自治城市和小封建领地,16 世纪起先后被法国、西班牙、奥地利占领。1861 年建立意大利王国,1870 年王国军队攻克罗马,最终完成统一。此后,意大利同其他欧洲列强一样进行殖民主义扩张,1922—1943 年墨索里尼上台,推行法西斯统治,与德国、日本建立了法西斯轴心国,一起发动了第二次世界大战。1940 年意大利向英、法宣战,1943 年 9 月无条件投降。1946 年 6 月 2 日成立意大利共和国,废除君主制。

三、民族、宗教

意大利约有人口 6 080 万(2018 年 6 月),主要是意大利人,还有少数法兰西人、加泰隆人、弗留里人、拉丁人等。国民通常讲意大利语,个别地区讲法语、德语和斯洛文尼亚语。意大利语同时还是圣马力诺和梵蒂冈的官方语言,是瑞士的四种正式语言之一。意大利大部分居民信奉天主教,还有少数居民信奉基督教新教、犹太教、伊斯兰教等。

四、国旗、国徽

意大利全称为"意大利共和国"。意大利国旗呈长方形,旗面由三个平行且相等的竖长方形相连构成,从左至右依次为绿、白、红三色。意大利国徽呈圆形。中心图案是一个带红边的五角星,象征意大利共和国;五角星背后是一个大齿轮,象征劳动者;齿轮周围由橄榄枝叶和橡树叶环绕,象征和平与强盛。底部的红色绶带上用意大利文写着"意大利共和国"。意大利的国花是雏菊,国石是珊瑚。

五、行政区划

意大利全国划分为 20 个行政区,101 个省,8 001 个市镇。20 个行政区包括 15 个普通自治行政区:皮埃蒙特、伦巴第、威内托、利古里亚、艾米利亚-罗马涅、托斯卡纳、翁布里亚、拉齐奥、马尔凯、阿布鲁佐、莫利塞、坎帕尼亚、普利亚、巴西利卡塔、卡拉布里亚,以及 5 个特别自治行政区:瓦莱·达奥斯塔、特伦蒂诺-上阿迪杰、弗留利-威尼斯·朱利亚、西西里岛及撒丁岛。

六、政治、经济

意大利实行议会共和制。总统为国家元首和武装部队统帅,代表国家的统一,由参、众两院联席会议选出。总理行使管理国家的职权,由总统任命,对议会负责。

意大利是发达工业国,同时也是欧洲第四大、世界第八大经济体。意大利的中小企业发展迅速,被誉为"中小企业王国",中小企业数量占企业总数的 99.8% 以上。意大利的地区经济发展不平衡,北方工商业发达,南方以农业为主,经济较为落后。意大利的实体经济发达,是欧盟内仅次于德国的第二大制造业强国。意大利的中小企业专业化程度高,适应能力强,传统产业以出口为导向,在制革、制鞋、服装、纺织、家具、厨卫、瓷砖、丝绸、首饰、酿酒、大理石开采及机械工业等领域具有较强的国际竞争力。意大利也是欧盟内仅次于法国的第二大农业国,农产品质量享誉世界,有239种农产品获得欧盟最高认证,是欧盟国家中拥有该级别认证最多的国家。2010年,意大利葡萄酒产量超过法国,成为世界最大的葡萄酒生产国,主要出口德国、美国和英国。意大利的旅游业发达,是世界第五大旅游国。

七、文学、艺术

古罗马文化是世界古典文化中的瑰宝,它继承了古希腊的文化,在哲学、文学、建筑、雕刻、绘画等方面,为全人类创造了巨大的精神财富。13—16世纪,意大利文艺空前繁荣,成为欧洲文艺复兴运动的发源地,后扩大到法国、德国、英国等其他欧洲国家。当时意大利在文学、诗歌、建筑、绘画、雕刻、音乐等方面取得了突出的成就。诗人但丁和作家薄伽丘是意大利文学的奠基人,也是文艺复兴运动的先驱。文艺复兴的鼎盛时期涌现了一批最为杰出的艺术大师,如达·芬奇、米开朗琪罗、拉斐尔、提香、桑德罗·波提切利等。这些文化名人和艺术巨匠给世人留下了宝贵的精神财富:如但丁·阿利格里的《神曲》;乔万尼·薄伽丘的《十日谈》;波提切利的绘画《维纳斯的诞生》和《春》;达·芬奇的壁画《最后的晚餐》、祭坛画《岩间圣母》和肖像画《蒙娜丽莎》;米开朗琪罗最知名的雕塑作品《大卫》《哀悼基督》,最著名的绘画作品《创世纪》天顶画和《最后的审判》壁画都绘制于梵蒂冈西斯廷教堂;拉菲尔·桑齐奥的绘画《雅典学院》和祭坛画《西斯廷圣母》。达·芬奇、米开朗琪罗与拉斐尔一起被列为文艺复兴的"美术三杰"。

意大利是歌剧艺术的故乡。17世纪,歌剧诞生于意大利,佛罗伦萨、罗马、威尼斯和那不勒斯先后成为意大利歌剧艺术的中心,故意大利拥有许多世界闻名的歌剧院,如米兰的斯卡拉歌剧院等。

任务练习

一、情景模拟

请你模拟意大利的地陪人员,在机场接机,并向中国游客致欢迎辞,送客人回酒店途中向中国游客介绍意大利的基本国情以及行程安排。

二、知识检测

（一）单选题

1. 关于意大利地理环境的叙述中不正确的是（　　　）。
   A. 领土包括亚平宁半岛及西西里岛、撒丁岛等岛屿
   B. 疆域形状酷似长筒靴
   C. 火山活跃，有著名的维苏威火山和埃特纳火山
   D. 境内有梵蒂冈教皇国和摩纳哥公国两个袖珍国

2. 关于意大利历史的叙述中不正确的是（　　　）。
   A. 曾经是罗马共和国和罗马帝国的中心
   B. 受神圣罗马帝国的统治
   C. 1870 年完成统一
   D. 1922—1943 年希特勒上台推行法西斯统治

3. 意大利和法国一样大部分居民信奉（　　　）。
   A. 天主教　　　　　　　　　　B. 基督教新教
   C. 犹太教　　　　　　　　　　D. 伊斯兰教

4. 意大利的国旗由三个竖长方形相连构成，从左至右依次为（　　　）三色。
   A. 绿、白、红　　　　　　　　B. 蓝、白、红
   C. 黑、红、黄　　　　　　　　D. 白、蓝、红

5. 关于意大利经济的叙述中不正确的有（　　　）。
   A. 中小企业发达，被誉为"中小企业王国"
   B. 地区经济发展不平衡，北方工商业发达，南方经济较为落后
   C. 被誉为"制鞋王国"
   D. 意大利是欧盟内最大的农业国

（二）填表题

人口		国花		主要宗教	
民族		国石		首都	
语言				与北京时差	
货币				国庆节	

子任务三 认识意大利

任务描述

模拟意大利的地陪人员,在参观游览的过程中向中国游客提供景点讲解服务,从而加深对意大利主要的旅游城市和著名景点、意大利的出入境旅游市场的了解。

任务内容

一、旅游城市和著名景点

作为古罗马帝国的中心,意大利的人文旅游资源丰富,有罗马、佛罗伦萨、米兰、威尼斯等众多的历史文化名城。截至 2018 年年底,意大利的世界遗产有 54 项,位居世界首位。意大利保存有古罗马时期、中世纪及文艺复兴时期的罗马式、拜占庭式、哥特式古建筑及雕塑等艺术珍品。意大利作为歌剧的故乡,意大利拥有为数众多的歌剧院,如闻名世界的米兰斯卡拉歌剧院。

意大利旅游宣传片

(一)罗马

罗马是意大利的首都和最大城市,是全国政治、经济、文化和交通中心,也是古罗马的发源地,拥有 2 700 余年历史的文化名城,因它建在 7 座山丘之上,被称为"七丘之城""永恒之城"。罗马以"母狼哺婴"图案为市徽,以其雕塑多、教堂多和喷泉多而闻名世界。占城区面积40%的古罗马城遗迹宛如一座露天历史博物馆,矗立着斗兽场、凯旋门、万神庙、帝国元老院等世界闻名的古迹,罗马天主教教廷所在地梵蒂冈位于古城区西北角,还有文艺复兴时期的许多精美建筑和米开朗琪罗、拉斐尔、达·芬奇等艺术大师的伟大杰作。1980 年,罗马古城历史中心被联合国教科文组织列入世界文化遗产名录。

1. 斗兽场

斗兽场是古罗马时期最大的圆形角斗场,位于罗马市中心。72 年,为庆祝征服耶路撒冷的胜利,维斯巴西安皇帝强迫 8 万名犹太俘房修建斗兽场,主要用途是斗兽和角斗士角斗,它是古罗马帝国的标志性建筑之一。这座高为 57 米、直径为 188 米、周长为 527 米的椭圆形建筑占地约为 2 万平方米,相当于一座 19 层楼房的高度,可容纳 6 万多人。整个建筑分为四层,底部三层为连拱式,每层 80 个拱。如今虽然只剩下断壁残垣,每年却依然吸引着近 500 万的旅游者前来参观。

2. 万神庙

万神庙位于罗马圆形广场的北部,是保存最完整的古罗马帝国时期的建筑,它的历史比竞技场还要早一百多年,与斗兽场和地下墓穴并称为"罗马三大古迹",于公元前27年—前25年为纪念奥古斯都皇帝远征埃及的战功而建造的。穹顶直径为9米的天窗是内部唯一的光线来源,表现了古罗马建筑师高超的建筑技术,米开朗琪罗称之为"天使的设计"。万神殿是用来供奉主要神祇的寺庙,609年改为天主教堂。意大利实现统一后,万神殿修建了国王和一些历史文化名人的陵墓,其中最重要的人物是拉斐尔。

3. 古罗马市场

古罗马市场即古罗马废墟,也称罗马诺广场,位于威尼斯广场和斗兽场之间,是以前古罗马帝国的政治、经济、文化和宗教活动中心。虽然现在只剩下废墟,当年却是元老院、法庭、宫殿、庙宇及凯旋门的所在地。1983年,古罗马废墟被联合国教科文组织列入世界文化遗产名录。

4. 威尼斯广场

威尼斯广场是罗马旧城的中心,也是罗马旅游景点最集中的地方,因旁边的威尼斯宫而得名。广场上有建于1455年的艾玛努埃莱二世的骑马雕塑以及无名烈士墓。意大利人称威尼斯广场为"祖国祭坛",意大利总统就职及接见外国元首等重大活动都在此举行,其被视为国家独立和统一的象征。

5. 西班牙广场

西班牙广场位于罗马市中心,因17世纪西班牙驻梵蒂冈大使馆所在地而得名,历史上其曾经是许多作家、诗人、音乐家、画家聚会的场所,也是李斯特、拜伦、歌德、巴尔扎克、司汤达等名人的栖居之地。广场的主要名胜是长达137级的"三位一体山石阶",是由德·桑蒂斯于1722年设计的。电影《罗马假日》使这个阶梯闻名世界。

6. 许愿池

许愿池又名"特雷维喷泉",位于三条街的交叉口。罗马有"喷泉之都"的美誉,全市有喷泉1 300多个,其中最有名气的就是许愿池,因电影《罗马假日》而闻名于世。许愿池建于1730—1762年,是尼科拉·萨尔维所设计的一座巴洛克式的群雕,以波里公爵的楼房为依托,表现了"海神得胜"的景象。海神的上方有一幅少女浮雕,因此该泉也被称为"少女泉"或"童贞之水"。许多游人到此都会背向喷泉朝池中投入一枚硬币,据说可以心想事成。

(二)佛罗伦萨

佛罗伦萨是意大利的文化首都,因美第奇家族的赞助而使该城市成为文艺复兴的发源地。许多艺术家在此成名,波提切利、达·芬奇、米开朗琪罗、提香、拉斐尔等艺术家创作了大量的建筑、雕塑和绘画作品,使佛罗伦萨成为当时欧洲的文化艺术和思想中心。那个伟大的时代给这座城市打上了深深的烙印,整个城市至今都保留着文艺复兴时期的风貌,有众多的博物馆、美术馆、宫殿及风格各异的教堂,收藏了大量的艺术珍品和珍贵文物,被誉为"西方雅典"。佛罗伦萨的主要景点有圣母百花大教堂、老桥、乌菲齐美术馆、市政广场、米开朗琪罗广场等。

1. 圣母百花大教堂

圣母百花大教堂,即杜奥莫大教堂,始建于 1296 年,为罗马式建筑,建有橘红色大圆顶,外墙上饰以白、红、绿三种颜色的大理石拼接成的各种几何图案,是文艺复兴时期第一座伟大建筑,仅次于梵蒂冈的圣彼得大教堂和伦敦的圣保罗教堂,为世界四大圆顶教堂之一。

2. 老桥

老桥,又称韦基奥桥,是乔托的弟子哥第设计的,建于 1345 年,是佛罗伦萨最古老的一座桥,因此被称为旧桥或老桥。14 世纪以来,桥上有许多店铺经营金银首饰,因此也被称为"黄金大桥"或"商业大桥"。

3. 乌菲齐美术馆

乌菲齐美术馆是意大利最大的博物馆,也是世界上最大的艺术博物馆之一,拥有大量 14—18 世纪的意大利绘画与雕刻艺术品,珍藏了拉斐尔、提香、米开朗琪罗等人的杰作,堪称意大利文艺复兴的艺术殿堂,可以与法国巴黎的卢浮宫相媲美。

(三)威尼斯

威尼斯位于意大利东北部的亚得里亚海滨,建在 118 个小岛上,岛与岛之间由400 余座桥梁相连,被誉为"水上城市",整个城市只靠一条长堤与大陆半岛连接,是世界著名旅行家马可·波罗的故乡。城市的主要交通工具是一种叫作"贡多拉"的小船。城市始建于 453 年,14—15 世纪为威尼斯全盛时期,曾是意大利最强大和最富有的海上共和国。文艺复兴时期,威尼斯是继佛罗伦萨和罗马之后的第三个中心。1932 年,威尼斯又创办了世界上第一个电影节——威尼斯电影节。威尼斯著名的景点有:圣马可广场、圣马可大教堂、里亚托桥、叹息桥等。

1. 圣马可广场

圣马可广场是威尼斯的市中心,也是各种传统节庆活动的中心,总面积约 1 万平方米,呈梯形,拿破仑称它是"世界上最美的广场"。广场四周被宏伟壮丽的宫殿建筑环绕,东面矗立着高 98.6 米的圣马可钟楼和圣马可教堂,西面是总督宫和圣马可图书馆。总督宫外部用粉红色和白色的大理石砌成,是威尼斯国家元首的府第,也是大议会和政府的所在地。

2. 圣马可大教堂

圣马可大教堂位于威尼斯市中心的圣马可广场上,因埋葬有耶稣门徒《新约·马可福音》的作者圣马可而得名。圣马可被威尼斯人奉为保护神,其坐骑是一只带翼的狮子,为威尼斯的城徽。圣马可大教堂是第四次十字军东征的出发地,曾是中世纪欧洲最大的教堂。始建于 829 年,重建于 1043—1071 年,是聚集了东方拜占庭艺术、古罗马艺术、中世纪哥特式艺术和文艺复兴艺术等各种艺术形式的结合体。教堂有五个大圆顶,是典型的东方拜占庭建筑。

3. 里亚托桥

威尼斯有 400 多座桥,以火车站通往市中心的里亚托桥最出名。它又名商业桥,是威尼斯的象征。桥身全部用白色大理石筑成,大桥长 48 米,宽 22 米,离水面 7 米高,建于 1580—1592 年,由安东尼奥·庞特设计。桥中央是一个造型优美的亭阁,大桥本身就如同一件精致的艺术品,在世界上的知名度很高。莎士比亚的名剧《威尼斯商人》就是以这里为背景而创作的。

(四)米兰

米兰是意大利第二大城市、工商业和金融中心,有"经济首都"之称。城市始建于公元前 4 世纪,395 年为西罗马帝国的首都,1859 年并入意大利。文艺复兴时期,达·芬奇长期居住于此,他的杰作《最后的晚餐》就位于米兰的圣玛利亚感恩教堂。米兰主要景点有:米兰大教堂、圣玛利亚感恩教堂和修道院、斯卡拉剧院、埃玛努埃二世长廊、五日广场等。

1. 米兰大教堂

米兰大教堂位于米兰市中心,是世界上最大的哥特式教堂,属世界五大教堂之一,规模居世界第二,仅次于梵蒂冈的圣彼得大教堂,是米兰的象征。米兰主教教堂始建于 1386 年,1897 年完工,历时 5 个世纪,拿破仑曾于 1805 年在米兰主教教堂举行加冕仪式。教堂外观用白色大理石砌成,非常庄严华美。米兰主教教堂也是世界上雕像最多的哥特式教堂,仅教堂外就有 3 159 多尊雕像。教堂顶耸立着 135 个尖塔,每个尖塔上都有精致的人物雕刻。

2. 圣玛利亚感恩教堂和修道院

圣玛利亚感恩教堂和修道院位于米兰市的圣玛利亚广场上,圣玛利亚感恩教堂旁的修道院餐厅的墙壁上绘有著名画家达·芬奇的画作《最后的晚餐》。达·芬奇于 1496 年开始创作,1498 年完成。这幅画宽 8.85 米,高 4.97 米,描绘的是耶稣与 12 个门徒共进晚餐的情景。1981 年,圣玛利亚感恩教堂和修道院被联合国教科文组织列入世界文化遗产名录。

二、出入境旅游市场

《2018 年中欧旅游大数据报告》显示,在 2018 年最热门欧洲旅游目的地国当中,意大利远超英、法、德等西欧旅游大国,在欧洲国家仅次于俄罗斯,位居第二。中国官方数据显示,2018 年中国赴意旅游的游客数量近 200 万人次,团队游客和自由行游客数量均有大幅提升。而2018年意大利在中国发放的签证数量增加15%。中国游客最喜爱的意大利城市为罗马、米兰、威尼斯、那不勒斯、佛罗伦萨、博洛尼亚、波尔图康特、卡塔尼亚等。去意大利旅游的女性居多,占比53%。随着中国游客的增多,到意大利的旅游方式也趋于深度化、碎片化,重体验,更小众。参加团体旅游的游客数量明显下降,团队游日渐"失宠",而参加自由行、高端私人定制旅游的游客数量不断增多。中国游客不再满足于"打卡"罗马这样的传统城市,也不再走马观花地逛景点,转而对意大利南部古城萌发出浓厚的兴趣。例如,风景和人文兼备的西西里岛,渐渐成为中国人在意旅行的热门地。

2017年抵意外国游客达9 060万人次,外国游客在意消费总额达392亿欧元,较2016年上涨约7.7%,占意大利2017年国内生产总值的2.3%。2017年我国接待意大利入境游客为28.1万人次。

知识拓展

梵蒂冈

梵蒂冈是世界上最小的主权国家,也是世界上人口最少的国家。其位于意大利首都罗马城西北角的梵蒂冈高地上,面积约为0.44平方千米,四面都与意大利接壤,是一个"国中国",同时也是全世界天主教的中心——以教皇为首的教廷所在地。其领土包括圣彼得广场、圣彼得大教堂、梵蒂冈宫和梵蒂冈博物馆等。梵蒂冈城本身就是一件伟大的文化瑰宝,城内的建筑如圣彼得大教堂、西斯廷教堂等都是世界上重要的建筑作品,包含了波提切利、贝尔尼尼、拉斐尔和米开朗琪罗等人的作品。

圣彼得大教堂,一般称为圣彼得大教堂,建于1506—1626年,是天主教教堂,天主教徒的朝圣地与梵蒂冈罗马教宗的教廷,位于梵蒂冈,是世界五大教堂之首。作为最杰出的文艺复兴建筑和世界上最大的教堂,其占地23 000平方米,可容纳超过6万人,教堂中央是直径42米的穹窿,顶高约138米,前方则为圣彼得广场与协和大道。意大利文艺复兴时期的多位建筑师与艺术家如多纳托·伯拉孟特、拉斐尔、米开朗琪罗和小安东尼奥·达·桑加罗等都曾参与过圣彼得大教堂的设计。圣彼得广场的设计人是贝尔尼尼。堂内保存有欧洲文艺复兴时期许多艺术家如米开朗琪罗、拉斐尔等的壁画与雕刻。米开朗琪罗24岁时雕塑《圣母哀痛》、贝尔尼尼雕制的青铜华盖和青铜宝座(圣彼得宝座)被誉为圣彼得大教堂的三件艺术杰作。

西斯廷教堂始建于1445年,由教皇西斯都四世发起创建,教堂的名字"西斯廷"便是来源于当时的教皇之名"西斯都"。是依照《列王纪》第6章中所描述的所罗门王神殿,按照比例(60∶20∶30)所建。西斯廷教堂是罗马教皇的私用经堂,也是教皇的选出仪式的举行之处。《最后的审判》是其镇堂之宝,长方形的礼拜堂两侧共有十二幅壁画,左侧六面描写以色列救星摩西的生平;右侧六面描绘耶稣的生平;顶棚的《创世纪》

画出上帝创造世界的过程;《最后的审判》则绘于正面壁上,充满绝望阴沉的气息。西斯延教堂之所以闻名遐迩,是因为艺术大师米开朗琪罗在此创作了绘画珍品《创世纪》和《末日的审判》。

任务练习

一、情景模拟

请你模拟意大利的地陪人员,在参观游览的过程中向中国游客提供景点讲解服务,并穿插介绍当地的美食和特产。

二、知识检测

（一）多选题（每题有 2~4 个正确答案）

1. 罗马的主要旅游景点有(　　　)。
   A. 斗兽场　　　　　B. 西班牙广场　　C. 万神殿　　　　D. 威尼斯广场
2. 以下表述中正确的有(　　　)。
   A. 罗马又被誉为"七丘之城",母狼哺婴是它的城徽
   B. 达·芬奇的壁画《最后的晚餐》位于佛罗伦萨圣玛利亚感恩教堂和修道院
   C. 圣母百花大教堂仅次于梵蒂冈的圣彼得大教堂和伦敦的圣保罗教堂,为世界四大圆顶教堂之一
   D. 米兰大教堂是世界上最大的哥特式教堂,拿破仑曾在这里举行加冕典礼
3. 圣彼得大教堂的三件雕刻艺术杰作包括(　　　)。
   A. 米开朗琪罗 24 岁时雕塑的作品《圣母哀痛》
   B. 青铜宝座
   C. 贝尔尼尼雕制的青铜华盖
   D. 达芬奇的绘画《蒙娜丽莎》

（二）判断题（正确的打"√",错误的打"×"）

1. 欧洲文艺复兴的摇篮是佛罗伦萨,圣母百花大教堂是米兰的象征。(　　　)
2. "水上城市"威尼斯的主要景点有:圣马可广场、圣马可大教堂、叹息桥和旧桥。(　　　)
3. 圣彼得大教堂,由米开朗琪罗设计,是天主教徒的朝圣地与梵蒂冈罗马教宗的教廷,位于梵蒂冈,是世界五大教堂之首。(　　　)

任务七 ● 西班牙

子任务一 了解西班牙

任务描述

模拟旅行社的前台销售人员向咨询的客人介绍西班牙的基本国情、去西班牙旅行的基本常识以及当地的习俗和禁忌。

任务内容

一、基本国情

(一)地理环境

西班牙,全称西班牙王国,面积 50.6 万平方千米,位于欧洲西南部伊比利亚半岛上,西邻葡萄牙,东北与法国、安道尔接壤,北濒比斯开湾,南隔直布罗陀海峡与非洲的摩洛哥相望,东部和东南部濒临地中海,海岸线长约 7 800 千米。领土还包括地中海的巴利阿里群岛和非洲西北部大西洋的加那利群岛。

西班牙地形以高原为主,间以山脉。中部梅塞塔高原约占全国面积的 3/5,平均海拔为 600~800 米。北部绵亘着比利牛斯山脉和坎塔布里亚山脉。南部有靠边界的东西走向的安达卢西亚山脉,其最高峰穆拉森山,海拔为 3 478 米,为西班牙的最高峰。

(二)发展简史

早在公元前 50 万年,伊比利亚半岛上就有人居住。公元前 9 世纪凯尔特人从中欧迁入。公元前 8 世纪起,伊比利亚半岛先后遭外族入侵,长期受罗马人、西哥特人和摩尔人的统治。西班牙人为反对外族侵略进行了长达 800 年的斗争,1492 年"光复运动"胜利后,建立统一的西班牙封建王朝。同年 10 月 12 日哥伦布抵达西印度群岛。此后西班牙逐渐成为海上强国,在欧、美、非、亚各洲均有殖民地。1588 年"无敌舰队"被英国击溃,西班牙海上势力开始衰落。1873 年建立第一共和国。1931 年建立第二共和国。1936—1939 年西班牙爆发内战。1947 年佛朗哥宣布西班牙为君主国,自任终身国家元首。1975 年 11 月胡安·卡洛斯一世国王登基。1978 年宣布实行议会君主制。2014 年 6 月,胡安·卡洛斯一世国王宣布退位,将王位传给王储,费利佩六世国王登基。

(三)民族、宗教

西班牙人口为 4 673 万(2019 年 1 月),主要是卡斯蒂利亚人(西班牙人),其次有加泰罗尼亚人、加里西亚人和巴斯克人。卡斯蒂利亚语(西班牙语)是其官方语言和全国通用语言。少数民族语言在本地区亦为官方语言。西班牙 96%的居民信奉天主教。

(四)国旗、国徽

西班牙国旗呈长方形,长与宽之比为 3∶2。旗面由三个平行的横长方形组成,上下均为红色,各占旗面的 1/4;中间为黄色。黄色部分偏左侧绘有西班牙国徽。

西班牙国徽的中心图案为盾徽。盾面上有六组图案:左上角是红地上黄色城堡,右上角为白地上头戴王冠的红狮,城堡和狮子是古老西班牙的标志,分别象征卡斯蒂利亚和莱昂;左下角为黄、红相间的竖条,象征东北部的阿拉贡;右下角为红地上金色链网,象征位于北部的纳瓦拉;底部是白地上绿叶红石榴,象征南部的格拉纳达;盾面中心的蓝色椭圆形中有三朵百合花,象征国家富强、人民幸福、民族团结。盾徽上端有一顶大王冠,是国家权力的象征。盾徽两旁各有一根海格力斯柱子,亦称大力神银柱,左、右柱顶端分别是王冠和帝国冠冕,缠绕着立柱的饰带上写着"海外还有大陆"。

西班牙的国花是石榴花,象征富贵吉祥,繁荣昌盛;国石是绿宝石。

(五)行政区划

西班牙行政区划包括 17 个自治区,分别是:安达卢西亚、阿拉贡、阿斯图里亚斯、巴利阿里群岛、巴斯克、加那利群岛、坎塔布利亚、卡斯蒂利亚-莱昂、卡斯蒂利亚-拉曼恰、加泰罗尼亚、埃斯特雷马杜拉、加利西亚、马德里、穆尔西亚、纳瓦拉、拉里奥哈和巴伦西亚,下设 50 个省,在摩洛哥境内另有休达和梅利利亚两块飞地。

(六)政治、经济

西班牙是社会与民主的法治国家,实行议会君主制,王位由胡安·卡洛斯一世的直系后代世袭。国王为国家元首和武装部队最高统帅,代表国家,但没有实权。议会由参议院和众议院组成,行使立法权,审批财政预算,监督政府工作。立法权以众议院为主,参议院为地区代表院。议员由普选产生,任期四年。首相是中央政府首脑,由议会推选,国王任命。政府负责治理国家并向议会报告工作。

西班牙是中等发达的资本主义国家,经济总量在欧盟居第五位。其主要工业部门有食品、汽车、冶金、化工、能源、石油化工等行业。西班牙的制鞋业也很发达,与意大利、葡萄牙一起,共享"制鞋王国"的美誉。服务业是西班牙国民经济的重要支柱,旅游业和金融业也较为发达。西班牙的造船业在世界造船业中位居第五位,也是世界第五大汽车生产国。粮食基本上能够自给自足,是欧盟水果、蔬菜的主要生产国和出口国之一。西班牙素有"橄榄王国"之称,橄榄油的产量和出口排世界前位。西班牙还以葡萄种植和葡萄酒生产闻名于世。葡萄酒产量仅次于意大利和法国,居世界第三位,其中以红葡萄酒最为出名。

(七)文学、艺术

西班牙汇集了地中海文化、罗马文化、伊斯兰教文化和基督教文化,哺育了许多著名的文学和艺术天才。最著名的文学作品当属文艺复兴时期塞万提斯的《堂·吉诃德》。自19世纪末以来,西班牙共有五位文学家荣获诺贝尔文学奖,分别是:埃切加赖、希梅内斯、贝内文特、阿莱克桑德雷和塞拉。

西班牙美术家在世界美术史上占有重要的地位。20世纪西班牙出现了三位世界现代美术大师——毕加索、达利和米罗。毕加索是20世纪最具有创造性、影响最深远的西班牙艺术巨匠,他的代表作有《格尔尼卡》《亚威农少女》《三个乐师》《镜前的女人》等。

西班牙还是一个声乐强国,著名歌唱家普拉西多·多明戈和何塞·卡雷拉斯与意大利帕瓦罗蒂齐名,并称"世界三大男高音",克劳斯和阿拉加尔也是当今世界男高音中的顶尖人物,并称"西班牙男高音双巨星"。安赫莱斯为20世纪世界最著名的女高音歌唱家之一,卡伐耶有"当代歌剧皇后"之称,贝尔甘扎是世界杰出的女中音歌唱家。

西班牙的传统舞蹈弗拉门戈舞和斗牛一样是西班牙的国粹,起源于吉卜赛人和阿拉伯人的舞蹈。萨苏埃拉剧是西班牙独有的说唱剧,与弗拉门戈齐名。西班牙还是世界上独一无二的"斗牛王国",在西班牙的文艺作品中,斗牛永远是艺术家热衷表现的题材。

西班牙的建筑艺术在世界建筑史上也占有一席之地。高迪的风格融合了各种元素,他的许多作品都是游客游览西班牙必去的景点,如巴塞罗那的神圣家族教堂、古埃尔公园等。

二、出行须知

(一)基本常识

1. 气候

西班牙可分成四大气候区。北部和西北部沿海地区为温带海洋性气候,冬季温和,夏季凉爽,全年雨量充足;东部和南部为地中海气候,冬季温和,夏季干热,雨量少,全年大部分时间阳光普照;中部梅塞塔高原为大陆性气候,冬季寒冷,夏季炎热;加那利群岛为亚热带气候。西班牙每年晴天日数居欧洲首位。首都马德里1月平均气温为

4.9 ℃,8 月为 22.5 ℃。

2. 货币

西班牙是首批加入欧元区的国家。汇率:1 欧元 = 7.940 7 人民币,1 人民币 = 0.125 9 欧元(2019 年 8 月 30 日)。

3. 时差

西班牙分夏令及冬令时间。3 月最后一个星期天到 10 月最后一个星期天实行夏时制,西班牙比中国北京时间晚 6 个小时;冬令时期间,西班牙比中国北京时间晚 7 个小时。

4. 其他

西班牙是"申根国家"之一,可在所有申根国家旅游,最长停留期限为 90 天。

(二)习俗和禁忌

1. 习俗

西班牙人的见面礼节根据亲密程度有握手、亲吻和拥抱三种方式。社交场合一般行握手礼。亲朋好友间相见,通常男人要相互抱一抱肩膀,女人要轻轻拥抱并亲吻双颊。收到礼物时应当面将包装拆开并加以赞赏。请人吃饭或到别人家拜访须事先约定。西班牙人有晚睡晚起的习惯,通常是下午 2 点—4 点吃中饭,除了饮食业,大部分店铺会拉下门来休息,到下午四五点才恢复营业,然后到晚上 8 点关门打烊,所以客人最好在 10 点—13 点及 16 点—18 点拜访西班牙人。西班牙人赴约一般喜欢迟到一会儿,尤其是应邀赴宴,只有在参加斗牛比赛活动时才严守时间。但客人应当守时,即便对方晚到,主人也不要加以责怪。拜访当地客人时,最好赠送具有本国民族特色的小礼物给对方,也可携带一瓶葡萄酒、巧克力或鲜花,送花最好送国花石榴花,它受到西班牙人的普遍喜爱。

西班牙女人上街必定戴耳环,此外当地妇女有"扇语",如打开扇子把脸的下部遮起来,表示"我是爱您的,您喜欢我吗?"若一会儿打开一会儿合上,表示"我很想念你"。西班牙的传统服饰也很有特色,主要有披风、安达卢西亚长裙和斗牛裤。披风是西班牙女性的传统服装。安达卢西亚长裙是西班牙民族特色的裙装,其下摆一直垂到脚踝,走起路来雅致而飘逸。斗牛裤又称紧身裤,是西班牙一种传统的男裤,有红色、白色、蓝色等。

2. 禁忌

现代西班牙属基督教文化圈,许多禁忌与欧美基督教国家相同,视"13""星期五"为不祥之日,忌用黄色、紫色、黑色,忌讳送菊花和大丽花,这两种花与死亡有关。在西班牙,不要对斗牛活动有非议,如果你对情况不了解,最好不要对斗牛活动发表任何意见。西班牙人喜欢谈论体育和旅行,避免谈论宗教、家庭和工作。西班牙人吃东西时,通常会礼貌地邀请周围的人与他分享,但这仅是一种礼仪上的表示,不要贸然接受,否则会被视为缺乏教养。西班牙人很讲究对女士的礼貌,尤其要注意的是男士不能当着女士的面解开领带,这在西班牙被认为是十分不礼貌的。

知识拓展

弗拉门戈

弗拉门戈是西班牙的一种综合性艺术,融舞蹈、歌唱、器乐于一体,源于西班牙境内的安达卢西亚地区吉卜赛人(又称弗拉门戈人)的音乐和舞蹈。表演时,必须有吉他伴奏,并有专人在一旁伴唱,同时表演即兴舞蹈。上场的男舞伴穿紧身黑裤子、长袖衬衫,有时还加一件饰花的马甲;女舞伴则把头发向后梳成光滑的发髻,穿艳丽的服装、紧身胸衣和多层饰边的裙子。融合了吉卜赛人的自由随性、欧洲的高贵华丽以及美洲的奔放热情的弗拉门戈早已享誉世界舞台,被越来越多的人接受和喜爱。它充分展示了西班牙女郎的形体美和西班牙骑士粗犷、豪放的风采,表现了西班牙民族的艺术修养和民族情感,与斗牛并称为西班牙的两大国粹。

任务练习

一、情景模拟

在出境说明会上应该介绍哪些内容? 将学生分为几个组,分别准备出境说明会的PPT和讲稿,模拟中国某城市某旅行社的领队,向参加了该旅行社西班牙旅行团的游客召开出境说明会。

二、知识检测

(一)单选题

1. 西班牙、葡萄牙都位于欧洲的(　　)半岛上。

　　A. 巴尔干　　　　　B. 亚平宁　　　　　C. 伊比利亚　　　　D. 斯堪的纳维亚

2. 西班牙最著名的文学作品当属文艺复兴时期的(　　)的《堂·吉诃德》。

　　A. 埃切加赖　　　　B. 希梅内斯　　　　C. 贝内文特　　　　D. 塞万提斯

3. 西班牙的国旗旗面由三个平行的横长方形组成,上下均为红色,中间为(　　)。

　　A. 白色　　　　　　B. 蓝色　　　　　　C. 红色　　　　　　D. 黑色

4. 西班牙的(　　)产量和出口量居世界首位。

　　A. 葡萄酒　　　　　B. 水果　　　　　　C. 橄榄油　　　　　D. 蔬菜

5. 斗牛与(　　)并称为西班牙的两大国粹。

　　A. 绘画　　　　　B. 弗拉门戈　　　　C. 足球　　　　　D. 歌剧

6. 下列(　　)不属于毕加索的代表作。

　　A.《格尔尼卡》　　B.《亚威农少女》　C.《三个乐师》　　D.《夜巡》

7. 下列有关西班牙习俗和禁忌的叙述中不正确的是(　　)。

　　A. 忌讳送菊花和百合花,这两种花与死亡有关

　　B. 西班牙的传统服饰很有特色,主要有披风、安达卢西亚长裙和斗牛裤

　　C. 西班牙人有晚睡晚起的习惯

　　D. 西班牙女人上街必定戴耳环,此外当地妇女有"扇语"

（二）填表题

人口		国花		主要宗教	
民族		国石		首都	
语言				与北京时差	
货币				国庆节	

子任务二　认识西班牙

⚙ 任务描述

　　模拟西班牙的地陪人员,在参观游览的过程中向中国游客提供讲解服务,从而加深对西班牙主要的旅游城市和著名景点、西班牙的饮食习俗、旅游商品、节庆活动以及出入境旅游市场的了解。

任务内容

西班牙
旅游宣传片

一、旅游城市和著名景点

　　西班牙有"世界旅游王国"之称,其大部分国土气候温和,山清水秀,阳光明媚,风景绮丽。"阳光和沙滩"为西班牙提供了取之不尽、用之不竭的旅游资源。此外,它历史悠久,拥有众多的名胜古迹。截至 2018 年 7 月,西班牙有 47 处自然和人文景观被联合国教科文组织列入世界文化遗产名录。联合国世界旅游组织总部设在马德里。西班

牙大致分为四大旅游区:加那利群岛——热带风光,太阳海岸——地中海沙滩,巴利阿里群岛——地中海浴池,马德里——文化古城。

(一)马德里

马德里是西班牙的首都和全国第一大城市,也是西班牙的政治、经济和文化中心,为欧洲著名的历史文化名城。它位于伊比利亚半岛中部梅塞塔高原,海拔 600 余米,是欧洲地势最高的首都,曼萨纳雷斯河绕城而过,阳光灿烂,风光迷人。马德里分新旧两个城区,旧城区内街道狭窄,建筑物密集,保留了浓厚的中世纪韵味;而新城区的街道宽敞笔直,现代化高楼大厦呈现出一派繁荣景象。以太阳门为中心,道路由此呈放射状展开,地铁和公交系统便利,交通四通八达。

马德里是一座文化艺术之都,以建筑物多、纪念广场多、名人雕像多为特色。全城约有大小 300 个风格迥异的广场和 50 多家博物馆。哥伦布广场上矗立着世界著名航海家哥伦布的塑像;太阳门广场有马德里的城徽,即棕熊雕像;独立广场,有宏伟的阿尔卡拉门等。博物馆中最有名的是普拉多博物馆,坐落在马德里普拉多大道,是西班牙收藏绘画作品最全面、最权威的美术馆,收藏有 15—19 世纪西班牙、佛兰德和意大利的艺术珍品,尤其以西班牙画家戈雅的作品最为丰富。此外,马德里西北的阿维拉有一座建于 12 世纪的圆形碉堡城,雄伟奇特。此外,还有 1 世纪建于塞哥维亚的罗马渡槽,其由方形花岗岩块砌成,共 118 个石拱,总跨度达 728 米,距离地面最高点 39 米,已被列入世界文化遗产名录。

1. 马德里皇宫

马德里皇宫,又叫东方宫、西班牙皇宫,是欧洲第三大皇宫,仅次于凡尔赛宫和维也纳皇宫。皇宫位于曼萨莱斯河左岸的山岗上,始建于 1738 年,26 年后完工。原址为 1734 年被焚毁的哈布斯堡王朝城堡,是世界上保存最完整且最精美的宫殿之一。整个建筑由白色大理石砌成,气势雄伟,典雅壮观,殿内陈设富丽,珍藏着大量油画、壁毯、古家具等文物、艺术品。其外观具有卢浮宫的建筑美,内部装潢是意大利式的,整个宫殿豪华绝伦。现已被辟为博物馆,一些重要国事活动也在此举行,如国王宴请外国国家元首、高规格的官方活动、接受外国大使的国书等。

2. 蒙克洛亚宫

蒙克洛亚宫,即首相府,位于马德里西北近郊。1606 年,西班牙国王费利佩三世始建。其于 18 世纪始称"蒙克洛亚宫",此后一直是王公贵族的府第。1936 年西班牙内战期间蒙克洛亚宫遭到严重破坏。内战结束后,佛朗哥下令重建蒙克洛亚宫,1953 年竣工,用作国宾馆,接待国家元首和政府首脑。1970 年和 1989 年再度扩建。蒙克洛亚宫不仅是政府所在地,而且也是国家重点文物博物馆,宫内珍藏着大量极具价值的历史文物。

3. 西班牙广场

西班牙广场位于西班牙王宫对面,是马德里的象征。广场中央矗立着文艺复兴时期西班牙文学大师塞万提斯的纪念碑。在纪念碑巨大的台基上,是手拿《堂·吉诃德》名著的塞万提斯塑像,碑前是堂·吉诃德骑着马和仆人桑丘的铜像,堂·吉诃德左手执长矛,右手高举,生动而形象。

(二)巴塞罗那

巴塞罗那位于西班牙东北部的地中海海滨,是西班牙第二大城市、最大的海港和重要的文化古城。巴塞罗那的地位在西班牙仅次于马德里,但它比马德里更古老。早在公元前 2 世纪,巴塞罗那就是罗马帝国的殖民地。整个城市依山傍海,气候舒适宜人,充满了地中海风情,罗马城墙遗址、中世纪古老宫殿、哥特式大教堂与现代化建筑交相辉映,素有"伊比利亚半岛明珠"之美称,西班牙现代巨匠毕加索、米罗、达利等人都诞生于此,著名文学家塞万提斯更将其誉为"欧洲之花",是西班牙著名的旅游胜地。巴塞罗那著名景点有圣家赎罪堂(神圣家族大教堂)、毕加索博物馆、蒙瑟莱特修道院、加泰罗尼亚艺术博物馆等。

1. 圣家赎罪堂

圣家赎罪堂,又名"神圣家族大教堂",是西班牙 19 世纪最伟大的建筑设计师安东尼·高迪毕生的代表作。其始建于 1882 年,动工已 1 个多世纪,至今仍未完工,是巴塞罗那的标志。这是一座象征主义建筑,分为三组,描绘了东方的基督诞生、基督受难及基督复活时的场景,南方则象征上帝的荣耀。4 座尖塔代表 12 位基督圣徒,圆顶覆盖的后半部象征圣母玛利亚。整个建筑华美异常,是建筑史上的奇迹。教堂的中心塔有螺旋形楼梯直达塔顶,在此可俯瞰全城。

2. 毕加索博物馆

世界上有两座毕加索博物馆,一座在巴黎,另一座在巴塞罗那。巴塞罗那博物馆由贵族宅邸改建为博物馆,馆中藏有 3 500 多幅毕加索的作品,其中部分是画家本人于1970 年捐献的早期作品。

(三)塞维利亚

塞维利亚位于西班牙西南部,是西班牙第四大城市。10 世纪前塞维利亚一直是地中海西部罗马文化的中心,有"小罗马"之称。瓜达基维尔河蜿蜒流过,塞维利亚是西班牙唯一有内河港口的城市,古时称巴罗斯港。1492 年 8 月 3 日,意大利人哥伦布奉西班牙国王之命,从巴罗斯港出发进行远洋航行,横渡大西洋。塞维利亚至今仍保留着许多罗马式、哥特式、巴洛克式及文艺复兴式的建筑和花园,享有"花园城市"的美誉。塞维利亚还有罗马水道和罗马城墙遗迹等。塞维利亚秀丽的自然风光、优美的吉卜赛音乐、热情奔放的弗拉明戈舞、豪迈的斗牛表演和盛大的民间传统节日,吸引了成千上万的游人来此游览。有"金塔"之称的砖塔,耸立于瓜达基维尔河河畔,呈十二边形,建于 1220 年,因外墙涂有金粉而得名。此外,塞维利亚还有塞维利亚大教堂、阿尔卡萨尔王宫等著名景点。

1.塞维利亚大教堂

塞维利亚大教堂原为塞维利亚清真寺,15世纪被拆毁后改建成塞维利亚大教堂,为哥特式建筑,教堂内有哥伦布的坟墓。它是基督教世界最大的宗教建筑之一,与梵蒂冈圣彼得大教堂、意大利米兰大教堂、意大利佛罗伦萨圣母百花大教堂、伦敦圣保罗大教堂并称为世界五大教堂。

2.阿尔卡萨尔王宫

阿尔卡萨尔王宫位于塞维利亚市中心,塞维利亚大教堂的对面,建于12—13世纪,融合了伊斯兰式、穆德哈尔式、哥特式、文艺复兴式、巴洛克式等多种建筑艺术风格,是欧洲最古老的皇家宫殿,由科尔多瓦的埃米尔阿勒德拉曼三世下令建造。从城堡建成之日起,历代统治者苏丹、哈里发、皇帝、国王等都曾经在此居住。其现在依然是西班牙王室成员的住所,建筑群富丽堂皇,内部装饰的几何图案繁杂精美,金银争辉,色彩斑斓,令人叹为观止。

(四)格拉纳达

格拉纳达位于西班牙南部,是西班牙境内最具吸引力的城市之一。"格拉纳达",即石榴的意思,因该城附近有大片的石榴林而得名。11世纪时,格拉纳达为摩尔人的领地,城内外有许多伊斯兰风格的宫殿、花园、浴室、喷水池和古城墙遗迹等,具有浓厚的摩尔文化特点。城中狭窄的街道与宽阔的花园相映成趣,白色的民居使得整个城市显得宁静而清洁。格拉纳达著名古迹有摩尔王的阿尔罕布拉宫、花园、圣玛利亚教堂、斐迪南和伊萨贝拉陵墓等。

阿尔罕布拉宫为中世纪摩尔人在西班牙建立的格拉纳达埃米尔国的王宫。"阿尔罕布拉",阿拉伯语意为"红堡"。该宫始建于13世纪阿赫马尔王及其继承人统治期间,由一系列庭院、天井和房屋组成,镶嵌式墙壁和天花板设计错综复杂,整个宫殿极其豪华,体现了西班牙摩尔艺术的顶峰,有"宫殿之城"和"世界奇迹"之称。

二、饮食习俗

西班牙人以面食为主食,饭菜种类丰富,做法考究,口味偏重酸、辣,喜欢吃鱼,尤其喜欢海味,还喜欢烤肉和汤菜。其独具特色的海鲜饭,被誉为"西班牙国宝饭"。西班牙人喜爱中国的川菜和粤菜。西班牙最有特色的小吃是哈蒙(火腿)、托尔大(鸡蛋土豆煎饼)和巧里索(肉肠),其中哈蒙最为有名。西班牙人还喜欢喝酒,他们常喝的饮品有扎啤、葡萄酒、雪利酒等。西班牙人早餐一般吃得晚,午餐安排在下午2点—4点,晚上6点—8点是"下午茶"时间,晚上10点吃晚餐。

三、旅游商品

1. 橄榄油

西班牙夏热冬冷、昼夜悬殊的温差,加之强烈的日晒与干燥气候,特别适宜橄榄树的种植。

2. 雪利酒

西班牙另外一项名产就是安达路西亚省份出产的雪利酒(Sherry)。雪利酒是由葡萄酿造,但一般比葡萄酒甜,为西班牙南方的特产。其依照酿造的方式和甜度的不同又可以分为不同的等级,pale & dry(清而淡)酒色清淡,适合配餐饮用,而奶油雪利酒则深陈红浊,非常甜,比较适合饭后品尝。

3. 葡萄酒

由于地理和气候条件适宜,西班牙和法国一样出产上好的葡萄酒,其葡萄酒的品质可媲美法国出品的葡萄酒,且性价比更高。

4. 利比里亚火腿

利比里亚火腿是西班牙人引以为豪的特产,它的味道咸鲜合一,入口后令人唇齿生香,是许多西班牙菜肴中不可或缺的配料。正宗的利比里亚火腿的原料是一种专门饲养的皮黑肉红的小猪,这种猪只吃一种当地产的果子。

5. 皮革制品和陶瓷制品

皮革与皮革制品是西班牙享有国际声望的另一类优势产品。科尔多瓦印花皮革和鞣制皮革(有时还被镀金以增加美感)的加工传统已有数百年的历史。

除此以外,西班牙的流行服饰和手工艺品也是非常不错的。得益于西班牙设计师很高的国际声誉,时装行业一直是西班牙发展最迅猛的行业,而且在国际上取得了极大的成功。多莱托(Toledo)省的 Talavera de la Reina 和 Puente del Arzobispo 生产的瓷器和陶器也享有很高的国际声誉,瓦伦西亚省 Manises 城陶瓷学校历史悠久,独树一帜的创造性远近闻名。

四、节庆活动

西班牙的节日众多,丰富多彩,重要的国家节日是国庆节(10 月 12 日),其他的节日有新年(1 月 1 日)、三王节(1 月 6 日)、狂欢节(2 月)、圣何塞节(3 月 9 日)、法雅节(3 月 19 日)、复活节(3 月 21 日—4 月 25 日)、保护神节(7 月 25 日)、圣诞节(12 月 25 日)等。另外,每年 2 月的狂欢节、7 月的奔牛节、8 月的西红柿节都非常有特色。

1. 狂欢节

西班牙狂欢节源于 1492 年西班牙人民为反对外族入侵而光复的庆祝活动,在"圣周"前40天(每年2月份左右)举行。当日,西班牙人民尽情狂欢,庆祝西班牙人民获得光明,表达了他们对生活的热爱。

2.奔牛节

奔牛节可谓是勇敢者的疯狂游戏,也叫"圣佛明节",是西班牙的传统节日,始于1591年,每年7月6日—14日在西班牙纳瓦拉自治区首府潘普洛纳市举行。奔牛节的起源与西班牙的斗牛传统有直接关联。16世纪时,有人突发奇想:画出一条路线,将牛激怒,诱使公牛自己奔跑冲入斗牛场。再后来,人也加入其中体验在愤怒公牛前奔跑逃命的刺激,每年的奔牛节都会吸引上万名全球冒险爱好者来此"剧烈运动"。

3.西红柿节

西红柿节好比狂欢的红色大战,西红柿节和奔牛节一样,也是西班牙闻名世界的传统节日,始于1945年,于每年8月的最后一个星期三进行。节日当天,来自世界各地的游客聚集在西班牙东部小城布尼奥尔,与当地居民一道用上百吨西红柿做武器展开激战,使宁静的小城变成一片"西红柿的海洋"。

五、旅游市场

西班牙旅游业发达,旅游业已成为其第一支柱产业,也是国家外汇收入的重要来源。2017年西班牙入境旅游人数为8 178万人次,仅次于法国,居世界第二位。入境旅游收入达734.3亿美元,位列世界第二。旅游总收入占西班牙国内生产总值的11.2%。2018年西班牙共接待国外游客约8 260万人次,接待的中国游客达到65万人次。西班牙的著名旅游胜地有马德里、巴塞罗那、塞维利亚、太阳海岸、美丽海岸等。

西班牙人出境旅游的人数占全国度假旅游(国内和国际的)人数的17%左右,他们主要的旅游目的地是近邻的葡萄牙和意大利。

知识拓展

斗牛

斗牛是西班牙的国粹,西班牙素有"斗牛王国"之称。斗牛起源于西班牙古代宗教活动(杀牛供神祭品),现风靡全国,享誉世界。13世纪,西班牙国王阿方索十世开始这种祭神活动,后来演变为赛牛表演。在之后很长一段时间,斗牛一直是西班牙贵族显示勇猛彪悍的专利项目。18世纪中叶,波旁王朝统治西班牙,第一位国王费利佩五世认为斗牛过于危险,禁止贵族玩斗牛,这一传统的贵族体育才从宫廷传入民间。

现在西班牙拥有300多家斗牛场,最大的是马德里的文塔斯斗牛场,可容纳2.5万人。每年3—11月是西班牙斗牛节,有些时候每天都斗,通常将星期日和星期四定为斗牛日。

任务练习

一、情景模拟

请你模拟西班牙的地陪人员,在参观游览的过程中向中国游客提供景点讲解服务,并穿插介绍西班牙当地的饮食习俗、旅游商品、节庆活动和旅游市场等内容。

二、知识检测

单选题

1.联合国世界旅游组织的总部设在西班牙的(　　)。
　　A.马德里　　　　　B.巴塞罗那　　　　C.巴伦西亚　　　　D.塞维利亚

2.(　　)为中世纪摩尔人在西班牙建立的格拉纳达埃米尔国的王宫,有"宫殿之城"和"世界奇迹"之称。
　　A.阿尔罕布拉宫　　B.美泉宫　　　　　C.西班牙皇宫　　　D.阿尔卡萨尔王宫

3.巴塞罗那的塞维利亚大教堂为世界五大教堂之一,教堂内有(　　)的坟墓。
　　A.麦哲伦　　　　　B.哥伦布　　　　　C.迪亚士　　　　　D.达·伽马

4.下列关于圣家赎罪堂的叙述中不正确的是(　　)。
　　A.圣家赎罪堂,又名"神圣家族大教堂"
　　B.它是西班牙19世纪最伟大的建筑设计师安东尼·高迪的代表作
　　C.它始建于1882年,至今仍未完工,是马德里的标志
　　D.它是象征主义建筑,分为三组,描绘了东方的基督诞生、基督受难及基督复活

5.下列有关西班牙饮食和特产的叙述中不正确的是(　　)。
　　A.西班牙人用早餐比较晚,午餐通常是下午2点到4点,晚上10点吃晚餐
　　B.独具特色的海鲜饭被誉为"西班牙国宝饭"
　　C.利比里亚火腿是一种专门饲养的皮黑肉红的小猪腌制的,是西班牙人引以为豪的特产
　　D.威士忌酒是葡萄酿造,一般比葡萄酒甜,为西班牙南方的特产

6.西班牙奔牛节可谓是勇敢者的疯狂游戏,每年(　　)在潘普洛纳举行。
　　A.2月　　　　　　B.5月　　　　　　C.7月　　　　　　D.8月

任务八 ● 俄罗斯

子任务一 了解俄罗斯

任务描述

请模拟某旅行社的前台销售人员向咨询的客人介绍俄罗斯的基本国情、去俄罗斯旅行的基本常识以及当地的习俗和禁忌。

任务内容

俄罗斯
地理环境

一、基本国情

(一)地理环境

俄罗斯横跨亚欧大陆,东西最长 9 000 千米,南北最宽为 4 000 千米,面积为 1 707.54 万平方千米,居世界第一位,占地球陆地面积的 1/8。邻国西北面有挪威、芬兰,西面有爱沙尼亚、拉脱维亚、立陶宛、波兰、白俄罗斯,西南面是乌克兰,南面有格鲁吉亚、阿塞拜疆、哈萨克斯坦,东南面有中国、蒙古和朝鲜,东面与日本和美国隔海相望。

俄罗斯的地形以平原为主,平原约占国土总面积的 60%。全境以南北走向的叶尼塞河为界分为东、西两部分。境内主要河流有伏尔加河、鄂毕河、叶尼塞河等,其中伏尔加河是欧洲最长的河流。贝加尔湖是世界上最深的淡水湖,里海是世界上最大的咸水湖。最高峰厄尔布鲁士山海拔为 5 642 米,是欧洲最高峰。

(二)发展简史

俄罗斯人的祖先是东斯拉夫人罗斯部族。15 世纪末—16 世纪初,以莫斯科大公国为中心,逐渐形成多民族的封建国家。1547 年,伊凡四世改大公称号为沙皇。1721 年,彼得一世改国号为俄罗斯帝国。1861 年废除农奴制。1917 年 2 月,资产阶级革命推翻了专制制度。1917 年 11 月 7 日(俄历十月二十五日)十月社会主义革命胜利,建立了世界上第一个社会主义国家政权——俄罗斯苏维埃联邦社会主义共和国。1922 年 12 月 30 日,俄罗斯联邦、外高加索联邦、乌克兰、白俄罗斯成立苏维埃社会主义共和国联盟(后扩至 15 个加盟共和国)。

1991 年 8 月,苏联发生"8·19"事件。9 月 6 日,苏联国务委员会通过决议,承认爱沙尼亚、拉脱维亚、立陶宛三个加盟共和国独立。12 月 26 日,苏联最高苏维埃共和国院举行最后一次会议,宣布苏联解体,俄罗斯联邦成为完全独立的国家,并成为苏联的唯一继承国。1993 年 12 月 12 日,经过全民投票通过了俄罗斯独立后的第一部宪法,规定国家名称为"俄罗斯联邦"。

(三)民族、宗教

俄罗斯人口为 1.44 亿(2019 年),有 180 多个民族,其中俄罗斯族占 79.8%,主要少数民族有鞑靼、乌克兰、巴什基尔、楚瓦什、亚美尼亚、阿瓦尔、摩尔多瓦、哈萨克、白俄罗斯等。俄语是官方语言。主要宗教为东正教,其次为伊斯兰教。

(四)国旗、国徽

俄罗斯国旗呈长方形,长与宽之比约为 3∶2。旗面由三个平行且相等的横长方形相连而成,自上而下分别为白、蓝、红三色,代表了俄罗斯国土跨寒带、亚寒带、温带三个气候带。白色代表寒带一年四季白雪茫茫的自然景观;蓝色既代表亚寒带气候区,又象征俄罗斯丰富的地下矿藏和森林、水力等自然资源;红色是温带的标志,也象征着俄罗斯悠久的历史和对人类文明的贡献。

俄罗斯国徽为红色盾面上有一只金色的双头鹰,鹰头上是彼得大帝的三顶皇冠,鹰爪抓着象征皇权的权杖和金球。

俄罗斯的国花为葵花,国树为白桦,国兽为熊。

(五)行政区划

俄罗斯联邦现由 85 个联邦主体组成。2000 年 5 月 13 日普京将俄联邦 85 个联邦主体划分为 8 个联邦区,在联邦中央与联邦主体之间增加了一个管理监督机构。

85 个联邦主体包括 22 个自治共和国、9 个边疆区、46 个州、3 个联邦直辖市、1 个自治州、4 个自治区。其中,边疆区和州是俄罗斯族占绝大多数的行政地区,在这里其他民族没有形成聚居点。少数民族聚居的地区在行政上划分为共和国、自治州和自治区。其中共和国直接归属联邦管辖,自治州和自治区是州与边疆区的组成部分。

(六)政治、经济

俄罗斯是共和制的民主联邦制国家,实行总统制的国家领导体制。总统是国家元首和武装力量最高统帅。俄罗斯联邦会议(议会)由联邦委员会(上院)和国家杜马(下院)组成。

俄罗斯是一个工农业生产、交通运输、科学技术都比较发达的国家。其经济基础较好,资源丰富,种类多,储量大,木材、天然气、石油、黄金等储藏量均居世界前列。俄罗斯工业发达,门类齐全,以机械、钢铁、冶金、石油、天然气、煤炭、森林工业及化工等为主,木材和木材加工业也较发达。俄罗斯的核工业、航空航天业和国防业在世界上占有重要地位,重工业历来是俄罗斯的基础,主要有能源、冶金、机械制造及金属加工等三大部分,但其食品工业和轻工业较落后,缺乏足够的竞争力,对进口有很大的依赖性。

(七)文学、艺术

俄罗斯的文学、美术、音乐、舞蹈等领域名人辈出。在其文学史上,19世纪批判现实主义文学占有特殊地位,这也是俄罗斯文学的鼎盛时期。普希金是俄罗斯近代文学的奠基人、俄罗斯浪漫主义诗歌的主要代表,代表作有《自由颂》《叶甫盖尼·奥涅金》等。列夫·托尔斯泰是俄罗斯伟大的批判现实主义作家,他的《战争与和平》《安娜·卡列尼娜》《复活》等不朽名著反映了俄社会整个时代的矛盾,被列宁称为"俄国革命的镜子"。高尔基是苏联社会主义文学的奠基人,其代表作有《海燕》《母亲》《在人间》《我的大学》等。

俄罗斯的音乐和芭蕾艺术成就显著,19世纪下半叶是俄罗斯音乐的繁荣期。柴可夫斯基是这一时期最伟大的俄罗斯音乐家,他的传世之作有:抒情歌剧《叶甫盖尼·奥涅金》《黑桃皇后》;芭蕾舞剧《天鹅湖》《睡美人》;交响幻想曲《罗密欧与朱丽叶》等。芭蕾舞虽然于16世纪形成于意大利和法国等欧洲国家,但在俄罗斯发展很快,并且在世界上享有很高的声誉,著名的芭蕾舞剧目有《天鹅湖》《罗密欧与朱丽叶》《吉赛尔》等。此外,俄罗斯的马戏团也很受人们欢迎。

二、出行须知

(一)基本常识

1. 气候

俄罗斯大部分地区处于北温带,所处纬度较高,以大陆性气候为主。其冬季漫长寒冷,夏季短暂温暖,春秋两季不明显。温差普遍较大,1月份平均气温为 $-40 \sim -1$ ℃,7月份平均气温为 $11 \sim 27$ ℃。其中奥伊米亚康被称为北半球的寒极,温度曾低到 -73 ℃。北部地区还有极昼、极夜现象。

2. 货币

卢布(R)是俄罗斯的法定货币,辅币为"戈比",1卢布等于100戈比。汇率:1卢布=0.107 5人民币,1人民币=9.303 5卢布(2019年8月30日)。

3. 时差

俄罗斯领土辽阔,从东三区到东十二区,是跨时区最多的国家。莫斯科时间比中国北京时间晚 5 个小时。

(二)习俗和禁忌

1. 习俗

拥抱、亲吻和握手是俄罗斯人的重要礼节。在俄罗斯,长辈和晚辈相见,一般是长辈吻晚辈脸颊三次,先右后左再到右,或长辈吻晚辈的额头一次;晚辈为了表示尊重,一般吻长辈面颊两次。俄罗斯女性之间相遇时一般是拥抱,有时也互吻。俄罗斯男性之间则只互相拥抱。在俄罗斯,兄弟姐妹之间久别重逢或分离时既会拥抱也会接吻。在俄罗斯,遇到上级或长辈时,要行握手礼,一般要等上级或长辈先伸手才能与他们握手,男性也要等女性先伸手才能与之握手。在迎接贵宾时,俄罗斯人一般会向对方献上面包和盐,这是给予对方的最高的礼遇和最热烈的欢迎。

俄罗斯人十分尊重妇女,在各方面都体现女士优先的原则。到俄罗斯人家中做客,要准时不要早到,进屋后要先向女主人问好,然后再向男主人和其他人问好。

2. 禁忌

俄罗斯人特别喜欢花,逢年过节或是拜访朋友都要买花。送俄罗斯人花时忌送菊花、杜鹃花、石竹花和黄色的花,送花不能送 13 朵,也不能送双数,因为双数的花蕾只能送墓地上的已故者。在俄罗斯,忌讳赠送刀叉等锋利的物品,忌讳交叉握手。他们讨厌兔子、黑猫玩具或图案,视之为不祥之物。在颜色方面,俄罗斯人忌讳黑色(象征死亡),喜爱红色。此外,俄罗斯有"左主凶,右主吉"的传统观念,故忌用左手握手或传递物品。他们视盐为珍宝,打翻盐罐或将盐洒在地上被认为是家庭不和的预兆。

任务练习

一、情景模拟

请模拟旅行社的前台销售人员向咨询的客人介绍俄罗斯的基本国情、去俄罗斯旅行的基本常识与当地的习俗和禁忌。

二、知识检测

(一)单选题

1. (   )是欧洲最长的河流,也是俄罗斯人的"母亲河"。
   A. 伏尔加河   B. 多瑙河   C. 叶尼塞河   D. 塞纳河
2. 1917 年 11 月 7 日十月社会主义革命,(   )建立了世界上第一个社会主义国家政权。

    A. 英国   B. 俄罗斯   C. 荷兰   D. 比利时

3. 俄罗斯人主要信奉(　　)。

    A. 天主教   B. 东正教   C. 基督教新教   D. 犹太教

4. 俄罗斯的国花是(　　)。

    A. 玫瑰   B. 葵花   C. 郁金香   D. 菊花

5. (　　)是世界上最深的淡水湖。

    A. 死海   B. 里海   C. 黑海   D. 贝加尔湖

6. 以下不属于列夫·托尔斯泰的代表作品是(　　)。

    A.《战争与和平》   B.《安娜·卡列尼娜》

    C.《钢铁是怎样炼成的》   D.《复活》

7. 柴可夫斯基是俄罗斯最伟大的音乐家,下列不属于他的芭蕾舞剧的是(　　)。

    A.《天鹅湖》   B.《胡桃夹子》

    C.《睡美人》   D.《黑桃皇后》

8. 用(　　)迎接贵宾是俄罗斯人最高的敬意和最热烈的欢迎。

    A. 面包和盐   B. 面包和牛奶   C. 威士忌   D. 伏特加

（二）填表题

人口		国花		主要宗教	
民族		国兽		首都	
语言		国树		与北京时差	
货币				国庆节	

子任务二　认识俄罗斯

任务描述

    模拟俄罗斯的地陪人员,在参观游览的过程中向中国游客提供讲解服务,从而加深对俄罗斯主要的旅游城市和著名景点、俄罗斯的饮食习俗、旅游商品、节庆活动以及出入境旅游市场的了解。

任务内容

一、旅游城市和著名景点

（一）莫斯科

首都莫斯科是俄罗斯最大的城市和政治、经济、文化、交通中心。主要的观光景点有红场、克里姆林宫、莫斯科大剧院、普希金广场、列宁墓、莫斯科地铁、莫斯科国立大学等。

1. 红场

红场是俄罗斯的象征，位于莫斯科市中心，为城市中心广场，呈长方形，面积超过9万平方米，是俄罗斯举行盛大仪式和各种重要活动的场所。红场地面全部由条石铺成，广场西侧是列宁墓和克里姆林宫的红墙及3座高塔，在列宁墓上层修建有主席台。东侧为世界知名十大百货大楼之一的古姆商场；南侧是瓦西里升天大教堂，是一座由大小9座塔楼组成的教堂，被戏称为"洋葱头"式圆顶，在俄罗斯以及东欧国家中独具一格，已成为红场的标志性建筑。

2. 克里姆林宫

克里姆林宫坐落在莫斯科市中心的莫斯科河北岸，曾经是莫斯科公国和18世纪以前的沙皇皇宫，"十月革命"后成为苏联党政领导机关所在地，现为俄罗斯总统府和国家杜马所在地。主体建筑建于12—17世纪，是一组以教堂为主组成的建筑群，主要建筑有大克里姆林宫、圣母升天大教堂、参议院大厦、伊凡大帝钟楼等。宫墙呈三角形，沿墙矗立着20余座精美的塔楼。宫内建筑金碧辉煌，尤以当年沙皇举行加冕典礼的圣母升天大教堂最为巍峨壮观。多棱宫曾是沙皇举行庆功典礼和接见外国使臣的殿堂。伊凡大钟楼始建于1505年，高81米，是为了悬挂世界钟王"沙皇钟"而建，是克里姆林宫最高的建筑。

3. 莫斯科大剧院

莫斯科大剧院建于1776年，是俄罗斯历史上最悠久的剧院，也是世界上享有盛名的十大歌剧院之一。该剧院是一座乳白色的古典主义建筑，门廊上方装饰着四匹骏马和太阳神阿波罗的马车。该剧院的演出大厅金碧辉煌，以金色为主色调，可容纳2 000多名观众。

4. 普希金广场

普希金广场位于莫斯科市中心。1937年，为纪念俄国伟大诗人普希金逝世100周

年,当时的苏联政府把苦行广场改名为普希金广场。广场上耸立着 4 米多高的普希金青铜纪念像。

(二)圣彼得堡

圣彼得堡曾名列宁格勒,位于俄罗斯西北部波罗的海沿岸、涅瓦河口,建于 1703 年,是俄罗斯第二大城市,也是一座水上城市,由涅瓦河三角洲上近百个岛屿组成,素有"北方威尼斯"之称。1712 年俄国首都从莫斯科迁至此地,直到 1918 年一直是俄国的首都。城内的古建筑群具有俄国早期巴洛克式建筑的特征,著名景点有冬宫、夏宫、伊萨基辅大教堂、喀山大教堂等。圣彼得堡是一座文化名城,俄国许多著名诗人和作家如普希金、高尔基等都曾在此生活和从事创作。该城也是世界上少数具有白夜的城市,每年的 5—8 月,全城几乎没有黑天。

1. 冬宫

冬宫坐落在圣彼得堡宫殿广场上,是一座长方形的蓝白相间的建筑,高三层,占地 9 万平方米,宫内房间 1 000 多间。冬宫原为沙皇的宫殿,始建于 1754 年,是 18 世纪中叶巴洛克式建筑的典范,"十月革命"后被辟为圣彼得堡国立艾尔米塔什博物馆的一部分,藏有不同时期的艺术珍品近 300 万件,与伦敦的大英博物馆、巴黎的卢浮宫、纽约的大都会艺术博物馆一起并称为世界四大博物馆。该馆最早是俄罗斯女皇叶卡捷琳娜二世的私人博物馆。

2. 夏宫

夏宫距圣彼得堡市约 30 千米,位于芬兰湾南岸的森林中,面向芬兰湾,占地近千万平方米,由美丽的喷泉、公园、宫殿组成,是历代俄国沙皇的郊外离宫。1704 年,彼得大帝下令兴建,1723 年宫殿、公园竣工。18 世纪中,为纪念俄国在北方战争中的胜利,在宫殿的前面建造了一个由 64 个喷泉和 250 多尊金铜像组成的梯级大瀑布。夏宫有"喷泉之都""喷泉王国"的美称,它有百余座雕像、150 座喷泉,较著名的有金字塔喷泉、太阳喷泉、橡树喷泉、亚当喷泉、夏娃喷泉等。1934 年后,夏宫被辟为民俗史博物馆。

3. 伊萨基辅大教堂

伊萨基辅大教堂坐落在圣彼得堡市区,于 1818 年破土动工,并于 1858 年竣工,历时 40 年,由法国青年蒙弗朗任设计师。伊萨基辅大教堂造型雄伟壮观,被视为俄罗斯晚期古典主义建筑的精华,与梵蒂冈的圣彼得大教堂、伦敦的圣保罗大教堂和佛罗伦萨的圣母百花大教堂并称为世界四大圆顶教堂。大教堂高约 102 米,圆顶直径约为 22 米。用橡木制成的 3 扇巨门,每扇门重达 20 吨,里面可容纳 1.4 万人。大教堂的内外部装修非常考究,耗费黄金 400 千克。教堂内有许多镀金的、青铜的和大理石雕塑,有多幅色彩斑斓的镶嵌画和宗教画,还有用乌拉尔宝石和名贵孔雀石、天青石制作的艺术品作为装饰。教堂内有铁梯可以直达顶部大平台,是俯瞰列宁格勒全城的最佳观景台。

（三）索契

索契位于黑海东岸，北依大高加索山脉，是俄罗斯最狭长的城市。大高加索山脉阻挡了北方的冷空气，黑海又像巨大的"暖水袋"一样散发热量，使索契终年温暖湿润，成为地球最北端的亚热带气候区。索契以温暖的海水和有医疗效果的硫化氢矿泉水而著称，是俄罗斯最大的海滨温泉疗养地。

索契是苏联作家尼古拉·奥斯特洛夫斯基的疗养地点，他在这里创作了《钢铁是怎样炼成的》。2014 年 2 月 7 日—2 月 23 日，第二十二届冬季奥林匹克运动会在索契举办。

（四）贝加尔湖

贝加尔湖位于东西伯利亚的南部，距蒙古国边界 111 千米，是由于地壳断裂陷落成湖。湖面狭长弯曲，好像一轮弯月，面积约 3 万平方千米，平均水深为 730 米，蓄水量达 2.3 万亿立方千米，占世界地表淡水的 1/5，是世界上最深、蓄水量最大的淡水湖。湖水清澈，透明度深达 40 米。这里的气候冬暖夏凉，有 300 多处矿泉，是俄罗斯东部地区最大的疗养中心。中国古代称其为"北海"，曾是中国古代北方民族的主要活动地区，汉代"苏武牧羊"的故事即发生于此。

二、饮食习俗

俄罗斯人的饮食具有浓郁的民族特色和醇厚的乡土气息，总的来说口味偏重，咸、甜、酸、辣、油大。他们以面包为主食，尤其爱吃用黑麦烤制的黑面包，以肉、鱼、禽、蛋和蔬菜为副食，喜食牛羊肉，不爱吃猪肉，偏爱的食物是黄油、酸牛奶、土豆、酸黄瓜、鱼子酱。俄罗斯是世界上人均消耗土豆最多的国家（100 千克/人/年），几乎与粮食的消费量相同。酒是俄罗斯人日常生活必不可少的物品。俄罗斯女士们一般喝香槟和果酒，而男士们则偏爱伏特加，每年的伏特加酒消费量居世界前列，远远超过了"饮酒大国"瑞典和芬兰。他们还喜欢一种发酵饮料格瓦斯。此外，俄罗斯人也爱喝红茶，但饮茶习惯与中国人不同，茶水中一般要放盐或糖，并配着果酱、蜂蜜、糖果和甜点心饮用。

三、旅游商品

俄罗斯最出名的纪念品是套娃、彩绘的勺子、盘子，当然还有俄罗斯的巧克力、伏特加、鱼子酱和其他一些工艺品。

1. 俄罗斯套娃

俄罗斯套娃是一种木制玩具，是俄罗斯最负盛名的特产。其一般由多个一样图案的空心木娃娃一个套一个组成，可多达 7 个，通常为圆柱形，底部平坦可以直立。套娃上最普通的图案是一个穿着俄罗斯民族服装的姑娘,叫作"玛特罗什卡",这也成为这种娃娃的通称。套娃是在 18 世纪初从日本传入俄罗斯的,至今已有近 300 年的历史。

2. 伏特加酒

伏特加酒是俄罗斯的传统酒精饮料,以谷物或马铃薯为原料,经过蒸馏制成高达 95°的酒精,再用蒸馏水淡化至 40°~60°,并经过活性炭过滤,使酒质更加晶莹澄澈,无色且清淡爽口,使人感到不甜、不苦、不涩。伏特加酒不仅是俄罗斯人生活的一部分,在某种程度上更是他们精神的寄托,深深地影响了俄罗斯的民族性格。

3. 鱼子酱

鱼子酱含有皮肤所需的微量元素、矿物盐、蛋白质、氨基酸和重组基本脂肪酸,不仅能够有效地滋润营养皮肤,还能抑制皮肤衰老,防止色素沉着,缓解皮肤干燥和瘙痒等问题,使皮肤红润有光泽。鱼子酱有"黑黄金"之称,其中产自白鲟的鱼子酱售价颇高。俄罗斯为鱼子酱的供应大国,还有阿塞拜疆、哈萨克斯坦和土库曼斯坦等国家也有出产。

四、节庆活动

俄罗斯重要的法定节日有国庆节(6 月 12 日),十月革命节(11 月 7 日),卫国战争胜利日(5 月 9 日)等;重要的民间节日有主降生日,诗人节(普希金诞辰纪念日,6 月 6 日)等。

东正教圣诞节:在西方,圣诞节是最重要的大节,几乎是全民性的。俄罗斯则根据东正教的教规,将复活节作为第一大节,圣诞节位居第二。东正教圣诞节从 1 月 7 日起持续两周,到主显节结束。虽说庆祝的是基督教节日,但许多活动和仪式却具有鲜明的多神教性质。

谢肉节:一般在 2 月底 3 月初,又称"送冬节",是俄罗斯最古老、最盛大的节日。节日持续 7 天,节后持续 7 周是斋期。节日期间,人们开展化妆演出、游戏、表演民族歌舞等活动来送走冬天。节日里象征太阳的俄式春饼在餐桌上必不可少。

五、旅游市场

联合国世界旅游组织发布的《世界旅游组织旅游亮点(2018 年版)》报告显示,2017 年俄罗斯接待外国入境游客总数达 2 439 万人次,旅游外汇收入 89.45 亿美元。2018 年共有 120 万名中国游客赴俄旅游,同比增长幅度达 13%。中俄已互为重要的旅游客源国和旅游目的地国。

任务练习

一、情景模拟

模拟俄罗斯的地陪人员,在参观游览的过程中向中国游客提供讲解服务,从而加深对俄罗斯主要的旅游城市和著名景点、俄罗斯的饮食习俗、旅游商品、节庆活动以及出入境旅游市场的了解。

二、知识检测

单选题

1. 莫斯科的景点不包括(　　　)。
   A. 克里姆林宫　　　B. 冬宫　　　　　C. 红场　　　　　D. 普希金广场

2. (　　　)原为沙皇的宫殿,"十月革命"后被辟为艾尔米塔什博物院的一部分。
   A. 克里姆林宫　　　B. 冬宫　　　　　C. 夏宫　　　　　D. 多棱宫

3. (　　　)曾名列宁格勒,是俄罗斯第二大城市,有"北方威尼斯"之称。
   A. 莫斯科　　　　　B. 圣彼得堡　　　C. 索契　　　　　D. 海参崴

4. 和梵蒂冈的圣彼得大教堂、佛罗伦萨的圣母百花大教堂、伦敦的圣保罗大教堂一起属于世界四大圆顶教堂的是(　　　)。
   A. 巴黎圣母院　　　　　　　　　B. 米兰大教堂
   C. 科隆大教堂　　　　　　　　　D. 伊萨基辅大教堂

5. 红场是俄罗斯的象征,是俄罗斯举行盛大仪式和各种重要活动的场所,广场西面是(　　　)。
   A. 克里姆林宫的红墙及三座高塔　　B. 国家历史博物馆
   C. 世界知名百货大楼古姆商场　　　D. 瓦西里·勃拉仁大教堂

6. (　　　)是俄罗斯人日常生活必不可少的酒类。
   A. 威士忌　　　　　B. 伏特加酒　　　C. 香槟　　　　　D. 葡萄酒

7. 中国古代称其为"北海",汉代"苏武牧羊"的故事即发生于(　　　)。
   A. 死海　　　　　　B. 里海　　　　　C. 黑海　　　　　D. 贝加尔湖

8. (　　　)是俄罗斯最古老、最盛大的节日,又称"送冬节",节日里象征太阳的俄式春饼在餐桌上必不可少。
   A. 圣诞节　　　　　B. 复活节　　　　C. 谢肉节　　　　D. 肉孜节

任务九 ● 比利时

任务描述

　　模拟旅行社的前台销售人员向咨询的客人介绍比利时的基本国情,去比利时旅行的基本常识与当地的习俗和禁忌,比利时的旅游城市和著名景点、饮食习俗、旅游商品、节庆活动及比利时的旅游市场。

任务内容

一、基本国情

(一)地理环境

　　比利时位于欧洲西部,北连荷兰,东接德国,东南面与卢森堡接壤,南侧和西南侧与法国交界,西北部隔多佛尔海峡与英国相望。其国土总面积为 3.05 万平方千米。因地处交通要塞,又是拉丁、日耳曼两大文化交汇处,故比利时有"西欧的十字路口"之誉。

　　比利时境内地势东南高、西北低。西北部沿海为佛兰德平原,中部是丘陵,东南部是阿登高原。临近德国边境的博特朗日山海拔 694 米,为全国最高峰。地形以丘陵平原为主,属"低地国家",其西北部是大面积沙质低地平原和经排水治理沼泽而形成的"堤围泽地"。

(二)发展简史

　　比利时长期为罗马人、高卢人、日耳曼人分割统治。9—14 世纪被各诸侯国割据。14—15 世纪建立了勃艮第公国。随后又陆续为西班牙、奥地利、法国所统治,1815 年被并入荷兰。1830 年 10 月 4 日独立。1867 年成为永久中立国。在两次世界大战中均被德国占领,第二次世界大战后加入北约。1958 年加入欧共体,并与荷兰、卢森堡结成经济联盟。1993 年完成国家体制改革,正式实行联邦制。

(三)民族、宗教

　　比利时人口为 1 137.6 万(2018 年 1 月)。比利时的民族以弗拉芒族和瓦隆族为主。官方语言为荷兰语、法语和德语。80%的居民信奉天主教。

（四）国旗、国徽

比利时全称"比利时王国"。国旗呈长方形,旗面从左到右由黑、黄、红三个平行相等的竖长方形相连构成。国徽为斗篷式。整个图案中心为盾面上一只直立的狮子,其后为交叉的君王节杖,象征王权。两侧各有一只举着国旗的狮子,上端为一顶王冠。国徽上端装饰着王冠和代表比利时九个省的九面旗帜。国花是虞美人。国鸟是红隼。

（五）行政区划

全国分为10个省和589个市镇。10个省分别为:安特卫普、西弗兰德、东弗兰德、林堡、弗拉芒布拉邦、瓦隆布拉邦、列日、埃诺、那慕尔和卢森堡。

（六）政治、经济

比利时实行君主立宪制,国王为国家元首和三军最高统帅,且女性王室成员亦有王位继承权。国王和议会共同行使立法权,与政府共同行使行政权,但实权在政府,政府对议会负责。

比利时为发达的资本主义工业国家,经济高度对外依赖,80%的原料靠进口,50%以上的工业产品供出口,中小企业为经济主力。安特卫普港是欧洲第二大港。经济北强南弱,弗拉芒大区出口占全国出口总额的近80%。比利时是世界原钻集散地,控制了世界80%的原钻交易、55%的加工钻交易、45%的工业用天然钻交易。钻石的主要来源地是刚果（金）、刚果（布）、利比里亚。主要出口方为中国和印度。比利时是世界上第一个在全部高速公路设置照明路灯的国家。比利时的铁路网密度在世界首屈一指,而且早在十多年前就已全部实现电气化。

（七）文学、艺术

比利时文化中保留着浓郁的日耳曼文化、罗马文化相互交融的印迹,同时又拥有其鲜明的个性色彩。比利时著名画家鲁本斯的作品被许多世界著名的博物馆收藏。文学家莫里斯·梅特林克是诺贝尔文学奖得主。布鲁塞尔皇家莫奈剧院,是欧洲大陆最著名的歌剧院之一。创立于1663年的安特卫普皇家艺术学院培养了许多轰动全球的年轻设计师。连环画已成为比利时文化不可分割的一部分。比利时连环画传奇人物丁丁的创造者——埃尔热在全世界十分有名。《丁丁历险记》被译成了四五十种文字。布鲁塞尔还建有专门的连环画博物馆。

二、出行须知

(一)基本常识

1. 气候

比利时属于温带海洋性气候,天气温和。冬季日照时间短、雨雾多,夏季凉爽;年平均气温为 10.8 ℃。

2. 货币

比利时以前用法郎,现在统一用欧元。汇率:1 欧元 = 7.940 7 人民币,1 人民币 = 0.125 9 欧元(2019 年 8 月 30 日)。

3. 时差

比利时分夏令时及冬令时。从每年 3 月的最后一个星期日到 10 月的最后一个星期日为夏令时,比中国北京时间晚 6 个小时;冬令时期间,比利时比中国北京时间晚 7 个小时。

(二)习俗和禁忌

1. 习俗

比利时人是欧洲诸国中最富进取心的民族之一。比利时男子相见施拥抱礼,在社交场合和工作交往中习惯于握手。比利时人喜爱社交活动,全国各地每三天必有一个集市、一个节日或一个嘉年华会。在比利时,如果应邀参加宴会,要按时赴约,可以带鲜花或糖果作为礼物,等女主人入座之后客人再坐下,而且要等女主人先用餐。

2. 禁忌

比利时人和其他欧洲诸国一样忌讳"13"和"星期五",忌送菊花,忌讳墨绿色,最忌蓝色,视蓝色为魔鬼的色彩。他们认为用食指指着别人是不礼貌的行为。与比利时人的交谈不要涉及政治、宗教及法语和弗拉芒语之间的区别,更不要涉及私生活。

三、旅游城市和著名景点

比利时虽属西欧小国,但在欧洲经济和政治生活中发挥着重要的作用和影响。比利时是北大西洋公约组织创始国,也是欧洲联盟的成员国。其首都布鲁塞尔有"欧洲首都"之称,是欧洲联盟、北大西洋公约组织等多个国际组织的总部所在地,每年有众多的国际会议在此召开,另有 200 多个国际行政中心和超过 1 000 个官方团体在此设有办事处。比利时班什的狂欢节、比利时与法国共有的巨人和巨龙游行都已被联合国教科文组织列入非物质世界文化遗产名录。

（一）布鲁塞尔

布鲁塞尔是比利时的首都，也是比利时第一大城市，是全国的政治、经济、文化中心和交通枢纽。其城区以中央大街为界，分上城和下城两部分。上城的主要名胜有王宫、皇家美术宫、乐器博物馆、布鲁塞尔原子塔等。下城为繁华的商业区，市中心广场被大文豪雨果赞为"世界上最美丽的广场"。广场四周屹立着许多中世纪的古建筑，其中以市政厅最为壮观，附近还有历史博物馆、天鹅咖啡馆（马克思、恩格斯当年工作、居住的地方）、著名作家维克多·雨果的故居等。

1.小于连铜像

这尊青铜小于连铜像完成于 1619 年，由比利时雕刻家捷罗姆·杜克思诺所打造。铜像位于市中心广场的市政厅附近，身高约 53 厘米，光着身子，叉着腰，无拘无束地在人面前撒尿，又译为"尿尿小童"，被誉为布鲁塞尔"第一公民"，已成为布鲁塞尔的标志。每逢重要节日人们都要给他穿上专门的服装。在比利时国家博物馆内，还有 300 余套世界各国赠送给"撒尿小孩"的各式民族服装。

2.原子球博物馆

原子球博物馆由 9 个铝制的大圆球和铁架组成，是一个放大约 2 000 亿倍的铁分子模型，是 1958 年为布鲁塞尔万国博览会设计的，为比利时 9 个省和西欧联合的象征，有"布鲁塞尔的埃菲尔"之称。原子球博物馆既是科普场所，同时也是旅游中心。

3.滑铁卢古战场

滑铁卢在布鲁塞尔以南约 10 千米处，1815 年，法国统帅拿破仑在这里全军覆灭，小镇从此成为世界闻名的古战场。这里有一座高约 50 米的人造土岗，岗顶屹立着一座高 8 吨重的狮子像，据说是用当年缴获的枪炮铸造的。

（二）布鲁日——"小威尼斯"

布鲁日位于比利时西北部，因流经市内的一座古罗马桥梁而得名。布鲁日 14 世纪时曾为欧洲最大的商港之一，其市容仍保留着中世纪风貌，小城四周有城墙环绕。城区河渠纵横，有"北方威尼斯"之称。城中心有两个紧邻的广场——布鲁日大广场和博格广场。主要景点有 13 世纪的圣母院（藏有 15 世纪意大利著名画家米开朗琪罗的《圣母像》）、14 世纪的哥特式市政厅、15 世纪的皇宫旧址、1887 年建造的新哥特式邮政大厦等，因此布鲁日又有"比利时艺术圣地"的美称。

（三）安特卫普——"钻石城"

安特卫普是佛兰德地区的首府、比利时第二大城市、比利时最大的港口和世界钻石加工及贸易中心，位于斯海尔德河下游。其现在已成为现代化程度较高的大海港，拥有 500 多个泊位，是欧洲第三大港口，仅次于鹿特丹和汉堡，年吞吐量达 1 亿多吨。其城内的鲁本斯故居博物馆、皇家艺术博物馆、国家海运博物馆以及钻石博物馆皆为博物馆中的佼佼者,是该城的骄傲。

四、饮食习俗

比利时是美食王国,饮食考究且丰盛,菜肴以各式海鲜最著名。比利时盛产的贻贝肥大且口味佳,以白酒蒸贝的烹饪方式最能表现其鲜美原味。比利时人喜欢啤酒、白兰地酒,饮后要喝咖啡,吃水果、雪糕等。比利时人口味喜清淡、鲜嫩,一般不吃油腻的菜;早餐习惯吃酸奶、水果。

比利时巧克力制作业历史悠久,与瑞士巧克力齐名,素有"巧克力王国"美称。巧克力的味道有传统的榛子、杏仁口味,也有香蕉味、草莓味和朗姆酒味等。比利时年人均巧克力消费量为 6.8 千克,每个家庭每年平均吃掉近 2 000 元人民币的巧克力。

在比利时,一定要品尝法兰德斯式的芦笋、布拉邦得式野鸡、根特的鸡汤、比利的干酪屑和烤苣菜,雪维菜炖鳝鱼、阿登高地的梅酱兔肉、野味和越橘也深受人们的喜爱。

五、旅游商品

钻石、蕾丝、手织的地毯、花边及台布、服装及餐巾、皮革制品、首饰、翻毛大衣、女装、焊锡器皿等都是比利时的特产。布鲁日盛产猎枪及水晶制品。布鲁塞尔和布吕赫的花边工艺也很著名。

六、节庆活动

比利时的重要节日有国庆日(7 月 21 日)和国王日(11 月 15 日)。

比利时的班什狂欢节是与法国尼斯、德国科隆和意大利威尼斯的狂欢节齐名的欧洲四大著名狂欢节之一,每年都吸引着全世界,特别是欧洲各国的游人前往参加和观看。班什狂欢节一般在每年的二三月间,即行宗教圣灰礼仪的星期三前举行,从星期日到星期二持续 3 天。班什狂欢节的活动内容有化妆游行、鼓乐演奏等。星期二的活动最隆重热闹,最具神秘色彩的人物"吉尔"这一天也会盛装亮相,身穿华丽的服装,头戴怪诞的面具和昂贵的鸵鸟毛帽子。

七、旅游市场

2018 年旅游人次增量最多的欧洲目的地国家有:塞尔维亚、比利时、西班牙、俄罗斯、波兰等。2017 年比利时酒店统计数据显示,全年入住人数超过 360 万人次,其中 22%是比利时本国人,12%是法国人,中国人占 2%,排第 9 位。

知识拓展

1. 丁丁的连环画

比利时漫画占据着重要的地位,其中《丁丁历险记》几乎已经成为比利时的国家名片。《丁丁历险记》是由比利时著名漫画大师埃尔热倾其毕生心血,精心创作的一部系列连环画佳作。书中讲述了一个名叫丁丁的年轻记者和他忠实的搭档——小狗米卢,以及他的伙伴们——阿道克船长、向日葵教授、警探杜邦和杜庞兄弟,一起周游世界各地,惩恶扬善,历险探奇的精彩故事。凭借着对风起云涌的 20 世纪所发生的重大事件的浓厚兴趣,埃尔热将 20 世纪风起云涌的历史与虚构的情节巧妙结合,描绘出一个个扣人心弦的冒险故事。他的每个故事都充满着离奇探险,以及幽默诙谐、健康向上的知识性和趣味性。自"丁丁"问世以来,已经陪伴全世界的读者走过了 80 多年的阅读历程,漫画被译成几十种语言,发行了 2.3 亿册,丁丁影响了几代不同肤色、不同国籍的少年儿童,他是比利时人的骄傲。为庆祝丁丁 50 岁生日,1979 年丁丁博物馆在布鲁塞尔宣告成立。埃尔热因为与中国留学生张充仁结下了不解之缘,之后在埃尔热创作的《蓝莲花》中,埃尔热让丁丁来到了中国。

2. 巧克力王国——比利时

吉利莲是比利时著名的巧克力品牌,有"巧克力王国中的至尊"之称,是海洋贝壳巧克力的始祖,现主要有"贝壳"(金贝壳)、"雪球"、"精典"、"宝石"、"情人"及"世界之粹"六大系列。它是比利时王室曾授予金质奖章的巧克力品牌。三十多年以前,在比利时的一个小伙子和一位姑娘,在爱情的名义下结为了夫妇,结婚典礼上他们收到了各种各样美丽的贝壳,这是源于比利时古老的传统——贝壳既代表最珍贵的礼物,也是对爱情最美好的祝愿。婚后,由于对巧克力共同的爱好,夫妇俩经常一起制作美味的巧克力,一次,他们突发奇想,用婚礼上收到的贝壳作为模型制作了海洋贝壳形状的巧克力。由于这种巧克力的美味及精致的外形,因而获得"巧克力王国中的至尊"之称。

比利时还生产贝壳巧克力、松露巧克力、什锦夹心巧克力、巧克力排块以及许多其他的巧克力品种。

任务练习

一、情景模拟

请模拟旅行社的前台销售人员向咨询的客人介绍比利时的概况、出国旅行需要注意的事项、行程安排及旅游特色。

二、知识检测

（一）单选题

1. 比利时位于欧洲西部,北部和(   )相邻。
   A. 卢森堡   B. 荷兰   C. 法国   D. 德国

2. 下列欧洲国家不是君主立宪制政体的是(   )。
   A. 比利时   B. 荷兰   C. 法国   D. 英国

3. (   )是比利时第二大城市、比利时最大的港口,号称"钻石城"。
   A. 安特卫普   B. 布鲁日   C. 布鲁塞尔   D. 根特

4. 被大文豪雨果赞为"世界上最美丽的广场"是(   )广场,广场上的天鹅咖啡馆是马克思、恩格斯当年工作、居住的地方。
   A. 协和   B. 威尼斯   C. 布鲁塞尔   D. 戴高乐

5. 比利时的巧克力和(   )齐名,这两个国家都是世界上最著名的巧克力王国。
   A. 瑞士   B. 荷兰   C. 法国   D. 英国

6. 关于比利时的叙述中不正确的是(   )。
   A. 有"巧克力王国"的美誉
   B. 首都布鲁塞尔有"欧洲首都"之称
   C. 官方语言有荷兰语、法语和英语三种
   D. 比利时的蕾丝堪称世界一流

7. 比利时传奇人物埃尔热在全世界十分出名,他创造了(   )。
   A. 阿尔卑斯长号   B. 连环画   C. 漫画   D. 泰迪熊

8. 小于连雕像,又称"撒尿小童",是(   )的第一公民,被视为该城的标志。
   A. 安特卫普   B. 布鲁日   C. 布鲁塞尔   D. 根特

（二）填表题

人口		国花		主要宗教	
民族		国鸟		首都	
语言				与北京时差	
货币				建国纪念日	

任务十 ● 奥地利

任务描述

模拟旅行社的前台销售人员,向咨询的客人介绍奥地利的基本国情、去奥地利旅行的基本常识、当地的习俗和禁忌、奥地利的旅游城市和著名景点、饮食习俗、旅游商品、节庆活动及旅游市场。

任务内容

一、基本国情

(一)地理环境

奥地利是中欧南部的内陆国。东邻匈牙利和斯洛伐克,南接斯洛文尼亚和意大利,西连瑞士和列支敦士登,北与德国和捷克接壤。面积为 83 871 平方千米。奥地利形如一把小提琴,是中欧大陆从南到北、从西到东的交通枢纽,素有"欧洲心脏之国"的美称,也是欧洲的文化中心。

奥地利西部多山,山地占全国面积的 70%。大格洛克纳山海拔为 3 797 米,为全国最高峰。东北部是维也纳盆地,北部和东南部为丘陵和高原,美丽的多瑙河在其境内蜿蜒流淌 350 千米。

(二)发展简史

996 年,史书中第一次提及"奥地利"。12 世纪中叶形成公国,成为独立国家。1278 年开始了哈布斯堡王朝长达 640 年的统治。18 世纪初,哈布斯堡王朝领土空前扩大。1815 年维也纳会议后,成立了以奥为首的德意志邦联。1866 年,奥在普奥战争中战败,邦联解散。1867 年与匈牙利签约,成立奥匈帝国。1918 年第一次世界大战结束后,帝国解体,成立共和国。1938 年 3 月,被德国吞并。第二次世界大战后被苏、美、英、法四国占领。1955 年 10 月,四个占领国撤出,奥重获独立。10 月 26 日,奥国民议会通过永久中立法,宣布不参加任何军事同盟,不允许在其领土上设立外国军事基地。自 1965 年起,10 月 26 日被定为奥地利的国庆日。

（三）民族、宗教

奥地利全国约有人口875万（2016年），其中外国人126.75万，占总人口的14.6%。本国居民中奥地利人约占其总人口的90%以上，其余为斯洛文尼亚人、克罗地亚人和匈牙利人。官方语言和国语均为德语。78%的人信奉天主教。

（四）国旗、国徽

奥地利全名"奥地利共和国"，拉丁语意为"东方的国家"，因其曾是查理曼帝国的东部边界而得名。

奥地利的国旗呈长方形，从上到下由红、白、红三个平行相等的横长方形相连而成，旗面正中是奥地利国徽图案。奥地利的国徽为一只鹰。黑色的雄鹰头戴金冠，两爪分别握着金色的锤子和镰刀，胸前的盾面上为国旗图案，鹰爪上还套有被打断的锁链。

奥地利的国花是火绒草，国鸟是家燕，国石为贵蛋白石。

（五）行政区划

奥地利全国划为9个州，分别为：布尔根兰州、克恩滕州、上奥地利州、下奥地利州、萨尔茨堡州、施泰尔马克州、蒂罗尔州、福拉尔贝格州和维也纳。州下设市、区、镇（乡）。

（六）政治、经济

奥地利实行联邦制和议会民主制下的总理负责制。总统是国家元首，由普选产生，任期六年。总理为政府首脑，任期五年。

奥地利是经济发达国家。奥地利的工业特点是国有化程度高，主要工业部门有钢铁、机械制造、化工、采矿、电子和汽车制造等。其农业发达，机械化程度高，主要农产品自给有余，农业以畜牧业为主，主要畜牧品种是猪和牛。奥地利地处欧洲中心，是欧洲重要的交通枢纽。奥地利拥有丰富的森林资源，仅次于瑞典和芬兰等北欧国家，是世界上最大的木材出口国之一。奥地利的木材加工业很发达，各地都有锯木厂、纸浆厂、造纸厂等。

（七）文学、艺术

奥地利孕育了众多享誉世界的音乐家，以音乐闻名于世，素有"音乐之乡"的美誉。著名的音乐家有海顿、莫扎特、舒伯特、约翰·施特劳斯父子，还有出生德国但长期在奥地利生活的贝多芬等。这些音乐大师是奥地利人永远的骄傲，为奥地利留下了极其丰厚的文化遗产。维也纳的金色大厅是全世界音乐人向往的神圣殿堂，每年在这里上演的维也纳新年音乐会可谓是世界上听众最多的音乐会。建于1869年的维也纳国家歌剧院是世界最有名的歌剧院之一，维也纳爱乐乐团也是世界上首屈一指的交响乐团。

世界上广泛流传的圣诞歌《平安夜》就诞生在奥地利。

弗洛伊德·西格蒙德是精神分析学派的创始人,主要著作有《梦的解析》等;斯蒂芬·茨威格是著名小说家、传记作家,代表作有《一个陌生女人的来信》《心灵的焦灼》《昨日的世界》等。

二、出行须知

(一)基本常识

1. 气候

奥地利属温带海洋性气候向温带大陆性气候过渡的气候区。1月平均气温为-2 ℃,7月为19 ℃。阿尔卑斯山区寒冬季节较长,夏季比较凉爽。

2. 货币

奥地利现在使用的货币为欧元。汇率:1 欧元 = 7.940 7 人民币,1 人民币 = 0.125 9 欧元(2019 年 8 月 30 日)。

3. 时差

奥地利分夏令及冬令时间。3月最后一个星期天到10月最后一个星期天实行夏时制,奥地利比中国北京时间晚6个小时;冬令时期间,奥地利比中国北京时间晚7个小时。

4. 其他

奥地利是"申根国家"之一,可在所有申根国家旅游,最长停留期限为 90 天。

(二)习俗禁忌

1. 习俗

奥地利人热情、和蔼可亲。他们在官方场合与人见面时习惯以握手为礼。奥地利人喜欢外国人了解自己民族的特性和谈论自己的成就。在奥地利,到主人家做客或应邀赴宴时,可着深色服装或浅色装;较正式的重要场合应着深色装,以示庄重;参加婚礼或生日庆祝活动可着浅色装;听音乐会、看歌剧须着深色装。奥地利人最喜爱绿色,狩猎装多半使用绿色。在奥地利,宴请可分为工作宴请和私人宴请两种,如参加私人宴请则须带礼品。

奥地利的餐馆以"鸽子"为星级标志,"鸽子"越多,餐馆越高级,最高为四星级。奥地利人爱好音乐,奥地利的音乐和戏剧闻名世界。奥地利人也酷爱滑雪、登山和打猎活动,滑雪是奥地利最受欢迎的运动项目之一。

2. 禁忌

和其他西方国家一样,奥地利人也忌讳"13""星期五"。在奥地利,和主人交谈时,不要主动议论钱、宗教或政治之类的话题。他们对外国人能否分清他们与德国人的区别很敏感,更不乐于别人把他们看成是德国人。他们在吃饭时,特别不愿意听到有人发出咀嚼食物的声音。他们在除夕夜忌讳吃虾,因为虾会倒着行走,象征不吉利。他们一般都不愿吃带骨刺的菜肴。

三、旅游城市和著名景点

奥地利旅游宣传片

奥地利是个精致的欧洲小国,音乐、森林、雪山被称为奥地利旅游"三宝"。奥地利以其2 000多年的悠久历史,风格各异的古建筑,由莫扎特、施特劳斯、海顿等著名音乐大师所造就的音乐圣地,维也纳森林,阿尔卑斯山,蓝色多瑙河等丰富的人文景观和自然美景吸引着全世界的游客前来观光游览。

(一)维也纳

维也纳是奥地利的首都,奥地利最大的城市,政治、经济、文化中心,位于多瑙河畔。其曾是统治奥地利长达640年之久的哈布斯堡王朝的古都。维也纳是第二大德语城市,仅次于柏林。维也纳是联合国的四个官方驻地之一,也是石油输出国组织、国际原子能机构等国际机构总部所在地。维也纳是婀娜多姿的华尔兹舞曲的故乡,也是著名的"音乐之都",奥地利人莫扎特、舒伯特和海顿,以及德国人贝多芬都先后来到维也纳,在此度过了他们的音乐生涯。许多公园和广场上矗立着他们的雕像,不少街道和建筑都以这些音乐家的名字命名。他们的故居和墓地也成为人们瞻仰之地。

1. 霍夫堡宫

霍夫堡宫位于维也纳市中心,于1696年动工,1713年落成,为奥地利哈布斯堡王朝的皇宫,又称"美景宫"或"百乐宫",是仿法国凡尔赛宫建造的古典宫殿。其中奥国公主玛利亚的起居室斥巨资打造,非常富丽堂皇。她后来嫁给拿破仑,因此也曾是拿破仑夫妇在此下榻的地方。珍宝馆中存放着历代帝王的华服、画像和珠宝;餐具室保存着哈布斯堡王朝使用过的餐具、玻璃水晶器皿和瓷器等。霍夫堡宫现为联邦总统办公场所和外交部所在地,皇宫的一部分已开辟为博物馆向公众开放。在皇宫前的英雄广场上树有欧根亲王跃马英雄铜像。

2. 美泉宫

美泉宫位于维也纳西南部,是哈布斯堡王室的避暑行宫,是巴洛克风格的建筑。1743年,奥地利女皇玛丽亚·特蕾西亚下令建造,总面积为2.6万平方米,仅次于法国的凡尔赛宫。宫内有1 400个房间,陈列有玛丽亚·特蕾西亚女皇加冕大典时用过的绣金马车。

3. 维也纳音乐厅

维也纳音乐厅是每年举行"维也纳新年音乐会"的法定场所,始建于1867年,是意大利文艺复兴式建筑。其外墙黄红两色相间,室内天花板上悬挂着水晶吊灯,古朴精致。音乐厅的收藏馆还珍藏有大量历代音乐书籍和乐谱,以及一些音乐大师的乐稿、书信和其他手迹。

4. 维也纳国家歌剧院

维也纳国家歌剧院是世界上一流的大型歌剧院,也是欧洲最古老的歌剧院之一,其仿照意大利文艺复兴时期大剧院的式样,全部采用意大利生产的浅黄色大理石修成,是"音乐之都"维也纳的主要象征,素有"世界歌剧中心"之称。歌剧院建于 1861—1869 年,1945 年遭受战争的摧毁,花了 10 年才整修一新。

(二)萨尔茨堡

萨尔茨堡位于奥地利的西部,是萨尔茨堡州的首府,是奥地利第四大城市,有"北方罗马"之称。萨尔茨堡是音乐天才莫扎特的出生地,莫扎特不到 36 年的短暂生命中超过一半的岁月是在萨尔茨堡度过的,也是指挥家赫伯特·冯·卡拉扬的故乡。贝多芬、海顿等音乐家在此创作了大量不朽的乐章。20 世纪 60 年代好莱坞电影《音乐之声》使其名扬世界。创始于 1920 年的萨尔茨堡国际音乐节盛况空前,至今仍是欧洲最隆重的音乐节之一。著名景点有霍亨萨尔茨堡、米拉贝尔宫、皇家花园、莫扎特博物馆等。其中霍亨萨尔茨堡是萨尔茨堡市的标志,矗立在 100 多米高的丘陵上,是中欧地区规模最大的一座中世纪古堡,曾是历代萨尔茨堡主教的居住地。城堡四周是又高又厚的城墙,内有大主教举行盛大宗教仪式的厅堂、音乐厅、主教居室等建筑,城内的布鲁克博物馆陈列着许多中世纪的艺术珍品。

(三)因斯布鲁克

因斯布鲁克是奥地利蒂罗尔州的首府,坐落在阿尔卑斯山谷之中,意为"因河"上的桥。因斯布鲁克是提罗尔省的省会,也是著名游览城市和冬季运动胜地。该城历史悠久,城内古迹众多,目前旧城区仍保留着中世纪后期的风貌。城内的霍夫教堂内有马克西米连一世皇帝的大型纪念碑,周围矗立着 28 尊其祖先的青铜雕像。

四、饮食习俗

奥地利的菜肴丰富多彩,有很多是奥匈帝国时期留下的风味菜,如维也纳炸牛排、精煮牛肉、烤排骨、肝丸子汤等。其甜食点心举世闻名,最出名的有撒哈巧克力蛋糕、萨尔茨堡发糕等。奥地利人除了饮咖啡外,还爱喝酒,一般都是干白葡萄酒和低度的果酒。奥地利人以面粉、玉米和马铃薯为主食,口味偏重,喜咸、辣、甜。

五、旅游商品

奥地利传统工艺制作的室内装饰品如灯具,银、铜、不锈钢摆件,瓷器和银器餐具,全羊毛服装,高级手提包和装饰品,设计时髦的珠宝首饰等,以精湛的工艺和极佳的质量为世人所推崇。维也纳奥卡滕手工绘制的瓷器工艺品,也是馈赠亲友的佳品;施华洛世奇的水晶产品更是享誉世界;维也纳的甜点如苹果卷、奶酪卷、莫扎特巧克力等也非常有名。

六、节庆活动

奥地利的重要节日有新年(1 月 1 日);复活节(每年春分月圆之后第一个周日,3月 21 日—4 月 25 日);五一国际劳动节(5 月 1 日);国庆日(10 月 26 日);圣诞节(12月 25 日)。

狂欢节是奥地利民间最重要的节日,开始于复活节前 40 天。其间人们吃斋饭、化妆、庆祝节日的到来。狂欢节最后两天,无论男女老少都带着各种动物面具,穿着民族服装跳舞,节日气氛达到高潮。

七、旅游市场

奥地利旅游业发达,2015 年接待游客 1.35 亿人次,其中外国游客 9 874 万人次。全国有各类旅馆 64 500 家,共有床位 110 万张。外国游客主要来自德国、荷兰、瑞士、英国、意大利和匈牙利等国。

知识拓展

1. 欧洲最美的皇后——茜茜公主

茜茜公主,是奥匈帝国皇帝弗兰茨·约瑟夫一世的妻子,也是奥地利皇后和匈牙利王后。她是 20 世纪欧洲最美的皇后。

伊丽莎白(也被称作茜茜)是巴伐利亚王室维特尔斯巴赫家族的一员。16 岁时与弗兰茨·约瑟夫结婚之前,茜茜一直在无拘无束的环境中成长。婚后,毫无准备的茜茜被强行推入了与其性格极其不相符的古板沉闷的哈布斯堡宫廷生活。一开始,茜茜就子女的养育问题与她的婆婆巴伐利亚的索菲公主产生了巨大的争执。之后她为了排泄心中的苦闷,经常会前往生活更为自在的匈牙利访问。她与匈牙利建立了深厚的感情,并在 1867 年促成了奥匈帝国的诞生。

随着她的独子鲁道夫和他的情妇双双殉情自杀,茜茜受到了前所未有的巨大打击。她离开了奥地利宫廷,并在没有家人陪伴的情况下四处旅行。1898 年,茜茜在瑞士的日内瓦遭到意大利的无政府主义者路易吉·卢切尼的暗杀,不幸去世。茜茜一共当了44 年的奥地利皇后,也是奥地利在位时间最长的皇后。

2. 施华洛世奇水晶

施华洛世奇为全球首屈一指的精确切割仿水晶制造商,为时尚服饰、首饰、灯饰、建筑及室内设计提供仿水晶元素。

施华洛世奇企业的两个主要业务分别是负责制造及销售仿水晶元素和设计制造成品。施华洛世奇仿水晶已成为国际设计作品必备的元素。自 1965 年起,公司便为高级首饰业提供精确切割的天然及人造宝石。

✎ **任务练习**

一、情景模拟

请模拟旅行社的前台销售人员向咨询的客人介绍奥地利的概况、出国旅行需要注意的事项、行程安排及特色。

二、知识检测

（一）单选题

1. 世界上广为流传的圣诞歌《平安夜》诞生于(　　)。
　　A. 瑞士　　　　　　B. 德国　　　　　　C. 奥地利　　　　　D. 法国

2. 奥地利的(　　)享誉世界。
　　A. 军刀　　　　　　B. 皮具　　　　　　C. 刀具　　　　　　D. 施华洛世奇水晶

3. 下面关于维也纳的叙述中不正确的是(　　)。
　　A. 曾是统治奥地利长达 640 年之久的哈布斯堡王朝的古都
　　B. 维也纳的著名景点有维也纳音乐厅、霍夫堡宫、美泉宫等
　　C. 维也纳是婀娜多姿的华尔兹舞曲的故乡,也是著名的"音乐之都"
　　D. 维也纳也是著名音乐家莫扎特、卡拉扬的故乡

4. 奥地利居民中 90%以上是奥地利人,官方语言和国语均为(　　)。
　　A. 德语　　　　　　B. 法语　　　　　　C. 英语　　　　　　D. 拉丁罗曼语

5. 奥地利的餐馆以(　　)作为餐馆的星级标志。
　　A. 孔雀　　　　　　B. 鸽子　　　　　　C. 猫头鹰　　　　　D. 仙鹤

6. 下面关于萨尔茨堡的叙述中不正确的是(　　)。
　　A. 萨尔茨堡是音乐家莫扎特、贝多芬的出生地,也是指挥家卡拉扬的故乡
　　B. 20 世纪 60 年代好莱坞电影《音乐之声》使其名扬世界
　　C. 萨尔茨堡国际音乐节至今仍是欧洲最隆重的音乐节之一
　　D. 霍亨萨尔茨堡,曾是历代萨尔茨堡主教的居住地,是该城的标志

7. 巧克力生产比较闻名的国家不包括(　　)。
　　A. 瑞士　　　　　　B. 奥地利　　　　　C. 比利时　　　　　D. 荷兰

8.下列关于奥地利文学艺术的叙述中不正确的是(　　)。

　　A.大约翰·施特劳斯的代表作《拉德斯基进行曲》是每年维也纳新年音乐会的压场曲

　　B.著名小说家弗洛伊德的代表作是《一个陌生女人的来信》

　　C.音乐天才莫扎特歌剧的代表作是《费加罗的婚礼》《魔笛》等

　　D."圆舞曲之王"小约翰·施特劳斯的代表作是《蓝色的多瑙河》

(二)填表题

人口		国花		主要宗教	
民族		国鸟		首都	
语言		国石		与北京时差	
货币				建国纪念日	

任务十一 ● 捷克

任务描述

　　模拟旅行社的前台销售人员,向咨询的客人介绍捷克的基本国情、去捷克旅行的基本常识、当地的习俗和禁忌、捷克的旅游城市和著名景点、饮食习俗、旅游商品、节庆活动及旅游市场。

任务内容

一、基本国情

(一)地理环境

　　捷克,全称捷克共和国,地处欧洲中部。东靠斯洛伐克,南邻奥地利,西接德国,北毗波兰。面积约为 78 866 平方千米。捷克处在三面隆起的四边形盆地,土地肥沃。北有克尔科诺谢山,南有舒玛瓦山,东部和东南部为捷克-摩拉维亚高原。境内伏尔塔瓦河最长,流经布拉格。易北河发源于捷克的拉贝河,可以通航。

(二)发展简史

5—6世纪,斯拉夫人西迁至该地区,623年建立萨摩公国,830年建立大摩拉维亚帝国。10世纪上半叶成立捷克公国。1419—1437年,捷克地区爆发了反对罗马教廷和德意志贵族封建统治的胡斯运动。1620年,捷克(波希米亚王国)被哈布斯堡王朝吞并。第一次世界大战后奥匈帝国瓦解,捷克与斯洛伐克联合,于1918年10月28日成立捷克斯洛伐克共和国。第二次世界大战期间被纳粹德国占领,后在苏军的帮助下获得解放。1948年2月,捷克斯洛伐克共产党开始执政。1960年7月改国名为捷克斯洛伐克社会主义共和国。1969年4月,胡萨克出任捷共第一书记(后为总书记),1975年任总统。1989年11月,捷克政权更迭,实行多党议会民主制。1990年改国名为捷克和斯洛伐克联邦共和国。1992年12月31日,联邦共和国解体。1993年1月1日起,捷克和斯洛伐克分别成为独立的主权国家。

(三)民族、宗教

捷克人口为1 064万(2018年10月)。其中约90%以上为捷克族,斯洛伐克族占2.9%,德意志族占1%,此外还有少量波兰族和罗姆族(吉卜赛人)。官方语言为捷克语。主要宗教为罗马天主教。

(四)国旗、国徽

捷克国旗呈长方形,长宽之比为3∶2。旗面由蓝、白、红三色组成。左侧为蓝色的等腰三角形;右侧是两个相等的梯形,上白下红。白色代表神圣和纯洁;红色象征勇敢和不畏困难的精神;蓝色来自摩拉维亚和斯洛伐克徽章的颜色。

捷克国徽分大小两种。大国徽为方形盾徽,盾面分四部分:左上方和右下方为红地上白色的双尾狮,代表波希米亚;右上方为蓝地上红白色相间的鹰,代表摩拉维亚;左下方为黄地上头戴金冠的黑鹰,代表西里西亚。小国徽为盾形,盾面为红色,上有一头戴金冠的双尾狮。

捷克国花是玫瑰(传统)、香石竹(大众),国石是欧泊,国树是椴树,国鸟是捷克椋。

(五)行政区划

捷克共和国自1993年1月1日独立后,波希米亚分为5州,摩拉维亚分为2州,首都布拉格为直辖市。2000年1月1日起正式施行现在的体制,全国共划分为14个州级单位,其中包括13个州和首都布拉格市。各州下设市、镇。

(六)政治、经济

捷克采取多党议会民主制。议会为国家最高立法机构,实行参议院、众议院两院制。

总统为国家元首,由议会两院联席会议选举产生。政府为最高行政权力机构,由总理、副总理和各部部长组成,由总统任免。

捷克为中等发达国家,工业基础雄厚。2009 年受国际金融危机影响捷克国内经济下滑,2014 年以来实现缓慢复苏,近两年增长势头强劲。其主要工业部门有机械、化工、冶金、纺织、电力、食品、制鞋、木材加工和玻璃制造等,其中纺织、制鞋、啤酒酿造均闻名于世。捷克是啤酒生产和消费大国。旅游业也是捷克经济收入的重要来源之一。

(七)文学、艺术

捷克诞生了卡夫卡、哈谢克、塞弗尔特、昆德拉等世界级文学巨匠。捷克在 20 世纪曾有过两次文学艺术的繁荣,第一次繁荣是 20 世纪初捷克斯洛伐克共和国成立后,捷克出现了许多文学大家,比如人们熟知的雅洛斯拉夫·哈谢克(代表作《好兵帅克》)、弗拉迪斯拉夫·万楚拉、卡·恰佩克,还有曾经获得诺贝尔文学奖的捷克诗人雅罗斯拉夫·塞弗尔特。第二次繁荣则源于 20 世纪 60 年代,那时有瓦茨拉夫·哈维尔、米兰·昆德拉(代表作《玩笑》和《生命不能承受之轻》)、伊凡·克里玛这三位并称为“捷克文坛三驾马车”。此外,博胡米尔·赫拉巴尔的《过于喧嚣的孤独》是捷克读者最喜爱的作品。还有一辈子在布拉格生活的作家卡夫卡,其代表作《审判》《变形记》《城堡》为广大中国读者所熟知。

二、出行须知

(一)基本常识

1.气候

捷克属北温带,典型的温带大陆性气候区。四季分明,夏季炎热,冬季寒冷多雪。夏季平均气温约为 25 ℃,冬季平均气温约为-5 ℃,气候湿润,年均降水量为 674 毫米。

2.货币

本币为捷克克朗,国际货币符号为 CZK。汇率:1 捷克克朗 = 0.306 9 人民币,1 人民币 = 3.258 捷克克朗(2019 年 8 月 30 日)。

3.时差

捷克分夏令及冬令时间。3 月最后一个星期天到 10 月最后一个星期天实行夏时制,捷克比中国北京时间晚 6 个小时;冬令时期间,捷克比中国北京时间晚 7 个小时。

4.其他

捷克是申根协定的成员国,可在所有申根国家旅游,最长停留期限为 90 天。

（二）习俗和禁忌

1. 习俗

捷克人穿着比较讲究,正式场合穿着西装或长大衣,天气寒冷时还戴帽子,围较长、较宽的漂亮围巾,妇女爱穿具有传统风格的黑色或深红色裙子。捷克人很注重风度,谈吐文雅,彬彬有礼;对长辈十分恭敬,扶老携幼者随处可见;称呼时,一般称呼先生、小姐;见面行握手礼。捷克人习惯吃西餐,也爱吃中国菜,尤其喜爱广东菜肴。捷克官方是禁止小费的,但私下给小费仍受欢迎。

2. 禁忌

捷克民族将玫瑰花视为国花,人们普遍忌讳红三角图案。在捷克,受欢迎的谈话内容是体育运动等,不受欢迎的话题是政治问题和家庭琐事等。捷克人不吃鸡爪、鸡头、鸭头、狗肉。捷克人对举止轻浮的人非常讨厌,对公众场合勾肩搭背的现象也没有好感。

三、旅游城市及著名景点

（一）布拉格

布拉格是捷克的首都和最大的城市,位于中波希米亚州,是一座美丽而古老的山城,伏尔塔瓦河流经市区。城内多塔式古建筑,高高低低的塔尖毗连一片,因而被称为"百塔之城"。布拉格地处欧洲大陆的中心,交通地位十分重要,是一座著名的旅游城市,市内拥有为数众多的各个历史时期、各种风格的建筑,特别是巴洛克式和哥特式建筑独具特色,号称欧洲最美丽的城市之一,也是全球第一个整座城市被认定为世界文化遗产的城市。主要景点有:布拉格城堡、黄金巷、布拉格广场(老城广场)、查理大桥、圣维塔大教堂、圣乔治女修道院、旧皇宫、圣乔治教堂、火药塔等。

1. 布拉格城堡

布拉格城堡位于伏尔塔瓦河的丘陵上,始建于 9 世纪,至今已有 1 000 多年的历史。

不同于一般的单座城堡,布拉格城堡是由教堂、宫殿、修道院、塔楼、花园、街巷等组成的城堡建筑群,占地近 7 万平方米,城堡过去是皇帝、国王的宫殿,至今仍是捷克政治权力的中心、总统办公所在地。60 多年来,历届总统的办公室均设在堡内,所以又称"总统府"。城堡由四个庭院组成,其中第一、二庭院为总统办公区域,第一庭院为总统接待国宾来访举行阅兵式的地方,门口身穿蓝色制服的卫兵每天中午 12 点的换岗仪式极具观赏性。城堡中较大的厅为西班牙大厅和弗拉迪斯拉夫大厅,西班牙大厅是总统举行授勋仪式和国宴的场所,弗拉迪斯拉夫大厅是总统举行就职典礼等大型政治活动的地方。1992 年,布拉格城堡被列入世界文化遗产名录。

城堡中最醒目的建筑是圣维特大教堂,该教堂始建于 1344 年,主塔高 102.8 米,它是布拉格最明显的地标和捷克国家精神的象征,也是波希米亚历代国王加冕和辞世后的长眠之地,里面收藏有国王加冕的法器。

2. 黄金巷

黄金巷位于布拉格城堡内圣乔治大教堂和玩具博物馆之间,是一条出售手工艺品的商业街,也是布拉格最诗情画意的街道。黄金巷原本是仆人工匠居住之处,后来因为聚集了不少为国王炼金的术士而得名。20 世纪中期,捷克政府重新规划,将原本的房舍改为店铺,每家商店经营不同种类的纪念品和手工艺品,例如 16 号的木制玩具、20 号的锡制布拉格小士兵、21 号的手绘衣服,19 号商店的外观最有看头,是花木扶疏的可爱花园小屋。

3. 布拉格广场(老城广场)

布拉格最著名的广场是老城广场。老城广场的中心是扬·胡斯雕像。广场最具特色的古建筑是自鸣钟。

4. 查理大桥

查理大桥是捷克最美丽的桥梁。在桥上可以看到许多文艺复兴时期和哥特式建筑的房舍。

(二)克鲁姆洛夫

克鲁姆洛夫位于捷克南部的波希米亚地区,被宽阔蜿蜒的伏尔塔瓦河环抱着。石板街、流水、桥堤构成了古镇的一切,大部分建筑建于 14—17 世纪,多为哥特式和巴洛克式风格。古堡塔是镇上最高的建筑,也是克鲁姆洛夫最明显的地标,它是仅次于布拉格古堡的捷克第二大古堡。以城堡为中心的中世纪城市一望无边,令人惊叹,被誉为世界上最美丽的小镇之一,1992 年,被联合国教科文组织授予"世界文化和自然双重遗产"。

四、饮食习俗

捷克的饮食风格受德国、匈牙利和波兰的影响,略有中欧特色。捷克人习惯吃西餐,饮食以猪肉为主,烤猪肉可谓捷克的国菜,还有猪肉排、马铃薯、甜酸菜和馒头片,水果、蔬菜较少。捷克人也喜爱吃中国菜,尤其喜爱广东菜。捷克人喜饮啤酒,每年的人均啤酒消费量居世界前列。捷克当地酿制的皮尔森啤酒相当知名,摩拉维亚地区的葡萄酒也不错。

五、旅游商品

水晶制品是到捷克游览必购的纪念品,价廉物美,其主要制品有花瓶、酒具、烛台、灯具等,摩瑟是最好的品牌,其水晶杯均为手工制作,非常精美,但价格较高。捷克的提线木偶闻名欧洲,是老少皆宜的纪念品。其石榴石的成分与其他地方的略有不同,独特的深红色深受人们喜爱。捷克的药酒又叫温泉酒,也叫草乐苦酒,主要成分是药草加上温泉水的利口酒,对肠胃疾病有极佳疗效。

六、节庆活动

捷克的国庆日是 10 月 28 日。第一次世界大战后奥匈帝国瓦解,1918 年 10 月 28 日成立捷克斯洛伐克共和国。1993 年 1 月 1 日捷克斯洛伐克分裂为捷克和斯洛伐克两个独立的国家。捷克仍沿用原捷克斯洛伐克每年的 10 月 28 日为国庆日。

七、旅游市场

2018 年赴捷克旅游的外国游客数量超过 1 060 万人次,较 2017 年增加了 55 万人次。其中来自德国的游客最多,首次突破 200 万人,其次是斯洛伐克和波兰,中国游客排名第四,达到 62 万人,同比增长 26.5%。

任务练习

一、情景模拟

请模拟旅行社的前台销售人员介绍捷克的基本概况、旅游资讯或注意事项、行程安排及特色等。

二、知识检测

(一)选择题

1. 捷克南部和(　　)相邻。
   　A. 德国　　　　　　B. 斯洛伐克　　　　C. 奥地利　　　　　D. 波兰
2. 捷克主要信奉(　　)。
   　A. 天主教　　　　　　　　　　　B. 东正教
   　C. 伊斯兰教　　　　　　　　　　D. 基督教新教
3. 捷克标准时间比中国北京时间晚(　　)小时。
   　A. 4　　　　　　　B. 5　　　　　　　C. 6　　　　　　　D. 7
4. 捷克的国徽上,红地上白色的双尾狮代表(　　)。

A. 波希米亚   B. 西里西亚

C. 摩拉维亚   D. 奥洛穆茨

5.（　　）其代表作《审判》《变形记》《城堡》为广大中国读者所熟知。

A. 雅洛斯拉夫·哈谢克   B. 卡夫卡

C. 米兰·昆德拉   D. 雅罗斯拉夫·塞弗尔特

6.（　　）是全球第一个整座城市被认定为世界文化遗产的城市。

A. 布拉格   B. 克鲁姆洛夫

C. 布尔诺   D. 奥斯特拉发

7. 布拉格城堡作为总统办公所在地,其最重要的地标建筑是(　　)。

A. 圣乔治教堂   B. 旧皇宫

C. 圣维特大教堂   D. 黄金巷

8. 下面有关捷克的叙述中错误的是(　　)。

A. 将玫瑰花视为国花,人们普遍忌讳红三角图案

B. 捷克人对举止轻浮的人非常讨厌

C. 捷克人喜欢吃烤猪肉、鸡爪、鸡头、鸭头,不吃狗肉

D. 捷克人喜饮啤酒,每年的人均啤酒消费量居世界前列

（二）填表题

人口		国花		主要宗教	
民族		国鸟		首都	
语言		国树		与北京时差	
货币				国庆节	

任务十二 ● 葡萄牙

⚙ 任务描述

　　模拟旅行社的前台销售人员向咨询的客人介绍葡萄牙的基本国情、去葡萄牙旅行的基本常识、当地的习俗和禁忌、葡萄牙的旅游城市和著名景点、饮食习俗、旅游商品、节庆活动及旅游市场。

任务内容

一、基本国情

（一）地理环境

葡萄牙位于欧洲西南部伊比利亚半岛西南部，国土面积约为 9.22 万平方千米，东、北面与西班牙接壤，西、南面濒临大西洋，与非洲大陆隔海相望。地势东北高、西南低，多山地丘陵。伊什特雷拉山海拔为 1 993 米，为全国最高峰。

（二）发展简史

葡萄牙是欧洲古国之一，10 世纪以前长期受罗马人、日耳曼人和摩尔人的统治。1143 年成为独立王国。15、16 世纪在非、亚、美洲建立大量殖民地，成为海上强国。1580 年被西班牙吞并，1640 年摆脱西班牙统治。18 世纪末，法国拿破仑军队入侵葡萄牙，1811 年葡萄牙在英国帮助下赶走法国军队。1820—1910 年确立君主立宪制。1910 年 10 月成立第二共和国。1926 年 5 月建立军人政府，开始"新政"。1932 年萨拉查就任总理，实行法西斯独裁统治。1974 年 4 月 25 日，极右政权被推翻，开始民主化进程，同时放弃在非洲的葡属殖民地，葡萄牙正式成为西方民主制度国家，现为欧盟、申根成员国、欧元区国家之一。

（三）民族、宗教

葡萄牙人口为 1 029.1 万（2017 年），主要为葡萄牙人。外国合法居民约为 40 万人，主要来自巴西、安哥拉、莫桑比克等葡语国家及部分欧盟国家。官方语言为葡萄牙语。劳动人口约为 522.6 万。约 84.5%的居民为天主教徒。

（四）国旗、国徽

葡萄牙的国旗呈长方形，长与宽之比为 3∶2。旗面由左绿右红两部分组成，绿色部分是一个竖长方形，红色部分接近正方形，其面积为绿色部分的 1.5 倍。红、绿连线的中间绘有葡萄牙国徽。葡萄牙国徽主体部分是一个金色的浑天仪，这是古老的航海仪器，代表葡萄牙人的航海成就。浑天仪中央为一面白盾，盾面上五个蓝色小盾组成"十"字形。浑天仪周围饰有橄榄枝。葡萄牙的国花是石竹、薰衣草。

（五）行政区划

葡萄牙全国分为 18 个大区，分别为：里斯本、波尔图、科英布拉、维亚纳堡、布拉加、雷阿尔城、布拉甘萨、瓜达、莱里亚、阿威罗、维塞乌、圣塔伦、埃武拉、法鲁、布兰科堡、波塔莱格雷、贝雅、塞图巴尔。另有亚速尔群岛和马德拉群岛 2 个自治区。

（六）政治、经济

葡萄牙是议会制共和国。宪法规定,总统、议会、政府和法院是国家权力机构;总统为武装部队最高司令,根据政府提名任免总参谋长和三军将领。议会实行一院制,议员由普选产生,任期四年。

葡萄牙是欧盟中等发达国家,工业基础较薄弱。纺织、制鞋、酿酒、旅游等是其国民经济的支柱产业。葡萄牙的软木产量占世界总产量的一半以上,出口量位居世界第一。

海洋捕捞业较发达,以捕捞沙丁鱼、金枪鱼、鲭鱼、章鱼为主。葡萄牙是世界上主要的葡萄酒生产国之一,是欧洲番茄酱的最大供应国。近年来,西班牙的服务业和旅游业发展迅速。

（七）文学、艺术

葡萄牙拥有悠久的历史,取得了丰富的文化与艺术成就。葡萄牙的最早诗歌集是13 世纪末编的《阿儒达歌集》。葡萄牙最早的小说是 14 世纪的骑士小说《阿玛迪斯·德·高拉》。1998 年,葡萄牙人萨拉马戈获得了该年度的诺贝尔文学奖。

葡萄牙的建筑、艺术魅力十足,宫殿、教堂、画宫、博物馆比比皆是。马赛克是葡萄牙典型的装饰艺术,也是 17 世纪主要建筑的装饰特征之一。

二、出行须知

（一）基本常识

1. 气候

葡萄牙气候宜人,冬季温暖湿润,夏季相对干燥。北部属温带海洋性气候,南部属亚热带地中海气候。1 月平均气温为 7~11 ℃,7 月为 20~26 ℃。

2. 货币

葡萄牙是首批加入欧元区的国家。汇率:1 欧元 = 7.940 7 人民币,1 人民币 = 0.125 9 欧元(2019 年 8 月 30 日)。

3. 时差

葡萄牙分夏令及冬令时间。3 月最后一个星期天到 10 月最后一个星期天实行夏时制,葡萄牙比中国北京时间晚 7 个小时;冬令时期间,葡萄牙比中国北京时间晚 8 个小时。

4. 其他

葡萄牙是"申根国家"之一,可在所有申根国家旅游,最长停留期限为 90 天。

（二）习俗和禁忌

1. 习俗

由于受到罗马天主教会的影响巨大,葡萄牙仍然是一个非常守旧和传统的国家。正式场合一般行握手礼。葡萄牙男子习惯拥抱并互拍肩膀为礼,女子在熟人之间相见时则以亲吻对方的脸为礼。他们习惯在人名前加上某种称呼,以表示礼貌与尊重。足球是葡萄牙人的第一运动,任何场合的话题几乎都离不开足球。葡萄牙也盛行斗牛表演,但提倡文明斗牛,不将牛在场内杀死。

2. 禁忌

葡萄牙人和其他基督教国家一样忌讳"13"和"星期五"。他们忌讳对妇女粗鲁无礼。葡萄牙人不喜欢久久盯视别人,认为这是一种缺乏教养的表现。谈话中应避免涉及有关政治和政府的话题。

三、旅游城市和著名景点

葡萄牙旅游业发达,旅游景观以海滨风光、山间避暑胜地和古迹为主。波尔图以葡萄酒著名,游人可以"享尽人间美酿",除尽情品尝葡萄酒外,这里还有圣弗朗西斯科教堂、卡兰卡斯宫、水晶宫等名胜;马德拉群岛上有奇峰、绝壁、飞瀑,风光无限,是冬季游览胜地;米拉德埃雷山,以雄伟的古堡和奇特的溶洞享誉世界。埃武拉历史名城、特塞拉岛上的英雄港、巴塔利亚市的巴塔利亚修道院、里斯本的圣耶鲁米修道院与贝伦塔、托马尔的基督教修道院等,已被列入世界文化遗产名录。

（一）里斯本

里斯本是葡萄牙的首都和最大的城市,也是全国政治、经济、文化中心。全城以庞巴尔侯爵广场为界,分新城区和阿尔法马城区。阿尔法马城区处处洋溢着一种明媚多姿的南欧国家情调,是里斯本最富古老风情的地方。特茹河流经里斯本城南入海,河上架有萨拉扎尔大桥,长为 3 018 米,是欧洲最长的吊桥。里斯本的圣乔治城堡、花地玛、基卢兹宫、热罗尼莫斯隐修道院、圣耶鲁修道院、卡尔马教堂、黑马广场、古本江公园等皆为名胜。

1. 圣乔治城堡

圣乔治城堡是里斯本市的最高点,城顶矗立着圣乔治王子的塑像,保留着有 400 年历史的炮台。1580 年,里斯本陷入西班牙人的统治,葡萄牙圣乔治王子率领军民孤守城堡,坚持了半年之久,在葡萄牙历史上留下了光辉的一页,受到葡萄牙人的爱戴。

2. 花地玛

花地玛位于里斯本以北约 180 千米处,是葡萄牙著名的宗教圣地,每逢星期日或其他宗教节日,都会举行盛大的宗教仪式,有"没有到过花地玛,不算到过葡萄牙"之说。

3. 基卢兹宫

基卢兹宫被人们称为"总理避暑官邸"。它距里斯本西北约 153 千米,是个典型的洛可可式宫殿,有"小凡尔赛宫"的美称。整个建筑外部呈粉红色,室内用大理石镶砌,宫内收藏了来自世界各地的艺术珍品,包括葡萄牙本国的古物和花毡、中国古色古香的屏风以及奥地利精致的瓷器等。

(二)波尔图

波尔图位于杜罗河口北岸,是葡萄牙第二大城市和重要海港。波尔图盛产的波特酒(葡萄酒的一种)举世闻名,这里也是玫瑰花、山茶花的种植地。波尔图的市中心是著名的里贝拉步行区。波尔图最热门的旅游景点是路易斯一世桥——一座金属的双层拱桥,连接着波尔图和加压新城。

(三)辛特拉市

辛特拉市坐落在里斯本海岸的山麓上,距离里斯本仅 1 个小时的车程,是阿拉伯贵族与葡萄牙王室的夏宫所在地。辛特拉拥有漂亮的别墅、官邸、城堡和宫殿,如著名的佩纳宫,是一座可与德国新天鹅堡媲美的梦幻般的城堡,也是辛特拉市的重要城市名片。辛特拉市有很多摩尔人的遗迹,被誉为"灿烂的伊甸园"。

(四)罗卡角

罗卡角位于欧洲大陆的最西端,故有"欧洲之角"之称。罗卡角三面环海,崖高壁陡,葡萄牙诗人卡蒙恩斯曾在此留下著名诗句:"陆地止于此,海洋始于斯。"

四、饮食习俗

葡萄牙人口味偏重,喜欢辣味,以面包为主食,爱吃牛肉、猪肉及水产品,常吃土豆、胡萝卜等。葡萄牙盛产美酒,无论小孩还是大人,都会佐以葡萄酒进餐。葡萄牙人在款待客人的时候,通常会做"烧猪肠"这道葡萄牙国菜。葡萄牙人还喜爱中国菜。

五、旅游商品

葡萄牙有很多特色商品,葡国鸡、蓝花瓷片、布袋、石膏门窗模型、瓷盘、软木制品、成套餐桌布等都是不错的旅游纪念品。蓝花瓷片是一种上釉陶瓷砖,一般为蓝色,可用于房屋内部及外部装饰。也可买几瓶波尔图产的波特酒,波特酒属酒精加强的葡萄酒,号称葡萄牙国酒,既可以做开胃酒、饭间葡萄酒,也可以做饭后的消化酒。

六、节庆活动

葡萄牙主要节庆有复活节(春分月圆后的第一个星期日)、自由纪念日(4月25日)、国庆日(6月10日)、基督圣体节(6月22日)、圣母升天节(8月15日)、共和国纪念日(10月5日)、万圣节(11月1日)、圣诞节(12月25日)等。

七、旅游市场

联合国世界旅游组织发布的《世界旅游组织旅游亮点(2018年版)》报告显示,2017年葡萄牙旅游收入为150亿欧元,接待外国游客1 270万人次。2018年葡萄牙接待外国游客1 500万人次。游客主要来自英国、德国、西班牙、法国等国家。主要旅游目的地有里斯本、波尔图、阿尔加维大区、马德拉群岛等。

任务练习

一、情景模拟

请模拟旅行社的前台销售人员介绍葡萄牙的基本概况、旅游资讯或注意事项、行程安排及特色等。

二、知识检测

(一)单选题

1. 葡萄牙97%以上的居民信奉(　　　)。
　　A. 天主教　　　　B. 东正教　　　　C. 基督教新教　　　D. 伊斯兰教

2. 葡萄牙最受欢迎的运动是(　　　)。
　　A. 足球　　　　　B. 排球　　　　　C. 篮球　　　　　D. 橄榄球

3. 葡萄牙的(　　　)产量占世界总产量的一半以上,居世界首位。
　　A. 番茄酱　　　　B. 葡萄酒　　　　C. 软木　　　　　D. 大理石

4. (　　　)是葡萄牙的首都和最大的城市,圣乔治城堡是该市的最高点。
　　A. 里斯本　　　　B. 波尔图　　　　C. 布拉加　　　　D. 辛特拉市

5. 葡萄牙的(　　　),是全国第二大城市,以盛产葡萄酒闻名于世。
　　A. 里斯本　　　　B. 波尔图　　　　C. 布拉加　　　　D. 辛特拉市

6. 葡萄牙著名的宗教圣地,有"没有到过(　　　),不算到过葡萄牙"之说。

A. 花地玛 　　　B. 波尔图 　　　C. 布拉加 　　　D. 辛特拉市

7.(　　)位于欧洲大陆的最西端,有"欧洲之角"之称。

A. 合恩角 　　　B. 罗卡角 　　　C. 天涯海角 　　　D. 好望角

(二)填表题

人口		国花		主要宗教	
民族		面积		首都	
语言				与北京时差	
货币				国庆节	

任务十三 ● 希腊

任务描述

　　模拟旅行社的前台销售人员,向咨询的客人介绍希腊的基本国情、去希腊旅行的基本常识、当地的习俗和禁忌、希腊的旅游城市和著名景点、饮食习俗、旅游商品、节庆活动及旅游市场。

任务内容

一、基本国情

(一)地理环境

　　希腊位于欧洲东南部巴尔干半岛最南端,三面环水。国土总面积约为 13.2 万平方千米。陆地上北面与保加利亚、马其顿以及阿尔巴尼亚接壤,东部则与土耳其接壤,濒临爱琴海,西南临伊奥尼亚海及地中海,南隔地中海与非洲大陆相望。

　　境内多山,3/4 为山地,沿海有平原。奥林波斯山海拔为 2 917 米,是全国最高峰,在希腊神话中被认为是诸神寓居之所。最大半岛为伯罗奔尼撒半岛,最大岛屿是克里特岛。

（二）发展简史

希腊是西方文明的发祥地。公元前 3000 年至前 1100 年克里特岛曾出现米诺斯文化,公元前 1600 年至前 1050 年伯罗奔尼撒半岛出现迈锡尼文化。公元前 800 年形成奴隶制城邦国家,公元前 5 世纪为鼎盛时期。公元前 146 年并入罗马帝国。15 世纪中期被奥斯曼帝国统治。1821 年爆发争取独立的战争。1832 年成立王国。第二次世界大战期间,希腊被德军、意军占领。1944 年全国解放,恢复独立。1974 年通过全民公投改为共和制。

（三）民族、宗教

希腊人口约为 1 074 万（2018 年）。其中 98% 以上是希腊人,外来移民为土耳其人、马其顿人、保加利亚人等,以来自阿尔巴尼亚的最多。官方语言为希腊语。东正教是希腊国教,另外还有天主教、伊斯兰教、犹太教等。

（四）国旗、国徽

希腊国旗呈长方形,长与宽之比为 3∶2,由蓝、白相间的横条组成,四道白条,五道蓝条。靠旗杆一侧上方有一蓝色正方形,上有白色十字。九道宽条表示希腊的一句格言:"不自由毋宁死。"蓝色代表蓝天,白色代表宗教信仰。国徽为由橄榄枝环抱的盾徽。近似方形的蓝色盾面上镶嵌着一个白色十字,白十字象征宗教信仰。希腊国花是橄榄花,国石是蓝宝石。

（五）行政区划

希腊目前的行政区划定于 1987 年,由大区、州和自治市、社区三个级别组成。另外圣山是一个神权自治共和国——阿苏斯神权共和国。13 个大区是:阿提卡（首府雅典）、中希腊、中马其顿、克里特、东马其顿-色雷斯、伊庇鲁斯、伊奥尼亚群岛、北爱琴、伯罗奔尼撒、南爱琴、色萨利、希腊、西马其顿。

（六）政治、经济

希腊实行总统议会共和制政体。总统为国家元首,任期五年,可连任一次。立法权属议会和总统,行政权属总理,司法权由法院行使。1986 年通过的宪法修正案削减了总统的权力。

希腊属欧盟经济中欠发达国家之一,经济基础比较薄弱,工业制造业较落后。其海运业发达,与旅游、侨汇并列为希腊外汇收入三大支柱。希腊农业较发达,工业主要以食品加工和轻工业为主。希腊是传统的农业国,主要农产品都能自给自足,水果、蔬菜可批量出口欧洲各国,希腊出口的农产品还有烟草、棉花、橄榄油、水果和甜菜等。希腊也是欧盟救助贷款的主要受惠国,受欧盟援助的资金大约占总 GDP 的 3.3%。旅游业

是希腊获得外汇、维持国际收支平衡的主要来源之一。

(七)文学、艺术

希腊被誉为西方文明的发源地,拥有悠久的历史,并对三大洲的历史发展有过重大影响。希腊文化的发展大致可分为三个阶段:神话与史诗时期、古典时期、希腊化时期。古典时期则为希腊文化的全盛时期,不但产生了《荷马史诗》这样不朽的作品,而且涌现出大批诗歌。这一时期,无论是在音乐、数学、哲学、文学,还是在建筑、雕刻等方面,希腊人都取得了巨大成就。这一时期,希腊还涌现出众多的文化伟人,诸如喜剧作家阿里斯托芬;悲剧作家埃斯库罗斯、索福克勒斯、欧里庇得斯;哲学家苏格拉底、柏拉图;数学家毕达哥拉斯、欧几里得,雕塑家菲迪亚斯等。苏格拉底和他的学生柏拉图,以及柏拉图的学生亚里士多德并称为"古希腊三贤",被后人广泛地认为是西方哲学的奠基者。古典时期希腊在雕刻和建筑艺术方面取得的成就对后世的影响更是深远。希腊还是奥林匹克运动会的发源地。

二、出行须知

(一)基本常识

1. 气候

希腊属亚热带地中海气候。此气候最大特征为夏干冬雨,因此除冬季外,几乎不会下雨。全境日照充足,平均气温冬季为 0~13 ℃,夏季为 23~41 ℃。

2. 货币

希腊是首批加入欧元区的国家。汇率:1 欧元=7.940 7 人民币,1 人民币=0.125 9 欧元(2019 年 8 月 30 日)。

3. 时差

希腊分夏令及冬令时间。3 月最后一个星期天到 10 月最后一个星期天实行夏时制,希腊比中国北京时间晚 5 个小时;冬令时期间,希腊比中国北京时间晚 6 个小时。

4. 其他

希腊是"申根国家"之一,可在所有申根国家旅游,最长停留期限为 90 天。

(二)习俗和禁忌

1. 习俗

希腊人在社交场合一般行握手礼。在希腊,熟悉的朋友和亲人间常相互拥抱。由于希腊女神形象的深入人心,白色成了希腊服装的代表色。希腊是十分讲究穿着打扮的国家。在希腊,年龄稍大的中老年人在出门时一般着正装,而且还系着领带或者领结。希腊人时间观念不强,赴约一般不太准时。希腊人也很注重个人休闲时间,周日及节假日商店均停止营业。此外,希腊是个大男子主义传统较深的国家。希腊人喜欢吸烟,在商务谈判和社交活动中都喜欢吸烟,甚至吃饭的时候也会吸上几口。

2. 禁忌

希腊人不喜欢黑色,也不喜欢黑猫;忌讳数字"13"和"星期五"。希腊大多数人信奉东正教,进教堂或修道院时必须穿戴得体,尤其是女性不能裸露胳膊或膝盖,尽量穿长裙。希腊人从来不使用招手和摆手的动作,认为这是对别人不尊重的行为,而且手离对方的脸越近,则侮辱性越强。希腊人也非常忌讳当众打喷嚏或者擤鼻涕。

三、旅游城市和著名景点

(一)雅典

雅典是希腊的首都,也是全国最大的城市和工业中心,位于巴尔干半岛南端,三面环山,一面傍海。雅典市内多小山,基菲索斯河和伊利索斯河穿城而过。古代雅典是西方文化的源泉,自古有"西方文明的摇篮"之美誉。雅典有5 000多年建城的历史,历史上曾创造了辉煌的古代文化,在数学、哲学、文学、建筑、雕刻等方面都取得过巨大成就,至今仍保存着很多古代文化遗址,其中最著名的是雅典卫城的帕特农神庙,被视为西方文化的象征。雅典旅游业十分发达,已成为雅典重要的经济支柱之一。

1. 雅典卫城

雅典卫城位于雅典市中心的卫城山丘上,始建于公元前580年,面积约为4平方千米,是希腊最杰出的古建筑群,是综合性的公共建筑,为宗教政治的中心地。现存的主要建筑有卫城山门、雅典娜胜利女神庙、帕特农神庙、伊瑞克提翁神庙(伊瑞克先神庙)、胜利神庙等。

帕特农神庙建于公元前447—前438年,是雅典卫城最重要的主体建筑,是供奉雅典娜女神的最大神殿,为了歌颂雅典战胜波斯侵略者的胜利而建,有"希腊国宝"之称。帕特农原意为贞女,是雅典娜的别名。此庙不仅规模最宏伟,坐落在卫城中央最高处,庙内还存放一尊黄金象牙镶嵌的全希腊最高大的雅典娜女神像(菲迪亚斯亲手制作)。神庙后来因战争遭到破坏,现仅留有一座石柱林立的外壳,已列入世界文化遗产名录。

2. 奥林匹亚遗址

奥林匹亚遗址位于希腊伯罗奔尼撒半岛西部的皮尔戈斯以东,阿尔费夫斯河与克拉泽夫斯河汇流处,距雅典约370千米,是古希腊的圣地。奥林匹亚始建于公元前2000—前1600年,东西长约520米,南北宽约400米,中心是阿尔提斯神域,是为宙斯设祭的地方,神域内的主要建筑是宙斯神庙和赫拉神庙。从公元前8世纪—前4世纪末,因举办祭祀宙斯主神的体育盛典而闻名于世,是奥林匹克运动会的发祥地。从公元前776年开始,到前394年止,历经1 168年,共举行了293届古代奥林匹克运动会。

1896 年在雅典举行了近代第一届奥林匹克运动会,之后改为轮流在其他国家举行,但仍沿用奥林匹克的名字,并且每一届的火炬都从这里点燃。

(二)圣托里尼岛

圣托里尼岛简称圣岛,别名锡拉岛,是爱琴海诸岛中较有名气的岛屿,是基克拉泽斯群岛中最南边的一座岛。圣托里尼岛由 3 个小岛组成,其中 2 个岛有人居住,中间的 1 个岛是沉睡的火山岛。圣托里尼岛的首府是费拉市,位于岛的西岸。爱琴海边白墙蓝顶的教堂和彩色的沙滩,让圣岛成为最受游客欢迎的希腊岛屿。被称为"圣托里尼岛最美丽村庄"的伊美罗维格利,是圣托里尼岛上最壮观、最受欢迎的游览地之一。夕阳西下时分,欣赏火山加日落的瑰丽景观,让无数游客心驰神往。

(三)克里特岛

克里特岛位于希腊的南端,是爱琴海中最大的岛屿,也是希腊第一大岛,岛上种植了油橄榄、葡萄、柑橘等水果,最大城市为赫拉克利翁,行政中心在干尼亚。克里特岛是古代爱琴文化的发源地。20 世纪初,在该岛北部发掘出"克诺索斯王宫"遗址,集中展示了克里特岛文化的成就。它依山而建,中央为长方形庭院,四周有国王宫殿、王后寝殿,有宗教意义的双斧宫以及贮藏室、仓库等相环抱,各建筑物之间有长廊、门厅、复道、阶梯等相连接,千门百户、曲折通达,素有"迷宫"之称。各个宫室和长廊都画有瑰丽多姿的壁画,尤以《戴百合花的国王》最著名。宫外西北角有剧场,附近还有皇家别墅和陵寝的遗址。克里特岛上还有其他众多古迹。

四、饮食习俗

希腊人以面食为主食;喜欢牛肉和羊肉,番茄和土豆是日常蔬菜;嗜酒,嗜饮浓咖啡,喜欢吸烟;喜爱中国川菜。希腊人的用餐时间和中国有很大不同,希腊的晚餐一般晚上十点以后才开始,希腊人每天吃饭时都离不开酒。希腊最具有代表性的食物有苏夫拉基(烤肉串或烤鱼串)、橄榄、埃塔(山羊奶酪)、海鲜沙拉、皮塔饼、炸肉丸子和炸墨鱼圈等。

五、旅游商品

风格独特的金银珠宝具有强烈的希腊古典主义韵味,是希腊的特色产品。希腊的橄榄油世界闻名。其皮革货真价实,皮带、皮包、皮鞋样式简单且价格实惠。希腊的手工织的羊毛地毯,白色蕾丝图案的桌布、围裙、头巾等都带有希腊的艺术美感。跟希腊神话有关的雕塑作品的艺术仿品也备受游客的喜爱。另外,还有古希腊特色陶器民俗娃娃、手帕等。希腊本土知名品牌,芙丽芙丽四叶草项链、手表及时尚配饰都是受游客欢迎的旅游纪念品。

六、节庆活动

希腊和其他欧洲国家一样有圣诞节、主显节、复活节等宗教节日,还有法定节日,如国庆日(3月25日)等。

复活节在3月底。在希腊,复活节是一年中最重要的节日,甚至比圣诞节还重要。主要有游行、砸彩蛋等一系列的活动。

圣灰节在复活节前七周,在这一天,人们会在身上撒灰,以表示对神明的忏悔。

1月6日是希腊东正教主显节,人们把一个十字架扔进海里,然后青年男子们跳进海里去捞出来。在这一天,所有的人会到河里参加游泳比赛、沐浴等活动。

七、旅游市场

旅游业是希腊获得外汇来源和维持国际收支平衡的重要经济行业。2018年到访希腊的游客数量达3 010万人次,同比2017年游客流量增长10.8%;旅游收入达161亿欧元,同比2017年增长10.1%。来自欧盟的游客收入增长11.9%,达110亿欧元,非欧盟游客收入增长7.3%,达47亿欧元。2018年赴希腊的中国游客达12万人次。

知识拓展

希腊文学巨作——《荷马史诗》

《荷马史诗》相传是由古希腊盲人诗人荷马创作的两部长篇史诗——《伊利亚特》和《奥德赛》的统称,是他根据民间流传的短歌综合编写而成。

《伊利亚特》和《奥德赛》主题分别是在特洛伊战争中,阿基琉斯与阿伽门农间的争端,以及特洛伊沦陷后,奥德修斯返回绮色佳岛上的王国,与妻子珀涅罗团聚的故事。《荷马史诗》两部史诗都分为24卷。《荷马史诗》以扬抑格六音部写成,集古希腊口述文学之大成,是古希腊最伟大的作品,也是西方文学史上最伟大的作品。西方学者将其作为史料去研究公元前11世纪—公元前9世纪的社会和迈锡尼文明。《荷马史诗》具有文学艺术上的重要价值,它在历史、地理、考古学和民俗学方面也提供给后世很多值得研究的精神财富。

任务练习

一、情景模拟

请模拟旅行社的前台销售人员,向咨询的客人介绍希腊的概况、出国旅行需要注意的事项、行程安排及特色。

二、知识检测

(一)单选题

1. 希腊属(　　),此气候最大的特征为夏干冬雨。

　　A. 地中海型气候　　　　　　　　B. 温带大陆性气候

　　C. 温带海洋气候　　　　　　　　D. 温带季风气候

2. (　　)是希腊的最高峰,海拔2 917米,在希腊神话中被认为是诸神寓居之所。

　　A. 阿尔卑斯山　　　　　　　　　B. 奥林波斯山

　　C. 塔伊耶托斯山　　　　　　　　D. 品都斯山

3. 关于希腊经济的叙述中不正确的是(　　)。

　　A. 希腊属欧盟经济中欠发达国家之一

　　B. 海运业发达,与旅游、侨汇并列为希腊外汇收入三大支柱

　　C. 希腊是传统的工业国

　　D. 希腊出口的农产品有烟草、棉花、橄榄油、水果和甜菜等

4. "古希腊三贤"被后人广泛地认为是西方哲学的奠基者,不包括(　　)。

　　A. 苏格拉底　　　　　　　　　　B. 柏拉图

　　C. 亚里士多德　　　　　　　　　D. 阿里斯托芬

5. 关于希腊习俗和禁忌的叙述中不正确的是(　　)。

　　A. 希腊人喜欢吸烟,在商务谈判和社交活动中都喜欢吸烟

　　B. 希腊人不喜欢红色,也不喜欢黑猫

　　C. 希腊大多数人信奉东正教,进教堂或修道院女性不能裸露胳膊或膝盖,尽量穿长裙

　　D. 由于希腊女神形象的深入人心,希腊服装的代表色为白色

6. 关于希腊雅典及其景点的叙述中不正确的是(　　)。

　　A. 雅典有5 000多年建城的历史,是西方文化的源泉,有"西方文明的摇篮"之美称

　　B. 雅典城最著名的古迹是雅典卫城的帕特农神庙,被视为西方文化的象征

C.帕特农神庙是雅典卫城最重要的主体建筑,是供奉雅典娜女神的最大神殿,有"希腊国宝"之称

D.奥林匹亚遗址从公元前8世纪—前4世纪末,因举办祭祀赫拉主神的体育盛典而闻名于世,是奥林匹克运动会的发祥地

7.爱琴海边白墙蓝顶的教堂和彩色的沙滩,使(   )成为最受游客欢迎的希腊岛屿。

A.西西里岛   B.圣托里尼岛   C.撒丁岛   D.克里特岛

8.(   )是爱琴海中最大的岛屿,也是希腊第一大岛,是古代爱琴文化的发源地。

A.西西里岛   B.圣托里尼岛   C.撒丁岛   D.克里特岛

(二)填表题

人口		国花		主要宗教	
民族		国石		首都	
语言				与北京时差	
货币				国庆节	

任务十四 ● 芬兰

任务描述

模拟旅行社的前台销售人员,向咨询的客人介绍芬兰的基本国情、去芬兰旅行的基本常识、当地的习俗和禁忌、芬兰的旅游城市和著名景点、饮食习俗、旅游商品、节庆活动及旅游市场。

任务内容

一、基本国情

(一)地理环境

芬兰位于欧洲北部,南临芬兰湾,西濒波的尼亚湾,与瑞典、挪威、俄罗斯接壤,面积约为338 000平方千米。芬兰地势北高南低,内陆水域面积占全国面积的10%,湖泊约

有 18.8 万个,被称为"千湖之国",森林资源丰富,有"绿色金库"的美誉。芬兰、挪威边界的哈尔蒂亚峰海拔为 1 328 米,为芬兰最高点。最长的河流是凯米河,长为 512 千米。

(二)发展简史

约 9 000 年前冰河末期,芬兰人的祖先从南方和东南方迁居至此。1154 年,瑞典国王将基督教带入芬兰,12 世纪后半叶芬兰开始隶属于瑞典,14 世纪中叶芬兰正式成为瑞典的一部分。1809 年俄瑞战争后成为俄国的大公国。1917 年俄国十月革命后,芬兰于 12 月 6 日宣布独立,1919 年成立共和国。第二次世界大战期间芬兰与苏联两度交手,1947 年和 1948 年与苏联签署多份条约,规定了芬兰对苏联的义务。1991 年苏联解体,芬兰通过了自己的宪法并宣布成立独立的芬兰共和国,并在 1995 年加入欧盟。

(三)民族、宗教

芬兰人口约为 551.6 万(2019 年 1 月)。芬兰族占 88.3%,瑞典族占 5.3%,还有少数萨米人。芬兰语和瑞典语均为官方语言。72%的居民信奉基督教路德宗,1.1%的居民信奉东正教。

(四)国旗、国徽

芬兰国旗名为"蓝色十字"旗,呈长方形,长与宽之比为 18∶11。旗地为白色。稍偏左侧的十字形蓝色宽条将旗面分为四个白色长方形。蓝色象征湖泊、河流和海洋;另一说象征蓝天。白色象征白雪覆盖着的国土。

国徽为红色盾徽,盾面为一只挺立的头戴王冠的金狮,右前肢挥舞着一把银色宝剑,脚踩一把弯刀。9 朵白色的玫瑰花分别代表芬兰历史上的 9 个省。

芬兰的国花为铃兰;国树为栎树,也称橡树或柞树;国鸟为大天鹅。

芬兰国旗、国徽、国花

(五)行政区划

芬兰实行两级行政体制,即中央政府及市镇政府。设有 6 个地区管理署和 15 个经济发展、交通和环境管理中心,以统筹资源,服务地方发展。其中奥兰政府享有高度自治权。

(六)政治、经济

芬兰实行共和制。总统为国家元首,拥有任命政府、掌管外交、统帅三军等实权。议会为一院制,是国家最高立法机关。国家立法权由议会和共和国总统共同行使。

芬兰属于发达资本主义国家。在 2018—2019 年世界经济论坛年度竞争力排名中居第十一位,2018 年人均 GDP 全世界排名第十五位。木材加工、造纸和林业、机械制造业为经济支柱,并居于世界领先水平。森林工业产量占世界总产量的 5%,是世界第二大纸张、纸板出口国及世界第四大纸浆出口国。信息产业发达,是因特网接入比例和人均手机持有量最高的国家之一。

(七)文学、艺术

芬兰有很多著名的艺术家:音乐家西贝柳斯开创了民族音乐的新纪元,被誉为"芬兰民族音乐之父";语言学家艾里阿斯·隆洛特搜集编撰的民族史诗《卡勒瓦拉》成为世界文学史上最伟大的史诗之一;著名建筑大师阿尔瓦·阿尔托在现代主义建筑设计潮流中独树一帜。

二、出行须知

(一)基本常识

1.气候

芬兰地处北纬60°~70°,全国1/3的土地在北极圈内。冬季寒冷,仅南部较温和,属温带海洋性气候。平均气温冬季为−14~3 ℃,夏季为13~17 ℃。芬兰最北的地区夏天有73天太阳不落于地平线下,冬天则有51天看不到太阳。

2.货币

芬兰于1999年加入欧元区,2002年正式流通欧元,目前是北欧唯一使用欧元的国家。汇率:1欧元=7.940 7人民币,1人民币=0.125 9欧元(2019年8月30日)。

3.时差

芬兰分夏令及冬令时间。3月最后一个星期天到10月最后一个星期天实行夏时制,芬兰比中国北京时间晚5个小时;冬令时期间,芬兰比中国北京时间晚6个小时。

4.其他

芬兰是申根协定的成员国,可在所有申根国家旅游,最长停留期限为90天。

(二)习俗和禁忌

1.习俗

北欧人的性格比较严谨,工作的计划性很强,凡事按部就班,有条不紊。北欧地区冬季比较漫长,对阳光特别珍惜,夏天和冬天分别有3星期和1星期的假期。在假期中,芬兰所有公司业务都处于停顿状态。

芬兰是桑拿浴的发源地,桑拿浴号称芬兰的"国粹"。芬兰有桑拿浴室上百万间,平均每3个人就拥有一间桑拿房,享受桑拿浴后再用餐,已成为芬兰人的生活习惯。芬兰还是圣诞老人的故乡,据说圣诞老人和2万头驯鹿一起住在芬兰和俄罗斯分界的拉普兰省"耳朵山"上。

芬兰人的社交礼仪和大多数欧洲国家一样,在社交场合一般行握手礼,拜访别人要预约,并准时赴约。

2. 禁忌

芬兰人忌讳"13"和"星期五",忌讳交叉式的握手或交叉式的相互谈话,忌讳用一根火柴点三支香烟,认为这样不吉利。芬兰人喜好安静,去芬兰旅游,切勿在公共场合大声喧哗,会引起当地人的反感。芬兰人在与客人攀谈时,不愿相互间的距离过近,一般以1.2米左右较为合适。北欧人不喜欢别人在7、8月份找他们谈公事,因为北欧国家冬季漫长,人们都十分珍惜这两个月左右的夏季度假时间。

三、旅游城市和著名景点

(一)赫尔辛基

赫尔辛基是除了冰岛的首都雷克雅未克之外世界上纬度最高的首都。因夏天白天很长,被称为"太阳不落的都城"。因为濒临波罗的海,也被称为"波罗的海的女儿"。城市里有大量日耳曼式和俄式的精美建筑。著名景点有赫尔辛基大教堂、岩石教堂、芬兰堡、乌斯佩斯基大教堂、波罗的海的女儿雕像、西贝柳斯公园等。

1. 赫尔辛基大教堂

赫尔辛基大教堂又称白教堂,位于议会广场,建于1852年,是一座路德派教堂。建筑以白色为主,教堂顶端是淡绿色的圆拱形钟楼,是赫尔辛基的重要地标,这里每星期日晚上都会举办管风琴独奏会和音乐会。

2. 岩石教堂

岩石教堂又名坦佩利奥基奥教堂,位于赫尔辛基市中心的坦佩利岩石广场。这座教堂是从岩石中开凿出来的,看不到一般教堂所具有的尖顶和钟楼,只有一个直径20多米的淡蓝色铜制圆形拱顶暴露在岩石的最上面。内部墙面仍为原有的岩石,入口设计成隧道。

3. 芬兰堡

芬兰堡位于赫尔辛基外海的小岛上,建于250年前,当时的统治者瑞典人为了防御俄国人的进攻而建,是现存世界上最大的海上要塞,已被联合国教科文组织列入世界文化遗产名录。

(二)波尔沃

波尔沃距离赫尔辛基约50千米,是芬兰公认的第一个称之为"城镇"的地方。早在1346年,这里就已经形成城市聚落,这座城市经历和见证了芬兰被瑞典和俄罗斯轮流占领和征服的历史。现在,在波尔沃还留有俄国沙皇留下的行宫,十分值得一看。

（三）罗瓦涅米

罗瓦涅米位于赫尔辛基以北 800 千米，是芬兰北部拉普兰的首府，被称为"圣诞老人的故乡"。闻名世界的圣诞老人村位于罗瓦涅米以北 8 千米处的北极圈上，其内设置滑雪度假中心、驯鹿公园和野生动物园，游客可以感受到童话般的冰雪世界。

四、饮食习俗

芬兰菜肴以肉类、鱼类为主，肉类以牛肉和猪肉为主，牛奶和奶酪是主要的副食。芬兰最出名的野味是驯鹿，做法很多。其鱼子酱、野蘑菇、嫩滑奶酪都是不可错过的美食。芬兰人喜欢饮酒，尤其喜欢克斯肯科瓦伏特加，马斯基酒也备受青睐。芬兰也是世界上人均消耗咖啡最多的国家之一。

五、旅游商品

芬兰的工业设计水平在全世界享有盛誉，产品风格独特，质量出色。餐具、瓷器、玻璃制品是芬兰最有特色的纪念品。此外，具有浓郁民族风情的萨米人手工艺品、地道的芬兰伏特加、美味的巧克力，甚至整张驯鹿皮也是让游客爱不释手的伴手礼。芬兰本地著名品牌伊塔拉的玻璃制品、玛莉美歌的印花单品、芬兰刀、姆明纪念品、手雕白桦木杯、木制工艺品等都是不容错过的特色纪念品。

六、节庆活动

芬兰主要节日有独立纪念日、仲夏节（同瑞典）、戴帽节、圣诞节等。

戴帽节（4 月 30 日）：是芬兰独特的传统节日，在这一天，所有高中毕业生一方面庆祝自己高中毕业，一方面庆祝自己成为成年人。大家会聚集在海的女儿雕像前，由一名选出的代表给她戴上白色的毕业帽。仪式结束后，人们会举行游行或者表演。芬兰当局对于饮酒的限制极为严格，法律规定禁止在公共场所和大街上饮酒，买酒还需要专门的酒卡，但每年这一天却例外，商店里香槟酒敞开供应。

七、旅游市场

旅游业是芬兰的支柱产业之一，2017 年芬兰接待外国游客人数达 318.1 万人次，旅游外汇收入 29.82 亿美元。9 成以上游客来自欧洲地区，如俄罗斯、瑞典、爱沙尼亚等。

知识拓展

1. 圣诞老人

圣诞老人的传说来自遥远的欧洲历史。在 1882 年,一位美国诗人第一次描绘出了他的形象:面颊像玫瑰,鼻子似樱桃,有着欢乐的笑靥,两腮长满白胡子,每逢圣诞前便会驾着驯鹿雪橇来到村镇里,从民居烟囱爬下,送礼物给乖巧的孩子们。从此,圣诞老人形象开始广泛流传并且深入人心,许许多多小朋友都想知道他究竟来自何方。

传说中的圣诞老人的故乡,多年来一直在西方国家争论不休。直到 1995 年圣诞节前夕,当时的联合国秘书长加利将一封发给圣诞老人的节日贺卡寄往芬兰北部拉普兰省的省会罗瓦涅米,这才停止了这场争论。因为加利的贺卡起到了一种盖棺定论的作用——联合国承认圣诞老人的故乡是罗瓦涅米。

2. 桑拿

桑拿(Sauna)号称芬兰的国粹,又称芬兰浴。桑拿是芬兰语,原意是指"一个没有窗子的小木屋",是指在封闭房间内用蒸汽对人体进行理疗的过程。最初的小木屋,不仅没有窗户,甚至连烟囱也没有,浓烟把屋子熏得油黑,因而,那时的桑拿就叫"烟桑拿"。后来,一些富有革新精神的人安装了烟囱,桑拿从此也就有了新面目。

洗桑拿是芬兰人的基本生活内容,几乎每个家庭和单位都有桑拿浴室,周末家人团圆,平时朋友相聚,通常最佳方式之一就是洗桑拿。蒸浴的温度控制在 80 ℃ 左右为宜,也可在大热之后,再大冷、冷热交替,以消除紧张和疲劳,令全身心舒坦畅快。

任务练习

一、情景模拟

请模拟旅行社的前台销售人员,向咨询的客人介绍芬兰的概况、出国旅行需要注意的事项、行程安排及特色。

二、知识检测

（一）单选题

1.（　　）是除了冰岛的首都雷克雅未克之外世界上纬度最高的首都,被称为"太阳不落的都城"。

A. 奥斯陆　　　　　　　　　　　　B. 卑尔根

C. 赫尔辛基   D. 哥本哈根

2. 北欧四国中唯一不是君主立宪制的国家、北欧四国唯一使用欧元的国家是(   )。

    A. 瑞典   B. 丹麦

    C. 挪威   D. 芬兰

3. 下列称呼(   )不属于芬兰的美誉。

    A. "千湖之国"   B. "圣诞老人的故乡"

    C. "绿色金库"   D. "北方威尼斯"

4. (   )是芬兰的国粹。

    A. 桑拿浴   B. 弗拉门戈舞

    C. 桑巴舞   D. 斗牛

5. 传说中圣诞老人的故乡是(   )。

    A. 赫尔辛基   B. 罗瓦涅米

    C. 波尔沃   D. 奥斯陆

6. (   )是芬兰的企业品牌。

    A. 乐高玩具   B. 宜家家居

    C. 诺基亚   D. 飞利浦

（二）填表题

人口		国花		主要宗教	
民族		国鸟		首都	
语言		国树		与北京时差	
货币				建国纪念日	

任务十五 ● 瑞典

任务描述

    模拟旅行社的前台销售人员,向咨询的客人介绍瑞典的基本国情、去瑞典旅行的基本常识、当地的习俗和禁忌、瑞典的旅游城市和著名景点、饮食习俗、旅游商品、节庆活动及旅游市场。

任务内容

一、基本国情

(一)地理环境

瑞典位于北欧斯堪的纳维亚半岛的东部,东北部与芬兰接壤,西部与挪威为邻,东临波罗的海,西南濒临北海,并与丹麦隔海相望。领土面积为45万平方千米。地势自西北向东南倾斜。北部为诺尔兰高原,南部及沿海多为平原或丘陵。湖泊众多,最大的维纳恩湖面积为5 585平方千米,居欧洲第三。约15%的土地在北极圈内。铁矿、森林和水力是瑞典三大资源。

(二)发展简史

现今瑞典地区11世纪初开始形成国家。1157年兼并芬兰。1397年与丹麦、挪威组成卡尔马联盟,受丹麦统治。1523年脱离联盟独立。17世纪时瑞典跃升成为欧洲强国。1718年对俄国、丹麦和波兰作战失败后逐步走向衰落。1805年参加拿破仑战争,1809年败于俄国后被迫割让芬兰,1814年瑞典与挪威结成联盟,1905年挪威独立。瑞典在两次世界大战中均保持中立。1995年加入欧盟。

(三)民族、宗教

瑞典人口约为1 011万(2019年3月),绝大多数为瑞典人。北部萨米族是唯一的少数民族,人口约2万人。官方语言为瑞典语,通用语言为英语。主要宗教为基督教路德宗。

(四)国旗、国徽

瑞典国旗为蓝色,黄色十字略向左侧。蓝、黄颜色来自瑞典皇徽的颜色。左边上下两个相等的蓝色长方形的边长比例为4∶5,右边的蓝色长方形比例为4∶9。黄带的阔度为旗帜的1/5。含义是:从天而降的十字旗。

瑞典国徽分为大小两种。小国徽称为三王冠,为蓝地的盾徽,上绘三面三垛的金冠,上有瑞典的王冠。小国徽为瑞典政府使用。大国徽为王徽。

瑞典的国花是铃兰,国石为水晶,国鸟是乌鸫(百舌)。

瑞典国旗、
国徽、国花

(五)行政区划

瑞典有21个省和290个市。省长由政府任命,市级领导机构由选举产生,省、市均有较大的自主权。

(六)政治、经济

瑞典是君主立宪制国家。瑞典国王仅履行代表性或礼仪性职责,不干预议会和政府工作。议会是立法机构,由普选产生。政府是国家最高的行政机构,对议会负责。国王的长子、长女是法定王位继承人。

瑞典经济高度发达。以高收入、高税收、高福利为主要内容的"瑞典模式"为保障国家经济发展、抵御危机影响发挥了积极作用。瑞典在世界经济论坛 2018 年度全球竞争力排名中居第九位,2018 年人均 GDP 全世界排名第十二位。目前,瑞典拥有自己的航空业、核工业、汽车制造业、先进的军事工业,以及全球领先的电信业和医药研究能力。在软件开发、微电子、远程通信和光子领域,瑞典也居世界领先地位。瑞典著名品牌有爱立信、沃尔沃汽车、伊莱克斯电器、宜家家居、H&M 服装等。

(七)文学、艺术

最早的瑞典文学是吕克石碑,上面有 850 年镌刻的 800 个北欧古文字。瑞典强盛时期最著名的诗人是谢恩赫尔姆,被誉为"瑞典诗歌之父",其代表作是著名诗篇《海格立斯》。雷德贝里是自由主义和现实主义的代表人物,他的代表作是《森古雅拉》。诺贝尔文学奖获得者帕尔·拉格尔克维斯特既是抒情诗人,又是戏剧家和小说家,代表作有《侏儒》《巴拉巴》。第二次世界大战后文学较有成就的诗人是埃里克·林德格伦,他创作了著名的象征主义诗篇《没有路的人》。儿童文学家林格伦创作的经典童话《穿长袜子的皮皮》和《小飞人尼尔斯·卡尔松》,流传甚广。

瑞典电影艺术在一百年的历史中取得了辉煌的艺术成就。1917 年,斯约史特洛姆拍摄的故事片《巨浪的日子》确定了"瑞典古典学派"的一些美学原则。这个学派曾对世界电影艺术的发展产生过影响。此外,瑞典流行音乐堪称欧洲最佳之一,20 世纪 70 年代的 ABBA 四人组合曾经轰动全世界。90 年代初,罗克塞特乐队令瑞典的音乐耳目一新。乐队 Ace of Base 第一张专辑就创下了 2 100 万张的吉尼斯世界纪录。1998 年之后,中国听众最熟悉的瑞典优秀艺人是艾米利亚。

二、出行须知

(一)基本常识

1. 气候

瑞典大部分地区属温带气候,最南部属温带海洋性气候。受北大西洋暖流影响,1月平均气温北部为 - 16 ℃,南部为 - 0.7 ℃;7 月平均气温北部为 14.2 ℃,南部为 17.2 ℃。

2.货币

瑞典货币为克朗,辅币称为欧尔。1 克朗=100 欧尔。虽然瑞典于 1995 年加入了欧盟,但 2003 年的公投否决以欧元取代克朗。汇率:1 瑞典克朗=0.735 7 人民币,1 人民币=1.359 2 瑞典克朗(2019 年 8 月 30 日)。

3.时差

瑞典分夏令及冬令时间。3 月最后一个星期天到 10 月最后一个星期天实行夏时制,瑞典比中国北京时间晚 6 个小时;冬令时期间,瑞典比中国北京时间晚 7 个小时。

4.其他

瑞典是申根协定的成员国,可在所有申根国家旅游,最长停留期限为 90 天。

(二)习俗和禁忌

1.习俗

瑞典人在正式场合见面一般行握手礼,接吻礼不多见。瑞典人在与客人交谈时,一般保持 1.2 米左右的距离,他们不喜欢靠得太近。他们喜欢在交谈时直视对方,认为这是尊重对方的表示。瑞典人的时间观念非常强,公共场所很少大声喧哗。瑞典人喜欢将象征职业的戒指戴在手上。

2.禁忌

瑞典人在数字上忌讳“13”和“星期五”。在颜色上特别忌讳黄色、蓝色。瑞典人对于伤害鸟类、猫、狗等动物,或者当众吸烟、乱丢垃圾的行为十分反感。

同瑞典人聊天时,不宜询问他们的政治倾向、收入、年龄、宗教信仰等私人问题,也不要对王室问题、历史上的海盗风气,以及其福利政策妄加评论。此外,瑞典是个半禁酒的国家,所以酒是不可作为礼物送人的,在餐厅不得饮用自带酒,也不要在室内抽烟,违者将受到处罚。

三、旅游城市和著名景点

(一)斯德哥尔摩

首都斯德哥尔摩是瑞典第一大城市,也是全国政治、经济、文化中心,位于瑞典的西海岸,濒波罗的海,地处梅拉伦湖入海处,是北欧第一大城市。著名景点有皇宫、市政厅、中国宫、北海草堂、斯堪森博物馆、老城、斯德哥尔摩大教堂等。

1.皇宫

瑞典皇宫建于 17 世纪,是瑞典著名建筑学家特力亚尔的作品。皇宫为一座方形小城堡,是国王办公和举行庆典的地方。皇宫对外开放的部分包括:皇家寓所、古斯塔夫三世的珍藏博物馆、珍宝馆、三王冠博物馆、皇家兵器馆。每天中午在皇宫广场还可以

瑞典
旅游宣传片

欣赏皇宫卫队的换岗仪式。

2. 市政厅

市政厅位于瑞典首都市中心的梅拉伦湖畔,是斯德哥尔摩的形象和代表,1911 年动工,1923 年建成,是一座宏伟壮观、设计新颖的红砖砌筑的建筑物。建筑两边临水,市政厅的右侧是一座高 106 米、带有 3 个镀金皇冠的尖塔,代表瑞典、丹麦、挪威三国人民的合作无间。市政厅内有巨大的宴会厅,也叫"蓝厅",每年的 12 月 10 日(诺贝尔逝世日),瑞典国王和王后都要在此举行诺贝尔颁奖典礼,为诺贝尔奖奖金获得者举行隆重盛大的宴会,还有一个被称作"金厅"的大厅,四壁用 1 800 万块金子镶贴成,金碧辉煌。

(二)哥德堡

哥德堡是瑞典第二大城市,坐落在瑞典的西海岸卡特加特海峡,约塔运河畔,与丹麦北端隔海相望,是一座风光秀丽的海港城。哥德堡港终年不冻,成为瑞典和西欧通航的主要港埠。

(三)乌普萨拉

乌普萨拉是一座大学城,拥有北欧最古老的大学之一——乌普萨拉大学,该大学被称为"瑞典的剑桥"。它也是瑞典的宗教中心,北欧最早的天主教堂乌普萨拉大教堂坐落于此。

(四)诺贝尔故居

诺贝尔故居坐落在瑞典中部卡尔斯库加市的白桦山庄,距离斯德哥尔摩 200 多千米。1894 年阿尔弗雷德·贝恩哈德诺贝尔结束了海外漂泊生涯回到祖国定居,在这里度过了他生命中最后两年的大部分时光。由于他当年在斯德哥尔摩出生的旧居如今已经矗立起高楼大厦,白桦山庄就成了现今唯一保存完整的诺贝尔故居。

四、饮食习俗

瑞典人以西餐为主,主食是面包和马铃薯,他们特别喜欢黑面包。他们的菜肴基本上以鱼为主,其中又以鲱鱼、鲭鱼为主。瑞典人在饮食上有一种独特的习惯,就是每天要吃固定的菜品。他们还有一种代表性的吃法,即在一张大桌上摆上几十种菜,按自己的爱好分取,菜的烹调质量仅为中等,称之为"海盗席"。

五、旅游商品

1. 瑞典蜡烛

蜡烛是瑞典特产,创作灵感完全取材于大自然启发的北欧设计。

2. 达拉木马

达拉木马始于 17 世纪前后原始森林密布的达拉娜地区,是伐木工人手工制作给孩子的礼物,后逐渐在全国流行开来。达拉木马是全手工制作,价格非常昂贵。

3. 水晶玻璃产品

与国人熟知的施华洛世奇水晶不同,瑞典水晶是硬水晶,是可以作为实用品的,而施华洛世奇是软水晶,适合作饰品。

4. 不锈钢用品

瑞典的不锈钢用品质量好,样式美观。瑞典多数的不锈钢用品都倾向于复杂的样式,以营造一种高雅的气氛。

六、节庆活动

瑞典国庆日为 6 月 6 日,最能代表瑞典文化传统的两大节日是仲夏节和露西亚节。

仲夏节在每年 6 月 24 日前后举行,是为纪念夏至日而设定的。北欧地区靠近北极,冬季漫长,夏至前后,瑞典处于一年中阳光最为充足的时节,夏至日又是白昼最长的一天,也是北欧地区最大的节日,因此瑞典人在这一天庆祝光明驱除黑暗。篝火晚会是仲夏节的重要活动。按瑞典的古老传统,篝火要由新婚夫妇点燃,人们身穿民族服装进行各种传统民间手工艺表演,载歌载舞欢度仲夏之夜。

露西亚节设在每年的 12 月 13 日,这一天是瑞典一年中夜晚最长和最黑暗的时候。在首都斯德哥尔摩,上午 9 点钟过后天才蒙蒙亮,而到下午 3 点钟天就黑了;而位于北部的拉普兰地区则会终日不见阳光。瑞典人用这一天以露西亚的名义向耶稣祈祷光明,希望这一天的黑暗过后白天会长一些,并把这一天称为"迎光节"。每当 12 月一到,瑞典城乡大小市场就会开始销售节日用品,其中销量最大的就是蜡烛花冠和露西亚白袍。

七、旅游市场

旅游业是瑞典的支柱产业,2017 年瑞典接待外国游客超 686 万人,旅游业总收入为 3 170 亿瑞典克朗,比 2016 年增长 7.4%,创 2006 年以来最大增幅。其中九成客源来自欧洲,来自中国、印度和美国的游客人数增长显著,中国是瑞典在亚洲的最大客源国。2017 年,瑞典来华人数为 11.19 万人次,呈略微下降趋势。

知识拓展

诺贝尔奖

　　诺贝尔奖创立于 1901 年,它是以瑞典著名化学家、硝化甘油炸药发明人阿尔弗雷德·贝恩哈德·诺贝尔的名字命名。诺贝尔于 1833 年生于瑞典斯德哥尔摩,毕生致力于炸药研究,并取得了重大成就。他一生共获技术发明专利 355 项,并在 20 个国家开设了约 100 家公司和工厂,积累了巨额财富。

　　然而对于自己的发明被用于破坏,诺贝尔感到震惊和遗憾。1896 年 12 月 10 日,诺贝尔在意大利逝世。他逝世前立下遗嘱:将其部分遗产作为基金授予世界各国对人类做出重大贡献的人士。诺贝尔奖最初分设物理(Physics)、化学(Chemistry)、生理学或医学(Physiology or Medicine)、文学(Literature)、和平(Peace)等五个奖项,并于 1901 年 12 月 10 日首次颁发诺贝尔奖。自此以后,除因战时中断外,每年的这一天分别在瑞典首都斯德哥尔摩和挪威首都奥斯陆举行隆重的授奖仪式。

　　1968 年,瑞典国家银行在成立 300 周年之际,向诺贝尔基金捐赠大额资金,增设"瑞典国家银行纪念诺贝尔经济科学奖"。该奖于 1969 年首次颁发,人们习惯上称这个额外的奖项为诺贝尔经济学奖。

任务练习

一、情景模拟

　　请模拟旅行社的前台销售人员,向咨询的客人介绍瑞典的概况、出国旅行需要注意的事项、行程安排及特色。

二、知识检测

(一)单选题

1. 瑞典的主体位于欧洲大陆西北端的(　　)。
   A. 日德兰半岛　　　　　　　　　B. 亚平宁半岛
   C. 斯堪的那维亚半岛　　　　　　D. 巴尔干半岛
2. 每年的 12 月 10 日,瑞典国王和王后都要在市政厅举行诺贝尔颁奖典礼,诺贝尔奖项最初是五个奖项,后来增设了(　　)。

A. 物理学、化学　　B. 生理学或医学

C. 经济学　　　　　　D. 文学、和平

3.（　　）在北欧白天最长的那一天举行,也是北欧地区最大的节日。

A. 露西亚节　　　B. 五朔节　　　　C. 仲夏节　　　　D. 国庆节

4. 关于瑞典的叙述中不正确的是(　　)。

A. 瑞典人在颜色上特别忌讳红色、蓝色

B. 瑞典人对于伤害鸟类、猫、狗等动物,或者当众吸烟的行为十分反感

C. 同瑞典人聊天时,不宜询问他们的收入、年龄、宗教信仰等私人问题

D. 不要对王室问题、历史上的海盗风气,以及其福利政策妄加评论

5. 以下不属于瑞典三大资源是(　　)。

A. 铁矿　　　　　B. 金矿　　　　　C. 森林　　　　　D. 水力

6. 以下(　　)不是瑞典的企业品牌。

A. 沃尔沃汽车　　　　　　　　B. 爱立信、宜家家居

C. 乐高玩具　　　　　　　　　D. 伊莱克斯电器、H&M 服装

（二）填表题

人口		国花		主要宗教	
民族		国鸟		首都	
语言		国石		与北京时差	
货币				建国纪念日	

任务十六　●　挪威

任务描述

　　模拟旅行社的前台销售人员,向咨询的客人介绍挪威的基本国情、去挪威旅行的基本常识、当地的习俗和禁忌、挪威的旅游城市和著名景点、饮食习俗、旅游商品、节庆活动及旅游市场。

任务内容

一、基本国情

（一）地理环境

挪威，全称挪威王国，意为"通往北方之路"，位于北欧斯堪的纳维亚半岛西北部，西临挪威海，东邻瑞典，东北与芬兰和俄罗斯接壤，南同丹麦隔海相望。国土面积约为38.5万平方千米，包括斯瓦尔巴群岛、扬马延岛等属地。

挪威是南北狭长的山国，斯堪的纳维亚山脉纵贯全境，高原、山地、冰川约占全境2/3以上。挪威海岸线长2.1万千米（包括峡湾），近海岛屿达15万多个。境内最高峰为格利特峰，海拔为2 470米。

（二）发展简史

挪威在9世纪前后形成统一王国。9—11世纪进入全盛期。14世纪中叶开始衰落。1397—1524年，与丹麦、瑞典结成卡尔马联盟，受丹麦统治。1814年，根据基尔条约，丹麦把挪威割让给瑞典。1905年脱离瑞挪联盟独立，并选丹麦王子为国王，称哈康七世。挪威在第一次世界大战中保持中立，在第二次世界大战中被德国占领，哈康国王及他的政府流亡英国。1945年德占领军宣布投降，挪威光复。1949年加入北大西洋公约组织。1959年参加欧洲自由贸易联盟。1972年和1994年，挪威两次公民投票分别反对加入欧共体和欧盟。1999年，挪威加入申根协定。

（三）民族、宗教

挪威总人口为533万（2018年年底）。96%为挪威人，有萨米族约3万人，主要分布在北部。官方语言为挪威语。多数人信奉基督教路德宗，挪威教会成员占人口总数的71.5%。

（四）国旗、国徽

挪威国旗呈长方形，长宽之比为11∶8。红色旗面，偏左侧绘有蓝白色十字。挪威曾为丹麦所统治，国旗十字的来历与丹麦国旗的十字来历相同。蓝、白、红象征着自由与独立。它的国旗有两种，政府机构悬挂燕尾式国旗，其他场合悬挂上述横长方形国旗。

国徽呈盾形，它最初于13世纪出现在哈康国王祖先斯瓦莱国王的旗帜与徽章上，盾徽中雄狮前肢紧握战斧的图案是8世纪以来神圣国王的个人象征。银色战斧是挪威自由的保护者、捍卫者圣·奥拉夫的武器。金色雄狮头上的王冠造型简朴,体现了斯堪的纳维亚地区金属制作的特有风格。盾徽顶端的王冠,象征王族的威严和至高无上的权力。

挪威的国花为欧石楠,国鸟为河乌。

(五)行政区划

挪威全国设 1 市 18 郡。郡下设市镇(基础地方政府)。除了行政分级外,挪威政府还有 3 种特殊的分区管理方式:挪威法院分为 6 个上诉法院,挪威天主教堂分为 11 个教区,挪威萨米人议院分为 13 个选区。

(六)政治、经济

挪威是君主立宪制国家。国王为国家元首兼武装部队统帅,并提名首相人选,但无权解散议会。议会是国家最高立法机关,拥有立法权、财政监督权和行政监督权,实行一院制。

北欧五国都是经济高度发达的国家,挪威也是全球最发达的福利国家之一,2018年人均 GDP 全世界排名第四位。挪威是拥有现代化工业的发达国家,海洋石油、化工、航运、水电、冶金等尤为发达。20 世纪 70 年代,近海石油工业兴起,成为其国民经济重要支柱。挪威现为世界第三大天然气出口国和第八大石油出口国。渔业是重要的传统经济部门,养殖业以三文鱼为主。

(七)文学、艺术

挪威是一个历史悠久而又风华正茂的国家,尽管挪威曾在 400 年之中成为丹麦的一部分,但是却依然保留了强大的本国文化传统。挪威文学方面的代表人物是戏剧家易卜生,他是欧洲近代现实主义戏剧的杰出代表,著名作品有《玩偶之家》《人民公敌》等,这两部作品还被中国改编为话剧。易卜生、比昂松、约纳斯·李和谢朗并称为挪威文坛"四杰",他们的作品主要反映当时的社会生活,是现实主义作家。

挪威艺术与文化丰富多彩,涵盖维京文化、木条教堂、爱德华·蒙克的画作、亨里克·易卜生的作品、现代设计和前卫的建筑。挪威拥有世界上最大的单个艺术家(画家爱德华·蒙克)专门博物馆。作为北欧五国之一的挪威靠近北极,气候寒冷,森林资源丰富,形成了其独特的北欧建筑风格。同时北欧是欧洲后现代主义的发源地,故挪威崇尚简约、实用,强调品味。

二、出行须知

（一）基本常识

1. 气候

挪威本土属亚寒带针叶林气候,南部属温带海洋性气候,斯瓦尔巴群岛、扬马延岛属苔原气候。首都年平均气温为 7 ℃,年降水量约为 740 毫米。

2. 货币

挪威使用挪威克朗,辅币称为欧尔。汇率:1 克朗 = 100 欧尔。目前的汇率为 1 挪威克朗 = 0.789 6 人民币,1 人民币 = 1.266 5 挪威克朗(2019 年 8 月 30 日)。

3. 时差

挪威分夏令及冬令时间。3 月最后一个星期天到 10 月最后一个星期天实行夏时制,挪威比中国北京时间晚 6 个小时;冬令时期间,挪威比中国北京时间晚 7 个小时。

4. 其他

挪威是申根协定的成员国,可在所有申根国家旅游,最长停留期限为 90 天。

（二）习俗和禁忌

1. 习俗

挪威人社交场合一般行握手礼,朋友相见往往以拥抱为礼,女子相见常以贴面为礼。挪威人外出时多戴帽子,两人相遇时摘帽点头致意。守时是挪威人的生活准则,不守时不但会被他们认为失礼,还被视为不守信用,如果因某种原因不能准时到达,应先打电话说明原因,取得谅解。

2. 禁忌

挪威人忌讳"13"和"星期五"。忌讳用一根火柴点三支香烟,认为这样很不吉利。挪威人对黑色的使用比较谨慎。挪威人不喜欢中国传统的山水图案、仕女图案以及大红大绿的图案。挪威人不愿他人过问自己的工作、工资及社会地位等情况。在挪威公共场所禁止吸烟。

三、旅游城市和著名景点

（一）奥斯陆

挪威首都奥斯陆是斯堪的纳维亚半岛上最为古老的都城,有"世界滑雪之都"之称。奥斯陆的地理位置十分优越,位于挪威东南部,坐落在奥斯陆峡湾的尾端,面朝大

挪威
旅游宣传

海,背靠山峦,自然风光秀丽。它是挪威的政治、经济、交通、文化中心和主要港口,也是挪威王室和政府的所在地。奥斯陆是全欧洲最富有、最安全和拥有最高生活水准的城市之一,也是世界上最幸福的城市之一。奥斯陆的景点都集中在市中心一带,如挪威王宫、市政厅、维格朗雕塑公园、蒙克博物馆、阿克斯胡斯城堡、诺贝尔和平奖中心、歌剧院等。

1. 挪威王宫

挪威王宫是哈拉尔国王的办公地。其正对面是市中心的主要街道卡尔·约翰大街。这座王宫的修建最早是由卡尔十四世国王提出来的,由丹麦官员冯·林斯道担任总建筑师,在 1825 年开始动工,直到 1848 年竣工,当时正好赶上新国王奥斯卡一世和他的法国皇后约瑟芬登基大典。若哈拉尔国王在王宫,王宫的上空会飘扬起红底金狮的皇家旗标。

2. 市政厅

市政厅建于 1950 年,是一座古堡式的建筑。其内部是以挪威历史为题材绘制的巨幅壁画。这座砖红色的建筑是为庆祝奥斯陆建城 900 年而建,布局为“凹”字形,周围有大量雕塑,表现了挪威人生活的各个方面。在 每年 12 月 10 日诺贝尔逝世纪念日这天,诺贝尔和平奖颁奖仪式在这里举行。

3. 维格朗雕塑公园

维格朗雕塑公园,又被称为弗罗格纳公园,位于奥斯陆的西北部。公园占地近50 万平方米,以挪威的雕塑大师古斯塔夫·维格朗的名字命名,园内有 192 座裸体雕塑,共有 650 个人物雕像,耗费他 20 多年心血精心制成。该公园的主题表现了人从出生至死亡的各个时期的情况,因而有人称之为“人生旅途公园”。

4. 蒙克博物馆

爱德华·蒙克是挪威历史上享有世界声誉的表现主义画家、版画复制巨匠和现代表现主义绘画的先驱。他的绘画带有强烈的主观性和悲伤压抑的情调。蒙克博物馆是世界上综合性最强的名人专属博物馆,这位艺术家超过一半的画作收录于此。藏品包括《呐喊》《圣母》《生命之舞》《青春期》《生病的孩子》等著名作品。

(二)卑尔根

卑尔根位于挪威西海岸,直通大西洋,是挪威霍达兰郡的首府,也是挪威第二大城市,同时还是挪威西海岸最大、最美的港都,曾在 2000 年被联合国评选为“欧洲文化之都”。这里气候温和多雨,是一座“雨城”。卑尔根的主要建筑物游览区在港口附近,北部则留存着许多中世纪汉撒同盟时代的古老建筑,南部则是现代化的购物街。

(三)四大峡湾

世界上 80% 的峡湾在欧洲,而欧洲的峡湾主要在北欧,北欧的峡湾则主要在挪威。

峡湾的意思是深入内陆的海湾,在挪威,北海的海岸线以非常复杂的方式咬噬着内陆,形成了众多峡湾。盖朗厄尔峡湾、松恩峡湾、哈当厄尔峡湾、吕瑟峡湾被称为四大峡湾。

四、饮食习俗

挪威 1/3 的国土位于北极圈内,因此挪威饮食离不开鱼类和水产品。挪威的森林和山区盛产野生浆果和水果,这些都是制作果酱、果汁和甜品的重要材料。平常日子里,挪威人的饮食多以海鲜、肉肠、熏鱼、酸菜及各种乳制品为主。其中,首屈一指的是熏鲑鱼、新鲜鳕鱼、鲱鱼和虾。挪威人吃的肉类有羔羊肉、小牛肉、牛肉,驼鹿肉和驯鹿肉也比较常见。奥斯陆的家常菜,秋季有肉丸、炖羊肉,冬季有雪山鹑等,还有奶酪、涂了甜味羊奶酪的面包片或蜂窝饼都令人垂涎欲滴。通常挪威人一日四餐,很多农家甚至一日五餐。挪威人通常一天吃一次正餐。挪威的第一名菜当推"苏打鱼"。挪威人最爱喝啤酒、葡萄酒和威士忌。阿夸维特是挪威的国酒,被称为"生命之水"。他们的饮品以鹿奶为主。

五、旅游商品

挪威主要的特色纪念品有传统手工编织的羊毛衣、伯根的蜡烛和烛台、银制珠宝、萨米族的鞘刀、驯鹿皮制品、木制玩具等。此外,挪威特产还有卷饼、维京啤酒、美容盛品"冰河泥"、三文鱼、驼鹿香肠、呢绒衣、玻璃器皿、木雕工艺品、山羊奶酪等。挪威的三文鱼非常新鲜,北欧海域所产的三文鱼质量非常好。在挪威,三文鱼也属于比较贵重的佳肴。

六、节庆活动

挪威人主要笃信基督教新教路德宗(信义宗),另有少量的天主教徒。多数公共假日均为宗教节日,主要有圣诞节(12 月 25 日)、复活节(春分月圆后第一个星期日)、耶稣受难日(复活节前一个周五)、耶稣升天节(复活节后第 40 天)、圣灵降临节(复活节后第 50 天)和特罗姆瑟太阳日(1 月 21 日)、奥斯陆滑雪节(3 月第一个星期六)等。由于 1814 年 5 月 17 日通过的宪法一直沿用至今,在挪威 5 月 17 日被称为"宪法日",同时也是国庆节。除了圣诞节之外,这一天是挪威一年中最为重要的节日。

此外,挪威有 200 多个音乐节,其中以爵士音乐节最多。每年 8 月,在奥斯陆会举办国际爵士音乐节。该音乐节始于 1986 年,是北欧重要的爵士音乐盛会之一。挪威最受欢迎的摇滚音乐节是 7 月初在克里斯蒂安桑举行的夸特音乐节和 8 月初在奥斯陆附近举行的厄雅音乐节。

9 月初,卑尔根会举办盛大的卑尔根美食节,这是挪威最大的美食节之一。九月下旬,卑尔根会举办国际电影节,来自全球各地的上百部最优秀的科幻片和纪录片都将在此播放。

七、旅游市场

联合国世界旅游组织发布的《世界旅游组织旅游亮点（2018 年版）》报告显示，2017 年挪威接待外国游客总数超 625 万人次，接待外国游客的旅游收入达 54 亿美元。

据统计，2017 年 1—5 月，到挪威旅游的中国游客人数同比增长 71%，酒店登记人数达 81 590 人次。而 2013 年和 2015 年同期分别为 17 759 人次和 36 390 人次。

任务练习

一、情景模拟

请模拟旅行社的前台销售人员，向咨询的客人介绍挪威的概况、出国旅行需要注意的事项、行程安排及特色。

二、知识检测

（一）单选题

1. 挪威位于北欧斯堪的纳维亚半岛，东邻（　　），东北与芬兰和俄罗斯接壤，南同丹麦隔海相望。

   A. 瑞典　　　　　　B. 芬兰　　　　　　C. 俄罗斯　　　　　　D. 丹麦

2. 以下名人中（　　）是挪威人，被称为戏剧大师，代表作有《玩偶之家》。

   A. 莎士比亚　　　　B. 易卜生　　　　　C. 诺贝尔　　　　　　D. 安徒生

3. 有"世界滑雪之都"之称的是（　　）。

   A. 奥斯陆　　　　　B. 卑尔根　　　　　C. 赫尔辛基　　　　　D. 哥本哈根

4. 挪威绘画大师（　　）被称为现代表现主义绘画的先驱，主要代表作有《呐喊》《病孩》《病房里的死亡》等。

   A. 毕加索　　　　　B. 蒙克　　　　　　C. 梵高　　　　　　　D. 恩索

5. 诺贝尔和平奖在（　　）颁奖。

   A. 奥斯陆　　　　　B. 卑尔根　　　　　C. 斯德哥尔摩　　　　D. 哥德堡

6. （　　）是当今挪威经济的重要支柱。

   A. 造船业　　　　　B. 渔业　　　　　　C. 石油　　　　　　　D. 旅游业

7. 北欧四国大多数人都信奉（　　）。

   A. 天主教　　　　　B. 东正教　　　　　C. 基督教路德宗　　　D. 犹太教

（二）填表题

人口		国花		主要宗教	
民族		国鸟		首都	
语言				与北京时差	
货币				建国纪念日	

任务十七 ● 丹麦

任务描述

　　模拟旅行社的前台销售人员，向咨询的客人介绍丹麦的基本国情、去丹麦旅行的基本常识、当地的习俗和禁忌、丹麦的旅游城市和著名景点、饮食习俗、旅游商品、节庆活动及旅游市场。

任务内容

一、基本国情

（一）地理环境

　　丹麦，国名为丹麦王国，位于欧洲北部。丹麦三面环海，南同德国接壤，西濒北海，北与挪威、瑞典隔海相望。本土包括日德兰半岛、菲因岛、西兰岛及附近岛屿，另外有两个自治领地：法罗群岛和格陵兰岛。国土面积约为 43 096 平方千米（不包括格陵兰岛和法罗群岛）。

　　丹麦地势低平，平均海拔约 30 米。日德兰半岛中部稍高，最高点海拔为 173 米。第四纪时境内被冰川覆盖，冰川消退后留下较多冰碛湖，最大的阿勒湖面积约为 41 平方千米。最长河流为古曾河。

（二）发展简史

　　公元前 1 万年左右，日德兰半岛开始有人类居住，以狩猎为生。985 年形成统一王国。8—12 世纪为强盛的海盗时期,曾征服现英国、挪威、法国莱茵河畔等地区。14 世纪走向强盛,并于 1397 年成立以丹麦女王玛格丽特一世为盟主的卡尔马联盟,疆土包括现丹麦、挪威、瑞典、冰岛、格陵兰、法罗群岛以及芬兰的一部分。15 世纪末开始衰落。1523 年瑞典脱离联盟独立。1814 年将挪威割予瑞典。1849 年建立君主立宪政体。1918 年冰岛脱离丹麦独立。丹麦在两次世界大战中均宣布中立。1940 年 4—1945 年 5 月被纳粹德国占领。1949 年加入北约,1973 年加入欧共体,拥有对格陵兰岛和法罗群岛的主权。

(三)民族、宗教

丹麦人口为 580 万(2019 年 3 月),丹麦人约占 91.2%,外国移民约占 8.8%。官方语言为丹麦语。约 77% 的居民信奉基督教路德宗,0.6% 的居民信奉罗马天主教。

(四)国旗、国徽

丹麦国旗是现今各国国旗之中历史最悠久的一面国旗,自 1219 年使用至今,是世界上第一面国旗,对其他国家特别是北欧国家的国旗设计产生了重大影响。丹麦国旗呈长方形,长与宽之比为 37∶28。旗地为红色,旗面上稍偏左侧,有白色十字形图案。

丹麦国徽的历史可以追溯到 12 世纪。它的中心图案是一枚金黄色盾徽,盾面上绘有三头口吐红舌、头戴王冠的蓝色雄狮和九颗血色鸡心;盾徽顶部华丽威严的王冠象征丹麦王国的国王。

丹麦的国花为木春菊,国树为冬青,国石是琥珀,国鸟为天鹅。

丹麦国旗、国徽、国花

(五)行政区划

2007 年 1 月 1 日,丹麦实行新的行政区划。全国设 5 个大区、98 个市和格陵兰岛、法罗群岛 2 个自治领地。格陵兰岛和法罗群岛享有高度自治权。

(六)政治、经济

丹麦实行君主立宪制。国王为国家元首,议会为一院制。

丹麦是发达的西方工业国家,人均国内生产总值居世界前列,在世界经济论坛 2018 年全球竞争力报告中列第十位。其工业在国民经济中占重要地位,船用主机、水泥设备、助听器、酶制剂和人造胰岛素等产品享誉世界。丹麦的农业科技水平和生产率居世界先进国家之列。其猪肉、奶酪和黄油出口量居世界前列。丹麦是世界上最大的貂皮生产国之一。丹麦是欧盟最大渔业国,北海和波罗的海为其近海重要渔场。

(七)文学、艺术

丹麦素有"童话王国"之称,童话作家安徒生的文学作品举世闻名。1975 年开始的国际童话电影节每两年在安徒生的故乡欧登塞城举行一次。安徒生最著名的作品是

《安徒生童话集》。1917 年丹麦的盖勒鲁普凭借作品《磨坊血案》及彭托皮丹凭借作品《天国》获诺贝尔文学奖;1944 年丹麦扬森凭借作品《漫长的旅行》获诺贝尔文学奖。

丹麦皇家芭蕾舞团经常在世界各地进行巡回演出。在皇家芭蕾舞团赞助下,丹麦创立了全新的芭蕾舞奥斯卡奖,即安徒生芭蕾奖,每年奖励世界上最优秀的芭蕾舞表演者。该奖的授奖仪式在哥本哈根盛大的国际芭蕾舞节上举行。

二、出行须知

(一)基本常识

1. 气候

丹麦属温带海洋性气候,平均气温 1 月为−2.4 ℃,8 月为 14.6 ℃,全年大部分时间盛行来自海洋的西风,空气潮湿,全年有雨,年均降水量约 860 毫米。

2. 货币

丹麦克朗是丹麦及其属地格陵兰岛的法定货币,而另一属地法罗群岛则使用另一货币法罗克朗,但其币值与丹麦克朗相同。汇率:1 丹麦克朗＝1.062 8 人民币,1 人民币＝0.940 9 丹麦克朗(2019 年 8 月 30 日)。

3. 时差

丹麦分夏令及冬令时间。3 月最后一个星期天到 10 月最后一个星期天实行夏时制,丹麦比中国北京时间晚 6 个小时;冬令时期间,丹麦比中国北京时间晚 7 个小时。

4. 其他

丹麦是申根协定的成员国,可在所有申根国家旅游,最长停留期限为 90 天。

(二)习俗和禁忌

1. 习俗

丹麦人举止大方,性格豪放,在社交场合一般行握手礼。丹麦女子(特别是未婚女子)与有身份的男子见面时,一般行屈膝礼,有时将手也送至对方,以便对方施吻手礼。丹麦人喜欢以鲜花作为礼物,经常用三四朵康乃馨表示感谢,给客人送黄色的花,给出门旅行的人送红色的花。丹麦居民信奉基督教,大多数丹麦人坚持让自己的孩子在 14 岁时去教堂受洗礼,接受入教仪式。

2. 禁忌

丹麦人忌讳"13"和"星期五"。忌讳四人交叉握手,忌讳用一根火柴点三支香烟。他们还忌讳盐,认为盐会给人带来灾祸。他们忌讳站在门口聊天说话,绝对不能在门口和别人打招呼。另外丹麦禁酒严格,在家饮酒也需持特许证到指定地点购买,并交纳税款。丹麦人认为白色的花是不祥的预兆,除葬礼、婚礼和接受洗礼时以外,其他的时候忌讳使用白色的花。与丹麦人谈话,双方距离以 1.2 米左右较为适宜,不能指手画脚,不能大声说话。不要与他们谈论政治和社会问题,也不要打听他们的私事。

三、旅游城市和著名景点

(一)哥本哈根

丹麦首都哥本哈根是全国政治、经济、文化中心,也是北欧最大的城市,有自由港和航空港,原意为"商人港口"。由于统治欧洲时间最久的玛格丽特女皇二世皇族居住于此,因此被称为"女皇之城"。哥本哈根市容整洁美观,宫殿城堡为数众多,被誉为"北方的巴黎"。城市环境宜人,生活方式安逸,人们在出行时大多选择自行车,因此又被称为"自行车之城",且多次被评为世界上最适宜居住的城市。著名景点有美人鱼铜像、腓特烈教堂、克伦堡宫、嘉士伯啤酒厂、新港、国家博物馆等。

1. 美人鱼铜像

美人鱼铜像位于哥本哈根市中心东北部的长堤公园,由丹麦雕刻家爱德华·艾瑞克森根据安徒生童话《海的女儿》铸塑。美人鱼,人身鱼尾,坐在一块巨大的花岗石上,远观恬静娴雅,悠闲自得;近看却神情忧郁、冥思苦想。铜像高约 1.5 米,基石直径约 1.8 米,1913 年安置,现已成为哥本哈根的标志。

2. 腓特烈教堂

腓特烈教堂是丹麦最大的铜绿色圆顶教堂。由于大量使用了丹麦和挪威出产的大理石,因此当地人称之为"大理石教堂"。教堂内部直径为 31 米的巨大圆顶是由 12 根圆柱支撑的,圆顶上绘有耶稣的 12 个使徒的画像,整个内部装饰与绘画庄重、大气、威严、神圣。教堂外部高大的人物雕塑使得教堂更加具有历史的沧桑感。

3. 克伦堡宫

克伦堡宫位于哥本哈根的北部,曾作为丹麦的防御建筑,现在是一座博物馆。克伦堡宫是北欧保存最好的文艺复兴时期的城堡之一,莎士比亚的《哈姆雷特》是以克伦堡宫为背景创作的,所以克伦堡宫又名"哈姆雷特城堡"。

4. 嘉士伯啤酒厂

嘉士伯啤酒厂是丹麦最大及最著名的啤酒产地,这里也是世界上最大的啤酒瓶收藏地,游客能在这里充分地了解啤酒的历史及嘉士伯的发展历程。

(二)奥胡斯

奥胡斯位于日德兰半岛东岸,是丹麦第二大城市和主要港口。奥胡斯的主要市区始建于 900 年,距今已有 1 000 多年历史。每年夏季,丹麦王室都会来此度假。这里有奥胡斯大学、音乐学院和露天博物馆等,是丹麦全国文化中心之一。

（三）欧登塞

欧登塞是丹麦第三大城市,城市虽小,却是著名童话作家安徒生的故乡,这里童话气息浓郁,是全世界最幸福的城市之一。

四、饮食习俗

丹麦人以面食为主食,面包有 700 多种,其中以"安徒生"名字命名的面包深受欢迎。冷拼盘与三明治是丹麦的代表性食物。橘汁拌鸭块通常是丹麦宴席上的压轴佳肴。丹麦菜讲究新鲜,烹调的原料主要是鱼和贝类以及肉、奶制品、蔬菜、水果等。产自丹麦的奶制品世界闻名,丹麦黄油、干酪、奶油都被广泛地用于各种菜肴和小吃中。典型的丹麦菜包括猪肉丸、水煮鳕鱼配芥末酱、脆皮烤猪肉、马铃薯炖牛肉,以及牛肉汉堡配洋葱等。丹麦人喜欢饮啤酒,丹麦的嘉士伯啤酒质地透明、口味纯正,曾在国际啤酒评选中荣获"世界最佳啤酒"的称号。

五、旅游商品

丹麦的美食特产丰富,其嘉士伯啤酒、丹麦乳酪、丹麦酥以及皇家哥本哈根陶瓷等都是当地非常有特色的特产,值得推荐。

1. 银制品

乔治·杰生以银器得名,但绝不仅仅只是银器。从金银饰品、白金、钻石珠宝、腕表、餐具、凹形器皿到家居,甚至是办公用品,应有尽有。和皇家哥本哈根一样,这里也是丹麦皇家御用商店之一。除了得到皇室的认可,乔治·杰生纯粹优雅的斯堪的纳维亚设计风格更是征服了世界数百万用户。

2. 陶瓷皇家哥本哈根从 1775 年营业至今

皇家哥本哈根从 1775 年营业至今,已有两百多年的历史。它是在丹麦一位皇后资助下所成立的专属御用瓷器工厂,是丹麦王室瓷器的专供商。每件瓷器都至少历经 30 道工序,由陶瓷艺术家传统手工绘制而成,都是无可复制的名品。

3. 琥珀

丹麦是一个盛产琥珀产品的国家。这里有令人惊叹的琥珀工艺品,比如内部融入小昆虫的琥珀,还有用琥珀制作的挂坠、雕像、烟斗、烟嘴等工艺品,这些对中国游客来说都比较少见。

4. 丹麦曲奇

丹麦在食品烘焙方面在世界上享有很高声誉,丹麦曲奇人们耳熟能详。深宝石蓝盒装的丹麦皇家奶油曲奇尤为经典。

六、节庆活动

丹麦的重要节日有国庆日(女王玛格丽特二世生日,4月16日)、宪法日(6月5日),还有一些宗教节日:耶稣受难日、复活节、耶稣升天节、圣灵降临日、圣诞节等。

在哥本哈根,每年8月都会上演各种节庆活动,有哥本哈根时装周、哥本哈根烹饪美食节等。

在安徒生的家乡欧登塞,每年8月则会举办鲜花节、安徒生艺术节,包含了各种文艺和冒险活动,这个节日不仅是一场孩子们的盛宴,对于成年人来说也是一次无与伦比的童话之旅。

七、旅游市场

旅游业是丹麦的支柱性产业。2017年,丹麦共计接待了2 800万名游客,旅游外汇收入73.94亿美元。根据途牛《2017丹麦旅游趋势报告》显示,中国赴丹麦游客数量飞速增长,从2009年的5万人次增加到2016年的21.8万人次,位居中国出境游目的地国家第35名。

知识拓展

丹麦女王

玛格丽特二世是现任丹麦女王,生于1940年4月16日。她是丹麦第一位执政女王,也是丹麦国王宝座上第一位才华横溢的艺术家。在丹麦的历史上还有过一位女君主,她就是14世纪下半叶统治丹麦的玛格丽特一世,但她是以独生子奥拉夫的名义执政的。为了表示对500年前这位杰出的女王敬意,玛格丽特即位时将称号定为"玛格丽特二世"。至高无上的地位和多才多艺的气质、平易近人的态度交相辉映,使她具有一种独特的魅力。

任务练习

一、情景模拟

请模拟旅行社的前台销售人员,向咨询的客人介绍丹麦的概况、出国旅行需要注意的事项、行程安排及特色。

二、知识检测

(一)选择题

1.(　　)为丹麦的国旗,是世界上第一面国旗,对北欧国家的国旗设计起了重大作用。

　　A.红色旗面,旗面上偏左侧有蓝白色十字形图案

　　B.红色旗面,旗面上偏左侧有白色十字形图案

　　C.蓝色旗面,旗面上偏左侧有黄色十字形图案

　　D.白色旗面,旗面上偏左侧有蓝色十字形图案

2.丹麦的首都是(　　)。

　　A.奥斯陆　　　　　　　　　　B.卑尔根

　　C.赫尔辛基　　　　　　　　　D.哥本哈根

3.北欧四国中(　　)拥有对格陵兰岛和法罗群岛的主权。

　　A.挪威　　　　B.瑞典　　　　C.芬兰　　　　D.丹麦

4.丹麦是世界最大(　　)生产国之一,也是欧盟最大渔业国。

　　A.汽车　　　　B.貂皮　　　　C.矿产品　　　　D.纸张

5.美人鱼铜像位于哥本哈根市,由丹麦雕刻家爱德华·艾瑞克森根据安徒生童话(　　)铸塑。

　　A.《白雪公主》　　　　　　　B.《丑小鸭》

　　C.《卖火柴的小女孩》　　　　D.《海的女儿》

6.(　　)被称为"自行车之城""女皇之城"。

　　A.奥斯陆　　　B.卑尔根　　　C.赫尔辛基　　　D.哥本哈根

(二)填表题

人口		国花		主要宗教	
民族		国树		首都	
语言		国石		与北京时差	
货币		国鸟		建国纪念日	

项目四

美洲地区

美洲全称"亚美利加洲",位于太平洋东岸、大西洋西岸。美洲位于西半球,是唯一一个整体在西半球的大洲。自然地理分为北美洲和南美洲。美洲的面积约为 4 219 万平方千米,有 35 个独立国家和 15 个地区,总人口约为 9.24 亿,占到了人类总数的 13.5%。居民大多数是英、法等欧洲国家移民的后裔,其次是印第安人、黑人和混血人种。北美洲主要通用英语和法语;南美洲巴西的官方语言为葡萄牙语,还有个别国家的官方语言为法语、英语和荷兰语,其他国家均使用西班牙语。印第安人使用印第安语。居民主要信奉天主教和基督教新教。

美洲地区通常以巴拿马运河为界,分为北美洲和南美洲。美洲的经济发展非常不平衡。北美是世界经济最发达的地区之一,拉丁美洲为发展中地区。

美洲地区是世界重要的旅游地区之一。北美地区经济发达,生态环境良好,自然旅游资源丰富,五大湖风光、黄石公园、科罗拉多大峡谷、尼亚加拉大瀑布美不胜收。拉丁美洲和加勒比海地区土地广袤,热带雨林、火山奇观、生物基因库等自然景观风光独特。世界上面积最大的淡水湖苏必利尔湖,世界上最大的平原亚马孙平原,世界上最大的高原巴西高原,世界上最长的山脉安第斯山脉,世界上水量最大、流域面积最广的河流亚马孙河都位于美洲。

美洲地区文化遗产丰富多彩,民俗风情独特,玛雅文化、印加文化和阿兹特克文化给世人留下了珍贵的文化遗产,神秘而古老的印第安文明与现代文明对比强烈。

本项目介绍美洲地区 4 个主要的客源国与目的地国:美国、加拿大、墨西哥和巴西。

学习目标

　　模拟领队召开出境说明会、模拟目的地国地陪在旅行游览中进行讲解服务、模拟中国旅行社前台销售人员对游客咨询旅行社这三项典型工作任务,通过任务驱动和情景模拟的方式让学生了解美洲4个主要客源国或目的地国的地理、历史、民族与宗教、国旗国徽、行政区划、政治与经济、文学与艺术等基本国情;饮食习俗、旅游商品、习俗和禁忌、节庆活动等民俗风情;旅游城市和著名景点;旅游市场。了解美洲主要客源国或目的地国旅游业发展的基本特征。

任务一 ● 美国

子任务一　了解美国

任务描述

　　模拟中国某旅行社的领队,向参加该旅行社美国旅行团的游客召开出境说明会,初步了解去美国旅行的基本常识、习俗和禁忌、饮食习俗、旅游商品以及当地特色的节庆活动。

任务内容

一、出行须知

(一)基本常识

1. 气候

美国本土大部分地区位于暖温带和亚热带,大部分地区属大陆性气候,南部属亚热带气候。但由于美国本土地域辽阔,地形多样,故各地气候差异较大。东北部和五大湖区属于大陆性气候,类似中国北方,冬季较长、寒冷干燥,夏季温暖;东南部和墨西哥湾沿岸属于亚热带气候,温暖湿润;中部内陆地区夏季炎热干燥,冬季寒冷多雪;西部高原属于干燥气候,冬季寒冷干燥,夏季炎热少雨;太平洋沿岸北段属温带海洋性气候,南段属地中海式气候。本土以外的阿拉斯加州为北极圈内寒冷气候,而夏威夷州和波多黎各群岛位于北回归线以南,属于热带气候。芝加哥1月平均气温为−3 ℃,7月为24 ℃;墨西哥湾沿岸1月平均气温为11 ℃,7月为28 ℃。

2. 货币

美国货币为美元(USD)、主币元、辅币分。汇率:1 美元 = 100 美分。1 美元 = 7.143 9人民币;1人民币 = 0.14美元(2019年8月30日)。

3. 时差

美国地跨6个时区(西五区~西十区),自东向西依次分东部、中部、山地、太平洋、阿拉斯加和夏威夷时间。华盛顿地处西五区,比中国北京时间晚13个小时,洛杉矶地处西八区,比中国北京时间晚16个小时。每年3月的第二个星期日至11月的第一个星期日实行夏令时,华盛顿比中国北京时间晚12个小时,洛杉矶比中国北京时间晚15个小时。

(二)习俗和禁忌

1. 习俗

美国人见面十分讲究礼节,见面时面带笑容,身体微微前倾,并互相问好,握手时不能用力太小,否则有不礼貌之嫌。美国人在人际交往方面比较随意,朋友之间见面打个招呼就可以了。美国人一般直呼对方的名字,认为是亲切友好的表示,很少用正式的头衔来称呼别人。美国人使用肢体语言比较多。美国人很珍惜时间,因此拜访美国朋友需预约,可以送些不太贵重的小礼物,比如一束花、一本书,也可以送中国特色的小礼物,比如中国结、字墨画。美国人在非正式场合穿着很随便,但在正式的场合须穿西装、西裙等比较正规的衣服。美国人还十分讲究"个人空间",和美国人谈话时一般保持在50厘米以外为宜。美国人把过谦视为虚伪的代名词,所以同他们交往,应大胆说出自己的能力,不必谦虚客气。吃饭时尽量不要发出响声,结束时要把餐具整理好,并把剩下的东西收拾干净。美国人讲究卫生;做事讲规章制度,公共场合没有人插队,否则会受到批评。美国人喜欢争论,不喜欢沉默。

2. 禁忌

美国人一般对气味很敏感,尤其讨厌闻到大蒜的气味。美国人忌"13""3""星期五""老"字,因为美国是一个竞争激烈的社会,年老往往有"落伍"之意,因此对上年纪的人不要恭维其年龄。美国人忌用蝙蝠图案的商品、包装品,认为这是凶神的象征。忌对妇女送香水、化妆品或衣物,但可送头巾。和别人交谈时忌讳询问个人年龄、婚否、财产、收入等私事;忌讳谈论信仰、党派等。在美国人面前抽烟,需事先征得对方的同意。忌讳冲人伸舌头,认为这是污辱人的动作。忌讳赠送带有自己公司标志的便宜礼物,因为这有让别人义务做广告的嫌疑。美国人在进餐时忌讳打嗝。饮食方面忌食肥肉和各种动物的内脏,也不喜欢吃蒸煮和红烧的菜肴。

二、饮食习俗

美国人饮食简单随意且节奏快,以美式快餐最常见,例如肯德基、麦当劳。美国人一日三餐之中晚餐最丰富。主食是肉、鱼、蔬菜、米饭。餐饮特色是追求方便、快捷。喜欢凉拌菜、点心,不爱吃油炸食品,味道清淡,喜欢咸中带甜。美国人爱喝加冰块的啤酒、鸡尾酒、苏打水、咖啡等饮料。

三、旅游商品

1. 花旗参

西洋参别名花旗参、洋参,原产于加拿大的魁北克与美国的威斯康星州,中国北京怀柔与长白山等地也有种植。加拿大产的叫西洋参,美国产的叫花旗参。美国花旗参的品质好,药用价值高,能扶助正气、清热降火、生津止渴。

2. 蔓越莓

蔓越莓主要生长在北半球凉爽地带的酸性泥炭土壤中。收获的果实用来做成果汁、果酱等。蔓越莓酱是美国感恩节主菜火鸡的传统配料。由于蔓越莓本身酸味较强,制作成果汁饮料时一般兑有糖浆或苹果汁等。

3. 纳帕河谷葡萄酒

纳帕河谷属于适合酿酒葡萄生长的温带气候,白天阳光充足、温暖、干燥,夜晚凉爽,为葡萄缓慢、均匀地成熟提供了理想条件,是美国著名的葡萄产区,出产的葡萄酒享有很高的知名度。

4. 鲍鱼果

鲍鱼果是一种干果,看起来非常像鲍鱼,因而得名。鲍鱼果有"坚果之王"的称呼,营养丰富。鲍鱼果外皮坚硬、果仁香脆,味道清香浓郁,松脆香酥,长期食用可以健脑、益脑。

此外,美国的数码产品、篮球运动用品、印第安人的传统工艺品,如巴拿马草帽、披肩饰品、印有印第安图腾的各种物件也是非常有纪念意义的商品。

四、节庆活动

美国国庆日是7月4日(美国独立日,1776年)。还有一些宗教节日,如父亲节、母亲节、感恩节等。

1. 父亲节

父亲节约始于 20 世纪初,起源于美国,现已广泛流传于世界各地。大多数国家都是在每年 6 月的第三个星期日过父亲节。家人一般都会团聚会餐,子女们会给父亲送上精心准备的礼物或用其他方式向父亲表达敬意和爱意。

2. 母亲节

现代意义上的母亲节也是起源于美国。美国南北战争结束后,安娜·贾维斯的母亲认为,应该给予失去儿子的母亲们一种慰藉并希望有人创立一个母亲节来赞扬全世界的母亲。后来她向全社会呼吁,并获得各方面的强烈支持,1914 年,美国国会将每年 5 月第二个星期日定为母亲节,并规定这一天家家户户都要悬挂国旗,表达对母亲的尊敬。

3. 感恩节

感恩节是 11 月份的第四个星期四。它是美国人民独创的一个古老节日,也是美国人合家欢聚的节日。1620 年,著名的"五月花"号船满载不堪忍受英国国内宗教迫害的清教徒到达美洲。在饥寒交迫的冬天,心地善良的印第安人帮助了他们。这批移民为感谢印第安人的真诚帮助,邀请他们一同庆祝节日。美国独立后,感恩节成为全国性的节日。节日当天,人们会前往教堂做感恩祈祷,城市乡村到处都有化妆游行、戏剧表演或体育比赛等。火鸡是感恩节的传统主菜,此外,还有红薯、玉米、南瓜饼、红莓苔子果酱等节日食品。

任务练习

一、情景模拟

出境说明会应该介绍哪些内容?将学生分为几个组,分别准备出境说明会的 PPT 和讲稿,模拟某旅行社的领队,向参加该旅行社美国旅行团的游客召开出境说明会。

二、知识检测

单选题

1. 美国忌讳用(　　)图案作为礼品的包装,因为它被视为凶神的象征。

    A. 猫头鹰　　　　　B. 老鹰　　　　　C. 蝙蝠　　　　　D. 乌龟

2. 美国非夏令时制期间,美国纽约比中国北京时间晚(　　)个小时。

    A. 13　　　　　　　B. 14　　　　　　　C. 15　　　　　　　D. 16

3. (　　)属大陆性气候,类似中国北方,冬季较长、寒冷干燥,夏季温暖。

　　A.华盛顿　　　　　B.拉斯维加斯　　　C.迈阿密　　　　　D.夏威夷

4.下列关于美国习俗的叙述中不正确的是(　　)。

　　A.美国人一般直呼对方的名字,认为是亲切友好的表示,很少用正式的头衔来称呼别人

　　B.美国人使用肢体语言比较多

　　C.美国人十分讲究"个人空间",和美国人谈话时一般保持在 50 厘米以外为宜

　　D.美国人把过谦视为虚伪的代名词,不忌讳"老"字,对上年纪的人要恭维其高寿

5.关于美国人饮食习惯的表述中不正确的有(　　)。

　　A.忌吃各种动物内脏　　　　　　　B.不爱吃肥肉

　　C.爱喝加冰块的啤酒　　　　　　　D.饮食丰富,追求慢节奏

6. (　　)不是美国主要的特色旅游商品。

　　A.蔓越莓和花旗参　　　　　　　　B.花旗参和葡萄酒

　　C.鲍鱼果和花旗参　　　　　　　　D.葡萄酒和枫糖

7. (　　)是美国人民独创的一个古老节日,火鸡是该节日的传统主菜。

　　A.父亲节　　　　　B.母亲节　　　　　C.感恩节　　　　　D.元旦

子任务二　感知美国

任务描述

　　模拟美国的地陪人员,在机场接机后向中国游客致欢迎辞,送客人回酒店途中向中国游客介绍美国的基本国情,进一步了解美国的地理、历史、民族与宗教、国旗国徽、行政区划、政治与经济、文学艺术等知识。

任务内容

美国
地理环境

一、地理环境

　　美国位于北美洲中部,领土还包括北美洲西北部的阿拉斯加和太平洋中部的夏威夷群岛。北与加拿大接壤,南靠墨西哥湾,西临太平洋,东濒大西洋。面积约为 937 万平方千米,居世界第四位。全国分 50 个州和 1 个特区,除阿拉斯加州和夏威夷州以外的 48 个州都位于美国本土。

　　美国地形复杂,地势东西高,中央低,大致可分为三个地形区。东部是阿巴拉契亚

山脉构成的山地和大西洋沿岸平原。中部是大平原,约占国土面积的一半。西部是科迪勒拉山系构成的山地和高原。美国河流湖泊众多,其中密西西比河全长6 020千米,居世界第四位。苏必利尔湖、密歇根湖、休伦湖、伊利湖和安大略湖等五大湖为世界最大的淡水湖群。其中密歇根湖属美国,其余4湖为美国和加拿大共有。

二、发展简史

美国原为印第安人聚居地。15世纪末,西班牙、荷兰、法国、英国等开始向北美移民。1773年,英国建立了13个殖民地。1775年爆发了北美人民反对英国殖民者的独立战争。1776年7月4日通过了《独立宣言》,正式宣布建立美利坚合众国。1783年独立战争结束。1787年制定联邦宪法,1788年华盛顿当选为第一任总统。1812年后美国完全摆脱了英国的统治。1862年爆发了南北战争,1865年,战争以北方获胜而结束,从而为资本主义的迅速发展扫清了障碍。到19世纪末,工业总产值居世界第一位。19世纪末,通过购买和侵略扩张,版图面积急剧增大,形成了现在的美国版图。在1776年后的100年内,美国领土几乎扩张了10倍。第二次世界大战结束后,美国成为世界超级大国。

三、民族、宗教

美国是个典型的移民国家,有"民族熔炉"之称。美国人口约3.30亿(截至2019年1月)。白人约占62.1%,主要是欧洲移民的后裔;拉美裔约占17.4%,非洲裔约占13.2%,亚裔约占5.4%,混血约占2.5%,印第安人和阿拉斯加原住民约占1.2%,夏威夷原住民或其他太平洋岛民约0.2%(少部分人在其他族群内被重复统计)。通用语言为英语。居民普遍信仰宗教,其中约54.6%信仰基督教新教,23.9%信仰天主教,还有少部分人信仰犹太教、东正教、佛教、伊斯兰教和其他宗教,16.1%无宗教信仰(少部分人群属于多宗教信仰被重复统计)。

四、国旗、国徽

美国国旗为星条旗,呈横长方形,长与宽之比为19:10。旗面左上角为蓝色长方形星区,其中分9排排列着50颗白色小五角星。星区以外是13道红白相间的条纹。50颗小星代表了美国的50个州,而13道红白相间的条纹则象征着合众国成立时的13个州。

美国国徽主体为一只胸前带有盾形图案的白头海雕。白头海雕是美国的国鸟,它是力量、勇气、自由和不朽的象征。鹰的两爪分别抓着橄榄枝和箭,象征和平和武力。鹰嘴叼着的黄色绶带上用拉丁文写着"合众为一",意为美利坚合众国由很多州组成,是一个完整的联邦。国徽上其他地方的寓意和国旗相同。

国花是玫瑰花。国石是蓝宝石。国鸟是白头海雕。美国国会认定"山姆大叔"为美国民族的象征。

五、行政区划

美国共分 50 个州和 1 个特区(哥伦比亚特区),有 3 144 个县。联邦领地包括波多黎各和北马里亚纳;海外领地包括关岛、美属萨摩亚、美属维尔京群岛等。各州名称:亚拉巴马、阿拉斯加、亚利桑那、阿肯色、加利福尼亚、科罗拉多、康涅狄格、特拉华、佛罗里达、佐治亚、夏威夷、爱达荷、伊利诺伊、印第安纳、艾奥瓦、堪萨斯、肯塔基、路易斯安那、缅因、马里兰、马萨诸塞、密歇根、明尼苏达、密西西比、密苏里、蒙大拿、内布拉斯加、内华达、新罕布什尔、新泽西、新墨西哥、纽约、北卡罗来纳、北达科他、俄亥俄、俄克拉荷马、俄勒冈、宾夕法尼亚、罗得岛、南卡罗来纳、南达科他、田纳西、得克萨斯、犹他、佛蒙特、弗吉尼亚、华盛顿、西弗吉尼亚、威斯康星、怀俄明。

美国本土的 48 个州可以划分为七大或九大或十大区域。其中最传统的划分方式为:新英格兰、中大西洋地区、东南地区、南方地区、中西部地区、上密西西比-五大湖区、落基山区、太平洋沿岸地区、西南地区。

六、政治、经济

美国的政权组织形式是总统制共和制。总统是国家元首、政府首脑兼武装部队总司令。总统通过间接选举产生,任期四年。政府内阁由总统、副总统、各部部长和总统指定的其他成员组成。内阁实际上只起总统助手和顾问团的作用,没有集体决策的权力。美国是联邦制的国家,各州拥有较大的自主权,包括立法权。此外,美国实行三权分立的政治体制,立法、行政、司法三部门鼎立,并相互制约。国会是最高立法机构,由参、众两院组成。

美国是当今世界高度发达的国家,有高度发达的现代市场经济,其国内生产总值居世界首位,经济发展水平居世界领先地位。美国工业产品主要有汽车、航空设备、计算机、电子和通信设备、钢铁、石油产品、化肥、水泥、塑料及新闻纸、机械等。美国的农业高度发达,机械化程度高,主要农产品有小麦、玉米、大豆等,粮食产量占世界的五分之一,出口量居世界前列。美国还是世界上最大的商品和服务贸易国。美国拥有完整而便捷的交通运输网络,旅游基础设施完善,旅游业相当发达,旅游收入已多年稳居世界第一。

七、文学、艺术

早期的欧洲移民把欧洲文化带到美国,随着世界各国移民的不断涌入,各自带来了本民族的文化,这决定了美国文学风格的多样性。19 世纪末—20 世纪初,美国涌现了一大批享有盛名的文学巨匠：威廉·福克纳，美国文学史上最具影响力的作家之一，意识流文学在美国的代表人物，代表作为《喧哗与骚动》；欧·亨利，美国现代短篇小说创始人，代表作为《麦琪的礼物》《警察与赞美诗》等，他与契诃夫和莫泊桑并列世界三大短篇小说巨匠；马克·吐温，美国作家、演说家，代表作为《汤姆·索亚历险记》等；杰克·伦敦，代表作为小说集《野性的呼唤》等；西奥多·德莱塞，美国现代小说的先驱，代表作为《嘉莉妹妹》《美国悲剧》；欧内斯特·海明威，20世纪最著名的小说家之一，代表作为《老人与海》；沃尔特·惠特曼的《草叶集》；哈里叶特·比彻·斯托的《汤姆叔叔的小屋》；尤金·奥尼尔，美国剧作家，代表作为《天边外》，等等。

历史上曾经有7个美国人获得过诺贝尔文学奖，他们分别是剧作家尤金·欧尼尔与小说家赛珍珠、福克纳、海明威、辛克莱·刘易斯、托妮·莫里森等。

在美国的历史中，艺术一直伴随着国家的发展。一是建筑艺术，如19世纪末，苏利文设计的摩天大楼；二是雕塑艺术；三是舞蹈艺术；四是歌剧艺术；五是电影艺术，美国是世界上最著名的电影王国，好莱坞是美国电影工业中心；六是音乐艺术，20世纪在美国发展起来的爵士乐和摇滚乐已经成为美国人喜欢的流行音乐。

知识拓展

美国的爵士乐和摇滚乐

爵士乐(Jazz)，于19世纪末20世纪初源于美国的一种音乐类型，诞生于南部港口城市新奥尔良，音乐根基来自布鲁斯和拉格泰姆。爵士乐讲究即兴，以具有摇摆特点的Shuffle节奏为基础，是非洲黑人文化和欧洲白人文化的结合。摇滚乐，英文全称为Rock and Roll，兴起于20世纪50年代中期，主要受到节奏布鲁斯、乡村音乐和叮砰巷音乐的影响发展而来。早期摇滚乐很多都是黑人节奏布鲁斯的翻唱版，因而节奏布鲁斯是其主要根基。摇滚乐分支众多，形态复杂，代表人物有：埃尔维斯·普莱斯利(猫王)、鲍勃·迪伦、披头士乐队、滚石乐队等，摇滚乐的流行是20世纪美国大众音乐走向成熟的重要标志。

美国的高等教育

美国是世界上教育事业最发达的国家之一。美国教育体系早在其建国时就已初具规模，经过200多年的发展和逐步完善，形成了今天的初等教育、中等教育和高等教育三级体制。

美国高等院校半数以上是私立的，全美50个州中，几乎每个州至少都有一所由州政府或当地政府出资创办的公立大学，虽然经费来源与私立大学不同，但学制和课程并无多少差别。

美国现有的院校主要是二年或四年的学制。二年制的多为技术专科学校和社区学院,是连接高中和正规四年制大学的一个桥梁,主要培养美国社会需求的劳动技能和专业知识,而且学费低廉。正规四年制的学校主要为文理学院、独立专业学院和综合性大学,代表着美国科研和教学的最高水平,培养大批高层次的专业人才。这些院校除教学外,还承担着美国政府的大量高精尖的科研任务。

美国著名高等学府有:哈佛大学、普林斯顿大学、耶鲁大学、宾夕法尼亚大学、杜克大学、斯坦福大学、加州理工学院、麻省理工学院、哥伦比亚大学、达特茅斯学院、华盛顿大学圣路易斯分校、西北大学、康奈尔大学、约翰·霍普金斯大学、布朗大学、芝加哥大学、莱斯大学和加利福尼亚大学伯克利分校等。

任务练习

一、情景模拟

请你模拟美国的地陪人员,在机场接机时向中国游客致欢迎辞,送客人回酒店途中向中国游客介绍美国的基本国情以及行程安排。

二、知识检测

(一)单选题

1. 下列属于美国独有的湖泊是(　　　)。
   A. 苏必利尔湖　　　B. 密歇根湖　　　C. 休伦湖　　　　D. 安大略湖
2. 美国的第一任总统是(　　　)。
   A. 林肯　　　　　　　　　　　　B. 华盛顿
   C. 托马斯·杰弗逊　　　　　　　D. 罗斯福
3. 美国人口中占比最多的是(　　　)。
   A. 白人　　　　B. 非洲裔黑人　　C. 拉美裔　　　D. 亚洲裔
4. 美国除阿拉斯加州和夏威夷州以外的(　　　)个州都位于美国本土。
   A. 45　　　　　B. 46　　　　　　C. 47　　　　　D. 48
5. 美国的主要工业产品没有(　　　)。
   A. 汽车和计算机　　　　　　　　B. 航空设备和石油
   C. 电子和通信设备　　　　　　　D. 钢铁和高铁

（二）填表题

人口		国花		主要宗教	
民族		国鸟		首都	
语言		国石		与北京时差	
货币		国歌		国庆节	

子任务三　认识美国

任务描述

　　模拟美国的地陪人员,在参观游览的过程中向中国游客提供景点讲解服务,从而加深对美国主要的旅游城市和著名景点、美国的出入境旅游市场能的了解。

任务内容

一、旅游城市和著名景点

（一）华盛顿

　　华盛顿全称"华盛顿哥伦比亚特区",是美国的首都和政治、文化、教育中心,是为了纪念开国元勋乔治·华盛顿和发现美洲新大陆的哥伦布而命名。作为"国家的心脏",华盛顿特区是名副其实的世界政治中心,是大多数美国联邦政府机关与各国驻美国大使馆的所在地,也是世界银行、国际货币基金组织、美洲国家组织等国际组织总部的所在地,还拥有为数众多的博物馆与文化史迹,如华盛顿纪念碑、林肯纪念堂和杰弗逊纪念堂,还有国会大厦、白宫、五角大楼、国会图书馆、国家美术馆、国家档案馆等。

1. 华盛顿纪念碑

　　华盛顿纪念碑位于华盛顿市中心的中央大草坪,在国会大厦、林肯纪念堂的轴线上。从 1848 年开始动工,到 1884 年才完工,为纪念首任总统华盛顿而兴建。华盛顿纪念碑是一座白色的大理石方尖碑,高为 169 米,其内墙镶嵌着 188 块由私人、团体及全球各地捐赠的纪念石,其中一块刻有中文的石碑是清政府赠送的。华盛顿特区有明文规定,特区内任何建筑均不得超过它的高度。

2. 林肯纪念堂

林肯纪念堂于 1914 年兴建,1922 年落成。它与国会大厦、华盛顿纪念碑在同一轴线上,为纪念美国南北战争时期的林肯总统而兴建。纪念堂仿古希腊帕特农神庙而建,36 根希腊式白色大理石圆形廊柱,代表林肯逝世时的 36 个州。林肯坐像高 5.8 米,周围装饰着有关解放黑奴、南北统一的壁画。

3. 杰弗逊纪念堂

杰弗逊纪念堂为纪念美国第三任总统托马斯·杰弗逊而建,1939 年罗斯福总统主持兴建,1943 年落成。纪念堂仿造他生前喜爱的罗马万神殿圆顶建筑风格设计,是一座穹顶、环状、廊柱结构的白色大理石建筑,高约 30 米,刻有杰弗逊、富兰克林、亚当斯等起草《独立宣言》的雕像。旁有潮汐湖,种满樱花,景色秀丽。

4. 国会大厦

国会大厦是美国国会的办公大楼,坐落在华盛顿市中心东部的丘陵上,故名"国会山"。它是一座乳白色的圆顶建筑,呈半球形,圆顶上竖立着自由女神像,正前方有华盛顿的雕像。南北两翼的副楼与圆顶主楼相连,南翼是众议院,北翼是参议院。国会大厦内天花板与墙壁上绘满了以建国史为题材的壁画。国会大厦现已成为华盛顿的象征。四年一度的总统就职典礼在主楼的平台上举行。东侧的国会图书馆是世界上最大的图书馆。

5. 白宫

白宫是美国总统府所在地,坐落在华盛顿中心区宾夕法尼亚大街 1600 号。其始建于 1792 年,建成于 1800 年。它是根据 18 世纪末英国乡间别墅风格设计的,全部采用石灰石建成,外涂白色油漆,故称白宫。白宫占地面积为 7.3 万多平方米,分为主楼和东西两翼,是华盛顿之后美国历届总统办公和居住的地方。白宫每周二到周五对外开放,供游客参观的部分主要是白宫的东翼,包括外宾接待室、瓷器室、金银器室、图书室等。白宫正楼南面的南草坪是"总统花园",美国总统经常在此举行欢迎贵宾的仪式。白宫已经成了美国政府的代名词。

(二)纽约

纽约是美国最大、最繁华的城市,全国财政金融和文化艺术中心,也是全世界金融中心之一,还是联合国总部所在地。纽约位于美国东北部,哈德逊河注入大西洋的河口处。纽约由曼哈顿、布朗克斯、布鲁克林等 5 个区组成,其中曼哈顿是纽约的核心和象征,集中了世界上最高的摩天大楼,有"纽约市的心脏"之称,代表性的建筑有帝国大厦、克莱斯勒大厦、洛克菲勒中心、百老汇等。纽约同时也是国际教育、时尚、交通、艺术及传媒中心。著名景点有:自由女神像、大都会艺术博物馆、联合国总部、林肯现代艺术表演中心、金融王国华尔街、时代广场、中央公园等。

1. 自由女神像

自由女神像位于纽约的自由岛上哈德逊河口附近。自由女神像和帝国大厦一起被视为纽约的标志。塑像是法国政府在 1876 年赠送给美国独立 100 周年的礼物。正式名称是"自由照耀世界之神",是美国国家纪念碑。自由女神像高 46 米,加基座 91 米,身穿宽大的长袍,右手高擎火炬,左手捧着《独立宣言》,是当时世界上最高的纪念性建筑。底座上刻有著名犹太女诗人拉扎鲁斯的十四行诗《新的巨人》,底座内为美国移民史博物馆。自由女神像内部中空,可搭电梯直达雕像头部。

2. 大都会艺术博物馆

大都会艺术博物馆位于美国纽约第五大道上的 82 号大街,建于 1880 年,与美国著名的自然历史博物馆遥遥相对,占地为 13 万平方米,是美国最大的艺术博物馆,也是与英国伦敦的大英博物馆、法国巴黎的卢浮宫、俄罗斯圣彼得堡的艾尔米塔什博物馆齐名的世界四大博物馆之一。目前藏有埃及、巴比伦、亚述、希腊和罗马等地的 330 余万件艺术珍品。博物馆内有 5 大展厅,为欧洲绘画、美国绘画、原始艺术、中世纪绘画和埃及古董。其中整座 2 460 年前的埃及古墓移植在馆内专建的大厅的巨型玻璃罩里,堪称镇馆之宝。每年超过 500 万游客到访,是纽约市最热门的旅游景点之一。

3. 联合国总部

联合国成立于 1945 年。1946 年,美国纽约富商洛克菲勒出资买下曼哈顿的大片街区赠给联合国。联合国的 6 个主要机构,除了国际法院外,均设在这里。联合国总部大楼,包括秘书处大楼、会议厅大楼、大会厅和哈马舍尔德图书馆等建筑。大楼前飘扬着 160 多个成员国的国旗。其中秘书处大楼位于中心,是联合国总部的核心建筑。目前联合国总部已成为纽约重要的观光点之一。

(三)旧金山

旧金山位于加利福尼亚州西北部,是西部最大港口、美国西海岸经济中心,是太平洋沿岸仅次于洛杉矶的第二大城市,素有"西海岸门户"之称。旧金山也是美国西部最早开发的大都市,和美国最大的华人聚集区,建筑多为典型的维多利亚式,又称"圣弗朗西斯科""三藩市"。金门大桥、唐人街、渔人码头、九曲花街都是游客必到之处。

1. 金门大桥

横跨金门海峡的金门大桥建于 1937 年,全长约为 2 700 米,桥两端有两座高达 227 米的塔,是世界上最大的单孔吊桥之一,被誉为美国最美丽的大桥,是旧金山的象征。在淘金热的年代,这座桥如同通往金矿的一扇大门,因此被命名为"金门大桥"。它的设计者是工程师施特劳斯,他的铜像矗立于桥畔。

2. 唐人街

旧金山唐人街是美国规模最大的唐人街,也是亚洲之外最大的华人社区,约有 10 万华人居住在这里。19 世纪末,中国移民被运到加州修筑太平洋铁路和淘金,被当时的政府视为"次等公民",并规定他们居住在特定区域。后来此地又迁入了其他移民,发展为"唐人街"。唐人街的入口是中国式的牌楼,上有孙中山先生的"天下为公"四个大字。

(四)洛杉矶

洛杉矶位于充满阳光的西海岸,是仅次于纽约的美国第二大城市。洛杉矶科学家和工程技术人员的数量位居全美第一,享有"科技之城"的称号,著名的硅谷就坐落在这里。近年来,洛杉矶的金融业和商业发展迅速,是仅次于纽约的金融中心,同时还是美国的文化娱乐中心。洛杉矶是美国华人的主要聚集地之一,约有40万人。洛杉矶也是全国最大的飞机制造中心、军火工业中心和著名旅游城市。著名景点除了好莱坞环球影城,还有好莱坞环球影城、迪士尼乐园、圣地亚哥海洋世界、野生动物园等。

1. 好莱坞环球影城

好莱坞位于洛杉矶西北郊,是世界最大的电影工业中心。城内拥有环球、米高梅、20世纪福克斯、哥伦比亚、派拉蒙和华纳兄弟等六家著名电影公司,大型摄影棚200多处,每年生产的影片占美国的三分之二,被誉为"梦幻工厂"。环球片场不仅制作电影,还展示许多电影中的场景,游客可以体验影片中的惊险场面。好莱坞大道的水泥地上,留下了许多影星的签名、手印和脚印。附近的贝弗利山上居住着许多新老明星、作家和音乐家。

2. 迪士尼乐园

迪士尼乐园位于洛杉矶市东南郊,是世界上第一个现代主题公园,也是世界上最大的综合游乐场。1955年美国动画片大师沃尔特·迪士尼在洛杉矶附近创办了第一座迪士尼乐园。在美国境内有两家迪士尼乐园,还有一座位于佛罗里达州。其设计独具匠心,运用声、光、化、电等高科技手段,展示了从远古时代的景象直到人类所能想象的未来世界,分为主街、冒险乐园、新奥尔良广场、动物王国、拓荒者之地、米奇卡通城、梦幻乐园、未来王国八个主题园区,每年接待游客超过1亿人次。

(五)其他景点

1. 科罗拉多大峡谷

科罗拉多大峡谷位于亚利桑那州西北部,是举世闻名的自然奇观。1919年威尔逊总统批准将大峡谷开辟为"大峡谷国家公园"。大峡谷全长为349千米,平均宽度为16千米,平均谷深为1 600米,最深处为1 829米。从几十亿年前的古老花岗岩到近期各个地质时代的岩层都清晰地暴露在外。各岩层因质地不一,因太阳光线的强弱不同,在不同时间会呈现出紫、蓝、橙、红不同的色彩,神秘莫测,每年接待游客300多万人次。

2. 尼亚加拉大瀑布

尼亚加拉大瀑布位于加拿大和美国交界的尼亚加拉河上,地处纽约州西北部,是世界最著名的瀑布之一。它由两个主流汇合而成:一个是美国境内的亚美利加瀑布;另一个是横介于美国、加拿大边境的"马蹄瀑布"。美国瀑布宽为300多米,高为51米,很像新娘的面纱,又称"婚纱瀑布"。"马蹄瀑布"宽约675米,落差56米,气势比亚美利加瀑布还大。在阳光的照耀下,大瀑布的水花中会升起一道七色彩虹。两个瀑布奔腾交织在一起流入安大略湖。

3.黄石国家公园

黄石国家公园位于落基山地区,地处怀俄明州西北角,并延伸至爱达荷与蒙大拿两个州,1872 年美国总统格兰特批准建成,是美国第一个,也是世界第一个由政府主持建成的国家公园。公园占地为 9 000 多平方千米,主要游览区由 400 千米的环山公路连接而成。公园内自然景观丰富多样,以罕见的森林、湖泊、峡谷、喷泉、瀑布及野生动物而闻名于世,温泉和间歇泉堪称一绝。黄石国家公园最使游客感兴趣的是 300 多处温泉、喷泉和一座座泥火山构成的独特地热景观,其中以老忠实间歇泉最为著名。位于公园中心的黄石湖是美国最大的山湖,湖水流经黄石大峡谷形成著名的黄石大瀑布。黄石国家公园还以其丰富的野生动物闻名,以熊为公园的象征。公园内有 1 万多头大角鹿、1 000 多头麋鹿、600 多头野牛,较小的飞禽走兽更是种类繁多,给游客增添了无穷乐趣。

4.拉什莫尔山四总统雕像

南达科他州巴登兰以西不远的地方耸立着拉什莫尔山,山上雕刻着美国四位著名总统的巨大头像,从左到右依次是:开国元勋乔治·华盛顿、《独立宣言》的起草者托马斯·杰弗逊、奠定了 20 世纪美国基础的西奥多·罗斯福、解放黑奴的领导者亚伯拉罕·林肯。华盛顿像是一座胸像,其余三人都是头像。这部艺术杰作建于 1927—1941 年,石像面部高达 18 米,鼻子长 6 米,与山浑然一体,蔚为壮观。

二、出入境旅游市场

根据联合国世界旅游组织公开的数据显示,2017 年全球出境游市场中美国接待的游客人数居全球第三位,仅次于法国、西班牙。在所有旅游目的地国家中,美国以 2107 亿美元的国际旅游收入位列世界第一,远超第 2 名的西班牙 680 亿美元。2018 年中国赴美旅游人数超过 218 万人,消费 237.7 亿美元。

美国商务部数据显示,2018 年到国外旅行的美国公民比 2017 年增长了 6%,总人数达到 9 300 万人次。前往欧洲的旅游人数最多,且涨幅最大,增长了约 12%,这一数据中包括了途径欧洲前往其他目的地的游客。美国游客的其他海外目的地还有大洋洲、南美洲和亚洲。约有 5 130 万美国人会乘坐飞机或驾驶汽车前往墨西哥和加拿大,比 2017 年增长了 4%。这一数据只计算了那些在墨西哥留宿超过一晚的游客,不包括一日游游客。美国商务部的数据显示,美国人的主要海外目的地是墨西哥和加拿大。55% 的美国人会前往北美旅游,其中墨西哥占了 40%。此外,欧洲占 19%,加拿大占 15%。

✎ **任务练习**

一、情景模拟

请你模拟美国的地陪人员,在参观游览的过程中向中国游客提供景点讲解服务,并穿插介绍当地的美食、特产和文化艺术。

二、知识检测

(一)单选题

1.拉什莫尔山四总统雕像从左到右第二位总统,即起草了《独立宣言》的总统是( )。

A.华盛顿   B.林肯

C.西奥多·罗斯福   D.托马斯·杰弗逊

2.( )位于充满阳光的西海岸,是仅次于纽约的美国第二大城市,著名的硅谷、迪士尼乐园、好莱坞环球影城都坐落在这里。

A.洛杉矶   B.旧金山   C.西雅图   D.华盛顿

(二)多选题(每题有2~4个正确答案)

( )是世界著名的金融中心。

A.纽约   B.伦敦   C.巴黎   D.东京

(三)判断题(正确的打"√",错误的打"×")

1.华盛顿是美国的首都,著名景点有华盛顿纪念碑、林肯纪念堂和杰弗逊纪念堂。( )

2.纽约大都会艺术博物馆是世界四大博物馆之一,帝国大厦和自由女神像一起被视为纽约的标志。( )

3.尼亚拉加大瀑布位于加拿大和美国交界的尼亚加拉河上,位于美国境内的叫亚美利加瀑布,形似新娘的面纱,也叫"婚纱瀑布"。( )

任务二 ● 加拿大

子任务一 了解加拿大

任务描述

模拟旅行社的前台销售人员,向咨询的客人介绍加拿大的基本国情、去加拿大旅行的基本常识以及当地的习俗和禁忌。

任务内容

一、基本国情

(一)地理环境

加拿大为北美洲最北面的国家,东临大西洋,西濒太平洋,西北部与美国阿拉斯加州为邻,南接美国本土,北至北冰洋,东北部和丹麦领地格陵兰岛相望,东部和法属圣皮埃尔和密克隆群岛相望。加拿大面积为 998 万平方千米,仅次于俄罗斯,居世界第二位。

加拿大整个国土位于高纬地区,是典型的"北国风光"。加拿大也是世界上地形最复杂的国家之一,地势东西高,中间低。东南部多低山和丘陵,与美国接壤的大湖和圣劳伦斯地区地势平坦;中部为大平原,约占全国面积的一半;西部为科迪勒拉山系,是加拿大地势最高的地区。

加拿大是世界上湖泊最多的国家之一,北美五大湖中,除密歇根湖全在美国境内外,其他四湖为加拿大与美国共有。五大湖是世界最大的淡水湖群,其储水量相当于全球淡水总量的 1/4。其他著名湖泊有大熊湖、大奴湖、温尼伯湖等。

(二)发展简史

加拿大原为印第安人与因纽特人居住地。17 世纪初沦为法国殖民地,后被割让给英国。1867 年 7 月 1 日,英国将加拿大省、新不伦瑞克省和诺瓦斯科舍省合并为联邦,成为英国最早的自治领。此后,其他省也陆续加入联邦。1926 年,加拿大获得外交上

加拿大
地理环境

的独立。1931年,成为英联邦成员国,其议会也获得了同英议会平等的立法权,但仍无修宪权。1982年,英国女王签署《加拿大宪法法案》,加拿大议会获得立宪、修宪的全部权力。

(三)民族、宗教

加拿大是一个地广人稀的国家,集中在东部和西部沿海一带以及靠近美国的哈得逊河和五大湖地区。加拿大也是一个典型的移民国家,人口约有3 707万(2018年4月)。人口构成主要有:白人(主要为英、法等欧洲后裔),约占80%;土著居民(印第安人、因纽特人、米提人),约占3%,其余为亚裔、拉美裔、非裔等。华裔人口占总人口的4.5%,是加拿大最大的少数族裔。英语和法语同为官方语言。英语使用最广泛,法语主要流行于魁北克省。居民中信奉天主教的占45%,信奉基督教的占36%,少数人信奉犹太教和东正教。

(四)国旗、国徽

加拿大的国旗为枫叶旗,长方形,旗面由红白两色组成,两边的红色代表太平洋和大西洋。中央的白色绘有一片11个角的红色枫树叶,象征居住在这片土地上的加拿大人民。

加拿大国徽为盾徽。图案中间为盾形,盾面下部为一枝三片枫叶;上部的四组图案分别为三头金色的狮子、一头直立的红狮、一把竖琴和三朵百合花,分别象征加拿大在历史上与英格兰、苏格兰、爱尔兰和法国之间的联系。盾徽之上有一头狮子举着一片红枫叶,是加拿大民族的象征。狮子之上为一顶金色的王冠,象征女王是加拿大的国家元首。盾形左侧的狮子举着一面联合王国的国旗,右侧的独角兽举着一面原法国的百合花旗。底端的绶带上用拉丁文写着"从海洋到海洋"。

加拿大没有明确的国树,但枫树、枫叶已公认为国家的象征。国石是麒麟石。国鸟是黑雁。

(五)行政区划

全国分10个省3个地区。10个省为不列颠哥伦比亚、阿尔伯塔、萨斯喀彻温、曼尼托巴、安大略、魁北克、新不伦瑞克、新斯科舍、爱德华王子岛、纽芬兰和拉布拉多,3个地区为育空、西北、努纳武特。各省设省督、省议长、省长和省内阁。地区也设立相应职位和机构。

(六)政治、经济

加拿大是联邦议会制国家,国家元首是英国女王,由女王任命的加拿大总督代行职权。总督由加拿大总理提名,女王任命。

加拿大是西方七大工业国家之一。制造业、高科技产业、服务业发达,资源工业

（如森林业、采矿业、能源业）、初级制造业和农业是国民经济的主要支柱。加拿大以贸易立国，对外贸依赖较大，经济上受美国影响较深。加拿大是世界上农业机械化水平最高的国家之一和世界最大的农产品出口国之一。加拿大是世界上最富有的国家之一，具有较完善的社会保险体系。根据人均收入、人均寿命及教育程度三项指标，加拿大曾连续7次被联合国评为最适宜人类居住的地方。

（七）文学艺术

加拿大的民族文学由英语文学和法语文学两部分组成。20世纪以后加拿大法语文学扭转了19世纪对法国文学模仿的倾向，产生了一批重要的作家和作品，并开始形成本民族的体系和风格。加拿大英语文学可追溯至1749年，当时英国开始有计划地向加拿大移民，并传入英国的文化和宗教，他们开展的文学活动成为加拿大英语文学的开端。20世纪60年代后期，加拿大英语文学以本民族的神话和历史传说为题材的作品增多。

加拿大是现代艺术的创造中心，艺术家们在舞蹈、电影和其他艺术领域努力创造自己的作品，深受民众欢迎。音乐在加拿大一直占据着突出地位，涌现出一批闻名于世的音乐家或歌手，布莱恩·亚当斯、席琳·狄昂和莱昂纳多·科恩广受世界各地摇滚歌迷的欢迎，而丹尼尔·拉弗尔则赢得了全球法语听众的热爱。在蒙特利尔举行的一年一度的爵士音乐节举世闻名。

电影在加拿大是相对年轻的艺术。绘画方面有考奈路斯·克伊埃高夫的风景画和西奥法尔·海梅尔的肖像画等，现在加拿大画坛进入了一个空前繁荣的时期，蒙特利尔、多伦多成为全国的艺术中心。

二、出行须知

（一）基本常识

1. 气候

加拿大位于北半球的高纬度地带，约有1/5的领土位于北极圈内。加拿大国土辽阔，各地气温差异较大。加拿大冬季比较漫长，北部为寒带苔原气候，一年仅两三个月温度在0℃以上；东部气温稍低；南部气候适中，四季分明；西部气候温和湿润。中西部最高气温达40℃以上，北部最低气温低至-60℃。秋季是加拿大风景最美的季节，漫山遍野的枫叶使加拿大有了"枫叶之国"的美誉。

2. 货币

加拿大货币为加拿大元（CAD）。汇率：1加元＝5.3673人民币，1人民币＝0.1863加元（2019年8月30日）。

3. 时差

加拿大地跨西四区～西八区,自东向西依次分纽芬兰、大西洋、东部、中部、山地和太平洋时间。渥太华地处西五区,比中国北京时间晚 13 个小时,温哥华地处西八区,比中国北京时间晚 16 个小时。每年 3 月的第二个星期日至 11 月的第一个星期日实行夏令时,渥太华比中国北京时间晚 12 个小时,温哥华比中国北京时间晚 15 个小时。

(二)习俗禁忌

1. 习俗

加拿大是个移民国家,以欧洲移民后裔最多,许多生活习俗与欧洲及美国大致相同。在加拿大与初识的人见面时,可行握手礼。在讲法语的场合,可使用与法国相近的礼仪,如吻颊、拥抱等,但也仅限于熟人、亲友和情人之间。到朋友家做客或参加宴会时,男子要穿整套深色西装,妇女则应穿样式庄重的衣裙,可稍微化妆,不宜太浓。加拿大人做很多事情要事先预约,不喜欢别人贸然登门。红色和白色深得加拿大人的喜爱,并且被正式定为加拿大的国色。

2. 禁忌

加拿大人忌讳"13""星期五""老"字。与加拿大人交谈时,内容不要涉及私生活、收入、支出、女士年龄等隐私问题,不要随意谈论加拿大和美国的差异或有关加拿大英语区和法语区的话题。加拿大人在饮食上忌吃虾酱、鱼露、腐乳和臭豆腐等有怪味、腥味的食物,忌食动物内脏和脚爪,也不爱吃辣味菜肴。黑色和紫色是加拿大不受欢迎的颜色。到别人家做客,通常要带一束鲜花表达谢意,但白色的百合花除外(葬礼时使用)。

✏ 任务练习

一、情景模拟

请模拟旅行社的前台销售人员,向咨询的客人介绍加拿大的基本国情、去加拿大旅行的基本常识与当地的习俗和禁忌。

二、知识检测

(一)单选题

1. 拜访加拿大人可以送一点礼物,(　　)除外。
　　A. 白色的百合花　　　　　　　　B. 康乃馨
　　C. 书或者画册　　　　　　　　　D. 巧克力

2.加拿大人在饮食上忌吃的食品不包括(　　)。

　　A.臭豆腐和鱼露　　　　　　　　B.动物内脏

　　C.辣味菜肴　　　　　　　　　　D.凉水

3.(　　)和白色深得加拿大人的喜爱,并且被正式定为加拿大的国色。

　　A.黄色　　　　　　　　　　　　B.黑色

　　C.紫色　　　　　　　　　　　　D.红色

4.加拿大实行夏令时期间(4—10月),温哥华比中国慢(　　)个小时。

　　A.16　　　　　　　　　　　　　B.17

　　C.18　　　　　　　　　　　　　D.15

5.加拿大的自然资源非常丰富,以下不是加拿大盛产的一项是(　　)。

　　A.淡水资源　　　　　　　　　　B.矿产和石油

　　C.渔产品　　　　　　　　　　　D.热带水果

6.(　　)被公认为是加拿大的象征。

　　A.枫树、枫叶　　　　　　　　　B.白桦树

　　C.双头雄鹰　　　　　　　　　　D.母狼育婴

7.下列英联邦成员国中,不是由英国女王任命的总督代行职权的是(　　)。

　　A.加拿大　　　　　　　　　　　B.印度

　　C.澳大利亚　　　　　　　　　　D.新西兰

8.加拿大是一个典型的移民国家,下列叙述中不正确的有(　　)。

　　A.人口构成主要有白人(主要为英、法等欧洲后裔),占大多数

　　B.土著居民主要是印第安人、因纽特人、米提人等

　　C.华裔人口占总人口的 4.5%,是加拿大最大的少数族裔

　　D.英语和法语同为官方语言,英语使用最广泛,主要流行于魁北克省

（二）填表题

人口		国鸟		主要宗教	
民族		国石		首都	
语言				与北京时差	
货币				国庆节	

子任务二　认识加拿大

任务描述

　　模拟加拿大的地陪人员,在参观游览的过程中向中国游客提供讲解服务,从而加深对加拿大主要的旅游城市和著名景点、饮食习俗、旅游商品、节庆活动以及出入境旅游市场的了解。

任务内容

一、旅游城市和著名景点

(一)渥太华

　　渥太华是加拿大的首都和政治文化中心,也是加拿大第四大城市,被誉为北美生活质量第一的城市。渥太华是世界上最寒冷的首都之一,每年有8个月夜晚温度在0 ℃以下,有"严寒之都"之称。因为其气候寒冷,冬季漫长,渥太华冰球运动广受欢迎,加拿大素有"冰球王国"之称,渥太华则称为"冰球之城"。当年荷兰女王为感谢加拿大政府,赠送了10万株郁金香,每到春天就开满全城,因此渥太华又称"郁金香城"。著名景点有国会大厦、总督府、和平塔、钟楼、国家美术馆等。

　　1. 国会大厦

　　渥太华河畔的联邦国会大厦是加拿大政府所在地,是渥太华的标志,也是加拿大的象征。国会山正中耸立着超过92米高的和平塔,钟楼上有53座大钟。夏季上午10点,游客可以见证卫兵换岗仪式。

　　2. 总督府

　　总督府位于渥太华,自1867年起是历任加拿大总督工作和居住的地方,还是政府嘉奖加拿大优秀公民和接待来访世界各国领导人之处。

(二)多伦多

　　多伦多是安大略省的省会,也是加拿大第一大城市和金融中心。多伦多似乎是全球最多元化的城市之一。由于这里的犯罪率极低、怡人的环境和高质量的生活,多伦多被认为是全球最宜居的城市之一。多伦多也是华裔在加拿大居住最集中的地区之一。

加拿大
旅游宣传片

1. 多伦多电视塔

加拿大国家电视塔（CN 塔）是世界上最高的独立式建筑物,塔高 553 米,是多伦多的标志,同时也是多伦多的通信和旅游文化活动中心。塔内装有多部高速外罩玻璃电梯,只需 58 秒就可以将游客从电视塔底层送至最高层,在塔顶可以眺望整个多伦多城市以及安大略湖等周围景色。

2. 尼亚加拉大瀑布

从多伦多开车 1 个小时便可到达位于加拿大东北部尼亚拉加河上的尼亚加拉大瀑布(世界三大瀑布之一),同时也被称为世界七大奇景之一。其以宏伟的气势和丰沛而充足的水汽吸引了无数游客的目光。位于加拿大境内的"马蹄瀑布"落差 56 米,气势比美国境内的亚美利加瀑布还宏伟。

(三)蒙特利尔

蒙特利尔是加拿大第二大城市,位于魁北克省南部和圣劳伦斯河下游河岸,是全国最大的海港和金融、商业与工业中心,是全国铁路和航空枢纽。法语居民占多数,处处体现独特的法国文化底蕴,被认为是北美的"浪漫之都"。蒙特利尔以法式建筑为主,有"尖塔之城"的美誉。城内的教堂数量甚至超过了罗马。著名的教堂有圣约瑟夫大教堂和圣母大教堂。因举办世界博览会和奥运会而留下来的万国博览会旧址、奥林匹克城也成为著名景点。白求恩广场矗立着中国人民赠送给加拿大的汉白玉雕刻的白求恩雕像等。

(四)温哥华

温哥华是不列颠哥伦比亚省第一大城市和加拿大第三大城市,也是加拿大太平洋沿岸最大的港口和国际贸易中心。温哥华冬暖夏凉、气候宜人,连续多年被选为世界上最适合人类居住的城市。温哥华教育十分发达,有著名的不列颠哥伦比亚大学和西蒙弗雷塞大学。该市的华人社区是北美最大的华人社区之一。

1. 史丹利公园

史丹利公园是北美最大的城市公园。以红杉等针叶树木为主的原始森林是公园最知名的美景。公园中耸立着原住民所制的图腾柱,手工精细,文化气息浓厚,是游客必到拍照留念的地方。

2. 魏斯勒滑雪场

魏斯勒滑雪场是北美最大的滑雪胜地,有"北美第一滑雪胜地"和"最佳度假胜地设计"等美誉,也是 2010 年冬奥会滑雪举办地。

(五)魁北克城

魁北克是魁北克省的省会,也是加拿大东部重要的城市和港口,城中绝大多数居民是法国人后裔,通用法语,是加拿大法语文化中心。全城分为新城区和古城区两部分。古城区建在陡峭的高原上,分上城和下城两部分,被联合国教科文组织列入世界文化遗产名录。魁北克城堡位于上城区,高约 120 米,城堡内有 25 座建筑物,是典型的法国古典风格的建筑,也是魁北克城的标志,现在是法蒂娜城堡大饭店。

(六)其他景点

1. 班夫国家公园

班夫国家公园是加拿大第一个国家公园,也是加拿大最大的自然保护区之一,位于阿尔伯达省,被称为落基山脉的灵魂,以山湖之旅著称,有"人间仙境"的美誉。到加拿大西海岸旅游,班夫国家公园是必不可少的游览景点。露易丝湖是班夫国家公园的精华,被称为"一年四季的魔鬼"。

2. 卡博特之路

卡博特之路位于新斯科舍省,长 294 千米,是加拿大著名的旅游路线。沿途可参观风格各异的法裔居民村、苏格兰人村和渔村。卡博特之路的中心点是布雷顿角高地国家公园。

二、饮食习俗

加拿大的地理条件给予了其丰富的海陆美食原料。两大洋沿岸是鳕鱼、鲑鱼的宝库,而淡水湖中则盛产鳟鱼、鲈鱼等。大西洋沿岸的纽芬兰岛和爱德华王子岛盛产龙虾、大西洋鲑鱼、贻贝、海扇等海鲜。在加拿大人的饮食结构中,肉类和蔬菜的消费比重较大,面包消费量较少。饮食习惯与英、法两国接近,偏爱法式菜肴。加拿大人特别爱吃烤制食品,如烤鸡、烤牛排、烤土豆等,习惯在饭后吃水果和喝咖啡,喜欢喝凉水,尤其是加冰块的凉水。

三、旅游商品

加拿大的特色商品有印第安人和爱斯基摩人的工艺品、枫糖浆、太妃糖、冰酒、西洋参制品、鲑鱼制品、龙虾油、冰川泥等。冰酒是加拿大独特且稀有的特产,也是葡萄酒中的极品,享有"加拿大国酒"之美誉。加拿大安大略省的尼亚加拉地区是目前世界上最著名的冰酒产区。

四、节庆活动

加拿大的国庆日为 7 月 1 日。此外,还有枫糖节、渥太华郁金香节、冬季狂欢节等具有民族特色的节日。

1. 枫糖节

枫糖节在每年3月举行,是加拿大民族传统节日。每年枫糖节期间,生产枫糖的农场向国内外游人开放,不仅有游行和歌舞表演,还会放焰火庆祝。

2. 渥太华郁金香节

渥太华郁金香节始于1953年,1995年升格为"加拿大郁金香节"。如今它已成为世界最大规模的郁金香盛会,每年吸引全球数十万游客前来游览。

3. 冬季狂欢节

冬季狂欢节从每年2月的第一个周末起,是加拿大人为期10天的独特节日——冬季狂欢节。冬季狂欢节是魁北克省居民最盛大的节日,具有浓郁的法兰西色彩。

五、旅游市场

据加拿大媒体报道,2018年加拿大的海外游客到访量创下了新纪录。加拿大旅游局发布的2018年旅游数据显示,2018年赴加的海外游客超过2 113万,突破历史性的2 100万大关。2018年也是加拿大人出国旅游人数减少的一年。出国旅游总人次下滑2%,至1 200万,这也是15年来首次呈下降趋势。

2018年赴加拿大的中国游客首次超过70万,为73.737 9万人,相比2017年上升了6%。此外,法国游客量约为60.416 6万人,同比增长了5%。来自墨西哥的游客人数也突破了40万。

任务练习

一、情景模拟

模拟加拿大的地陪人员,在参观游览的过程中向中国游客提供讲解服务,从而加深对加拿大主要的旅游城市和著名景点、饮食习俗、旅游商品、节庆活动以及出入境旅游市场的了解。

二、知识检测

单选题

1. (   )是世界上最寒冷的首都之一,有"严寒之都""冰球之城""郁金香城"等美誉,国会大厦是该城的标志,也是加拿大的象征。

A. 多伦多　　　　B. 渥太华　　　　C. 温哥华　　　　D. 魁北克

2.下列关于加拿大旅游城市的叙述中不正确的有(　　　)。

    A.温哥华是加拿大太平洋沿岸最大的港口和国际贸易中心,气候宜人,连续多年被选为世界上最适合人居住的城市

    B.蒙特利尔是加拿大第二大城市,以法式建筑为主,有"尖塔之城"的美誉

    C.多伦多是加拿大第一大城市和金融中心,加拿大国家电视塔是世界上最高的独立式建筑物,是多伦多的标志

    D.魁北克是魁北克省省会,加拿大东部重要城市和港口,城中绝大多数居民是英国人后裔

3.(　　　)是加拿大独特且稀有的特产,乃是葡萄酒中的极品,享有"加拿大国酒"之美誉。

    A.白兰地　　　　　B.香槟酒　　　　　C.冰酒　　　　　D.雪莉酒

4.下列节日中(　　　)不是加拿大的特色节日。

    A.渥太华郁金香节　　　　　　　　B.魁北克的冬季狂欢节

    C.枫糖节　　　　　　　　　　　　D.感恩节

任务三 ● 巴西

子任务一　了解巴西

任务描述

    模拟旅行社的前台销售人员向咨询的客人介绍巴西的基本国情、去巴西旅行的基本常识以及当地的习俗和禁忌。

任务内容

一、基本国情

(一)地理环境

巴西
地理环境

    巴西位于南美洲东南部,北邻法属圭亚那、苏里南、圭亚那、委内瑞拉和哥伦比亚,西临秘鲁、玻利维亚,南接巴拉圭、阿根廷和乌拉圭,东濒大西洋。巴西全国面积约为

851.49万平方千米,是南美洲面积第一大的国家,仅次于俄罗斯、加拿大、中国和美国,为世界第五大国。

巴西的地形主要分两大部分,一部分分布在巴西南部的巴西高原,另一部分分布在北部亚马孙河流域和西部的平原。全境可分为亚马孙平原、巴拉圭盆地、巴西高原和圭亚那高原,其中亚马孙平原约占全国面积的三分之一,是世界上最大的平原。巴西境内有亚马孙、巴拉那和圣弗朗西斯科三大河系。

(二)发展简史

古代巴西是印第安人居住地。16世纪30年代,葡萄牙派远征队在巴西建立殖民地。1807年拿破仑入侵葡萄牙,葡王室迁往巴西。1821年葡王室迁回里斯本,王子佩德罗留巴任摄政王。1822年9月7日,佩德罗王子宣布独立,建立巴西帝国。1889年11月15日,丰塞卡将军发动政变,推翻帝制,成立巴西合众国。1964年3月31日,军人政变上台,实行独裁统治,1967年改国名为巴西联邦共和国。1985年1月,反对党在总统间接选举中获胜,结束军人执政。1989年,首次以全民直接选举方式举行大选。

(三)民族、宗教

巴西总人口约为2.086亿(2017年),白种人占53.74%,黑白混血种人占38.45%,黑种人占6.21%,黄种人和印第安人等占1.6%。官方语言为葡萄牙语。64.6%的居民信奉天主教,22.2%的居民信奉基督教福音教派。

巴西种族和文化差异显著。南部居民多有欧洲血统,北部和东北部的居民部分是土著,部分具有欧洲或非洲血统。东南地区是巴西民族分布最广泛的地区。

巴西人大多数信奉天主教,另外也还有少部分人信奉基督教新教、犹太教以及其他宗教。

(四)国旗、国徽

巴西国旗为绿色长方形,长与宽之比为10∶7,中央为黄色菱形,菱形中央是深蓝色圆形天球仪。圆形白色绶带上书以葡萄牙文"秩序与进步"。圆形上有白色五角星,象征国家的26个行政区。绿色和黄色是巴西的国色,绿色象征森林,黄色象征矿藏和资源。

巴西国徽图案中间突出一颗大五角星,象征国家的独立和团结。大五角星内的蓝色圆面上有五个小五角星,代表南十字星座;圆环中有27个小五角星,代表巴西各州和联邦区。大五角星周围环绕着用咖啡叶和烟草叶编织的花环,背后竖立着一把剑,剑柄在五角星下端。绶带上用葡萄牙文写着"巴西联邦共和国""1889年11月15日"(共和国成立日)。

国花是毛蟹爪莲。国鸟是金刚鹦鹉。

（五）行政区划

巴西共分为 26 个州和 1 个联邦区（巴西利亚联邦区），州下设市，共有 5 564 个市。各州及联邦区的名称如下：阿克里、阿拉戈斯、亚马孙、阿马帕、巴伊亚、塞阿拉、圣埃斯皮里图、戈亚斯、马拉尼昂、马托格罗索、南马托格罗索、米纳斯吉拉斯、帕拉、帕拉伊巴、巴拉那、伯南布哥、皮奥伊、北里奥格朗德、南里奥格朗德、里约热内卢、朗多尼亚、罗赖马、圣卡塔琳娜、圣保罗、塞尔希培、托坎廷斯、巴西利亚联邦区。

（六）政治、经济

巴西是联邦制共和国。国会是国家最高权力机关，由参、众两院组成。巴西宪法规定联邦政府享有广泛的权力，总统和副总统通过选民投票产生，任期四年。总统有权任命内阁，同时是政府首脑和国家元首。

巴西经济实力居拉美首位、世界第八位（2017 年）。巴西经济是一个自由市场经济与出口导向型的经济。经济结构接近发达国家。农牧业发达，是多种农产品主要生产国和出口国。工业基础雄厚，门类齐全，石化、矿业、钢铁、汽车工业等较发达，民用支线飞机制造业和生物燃料产业在世界上居于领先水平。服务业产值占国内生产总值近六成，金融业较发达。巴西被誉为“21 世纪的世界粮仓”，大豆、牛肉、鸡肉产量居世界第二，同时也是世界第一大咖啡生产国和出口国，有“咖啡王国”之称。甘蔗和柑橘的产量也居世界之首。旅游业久负盛名，为世界十大旅游创汇国之一。

（七）文学、艺术

巴西的文化具有多重民族的特性，巴西作为一个民族大熔炉，有来自各大洲地区的移民，是多元文化融合的国家。巴西的文化具有浓郁的拉美特色，极具风情。早期文学深受宗主国葡萄牙的影响，以模仿葡萄牙文学为主。独立后出现了一批现实主义文学作品，以反映巴西社会问题居多。音乐和舞蹈受非洲文化影响较大，如巴西通俗音乐具有强烈的节奏和丰富的旋律，在世界享有盛名。还有狂欢节上人们跳的桑巴舞、土风舞等舞蹈，都具有非洲舞蹈的特色，已经成为巴西文化的一种象征。

二、出行须知

（一）基本常识

1. 气候

巴西国土的 80% 位于热带地区，最南端属亚热带气候。北部亚马孙平原属赤道（热带）雨林气候，年平均气温为 27~29 ℃。中部高原属热带草原气候，分旱、雨两季，年平均气温为 18~28 ℃。南部地区年平均气温为 16~19 ℃。

2. 货币

巴西货币为雷亚尔（B）。汇率：1 巴西雷亚尔 = 1.725 人民币，1 人民币 = 0.579 7 巴西雷亚尔（2019 年 8 月 30 日）。

3. 时差

巴西采用首都巴西利亚所在的西三区的时间，比中国北京时间晚 11 个小时。

（二）习俗和禁忌

1. 习俗

巴西为移民国家，融入了各种文化和风俗。巴西人性格开朗活泼，待人接物热情奔放。一般人相见往往施握拳礼，握紧拳头，向上空伸出拇指，表示问安和致敬。亲朋好友、熟人或情人之间通常以拥抱或者亲吻作为见面礼节。如果是相熟的男士相见，一般互相拥抱并且拍打后背。女士相见时一般脸贴脸，嘴要发出亲吻之声，但嘴不接触脸。巴西人只有在十分正式的场合才相互握手、赠送名片。另外，巴西印第安人的待客习俗非常有趣，他们对待宾客最尊敬的礼节是邀请客人一起跳进河里洗澡，而且洗澡次数越多，表示对宾客越客气、越尊重。

巴西人对时间和工作的态度比较随便，与别人见面往往不太守时。巴西人酷爱咖啡，无论在城市还是在乡村，各式各样的咖啡馆随处可见，人们几乎随时随地都可以喝到浓郁芳香的热咖啡。

2. 禁忌

巴西人认为棕色、紫色表示悲伤，认为咖啡色会招来不幸，非常讨厌这种颜色。与巴西人打交道时，不宜向其赠送手帕或刀子。不能送紫色的鲜花，他们认为紫色是死亡的象征。巴西人和欧美人一样忌讳数字"13"。

巴西人崇尚有秩序的社会，反对在公共场所插队，禁止在大街上乱丢垃圾和在公共场所吸烟。巴西人忌讳吃奇形怪状的水产品和用两栖动物肉制作的菜品，不爱吃牛油制作的点心。

知识拓展

巴西的足球文化

巴西是世界足球大国。足球运动不仅是巴西民众的共同爱好，也是整个民族的骄傲。巴西职业球队之多，可谓世界之冠。正式登记注册的足球俱乐部有 20 000 个以上，从事足球运动的人数逾百万，拥有一大批称雄世界的足球明星。

任务练习

一、情景模拟

请模拟旅行社的前台销售人员,向咨询的客人介绍巴西的基本国情、去巴西旅行的基本常识与当地的习俗和禁忌。

二、知识检测

（一）单选题

1.(   )是南美洲面积第一大的国家、世界第五大的国家。
    A.巴西   B.秘鲁   C.阿根廷   D.智利

2.巴西曾是(   )的殖民地,所以巴西的官方语言和宗教信仰都受宗主国影响。
    A.葡萄牙   B.西班牙   C.法国   D.英国

3.(   )是巴西的国色。
    A.绿色和黄色   B.绿色和紫色
    C.黄色和咖啡色   D.棕黄色和绿色

4.关于巴西经济的叙述中不正确的是(   )。
    A.巴西经济实力居拉美首位、世界第八位
    B.巴西是多种农产品主要生产国和出口国,甘蔗和芒果的产量居世界之首
    C.巴西被誉为"21世纪的世界粮仓",大豆、牛肉、鸡肉产量世界第一
    D.巴西是世界第一大咖啡生产国和出口国,有"咖啡王国"之称

5.巴西的音乐和舞蹈受(   )文化影响较大。
    A.欧洲   B.非洲   C.印第安人   D.土著人

6.巴西时间比中国北京时间晚(   )个小时。
    A.8   B.9   C.10   D.11

7.巴西印第安人的待客习俗非常有趣,他们对待宾客最尊敬的礼节是(   )。
    A.握拳礼   B.拥抱礼   C.亲吻礼   D.沐浴礼

（二）填表题

人口		国花		主要宗教	
民族		国鸟		首都	
语言				与北京时差	
货币				建国纪念日	

子任务二　认识巴西

任务描述

　　模拟巴西的地陪人员，在参观游览的过程中向中国游客提供讲解服务，从而加深对巴西主要的旅游城市和著名景点、饮食习俗、旅游商品、节庆活动以及出入境旅游市场的了解。

任务内容

一、旅游城市和著名景点

（一）巴西利亚

　　巴西利亚是巴西的首都和政治中心，巴西第四大城市，也是一座新兴的现代化城市。它是 1960 年 4 月建成的新首都（历史上有两个首都：萨尔瓦多和里约热内卢），它的建筑堪称世界建筑史上的奇迹。整座城市犹如一架喷气式飞机，"机头"部分是三权广场（即议会、法院、总统府的所在地），"机身"是长 8 000 米的主干道。"前舱""后舱""机翼""机尾"都是精心规划的功能配套区，各种建筑形象奇特、寓意深远、独具匠心，是世界各国城市规划的样本，1987 年被联合国教科文组织列为"人类文化财富"，是联合国教科文组织列入文化遗产名录的城市中唯一一座现代化新城。

（二）里约热内卢

　　里约热内卢简称里约，是巴西的第二大城市，1834—1960 年是巴西的首都。里约热内卢不仅是巴西乃至南美的重要门户，也是巴西及南美经济最发达的地区之一，素以巴西重要交通枢纽和信息通信、旅游、文化、金融和保险中心而闻名。主要名胜有科尔科瓦多山、面包山等。科尔科瓦多山山顶矗立着一座身着长袍、两臂张开、形同十字架的耶稣像，又名耶稣山。该塑像建于 1931 年，高近 40 米，无论白天还是夜晚，在市内的每个角落都能看到，成为里约热内卢最著名的标志，2007 年入选世界新七大奇迹。面包山高 394 米，因形似法式面包而得名，也是里约热内卢的象征之一。此外里约热内卢的海滩举世闻名，尤其以科巴卡巴纳海滩和伊巴内玛海滩最有名。一年一度的里约热内卢狂欢节更是全世界家喻户晓的节日。

（三）圣保罗

圣保罗位于巴西东南部，是巴西圣保罗州的首府，是巴西及南美洲最大城市，经济影响力非常大。圣保罗市是巴西和南美的工业、金融、商业、文化和交通中心。居民许多是意大利和日本人的后裔，华侨华人约有 17 万。主要景点有天主教大教堂、圣保罗美术馆等。

（四）萨尔瓦多

萨尔瓦多位于大西洋畔的一个半岛上，是巴西第三大城市和巴西最早的首都，曾一度为非洲黑奴贸易中心，至今仍可看到非洲人的传统音乐、舞蹈、艺术、食品和生活习惯。老城区几乎全部是中世纪的建筑，浓厚的巴伊亚文化、葡萄牙天主教堂、西非黑奴留下的土著色彩，再加上当地迷人的沙滩、椰林，是巴西人向往的度假胜地。

（五）其他景点

1. 亚马孙河

亚马孙河是世界上流域最广、流量最大的河流。森林面积约达 750 万平方千米，接近世界森林面积的 1/4，素有"地球之肺"的美誉。亚马孙流域有许多独特的自然景观，令人难以接近的热带丛林，加上神秘的印第安原住民文化，给亚马孙增添了几分神秘色彩。

2. 伊瓜苏瀑布

伊瓜苏大瀑布位于巴西与阿根廷交界处的伊瓜苏河上，大瀑布由 275 个瀑布组成，是世界上最宽的瀑布和南美洲最大的瀑布，为世界三大知名瀑布之一。它为马蹄形瀑布，高 82 米，宽 4 千米，平均落差 75 米。最大的瀑布落差 90 米，被称为"魔鬼之喉"。大瀑布的四分之三在阿根廷境内，从巴西一侧看上去更壮观。1984 年，伊瓜苏瀑布被联合国教科文组织列入世界自然遗产名录。

二、饮食习俗

巴西人平常主要吃欧式西餐。因为畜牧业发达，巴西人所吃食物之中肉类所占的比重较大。在巴西人的主食中,巴西特产黑豆占有一席之地。巴西人爱吃辣椒,巴西菜口味很重。巴西人爱吃烤肉,如牛肉、猪肉等。巴西菜口味比较特别的是巴伊亚菜,料理以麻辣出名,大都采用花生、腰果、虾米为配料。巴西人喜欢饮咖啡、红茶和葡萄酒。巴西咖啡以质优、味浓而驰名全球。

三、旅游商品

巴西地大物博,物种丰富,有名的产品也非常多,尤其是宝石、皮具、工艺品、咖啡最为著名。最珍贵的是巴西宝石,种类繁多,以祖母绿、海蓝宝石等为主,全球65%的彩色宝石产自巴西。手工艺品有产自巴西东北部的陶器、手工蕾丝和刺绣,印第安手工艺品多半来自亚马孙北部。萨尔瓦多大型手工艺市场售卖地道的巴伊亚蕾丝服装及手织工艺品,极受游客欢迎。全国到处都有美丽的木器、草编饰物等售卖。

四、节庆活动

巴西国庆节(即独立纪念日)为9月7日。

巴西狂欢节被称为世界上最大的狂欢节,有"地球上最伟大的表演"之称。

复活节前47天举行,即每年2月的中旬或下旬举行三天,每年吸引国内外游客数百万人。在巴西各地的狂欢节中,尤以里约热内卢狂欢节最著名。节日活动有化妆舞会、彩车游行、假面具、宴会等。桑巴舞和盛装列队游行成为巴西文化的一种象征。"没有桑巴舞,就不存在狂欢节。"

五、旅游市场

巴西是全球第十一大旅游经济体,旅游业是巴西的支柱产业之一。在世界经济论坛(WEF)2017年旅行和旅游竞争力报告中,巴西被认为是世界上最丰富的自然资源拥有国之一。2017年,旅游业占巴西GDP的7.9%(包括直接和间接贡献)以及占5.2%的就业。2017年赴巴西的外国游客数量为660万。2018年上半年,赴巴西的外国游客数量同比增长8%。

2017年,巴西接待了61 250名中国游客,这个数字自2013年以来为最高,与2016年相比增长了6%。2016—2017年,中国在巴西旅游客源国排名上升了4位,从2016年的21位上升到2017年的17位。

知识拓展

桑巴

桑巴,是源于巴西巴伊亚的一种舞蹈。它最早根源于非洲土著带有宗教仪式性的舞蹈,通过被贩卖到巴西的黑人奴隶带到巴西,再与流传至当地的其他文化混合,渐渐演变成今日的桑巴。桑巴现已被公认为巴西和巴西狂欢节的象征,是最大众化的巴西文化表达形式之一。

任务练习

一、情景模拟

模拟巴西的地陪人员,在参观游览的过程中向中国游客提供讲解服务,从而加深对巴西主要的旅游城市和著名景点、饮食习俗、旅游商品、节庆活动以及出入境旅游市场的了解。

二、知识检测

单选题

1. 巴西利亚是巴西的首都,是联合国教科文组织列入文化遗产城市中唯一一座现代化新城。整座城市犹如一架飞机,(　　)部分是三权广场。
　A.“前舱”　　　　B.“机头”　　　　C.“机翼”　　　　D.“机尾”

2. 科尔科瓦多山山顶矗立着一座形同十字架的耶稣像,又名耶稣山,成为(　　)最著名的标志。
　A.里约热内卢　　B.圣保罗　　　　C.巴西利亚　　　　D.萨尔瓦多

3. (　　)位于巴西东南部,是巴西及南美洲的最大城市,居民许多是意大利和日本人的后裔。
　A.里约热内卢　　B.圣保罗　　　　C.巴西利亚　　　　D.萨尔瓦多

4. 位于巴西与阿根廷交界处的伊瓜苏河上的(　　),是世界上最宽的瀑布和南美洲最大的瀑布,为世界三大知名瀑布之一。
　A.天使瀑布　　　　　　　　　　B.非洲的维多利亚瀑布
　C.尼亚拉加大瀑布　　　　　　　D.伊瓜苏瀑布

5. 巴西(　　)以质优、味浓而驰名全球。
   A. 咖啡　　　　　　B. 红茶　　　　　　C. 葡萄酒　　　　　　D. 冰水

6. (　　)最珍贵的是宝石,以祖母绿、海蓝宝石等为主。
   A. 缅甸　　　　　　B. 斯里兰卡　　　　C. 泰国　　　　　　　D. 南非

7. 巴西狂欢节被称为世界上最大的狂欢节,尤以里约热内卢狂欢节最著名,
   (　　)和盛装列队游行成为巴西狂欢节的一种象征。
   A. 桑巴舞　　　　　B. 爵士乐　　　　　C. 面具舞　　　　　　D. 踢踏舞

任务四 ● 墨西哥

任务描述

　　模拟旅行社的前台销售人员,向咨询的客人介绍墨西哥的基本国情、去墨西哥旅行的基本常识、当地的习俗和禁忌、墨西哥的旅游城市和著名景点、饮食习俗、旅游商品、节庆活动及旅游市场。

任务内容

一、基本国情

(一)地理环境

　　墨西哥位于北美洲南部,北邻美国,南接危地马拉和伯利兹,东临墨西哥湾和加勒比海,西南濒太平洋。墨西哥面积为 196 多万平方千米。东、西、南三面为马德雷山脉所环绕,中央为墨西哥高原,东南为地势平坦的尤卡坦半岛,沿海多狭长平原。全国 70%左右为高原及山地。境内有火山 300 多座,其中奥里萨巴火山、波波卡特佩特火山、科利马火山都是美丽的火山风光景观,是墨西哥的旅游胜地。

(二)发展简史

　　墨西哥是美洲文明古国。玛雅文化、奥尔梅克文化、托尔特克文化和阿兹特克文化均为墨西哥印第安人所创造。1519 年西班牙殖民者入侵。1810 年 9 月 16 日伊达尔戈神父发动起义,开始独立战争。1821 年墨西哥宣告独立。1824 年 10 月成立联邦共和国。1910 年爆发资产阶级民主革命。1917 年颁布资产阶级民主宪法,宣布国名为墨西

哥合众国。

（三）民族、宗教

墨西哥人口约为 1.23 亿（2017 年），是人口最多的西班牙语国家，也是拉丁美洲第二人口大国，仅次于巴西。全国大约 60% 的人为印欧混血人，30% 是印第安人后裔，9% 是欧洲后裔。官方语言是西班牙语。墨西哥是一个天主教国家，全国 89% 的人口是天主教徒，有 6% 的人口信奉各个派别的基督教新教。

（四）国旗、国徽

墨西哥国旗呈长方形，长与宽之比为 7∶4。从左至右由绿、白、红三个平行相等的竖长方形组成，白色部分中间绘有墨西哥国徽。绿色象征独立和希望，白色象征和平与宗教信仰，红色象征国家的统一。

墨西哥国徽是一只展翅的雄鹰嘴里叼着蛇，一只爪抓着蛇身，另一只爪踩在从湖中的岩石上生长出的仙人掌上。这组图案描绘了墨西哥人的祖先阿兹特克人建国的历史。仙人掌是墨西哥的国花，象征着墨西哥民族及其顽强的斗争精神。图案中下方为橡树和月桂树枝叶，象征力量、忠诚与和平。

国鸟是雄鹰。国石是黑曜石。

（五）行政区划

全国划分为 32 个州（首都墨西哥城已由联邦区改为州），州下设市（镇）和村。32 个州名称如下：墨西哥城、阿瓜斯卡连特斯州、下加利福尼亚州、南下加利福尼亚州、坎佩切州、恰帕斯州、齐瓦瓦州、科阿韦拉州、科利马州、杜兰戈州、瓜纳华托州、格雷罗州、伊达尔哥州、哈利斯科州、墨西哥州、米却肯州、莫雷洛斯州、纳亚里特州、新莱昂州、瓦哈卡州、普埃布拉州、克雷塔罗州、金塔纳罗奥州、圣路易斯波托西州、锡那罗亚州、索诺拉州、塔巴斯科州、塔毛利帕斯州、特拉斯卡拉州、韦拉克鲁斯州、尤卡坦州、萨卡特卡斯州。

（六）政治、经济

墨西哥实行总统制。总统是国家元首和政府首脑，任期六年，不得连选连任，不设副总统职位。联邦议会分为参、众两院，行使立法权。

墨西哥是拉美经济大国，工业门类齐全，石化、电力、矿业、冶金和制造业较发达，墨西哥也是传统农业国，是玉米、番茄、甘薯、烟草的原产地。墨西哥主要出口原油、工业制成品、石油产品、服装、农产品等。墨西哥还是世界主要蜂蜜生产国，年产量居世界第四位。石油储量居世界第九位，墨西哥是拉美第一大石油生产国和出口国。剑麻产量也居世界前列。

(七)文学艺术

墨西哥是美洲文明古国,曾孕育了玛雅、托尔特克和阿兹特克等古代印第安文化,是美洲三大古老文化中玛雅文化和阿兹特克文化的发祥地。墨西哥在历史发展过程中,将印第安土著文化和欧洲文化融为一体,形成了自己独具特色的歌舞、音乐、绘画、戏剧等各种民族文化。由墨西哥著名艺术家阿玛利亚·埃尔南德斯于1952年编排的大型历史文化舞蹈《墨西哥民俗芭蕾》,一直受到墨西哥民众及外国旅游者的喜爱,被认为是墨西哥一项重要的艺术成果。

墨西哥城有"壁画之都"之称,流行壁画。墨西哥的壁画大师们用极具视觉冲击效果的壁画形式把墨西哥的历史、文化、生活和风俗等淋漓尽致地表现在大型公共建筑物上,成为墨西哥建筑艺术的一大特色。

二、出行须知

(一)基本常识

1. 气候

墨西哥气候复杂多样。高原地区终年温和,年平均气温为10~26 ℃;西北内陆为大陆性气候;沿海和东南部平原属热带气候。大部分地区分旱(10月—次年4月)、雨(5—9月)两季,雨季集中了全年75%的降水量。因墨西哥境内多为高原地形,冬无严寒,夏无酷暑,四季万木常青,有"高原明珠"的美称。

2. 货币

墨西哥比索(MXI)为墨西哥流通货币。汇率:1墨西哥比索=0.356 2人民币,1人民币=2.807 3墨西哥比索(2019年8月30日)。

3. 时差

墨西哥是采用首都墨西哥城所在西六区的时间,比中国北京时间晚14个小时。每年4月第一个星期天到10月最后一个星期天实行夏令时,墨西哥城比中国北京时间晚13个小时。

(二)习俗和禁忌

1. 习俗

在墨西哥社交场合人们一般微笑和握手,熟人见面时主要行拥抱礼与亲吻礼。墨西哥人尊重女性,一般男子跟随在妻子后面。舞会上通常只能女士邀请男士。他们赴约时,习惯比约定时间迟到十五分钟或半个小时,在他们看来这是一种待客的礼貌。外国人接到邀请去做客时,带上一束花、一瓶酒作为礼物即可。墨西哥的现代服装是印第安式样和西班牙式样长期混合的结果,人们的衣着偏好鲜艳的色彩。墨西哥男子习惯戴一种宽沿大草帽,穿长条式的方格衬衫,有的还穿紧身裤;妇女爱穿西服上衣和长裙;几乎人人都披彩色披肩。墨西哥人喜欢仙人掌,偏爱雄鹰,非常喜欢骷髅糖,用骷髅糖做祭品,还常馈赠情侣或朋友。

2. 禁忌

墨西哥人忌讳"13"和"星期五"。他们忌讳相互不熟悉的男女之间亲吻或吻手。送花一定要注意,忌讳有人送给他们黄色的花和红色的花,他们认为黄色意味着死亡,红色会给人带来晦气。墨西哥人忌讳紫色,认为紫花是不祥之色。他们忌讳蝙蝠及其图案和艺术造型。墨西哥的恰姆拉人有一种迷信习俗,他们认为照相是一种十分可怕的巫术,相机能把人摄进黑洞里去,所以非常反感拍照。墨西哥南部奴雷谷一带的人,忌讳客人一进屋就脱去帽子,认为这意味着寻衅和报仇。墨西哥人忌讳中国人惯用的手势来比量孩子的身高。

三、旅游城市和著名景点

(一)墨西哥城

墨西哥城是墨西哥的首都和墨西哥最大的城市,也是全国的政治、经济、文化和交通中心。墨西哥城群山环绕,气候温和,四季如春,是世界著名的旅游城市,市内有举世闻名的玛雅文明古迹,西班牙殖民时期的宫殿、教堂,还有阿兹特克和托尔特克文化的发祥地——特斯科科湖等,构成了独特的民俗风情。墨西哥大教堂是墨西哥最大的天主教堂,皇家祭坛是整个教堂中最漂亮的建筑。瓜达卢佩圣母堂是墨西哥最大的宗教圣地。墨西哥城有"壁画之都"之称,全城到处可以看到色彩绚丽的大型壁画艺术。墨西哥城的东北部是古文化区,西南部是现代化的新兴工业区,宪法广场是墨西哥城的中心,广场的正中央有根粗大的旗杆,每天的升降旗仪式吸引着众多海内外游客。广场周围有国家宫、市政大厦、博物馆和大教堂等著名景点。改革大街与起义者大街是城内的两条主干道,改革大街是全城最宽、最美的林荫大道,起义者大街是墨西哥城最繁华的商业大街。

(二)图拉

图拉位于墨西哥城北约 83 千米处。856 年,托尔特克人在此建城,为托尔特克人古都遗址所在地。图拉以羽蛇神金字塔、太阳神庙、宫殿和祭坛等文化遗址闻名于世,是研究托尔特克人文化的重要文物。墨西哥政府在此建立了博物馆。

(三)特奥蒂瓦坎城

有"诸神的处所"之称的特奥蒂瓦坎城位于墨西哥城东北约 40 千米的波波卡特佩特火山和伊斯塔西瓦特尔火山山谷之间,面积约 20 平方千米。这里是古代印第安托尔特克人的宗教圣地。450 年他们在这里兴建了大量宏伟的建筑,包括宗教祭坛太阳金字塔、月亮金字塔、羽蛇神庙等。金字塔的外表有许多绚丽多彩的壁画。在通往金字塔的大道两侧分布着众多的神坛和宫殿。月亮金字塔南面有蝴蝶宫。

(四)尤卡坦半岛

1. 坎昆

坎昆位于加勒比海北部和尤卡坦半岛东北端,是一个长约 21 千米、最宽处仅 400 米的蛇形岛屿。岛上有玛雅人的文化古迹,也是国际性会议和度假的旅游胜地,有 20 多千米长的沙滩,细沙由珊瑚风化而成,是海滨休闲的好去处。

2. 奇琴伊察玛雅遗址

奇琴伊察玛雅遗址位于尤卡坦半岛北部梅利达城东 120 千米处的加勒比海岸边,是世界上已经发掘的最著名的玛雅文化遗址,其不仅建筑数量多、规模庞大,而且保存完好,已被列入世界文化遗产名录。987 年,玛雅首领在此建立玛雅王国,首都定在奇琴伊察。这里曾是古玛雅帝国最大、最繁华的城邦,有"羽蛇城"之称。古城遗址主要有库库尔坎金字塔神殿、武士神庙、天柱厅等建筑。古玛雅人在数学、天文、历法、医学、绘画、雕刻等方面取得了令人惊叹的成就,他们在这里用石头建造了数百座建筑物,上面雕刻着精美的纹饰和图案,显示出玛雅人高超的建筑艺术水平。

(五)阿卡普尔科

阿卡普尔科是墨西哥西南部太平洋沿岸的海滨旅游城市。三面群山环抱,一面临海,海湾最深处约 100 米,是一处天然良港,适宜开展海水浴、日光浴以及各项水上运动。海湾一侧有一处伸入海中的断崖,每天都有悬崖跳水表演。每年还会在此举行悬崖跳水锦标赛。

四、饮食习俗

在当今世界权威美食家的眼中,墨西哥菜肴是和法国、印度、中国和意大利菜齐名的世界五大菜系之一。墨西哥人以玉米为主食,爱吃玉米面饼,副食方面,爱吃牛肉、猪肉、鸡肉、奶酪等。墨西哥菜肴口味重,颜色多,以煎、炸、烤为主,调料爱用辣椒,有人甚至在吃水果、甜品、饮品时都要加进辣椒,堪称"天下第一辣国"。墨西哥人不喜欢油腻的菜品和用牛油烹制的菜肴,也不愿意吃用鸡油做的点心。玉米、菜豆和辣椒为墨西哥人传统的食物,是餐桌上必备的"三大件"。仙人掌菜肴为款待宾客的特色菜肴。家常饮用的是用龙舌兰叶酿造的口味酸甜的普格酒。墨西哥著名的菜肴有:奶酪嫩烤芦笋、洋葱黑椒牛肉、仙人掌炒青红椒、香脆锅巴卷、墨西哥烧牛肉、风味南美螺、蜜汁烤鸡腿、烧烤鸡排蛋包饭等。吃墨西哥菜可以不拘泥于餐桌礼仪,用手、用叉子随心所欲,充分反映出其民族爽朗豪气的性格特征。

五、旅游商品

到墨西哥最不能错过的特产就是龙舌兰酒，瓜达拉哈拉的龙舌兰酒非常值得一试。龙舌兰酒又称"特基拉酒"，被称为墨西哥的灵魂，因产地位于特基拉镇而得名。此酒的原料很特别，以龙舌兰为原料。仙人掌产品非常有墨西哥的特点，仙人掌可用来酿酒或制作果酱、冰淇凌、化妆品等，也可以制成各种保健品。另外墨西哥的银制品、女式绣花衬衣、墨西哥咖啡、手工艺品、辣椒调味品都是比较经典的特产。墨西哥的塔克斯科镇银质手工艺品十分有名，这里有墨西哥最古老、最多产的银矿之一，每年的1月底12月初还会举办全国银制品展览会。

六、节庆活动

墨西哥独立日为9月16日。此外，墨西哥最有特色的节日是"亡灵节"。

从10月31日起，墨西哥举国欢度"亡灵节"（也叫"死人节"）。按照民间风俗，11月1日是"幼灵"节；2日是"成灵"节，是纪念已故亲人的传统节日，节日下午全国放假半天，人们在家中摆设祭坛，供上祭品，围坐在一起，默默追悼死去的亲人。

墨西哥的这一节日，既与西方的"万圣节"有相似之处，又与西方不完全相同，表现了浓厚的印第安民族文化特色。人们祭奠亡灵，却绝无悲哀，甚至载歌载舞，通宵达旦，意在与死去的亲人一起欢度节日。"亡灵节"被列为墨西哥最重要的传统节日之一。人们用食品和其他东西为死者布置祭坛；在公墓里弹奏音乐，并且写一些"骷髅"诗互相取笑。这是西班牙殖民时代以前就有的印第安习俗、印第安文化，阿兹特克人就是这样庆祝的。报纸上也在"亡灵节"这一天，用整版的篇幅刊登知名人士的骷髅漫画，配上墓志铭。被画成骷髅的人也引以为荣，表现出墨西哥民族乐观豁达的性格和对待死亡的幽默态度。

七、旅游市场

墨西哥是美洲的旅游大国，也是拉美地区的第一大旅游接待国。最大的客源地是美洲，其次是欧洲，80%的游客来自美国和加拿大。2017年共有近3 900万人赴墨西哥旅游，与2012年相比增长了60%。2017年创收210亿美元，与2012年相比增长超过60%。

中国是赴墨西哥旅游人数最多的前20大国家之一，2018年1—7月，前往墨西哥的中国游客约有10万人，与2017年同期相比，增幅达到28.2%。

知识拓展

1. 墨西哥的辣椒文化

墨西哥的辣椒文化 都说墨西哥是"玉米和仙人掌之国",其实把墨西哥称为"辣椒王国"也不为过。在嗜辣成性的墨西哥人的日常饮食中,辣椒已不仅仅是普通调料,而与玉米、菜豆一样是人们每日必吃的主食。作为辣椒的发源地,墨西哥本地产辣椒多逾百种,其中最有名的是"莫雷"辣酱。需要混合包括不同种类辣椒、巧克力、玉米粉、药草和坚果等100多种原料才能制出它那特有的口味和诱人的深棕色,通常与当地火鸡及玉米饼和米饭搭配食用。墨西哥人吃辣椒也是花样百出:或新鲜干吃,或调汁佐餐,或晒干与番茄和仙人掌拌菜煮汤,还可以与水果、糕点、糖果、零食、饮品和冰激凌混合享用。墨西哥人热情、奔放、爽朗,而墨西哥菜式味道浓烈、醇厚、辣味十足,与国民性格相得益彰。

2. 墨西哥仙人掌

从美国的北部到南美洲的南部,仙人掌的产地分布很广,种类也很多。据统计,全世界有2 500多种仙人掌类植物,其中约一半生长在墨西哥,因而它被称为"仙人掌之国"。假如你在墨西哥乘车旅行,经常可以看到球拍形、圆球形、木桩形等形状千奇百怪的仙人掌,其中近10米高的巨人柱仙人掌成为墨西哥的标志性风景。在有关墨西哥的开国传说中,以及在墨西哥的国旗和国徽中,仙人掌都是不可或缺的元素。

任务练习

一、情景模拟

请模拟旅行社的前台销售人员,向咨询的客人介绍墨西哥的基本国情和基本常识、当地的习俗和禁忌、饮食习俗、旅游商品、节庆活动等民俗风情、旅游城市和著名景点。

二、知识检测

(一)单选题

1. 墨西哥境内多为(   )地形,冬无严寒,夏无酷暑,四季万木常青,有"高原明珠"的美称。
   A. 山地　　　　B. 平原　　　　C. 高原　　　　D. 盆地
2. 墨西哥曾经是西班牙的殖民地,是人口最多的西班牙语国家,和下列国家一样,大多数居民信奉天主教,除(   )外。
   A. 英国　　　　B. 西班牙　　　　C. 菲律宾　　　　D. 巴西

3. 下列关于墨西哥经济的叙述中不正确的是( )。

    A. 墨西哥是玉米、番茄、甘薯、烟草的原产地

    B. 墨西哥石油储量居世界第九位,是拉美第一大石油生产国和出口国

    C. 墨西哥是世界主要的蜂蜜生产国,年产量居世界第四位

    D. 墨西哥的咖啡、甘蔗和柑橘的产量居世界前列

4. 关于墨西哥文学艺术的叙述中不正确的是( )。

    A. 墨西哥是美洲著名文明古国,曾孕育了玛雅文化、阿兹特克等古代印第安文化

    B. 墨西哥城有"壁画之都"之称,流行壁画

    C. 墨西哥全民都喜欢跳舞,面具舞、踢踏舞步的"哈拉"舞最有特色

    D. 墨西哥人喜欢跳桑巴舞、土风舞等舞蹈,已经成为墨西哥文化的一种象征

5. 下列关于墨西哥习俗禁忌的叙述中不正确的是( )。

    A. 墨西哥忌讳有人送给他们黄色和白色的花

    B. 墨西哥人喜欢仙人掌,偏爱雄鹰,国徽图案就是展翅的雄鹰嘴里叼着蛇

    C. 墨西哥人忌讳中国人惯用的手势来比量孩子的身高

    D. 墨西哥人非常喜欢骷髅糖,用骷髅糖作祭品,还常馈赠情侣或朋友

6. 有"诸神的处所"之称的特奥蒂瓦坎城是古代印第安( )的宗教圣地。

    A. 托尔特克人   B. 玛雅人   C. 阿斯特克人   D. 奥尔米克人

7. ( )曾是古玛雅帝国最大、最繁华的城邦,有"羽蛇城"之称。

    A. 墨西哥城   B. 特奥蒂瓦坎城   C. 奇琴伊察   D. 坎昆

8. 有关墨西哥饮食的叙述中不正确的是( )。

    A. 墨西哥菜肴是和法国、印度、中国和意大利菜齐名的世界五大菜系之一

    B. 墨西哥人以玉米为主食,爱吃玉米面饼

    C. 墨西哥菜肴口味重,调料爱用辣椒,有人甚至在吃水果时都要加进辣椒

    D. 用奶酪做成的菜肴为款待宾客的特色菜肴

9. ( )又称"特基拉酒",被称为墨西哥的灵魂。

    A. 龙舌兰酒   B. 冰酒   C. 伏特加酒   D. 雪莉酒

10. 墨西哥的报纸在( )这一天,会用整版的篇幅刊登知名人士的骷髅漫画,配上墓志铭,表现出墨西哥民族乐观豁达的性格和对待死亡的幽默态度。

    A. 亡灵节   B. 复活节   C. 升天节   D. 万圣节

(二)填表题

人口		国鸟		主要宗教	
民族		国石		首都	
语言				与北京时差	
货币				国庆节	

项目五

大洋洲地区

大洋洲位于太平洋的西南部和南部、赤道南北的浩瀚海域中,介于亚洲和南极洲之间,西邻印度洋,东临太平洋,与南北美洲遥遥相对。大洋洲主要包括澳大利亚大陆、塔斯马尼亚岛、新西兰南北二岛、新几内亚岛以及太平洋上的三大岛群(美拉尼西亚、密克罗尼西亚、波利尼西亚),共1万多个岛屿。总面积约897万平方千米,总人口为2 900多万,是世界七大洲中面积最小、人口最少的大洲。现有14个独立国家,其余9个地区尚在美、英、法等国的管辖之下。居民中约70%是欧洲移民的后裔,集中在澳大利亚和新西兰两国。20%为当地原住民,主要是美拉尼西亚人、密克罗尼西亚人、巴布亚人及混血人种,其余为亚洲移民(印度人、华人和日本人等)。大部分居民通用英语,当地原住民多用本民族语言。居民绝大多数信奉基督教,少数信奉天主教,印度人多信奉印度教。

20世纪50年代以来,大洋洲以其丰富的自然旅游资源和独特的毛利文化成为全世界旅游发展较快的地区。大洋洲各国经济发展水平差异显著,澳大利亚和新西兰属于发达国家,旅游基础设施良好,旅游入境人数成倍增长,旅游创汇居世界前列。出境旅游势头强劲,已成为中国主要的客源国。其他均为发展中国家,旅游业发展速度相对缓慢,多以海岛旅游为主,游客多是周边国家的居民。

大洋洲旅游资源丰富。大洋洲地处赤道南北,岛屿众多,多属珊瑚礁型,有世界上最大的珊瑚礁群——大堡礁。其他自然景观也很壮丽,如"会变色"的艾尔斯巨石、"地热观光名城"罗托鲁阿以及散布在太平洋上的诸多岛屿,无不吸引着来自世界各地的游客。同时,由于大洋洲地广人稀,远离其他大陆,因而发现较晚,保持了比较原始的风貌,有很多独特的动植物,如袋鼠、树袋熊(考拉)、袋狼、笑鸟以及鸭嘴兽等。此外,大洋洲城市化水平高,现代城市景观绚丽多彩,如悉尼、墨尔本、堪培拉、奥兰多、惠灵顿等犹如颗颗明珠镶嵌在广袤的大地上。还有当地土著人新奇独特的民俗风情,新西兰毛利人的"碰鼻礼"在世界上独树一帜。对于厌倦了城市生活的人们来说,大洋洲无疑是一块新奇而神秘的大陆,引人向往。

本项目介绍大洋洲地区2个主要的客源国和目的地国:澳大利亚、新西兰。

学习目标

　　模拟中国旅行社前台销售人员对游客咨询、模拟目的地国地陪在旅行游览中进行讲解服务两项典型的旅行社工作任务,通过任务驱动和情景模拟的方式了解大洋洲澳大利亚和新西兰的地理、历史、民族与宗教、国旗国徽、行政区划、政治与经济、文学与艺术等基本国情,饮食习俗、旅游商品、习俗和禁忌、节庆活动等民俗风情,旅游资源和旅游市场。

任务一 ● 澳大利亚

子任务一　了解澳大利亚

任务描述

　　模拟旅行社的前台销售人员,向咨询的客人介绍澳大利亚的基本国情、去澳大利亚旅行的基本常识以及当地的习俗和禁忌。

任务内容

澳大利亚
的地理环境

一、基本国情

(一)地理环境

　　澳大利亚大陆位于南太平洋和印度洋之间,南回归线穿过澳大利亚大陆。澳大利亚由澳大利亚大陆、塔斯马尼亚岛等岛屿和海外领土组成。澳大利亚东濒太平洋的珊瑚海和塔斯曼海,北、西、南三面邻印度洋及其边缘海。澳大利亚是地球上唯一一个独自占据一块大陆的国家,总面积约为769.2万平方千米,居世界第六位,是南半球面积最大的国家。

　　沙漠和半沙漠占澳大利亚全国面积的35%。全国分为东部山地、中部平原和西部

高原 3 个地区。全国最高峰科斯阿斯科山海拔为 2 230 米,中部的艾尔湖是澳大利亚的最低点,湖面低于海平面 12 米。

(二)发展简史

澳大利亚最早的居民为土著人。1770 年,英国航海家詹姆斯·库克抵达澳大利亚东海岸,宣布英国占有这片土地。1788 年 1 月 26 日,英国流放到澳大利亚的第一批犯人抵悉尼湾,开始建立殖民地。1900 年 7 月,英国议会通过《澳大利亚联邦宪法》和《不列颠自治领条例》。1901 年 1 月 1 日,澳大利亚各殖民区改为州,成立澳大利亚联邦。1931 年,澳成为英联邦内的独立国家。1986 年,英议会通过《与澳大利亚关系法》,澳大利亚从此获得完全立法权和司法终审权。

(三)民族、宗教

澳大利亚人口约为 2 520.9 万(2019 年 1 月),74% 为英国及爱尔兰裔,5.6% 为华裔,2.8% 为土著人口,其他族裔主要有意大利裔、德裔和印度裔等。官方语言为英语,汉语为除英语外第二大使用语言。约 63.9% 的居民信奉基督教;5.9% 的居民信奉佛教、伊斯兰教、印度教等其他宗教;无宗教信仰或宗教信仰不明人口占 30.2%。

(四)国旗、国徽

澳大利亚国旗呈横长方形,长与宽之比为 2∶1。国旗为深蓝色,左上方是红、白"米"字,"米"字下面为一颗较大的白色七角星。国旗右边为五颗白色的星,其中一颗小星为五角,其余均为七角。国旗的左上角为英国国旗图案,表明澳大利亚与英国的传统关系。

澳大利亚国徽左边是一只袋鼠,右边是一只鸸鹋,中间是一个盾,盾面上有六组图案分别象征这个国家的六个州。盾形上方为一枚象征英联邦国家的七角星。周围饰以国花金合欢,底部的绶带上用英文写着"澳大利亚"。

国花是金合欢。国树是桉树。国鸟是琴鸟。国石是欧泊,即蛋白石。澳大利亚以绿色和金黄色作为国色。

(五)行政区划

全国划分为 6 个州和两个地区。6 个州分别是新南威尔士州(首府:悉尼),昆士兰州(首府:布里斯班),南澳大利亚州(首府:阿德莱德),维多利亚州(首府:墨尔本),西澳大利亚州(首府:珀斯),塔斯马尼亚州(首府:霍巴特)。两个地区分别是北方领地地区(首府:达尔文)和首都地区 (首都:堪培拉)。

(六)政治、经济

澳大利亚实行联邦议会制,为英联邦成员国。英国女王是澳大利亚的国家元首,由女王任命的总督为法定的最高行政长官。联邦议会是最高立法机构,由代表女王的总督和参、众两院组成。联邦政府由众议院多数党或政党联盟组成,该党领袖任总理,各部部长由总理任命。政府一般任期三年。

澳大利亚是一个工业化国家,农牧业发达,自然资源丰富,盛产羊、牛、小麦和蔗糖,同时也是世界重要的矿产品生产和出口国。农牧业、采矿业为澳大利亚传统产业,制造业和高科技产业发展迅速,服务业已成为国民经济主导产业。澳大利亚农牧业发达,素有"骑在羊背上的国家"和"手持麦穗的国家"之称,是世界最大的羊毛和牛肉出口国。澳大利亚矿产资源丰富,是世界重要的矿产资源生产国和出口国,被称为"坐在矿车上的国家"。渔业资源十分丰富,是世界第三大捕鱼区,最主要的水产品有对虾、龙虾、鲍鱼、金枪鱼、扇贝、牡蛎等。

(七)文学、艺术

澳大利亚是典型的移民国家,多民族形成的多元文化成为澳大利亚社会的一个显著特征。一方面,它体现在土著人的绘画、文学和音乐中;另一方面,也表现在西方的艺术、文学、现代舞蹈、电影、歌剧和戏剧中。亚太地区的文化也是影响澳大利亚文化的一个重要因素。土著文化最突出的是绘画,绘画是土著人记录历史、延续文化的一个重要手段,主要形式有石壁画、树皮画和沙石画,颜色多取褐、白两色。

澳大利亚的电影在世界上有很大的影响力,经常荣膺世界各项电影大奖,并为好莱坞输送了大量的优秀人才。澳大利亚人酷爱欣赏音乐会,澳大利亚有八个大型专业交响乐团,就通俗音乐来讲,澳大利亚在世界英语国家中所提供的乐曲数量占第四位。澳大利亚赋予了歌剧新的内涵,为世界培养了诸多杰出的女歌剧演唱家。在英语文学方面,澳大利亚的文学作品在国际上享有盛誉,土著人以及来自海外的移民作家为这方面增添了新的内容。

二、出行须知

(一)基本常识

1. 气候

澳大利亚地处南半球,季节与我国相反。南回归线自西向东穿过中部,北部属热带气候,年平均气温为 27 ℃,1—2 月是台风期。南部属于温带气候,年平均气温为 14 ℃,四季分明。沿海地区雨量充沛,气候湿润。中西部是荒无人烟的沙漠,干旱少雨。

2. 货币

澳大利亚的货币为澳元(AUD),汇率:1 澳元 = 4.819 1 人民币,1 人民币 = 0.207 5 澳元(2019 年 8 月 30 日)。

3. 时差

澳大利亚除北部地区、昆士兰州和西澳(佩斯、珀斯)之外,其余各州于十月的第一个周日开始,到次年四月的第一个周日实行夏令时。澳洲东部在东十区,时间比中国北京时间早 2 个小时;夏令时期间,澳洲东部比中国北京时间早 3 个小时。

4. 其他

澳大利亚与英国一样,交通都是左侧通行。澳大利亚没有付小费的习惯,可以自由决定。

(二)习俗和禁忌

1. 习俗

澳大利亚通行西方礼仪。握手是一种相互打招呼的方式,拥抱、亲吻的情况罕见。澳大利亚人很讲究礼貌,在公共场合从不大声喧哗。在银行、邮局、公共汽车站等公共场所,都是耐心等待,秩序井然。澳大利亚同英国一样有"女士优先"的习惯,比较注重公共场所的仪表,男子大多数不留胡须,出席正式场合时西装革履,女性穿着西服上衣和西服裙。澳大利亚人的时间观念很强,约会必须事先联系并准时赴约,最合适的礼物是给女主人带上一束鲜花,也可以向男主人赠送一瓶葡萄酒。

澳大利亚人乘坐出租车时,必须有一人与司机并排而坐,认为这样才是对司机的尊重。澳大利亚人喜欢袋鼠、琴鸟和金合欢花的图案。

2. 禁忌

澳大利亚人忌讳竖大拇指;忌讳对人眨眼,即使是很友好地向人眨眼(尤其是妇女),也被认为是极不礼貌的行为;忌讳兔子及兔子图案,认为兔子是一种不吉祥的动物。和欧美国家一样,讨厌数字"13",认为"13"会给人们带来不幸和灾难。忌讳自谦的客套语言,认为这是虚伪和无能或看不起人的表现。忌讳送菊花、杜鹃花、石竹花和黄颜色的花。

任务练习

一、情景模拟

请模拟旅行社的前台销售人员,向咨询的客人介绍澳大利亚的基本国情、去澳大利亚旅行的基本常识与当地的习俗和禁忌。

二、知识检测

(一)单选题

1. 下列关于澳大利亚地理环境的叙述中不正确的是(　　　)。

A. 澳大利亚大陆位于南太平洋和印度洋之间,南回归线穿过澳大利亚大陆

B. 澳大利亚由澳大利亚大陆、塔斯马尼亚岛等岛屿和海外领土组成

C. 澳大利亚是地球上唯一一个单独占据一个大陆的国家

D. 澳大利亚总面积居世界第四位,是南半球最大的国家

2. 关于澳大利亚的叙述中不正确的是(　　)。

A. 澳大利亚的居民主要是英国及法国裔

B. 官方语言为英语,汉语为除英语外第二大使用语言

C. 澳大利亚居民中75%以上的人信奉基督教

D. 国旗的左上角为英国国旗图案,表明澳大利亚与英国的传统关系

3. 澳大利亚土著文化最突出的是(　　),它是土著人记录历史、延续文化的一个重要手段。

A. 绘画　　　　　B. 文学　　　　　C. 音乐　　　　　D. 舞蹈

4. 关于澳大利亚政治体制的叙述中不正确的是(　　)。

A. 英国女王是澳大利亚的国家元首

B. 由女王任命的总督为法定的最高行政长官

C. 由女王任命的总理为法定的最高行政长官

D. 总理由总督提名,总督和总理都由女王任命

5. 下列有关澳大利亚经济的叙述中错误的是(　　)。

A. 农牧业发达,有"骑在羊背上的国家"之称,是世界最大的羊毛和牛肉出口国

B. 矿产资源丰富,被称为"坐在矿车上的国家"

C. 金融业是澳大利亚最重要和发展最快的部门

D. 澳大利亚是世界第三大捕鱼区,最主要的水产品有对虾、龙虾、鲍鱼、金枪鱼等

6. 澳大利亚标准时间比中国北京时间早(　　)。

A. 1 小时　　　　B. 2 小时　　　　C. 3 小时　　　　D. 4 小时

7. 关于澳大利亚的习俗和禁忌的叙述中不正确的是(　　)。

A. 澳大利亚人忌讳竖大拇指表示赞扬,也忌讳对人眨眼

B. 澳大利亚人喜欢兔子、袋鼠、琴鸟和金合欢花图案

C. 澳大利亚人忌讳送菊花、杜鹃花、石竹花和黄颜色的花

D. 澳大利亚同英国一样有"女士优先"的习惯,忌讳数字"13"

(二)填表题

面积		国花		人口	
主要宗教		国歌		首都	
语言		国鸟		国庆节	
货币		国树		与北京时差	

子任务二　认识澳大利亚

任务描述

模拟澳大利亚的地陪人员,在参观游览的过程中向中国游客提供讲解服务,从而加深对澳大利亚主要的旅游城市和著名景点、饮食习俗、旅游商品、节庆活动以及出入境旅游市场的了解。

任务内容

澳大利亚
旅游宣传片

一、旅游城市和著名景点

(一)堪培拉

堪培拉是澳大利亚的首都,位于澳大利亚东南部、悉尼和墨尔本之间,为全国政治中心。1913 年始建,1927 年联邦政府由墨尔本迁于此。堪培拉是一座典型的政府城市,除了联邦政府机构、科研单位、旅游业、文化娱乐等服务行业外,没有其他经济部门。城区环绕格里芬河而建,道路呈环形和放射形向外扩散,街道纵横交错,井井有条。整个城市绿化面积占 60%以上,有"大洋洲的花园"之美誉。著名的建筑有议会大厦、国立图书馆、国立美术馆和令人难忘的战争纪念馆、水族馆等。黑山电信塔高为 195.2 米,是全城的最高建筑,已成为堪培拉的标志。

1. 格里芬湖

格里芬湖位于堪培拉市中心,周长 35 千米,面积约为 7.04 平方千米,是 1963 年建成的人工湖,以堪培拉的建设总监伯利·格里芬的名字命名,也是游泳、驾驶帆船和垂钓的好地方。湖中为纪念库克船长登陆 200 周年而建的喷泉,高达 147 米,颇为壮观。湖中阿斯彭岛上的钟塔是英国为纪念堪培拉奠基 50 周年而建的。

2. 议会大厦

议会大厦位于格里芬湖南岸,是堪培拉的标志性建筑,建于 1988 年,以白、黑、红三种颜色的大理石为建筑材料,左侧是下院,右侧是上院,占地 32 万平方米(0.32 平方千米)。游客可以参观大厅和上、下议院。正厅中悬挂着根据澳大利亚著名艺术家博伊德的作品制成的巨幅挂毯。大厦前方耸立的不锈钢旗杆,高 81 米,是世界上最高的不锈钢结构之一。

(二)悉尼

悉尼是新南威尔士州首府,是澳大利亚最大的城市和港口,也是重要的金融、商业、经济、文化中心和交通枢纽,为澳大利亚的重要门户。该城建于 1788 年,是澳大利亚的发源地,原为英国流放囚犯之地,现在已成为澳大利亚最繁华的国际化城市,有"南半球纽约"之称。其主要的景点有悉尼歌剧院、悉尼海港大桥、悉尼水族馆、悉尼塔、达令港、澳大利亚博物馆、皇家植物园、塔隆加动物园、唐人街等。

1.悉尼歌剧院

悉尼歌剧院最能代表澳大利亚的建筑风格,有"世界第八奇景"之称。它位于贝尼朗半岛上,三面环海,始建于 1959 年,1973 年建成,由丹麦建筑师约恩·乌松设计。悉尼歌剧院的外形犹如即将乘风出海的白色风帆,与作为背景的悉尼海港大桥相映成趣,是悉尼市地标性建筑物。内部包括音乐厅、歌剧厅、戏剧厅以及剧场等 4 个大厅。每年可接待 200 万人次的观众,并且还吸引了 20 万以上的游客前来参观。

2.悉尼海港大桥

悉尼歌剧院、悉尼海港大桥和悉尼塔并称为悉尼三大标志建筑。横跨杰克逊湾,连接悉尼港口南北两岸的悉尼大桥,建于 1923—1932 年,是世界上最长的单孔钢拱桥之一。桥身长 1 149 米,桥面高出水面 59 米,桥面宽约 49 米,有 8 个车道、2 条铁轨、1 条自行车道,两侧为 3 米宽的人行道。漫步桥上,映入眼帘的是一望无际的悉尼海港美景。

3.悉尼水族馆

主体建筑在达令港水面下的悉尼水族馆,有长达 146 米的水底通道、全部圆弧形的玻璃观景窗,游客可以尽情地欣赏海底奇观。这里汇集了澳大利亚 5 000 多种水下生物,其中鲨鱼种类世界排名第一。悉尼水族馆还有世界最大的鸭嘴兽。

(三)墨尔本

墨尔本是全国第二大城市和维多利亚州首府,也是全国重要的政治、金融、经济和文化中心之一。墨尔本建于 1835 年,是在 19 世纪中期淘金热潮中发展起来的城市,1901—1927 年曾经是联邦政府的首都,为澳大利亚的文化名城。目前市内仍保留着许多 19 世纪华丽的维多利亚式建筑。除此之外,墨尔本对游客有吸引力的地方还有库克小屋、疏芬山、大洋路、企鹅岛(菲利普岛)、皇家植物花园、维多利亚艺术中心等。

(四)布里斯班

布里斯班是澳大利亚昆士兰州省的首府,也是澳大利亚的第三大城市,有"树袋熊之都"的美誉。布里斯班是一座在规划方面很有特色的城市,分割区域的街道,南北方向以女性名字命名,东西方向则是以男性名字命名。布里斯班有许多植物园和公园,风光奇特的黄金海岸和大堡礁等世界闻名的旅游景点,使布里斯班成为全球令人瞩目的度假休闲胜地。它南面的黄金海岸,距离市区96千米,绵延42千米,由10多个连续排列的优质沙滩组成,以金色沙滩而得名。这里特别适合冲浪和滑水活动,是冲浪者的乐园,也是昆士兰州重点旅游度假区,有各种旅游设施和主题公园,华纳兄弟电影世界、海洋世界的新奇表演让无数游客流连忘返。

(五)阿德莱德

阿德莱德是南澳大利亚首府和全澳第四大城市,以当时统治英国的国王威廉四世的王后阿德莱德命名。阿德莱德市民普遍爱好艺术,每逢双数年的3月份,阿德莱德都会举办盛大的艺术节活动,故被誉为"艺术之城"。此外,这里还举办一年一度的世界一级方程式汽车大赛,每年吸引大量的海外游客蜂拥而至。距离市东北45千米处,是澳大利亚葡萄酒的故乡——巴罗萨谷。阿德莱德气候温和适中,最适宜葡萄生长,所以此地也是澳大利亚葡萄酒的主要产地。

(六)达尔文

达尔文是北澳大利亚首府。主要景点有达尔文植物公园、东点军事博物馆、范尼湾监狱博物馆、北领地博物馆、美术馆以及达尔文赌场等,还有海洋奇观、印太海洋中心、领地野生动物园、达尔文渔场。在距达尔文以东120千米处,有被列为世界遗产的卡卡杜国家公园。公园有奇特壮观的湿地、瀑布、岩石和大量的野生动物,包括各种淡水鳄鱼和海水鳄鱼,还有土著绘制的岩画。

(七)珀斯

珀斯是西澳大利亚首府,位于该州西南部,东临达令山,西濒印度洋,背山面海,因该市湖泊中有许多黑天鹅,故有"黑天鹅城"的美誉。珀斯有很多著名的海滩,沙质细白,面积大,长达数千米,为人们提供了天然浴场。此外还有水底世界,游客可通过行人传送带,面对面地接触2 000多种海洋生物,可触摸海星甚至鲨鱼,游客还可以到海底微型世界认识海底微生物。

(八)其他景点

1. 大堡礁

大堡礁是世界上最大的珊瑚礁群,从澳大利亚东北的约克角沿着东海岸一直延伸到布里斯班东北,全长约为2 400千米,占据了约23万平方千米的海域。它已成为澳大利亚著名的旅游胜地和自然保护区。大堡礁的范围包括各种大小珊瑚岛屿600多个,其中观赏价值最高的要数格林岛和赫伦岛。格林岛上建有一个精巧的水下观察室,其位置正好在珊瑚群中。旅游者可以通过舷窗观看海底世界的壮丽景观,也可乘坐玻璃底的游艇欣赏奇异的水下风光。大堡礁也被称为世界上最大的珊瑚水族馆。这里有成千上万种海洋生物,其中包括 1 500 种鱼类、4 000 种软体生物、350 种珊瑚,以及多种鸟类和海龟等,形成一处举世无双的海底花园。

2. 乌鲁鲁-卡塔丘塔国家公园

乌鲁鲁-卡塔丘塔国家公园,位于澳大利亚中部,是联合国教科文组织认定的世界文化和自然双遗产。乌鲁鲁,又名艾尔斯岩,长 3 620 米、宽 2 000 米、高 348 米,基围周长约 9.4 千米,形状酷似一个长条形的大面包,通体色泽赭红,光滑的表面在阳光的照耀下闪烁着奇异的光芒,是目前世界上最大的单体巨石,是澳大利亚最显著的标志性景观。据测算,艾尔斯岩的形成距今已有 5 亿年的历史,当地的土著人认为艾尔斯岩是"土地之母"和"一切从此开始",被尊为神岩。卡塔丘塔距离艾尔斯岩以西 32 千米,由36 个红色风化砂岩圆顶岩石组成,形状和颜色皆美丽独特,占地面积约为 21.68 平方千米。

二、饮食习俗

澳大利亚在饮食上与欧美国家相似,以肉食、奶酪、面包为主食。口味偏爱甜酸味,不吃辣味,注重菜品的质量,讲究菜肴的色彩。澳大利亚人特别爱吃中国风味的清汤饺子;喜欢野餐,通常以烤肉为主;喜欢喝啤酒和葡萄酒,爱喝咖啡,也爱喝红茶和香片花茶。著名美食有袋鼠肉、皇帝蟹、牡蛎、鲍鱼、龙虾、三文鱼。

三、旅游商品

澳大利亚的特产包括澳宝(澳大利亚特产宝石)、羊皮、牛皮、绵羊油、葡萄酒、红酒、白酒、动物玩具、土著人艺术作品、艺术画作等。澳大利亚的羊毛制品远近驰名。澳毛毛线和毛衣、羊皮做的皮袄或皮夹克,柔软舒服,轻松暖和。来自较寒冷国家的游客对澳大利亚羊毛毯、羊毛被褥也十分青睐。西澳阿基勒出产的澳宝、粉红色宝石色彩繁多,驰名世界,价格不菲。澳大利亚的手工艺品主要有艺术陶瓷、编织制品、玻璃艺术品、皮革制品、珠宝饰物等。在很多工艺品商店里有木制或金属制的悉尼歌剧院、袋鼠、树袋熊和鸸鹋等的模型,很有纪念意义。澳大利亚土著工艺品集中表现了土著人在澳大利亚数万年的历史和文化,包括树皮画、布画、木雕等。

四、节庆活动

澳大利亚原为英国的殖民地,许多节日与英国一致,如圣诞节、复活节、女王诞生日等。

澳大利亚还有一些全国性的法定节日。国庆日:1 月 26 日,为纪念 1788 年 1 月 26日,英国菲利浦船长在悉尼湾登陆,宣布澳大利亚为英国领地,是白人进入澳大利亚的建国纪念日。澳新军团日:4 月 25 日,最初是为纪念第一次世界大战中被英国借派的澳大利亚和新西兰联合军在土耳其卡利波里半岛的决死登陆而设,后来成为悼念在两次世界大战中阵亡士兵的纪念日。

各个州还有一些独具特色的节日。比如布里斯班的华兰纳节、墨尔本杯赛马日、阿德莱德的艺术节、帕斯的野花节、悉尼的马蒂格拉狂欢节等。

澳大利亚网球公开赛:每年1月中旬—1月下旬。澳大利亚网球公开赛是网球四大满贯赛事之一,每年1月的最后两周在墨尔本的墨尔本公园举行。澳网期间,来自全世界的网球爱好者会聚集于墨尔本的罗德拉沃尔竞技场,在炎炎夏日下尽情呐喊助威。届时,游客们不仅有机会一睹费德勒、纳达尔、穆雷、小德这些网球巨星的风采,也可以体验澳大利亚球迷们似火的热情。

墨尔本杯赛马日:每年11月初。墨尔本杯是澳大利亚最重要的赛马赛事,被称为"让举国停顿的赛事"。因为赛马日的举行,每年11月的第一个星期二也成了墨尔本的法定公共假日。墨尔本杯赛马节已经上升成为一场全民节庆,在赛马节期间,澳大利亚人会穿着盛装汇聚于赛马场周边,把赛马节变成了一场巨型的露天派对和时装秀。

五、出入境旅游市场

2016—2017财年,澳旅游业产值为552.83亿澳元,占同期GDP的3.2%。近年来,海外游客人数呈上升趋势,但国内游客仍是旅游业的主力军。2016—2017财年,国内游客消费983.02亿澳元,海外游客在澳消费372.0亿澳元。

2018年澳大利亚接待外国游客总数达924.58万人次,其中接待中国游客143.21万人次,中国在2018年超越新西兰成为澳大利亚最大的客源国。

知识拓展

澳大利亚网球公开赛

澳大利亚网球公开赛创办于1905年,是网球四大满贯赛事之一(其他三个为温布尔登网球公开赛、法国网球公开赛、美国网球公开赛),通常于每年1月的最后两周在墨尔本公园举行,是四大满贯中最先举行的一个赛事,也是最年轻的大满贯。比赛设有男子单双打、女子单双打以及混合双打等项目。中国选手李娜曾在2014年获得女子单打冠军。

任务练习

一、情景模拟

模拟澳大利亚的地陪人员,在参观游览的过程中向中国游客提供讲解服务,从而对澳大利亚主要的旅游城市和著名景点、饮食习俗、旅游商品、节庆活动以及出入境旅游市场能深入了解。

二、知识检测

单选题

1. (   )的市中心是格里芬湖,湖中为纪念库克船长登陆上岸 200 周年而建的喷泉,高达 147 米,颇为壮观。
   A. 悉尼　　　　　B. 墨尔本　　　　　C. 堪培拉　　　　　D. 布里斯班

2. (   )是澳大利亚最大的城市和港口,原为英国流放囚犯之地,现在已成为澳大利亚最繁华的国际化城市,有"南半球纽约"之称。
   A. 悉尼　　　　　B. 墨尔本　　　　　C. 堪培拉　　　　　D. 阿德莱德

3. 悉尼歌剧院由丹麦建筑师约恩·乌松设计,外形像白色风帆,与(   )、悉尼塔并称为悉尼三大标志建筑,有"世界第八奇景"之称。
   A. 库克小屋　　　　　　　　　　　B. 悉尼海港大桥
   C. 维多利亚艺术中心　　　　　　　D. 议会大厦

4. (   )曾经是联邦政府的首都,它是在 19 世纪中期淘金热潮中发展起来的城市,为澳大利亚的文化名城。
   A. 悉尼　　　　　B. 墨尔本　　　　　C. 堪培拉　　　　　D. 布里斯班

5. 周边的黄金海岸和大堡礁等世界知名景点,使(   )成为全球令人瞩目的度假休闲胜地。
   A. 悉尼　　　　　B. 墨尔本　　　　　C. 堪培拉　　　　　D. 布里斯班

6. (   )市民普遍爱好艺术,被誉为"艺术之城",市东北的巴罗萨谷是澳大利亚葡萄酒的主要产地。
   A. 悉尼　　　　　B. 墨尔本　　　　　C. 堪培拉　　　　　D. 阿德莱德

7. 有关澳大利亚饮食的叙述中不正确的有(   )。
   A. 著名美食有袋鼠肉、皇帝蟹、牡蛎、鲍鱼、龙虾
   B. 喜欢野餐,通常以烤肉为主
   C. 口味偏爱甜酸味,喜欢吃辣味

D. 喜欢喝啤酒和葡萄酒,爱喝咖啡

8. 1788 年( ),菲利浦船长宣布澳大利亚为英国领地,这一天成为澳大利亚的国庆日。

A. 1 月 26 日　　　　　　　　　　B. 4 月 25 日

C. 11 月第一个星期二　　　　　　D. 12 月 26 日

任务二 ● 新西兰

子任务一　了解新西兰

任务描述

模拟旅行社的前台销售人员,向咨询的客人介绍新西兰的基本国情、去新西兰旅行的基本常识以及当地的习俗和禁忌。

任务内容

新西兰的
地理环境

一、基本国情

(一)地理环境

新西兰位于太平洋南部,澳大利亚东南方约 1 600 千米处,介于南极洲和赤道之间,西隔塔斯曼海与澳大利亚相望。新西兰由北岛、南岛、斯图尔特岛及其附近一些小岛组成,全国面积约 27 万平方千米。

新西兰全境多山,山地和丘陵占全国面积的 75% 以上。北岛多火山和温泉,南岛多冰河与湖泊。其中,北岛的鲁阿佩胡火山和周围 14 座火山的独特地貌形成了世界罕见的火山地热异常带。这里分布着 1 000 多处高温地热喷泉。南岛的库克峰海拔为 3 754 米,为全国最高峰。

(二)发展简史

毛利人是新西兰的第一批居民。14 世纪,毛利人从波利尼西亚来到新西兰定居,成为新西兰最早的居民。1642 年荷兰航海者在新西兰登陆。1769—1777 年,英国库克船长先后 5 次到新西兰,此后英国向新西兰大批移民并宣布占领。1840 年 2 月 6 日,英国迫使毛利人族长签订《威坦哲条约》,新西兰成为英国殖民地。1907 年独立,新西兰成为英国自治领,政治、经济、外交受英国控制。1947 年新西兰成为主权国家,同时为英联邦成员。

(三)民族、宗教

新西兰人口约为 491 万(2019 年 1 月)。其中,欧洲移民后裔占 74%,毛利人占 15%,亚裔占 12%,太平洋岛国裔占 7%(部分为多元族裔认同)。官方语言为英语、毛利语。48.9%的居民信奉基督教新教和天主教。

(四)国旗、国徽

新西兰的国旗呈横长方形,长与宽之比为 2∶1。旗地为深蓝色,左上方为英国国旗红、白色的"米"字图案,右边有四颗镶白边的红色五角星,四颗星排列均不对称。

新西兰的国徽,中心图案为盾徽,盾面上有五组图案,盾徽右侧为手持武器的毛利人,左侧是持有国旗的欧洲移民妇女,上方有一顶英国伊丽莎白女王二世加冕典礼时用的王冠,下方为新西兰蕨类植物,绶带上用英文写着"新西兰"。

国花是银蕨。国鸟是几维鸟。国石是绿石,又称绿玉。

(五)行政区划

全国设有 11 个大区,5 个单一辖区,67 个地区行政机构(其中包括 13 个市政厅、53 个区议会和查塔姆群岛议会)。主要城市有:惠灵顿、奥克兰、克赖斯特彻奇(基督城)、哈密尔顿、达尼丁等。

(六)政治、经济

新西兰实行英国式的议会民主制。英国女王是国家元首,由总督作为女王代表行使职权。总督由女王任命,由新西兰人担任,任期五年。总督和内阁组成的行政会议是法定的最高行政机构。行政会议由总督主持,内阁掌握实权。内阁由议会多数党组成。

新西兰是经济发达国家,以农牧业为主,农牧产品出口约占出口总量的 50%。羊肉、奶制品和粗羊毛出口量均居世界第一位。新西兰还是世界上最大的鹿茸生产国和出口国,产量占世界总产量的 30%。工业以农林牧产品加工为主,主要有奶制品、毛毯、食品、酿酒、皮革、烟草、造纸和木材加工等轻工业,产品主要供出口。农业高度机械化,主要农作物有小麦、大麦、燕麦、水果等,但粮食不能自给,需从澳大利亚进口。旅游业收入约占新西兰国内生产总值的 10%,是仅次于乳制品业的第二大创汇产业。

(七)文学、艺术

新西兰是一个种族多元化的国家,具有浓烈的毛利文化色彩。新西兰有 250 多个公立博物馆,收藏了毛利人早期文化、欧洲文化等许多灿烂的文化精品。新西兰的舞蹈融入了毛利舞的豪放及西方宫廷舞的精美,舞姿优美、大方。歌剧和戏剧更是人们喜闻乐见的娱乐形式。电影是人们喜爱的休闲活动,尤其是新西兰的短片段制作更是在世界上享有盛誉。新西兰有很多知名的文学家,文学作品蜚声国际文坛。

二、出行须知

(一)基本常识

1. 气候

新西兰属温带海洋性气候,北部为亚热带气候,南部为温带气候。季节与北半球相反。夏季平均气温为 25 ℃左右,冬季为 10 ℃左右。在同一季节里,北岛较南岛温暖。除高山区域外,北岛及南岛的北部很少下雪,而南岛每年冬季一般都会下雪。

2. 货币

新西兰本币为新西兰元(NZD),也称"纽元"。汇率:1 新西兰元 = 4.511 5 人民币,1 人民币 = 0.221 7 新西兰元(2019 年 8 月 30 日)。

3. 时差

新西兰是采用首都惠灵顿所在东十二区的时间,比中国北京时间早 4 个小时。每年 9 月最后一个星期天到次年 4 月第一个星期天实行夏令时,夏令时期间惠灵顿比中国北京时间早 5 个小时。

(二)习俗和禁忌

1. 习俗

新西兰人与客人相见时,一般行握手礼;有时也行鞠躬礼,鞠躬方式独具一格,要抬头挺胸地鞠躬。毛利文化深深地影响着整个国家的生活,也成了新西兰对外宣传的一个主要亮点。毛利人仍保留着浓郁的传统习俗,他们大都信奉原始的多神教,还相信灵魂不灭,尊奉祖先的魂灵。他们的迎宾舞蹈是新西兰官方迎接贵宾的最高礼仪;毛利人的碰鼻礼和纹面也是众所周知的。每遇重大活动,他们便要到河里去做祈祷,还要相互泼水。当遇到尊贵的客人时,要行"碰鼻礼",即双方要鼻尖碰鼻尖两三次,然后再分开离去。碰鼻子的次数越多,时间越长,礼就越重。毛利人的雕刻艺术技艺精湛,非常精美,毛利人的木雕、石雕都非常著名。新西兰人喜欢狗,珍爱几维鸟,钟爱银蕨,爱护环境。

2. 禁忌

新西兰人忌讳数字"13",忌讳男女同场活动,即使看戏或看电影,也分为男子场和女子场。当众剔牙和咀嚼口香糖被视为不文明的举止。新西兰人不愿谈论有关种族方面的问题。新西兰人不干涉别人的事务,绝不说他人的坏话,喜欢谈论国内和国际政治局势、天气以及体育运动等话题。毛利人对有人给他们照相极为反感。新西兰人不喜欢吃带蘸汁或过辣的菜肴。

任务练习

一、情景模拟

请模拟旅行社的前台销售人员,向咨询的客人介绍新西兰的基本国情、去新西兰旅行的基本常识与当地的习俗和禁忌。

二、知识检测

(一)单选题

1.澳大利亚和新西兰有很多相似之处,以下表述不正确的是(   )。

　　A.都是英联邦国家,国家元首都是英国女王

　　B.都是经济发达国家,都是以农牧业为主的国家

　　C.国旗非常相似,均为深蓝色旗面,左上方都有英国的"米"字图案

　　D.都是欧洲移民为主的国家,都是多火山、多温泉的国家

2.当遇到尊贵的客人时,毛利人要行(   )。

　　A.双手合十礼　　　B.跪拜礼　　　　　C.贴面礼　　　　　D.碰鼻礼

3.下列关于新西兰经济、文化、艺术的叙述中不正确的是(   )。

　　A.新西兰的羊肉、奶制品和粗羊毛出口量均居世界第一位

　　B.新西兰是世界上最大的鹿茸生产国和出口国,产量占世界总产量的30%

　　C.新西兰的迎宾舞蹈是新西兰官方迎接贵宾的最高礼仪

　　D.毛利人的绘画艺术技艺精湛,非常精美

4.下列关于新西兰禁忌的说法中错误的是(   )。

　　A.忌讳男女同场活动

　　B.新西兰人喜欢狗,珍爱几维鸟,钟爱银蕨,爱护环境

　　C.毛利人喜欢与游客合影留念

　　D.不喜欢吃带蘸汁或过辣的菜肴

(二)填表题

面积		国花		人口	
主要宗教		国歌		首都	
语言		国鸟		国庆节	
货币		国石		与北京时间	

子任务二 认识新西兰

任务描述

模拟新西兰的地陪人员,在参观游览的过程中向中国游客提供讲解服务,从而加深对新西兰主要的旅游城市和著名景点、饮食习俗、旅游商品、节庆活动以及出入境旅游市场的了解。

任务内容

新西兰
旅游宣传片

一、旅游城市及景点

(一)惠灵顿

惠灵顿位于北岛最南端,是新西兰的首都和全国第二大城市,是南北二岛的交通枢纽,也是全国的政治、文化中心。惠灵顿紧靠库克海峡,市区三面依山,一面临海,怀抱着尼科尔逊天然良港,常有海风侵袭,故称之为"风都"。木质结构的建筑是惠灵顿的一大特色,惠灵顿最大的木制建筑是老市政大厦,是世界上最宏伟的木建筑之一。老市政大厦的街对面是国会大厦,其外观酷似蜂巢,由三大建筑组成:包括哥特式的图书馆、英国文艺复兴式议政厅和圆形的办公大楼。惠灵顿气候温和湿润,是南太平洋地区著名的旅游胜地。主要景点有议会大厦、政府大楼、汤布尔图书馆、植物园、旧圣保罗教堂、多明尼恩博物馆、国立美术馆、维多利亚山、惠灵顿动物园等。

(二)克赖斯特彻奇(基督城)

华人称克赖斯特彻奇为基督城,它是新西兰第三大城市,也是南岛最大的城市,是新西兰除奥克兰以外来往世界各地的第二大门户。基督城处处洋溢着浓厚的英国气息,是英国以外最具英国特色的城市。得天独厚的地理和气候条件使得该城到处花团锦簇、草木繁盛,为基督城赢得了"花园城市"的美誉。教堂广场是基督城的中心,广场正中的天主教堂是一座哥德式的建筑,高大肃穆,是基督城最重要的地标。

由于当初参与建设该教堂的人士大多是英国牛津大学的基督教徒出身,因此将这座城市取名为"基督城"。观赏基督城全貌的最佳方式是乘热气球。距离市中心15分钟车程的国际南极中心是基督城最具吸引力的景点。

(三)奥克兰

奥克兰是新西兰的第一大城市,有"帆船之都"美誉。每年1月底在怀特玛塔港举行的帆船竞赛,千帆并举,成为奥克兰城的一大盛景。奥克兰也是新西兰最大的华人聚居区。自1988年开始的一年一度的端午龙舟竞赛是亚洲地区以外最大的龙舟赛,使来自中国的游客感到格外亲切。奥克兰还是购物者的天堂,皇后街、百老汇、新市场街和爱略特街都是市内的商业中心,时装、百货一应俱全。此外,女王大道和帕奈尔区也是游客品味奥克兰现代风光与历史古迹的最佳选择。建于1996年的天空塔是迄今为止南半球最高的建筑,塔高为328米。塔上有多层观景台,可以方便游客观赏奥克兰的全景。

(四)罗托鲁阿

罗托鲁阿是南半球最有名的泥火山和温泉区,也是享誉全球的地热观光名城。它位于北岛中部,距离奥克兰约3小时车程。城中的热泉及泥浆多不胜数,到处蒸汽弥漫,传出阵阵浓郁的硫黄气味。著名的华卡雷瓦喷泉定时喷发的擎天水柱已成为罗托鲁阿的象征。建于1928年的彩虹泉公园是罗托鲁阿首选的观光点,在此可以看到名贵的彩虹鳟鱼和新西兰的国鸟——几维鸟。罗托鲁阿也是毛利人的文化中心。毛利人保留着独特的文化习俗,跳着哈卡舞,迎宾时向来宾做鬼脸,行碰鼻礼,还保留了600年前流传下来的传统手工艺,如陶器、木雕、玉器、鲍鱼壳首饰等。游客可以在毛利人文化村里参观了解毛利人的历史文化和传统。

(五)皇后镇

皇后镇位于南岛中南部的瓦卡蒂普湖北岸,是南岛的避暑胜地,盛产纯正的新西兰葡萄酒。皇后镇享有"冒险之都"的美誉,几年前在中国热起来的"蹦极"就发源于此。喜欢冒险运动的人们可以在这里体验蹦极、漂流、冲浪、汽艇等新奇刺激的旅游项目。游客还可观看农场的剪羊毛、牧羊犬表演等活动。皇后镇东北市郊还有1860年以前早期的中国淘金者居住过的茅屋。

二、饮食习俗

新西兰人的饮食习惯与澳大利亚人相似,饮食中肉类占很大比重,喜欢吃英式西餐,尤其喜爱吃羊肉。一周会吃一次烧烤的晚餐。新西兰人一般都爱喝咖啡、红茶,爱吃一种名贵水果"几维果"。毛利人利用地热蒸汽制作的传统石头火锅很特别。如果想品尝地道的新西兰风味,可点羊肉、猪肉、鹿肉、鲑鱼、小龙虾、布拉夫牡蛎、鲍鱼、贻贝、扇贝、甘薯和树番茄等烹制的菜品,还有最具代表性的新西兰甜点"帕洛娃"。

三、旅游商品

新西兰的旅游纪念品通常反映出毛利文化、农业传统和风景名胜。手工制作的纪念品很普遍,游客可以选择陶器、绘画、毛利花纹的雕刻、羊毛及羊皮制品等。

1. 蜂蜜、蜂胶

来自新西兰纯净而无污染的原始森林中的麦卢卡蜂蜜(Manuka Honey)是最有名的新西兰蜂蜜。新西兰拥有世界第一的蜂蜜品——康维他(Comvita),这个享有三十年历史的蜂蜜品牌已经享誉全世界。蜂胶是一种历史悠久的民间药物,它的功能非常多,可以加快人体内的循环,增强人体的免疫功能,抵抗病毒等。

2. 螺旋藻、深海鱼油

螺旋藻被誉为"21世纪最佳的食品"。由于它的独特成分结构,螺旋藻具有许多独特功能,通过调节人体生理机能,促进人体细胞新陈代谢,增强免疫力,恢复体力。深海鱼油是天然营养食品,由冰寒水域之深海鱼类的脂肪提炼浓缩而成,是一种人体必要的脂肪酸,具有良好的医疗保健功能。

3. 新西兰葡萄酒

葡萄由移民带入新西兰,有160多年的历史。新西兰气候温和,为典型的冷凉气候酿酒葡萄种植区,使得新西兰的葡萄酒具有特别的风味。

4. 新西兰绵羊油

新西兰绵羊油享誉全世界,全世界只有新西兰和澳大利亚两个地方生产,其内含丰富维生素E及天然保湿剂,适用于所有肤质,能使肌肤细腻柔软的同时,减少肌肤细纹及皱纹的产生,对于因家务、气温及空调带来的影响也有很好的保护作用。

四、节庆活动

新年:1月1日—2日,庆祝新年。

怀坦吉日:2月6日,曾作为国庆节。1840年2月6日,毛利人和英国王室在怀坦吉签署了《怀坦吉条约》,确立新西兰为英国的一个殖民地。

复活节:4月14日—17日,基督教纪念耶稣复活。

澳新军团日:4月25日,纪念1915年第一次世界大战中澳新军团在卡利波里半岛登陆。

女王诞辰日:6月第一个星期一。

五、旅游市场

旅游业是新西兰支柱产业和重要收入来源。2018年度,新西兰的入境游客总人数超过 386 万人次,创收超过 111 亿美元。游客主要来源地为澳大利亚、中国、美国和英国等,中国已经成为新西兰旅游的第二大客源国。

✏️ **任务练习**

一、情景模拟

模拟新西兰的地陪人员,在参观游览的过程中向中国游客提供讲解服务,从而加深对新西兰主要的旅游城市和著名景点、饮食习俗、旅游商品、节庆活动以及出入境旅游市场的了解。

二、知识检测

单选题

1. (   )是新西兰的第一大城市,有"帆船之都"的美誉。
   A. 惠灵顿   B. 基督城   C. 奥克兰   D. 罗吐鲁阿

2. (   )是新西兰享誉全球的地热观光名城,也是毛利人的文化中心。
   A. 惠灵顿   B. 基督城   C. 奥克兰   D. 罗吐鲁阿

3. (   )是新西兰的首都,常有海风侵袭,故称之为"风都",木质结构的建筑是该市的一大特色。
   A. 惠灵顿   B. 基督城   C. 奥克兰   D. 罗吐鲁阿

4. 下列关于基督城的叙述中错误的是(   )。
   A. 是新西兰第三大城市,也是南岛最大的城市,是英国以外最具英国色彩的城市
   B. 位于基督城的天空塔,是迄今为止南半球最高的建筑,游客登上观景台可以观赏基督城的全景
   C. 观赏基督城全貌的最佳方式是乘热气球
   D. 距离市中心 15 分钟车程的国际南极中心,是基督城最具吸引力的景点

5. (   )是新西兰最大的华人聚居区,每年一度的端午龙舟竞赛是亚洲地区以外最大的龙舟赛。
   A. 惠灵顿   B. 基督城   C. 奥克兰   D. 罗吐鲁阿

6. (   )享有"冒险之都"的美誉,几年前在中国热起来的"蹦极"就发源于此。
   A. 达尔文   B. 基督城   C. 奥克兰   D. 皇后镇

7. 下列不属于新西兰特产的是(   )。
   A. 麦卢卡蜂蜜、螺旋藻   B. 毛利人雕刻、羊毛制品
   C. 葡萄酒、绵羊油   D. 澳宝、粉红色宝石

项目六

非洲地区

非洲，全称"阿非利加洲"，位于东半球西南部，东濒印度洋，西临大西洋，北隔地中海和直布罗陀海峡与欧洲相望，东北角以狭长的红海与苏伊士运河与亚洲为邻，赤道横贯中部，面积约为 3 020 万平方千米，占全球陆地总面积的 20.4%，是世界第二大洲，同时也是人口第二大洲（约 12 亿），仅次于亚洲。非洲是世界上民族成分最复杂的地区，大多数民族属于黑种人，其余属白种人和黄种人。非洲语言约有 800 种，大多数居民略懂英语。非洲居民多信奉原始宗教和伊斯兰教，少数人信奉天主教和基督教。非洲目前有 60 个国家和地区。在地理上，习惯上把非洲分为北非、东非、西非、中非和南非。

历史上非洲各国长期遭受西方殖民主义掠夺，大多数国家都是在 1960 年后独立的农业国，经济落后。目前非洲是世界上经济发展水平最低的一个洲。非洲旅游业起步晚，基础差，发展缓慢。近年来非洲国家普遍重视旅游开发，利用本地特有的自然风光和民俗风情，大力发展旅游业。非洲旅游业的发展前景十分广阔。

非洲旅游资源丰富多样，有着迷人的自然风光、奇异的野生动植物和丰富的历史文化古迹。非洲有"高原大陆"之称，地势平坦，地形地貌多样。非洲有广阔的草原、雄伟的乞力马扎罗山（海拔为 5 895 米，非洲最高峰）、狭长的东非大裂谷（全长约 6 400 千米，世界上最长的裂谷）、浩瀚的撒哈拉大沙漠（面积约为 920 万平方千米，世界上最大的沙漠），还有美丽的海滨、茂盛的雨林、众多的河流与湖泊。由于非洲高温、少雨、干燥，使非洲获得"世界资源仓库""珍奇动物之乡"的美称。非洲拥有众多稀有独特的植物资源，还有数量繁多的野生动物（拥有 90 多种蹄类哺乳动物和 2 000 多种淡水鱼，居各洲首位）。非洲旖旎的自然风光和独特的动植物，吸引着来自世界各地的旅游者。

非洲也是古人类和世界文明的发祥地之一，历史悠久，文化独特。闻名世界的金字塔和狮身人面像、众多的神庙、奇异的民俗风情和丰富的历史文化旅游资源让世界各地的游客流连忘返。

本项目介绍非洲地区两个主要的客源国或目的地国：埃及、南非。

📋 **学习目标**

模拟中国旅行社前台销售人员对游客咨询、模拟目的地国地陪在旅行游览中进行讲解服务是两项典型的旅行社工作任务,通过任务驱动和情景模拟的方式了解非洲两个主要客源国或目的地国的地理、历史、民族与宗教、国旗与国徽、行政区划、政治与经济、文学与艺术等基本国情,饮食习俗、旅游商品、习俗和禁忌、节庆活动等民俗风情,旅游城市和著名景点,旅游市场。了解非洲主要客源国或目的地国旅游业发展的基本特征,以便进一步开拓和发展非洲地区的客源市场。

任务一 ● 埃及

子任务一 了解埃及

⚙️ **任务描述**

模拟旅行社的前台销售人员,向咨询的客人介绍埃及的基本国情、去埃及旅行的基本常识以及当地的习俗和禁忌。

👥 **任务内容**

一、基本国情

(一)地理环境

埃及,全称阿拉伯埃及共和国,被誉为"金字塔之国""棉花之国",跨亚、非两大洲,大部分位于非洲东北部,只有苏伊士运河以东的西奈半岛位于亚洲西南部。西连利比亚,南接苏丹,东临红海,并与巴勒斯坦、以色列接壤,北濒地中海。埃及地处欧、亚、非

埃及的
地理环境

三洲的交通要冲和战略要地,面积为 100.1 万平方千米。

埃及的疆土呈不规则的四方形,地形平缓,没有大山,最高峰凯瑟琳山海拔为 2 637 米。尼罗河是埃及的生命线,被誉为"埃及的母亲"。它自南向北注入地中海,是非洲第一长河,也是世界上最长的河流,全长为 6 671 千米。

(二)发展简史

古埃及是世界四大文明古国之一。公元前 3200 年,美尼斯统一埃及后建立了第一个奴隶制国家,经历了早王国、古王国、中王国、新王国和后王朝时期,共 30 个王朝。古王国开始大规模建金字塔。公元前 525 年,埃及成为波斯帝国的一个行省。此后埃及相继被希腊和罗马征服。641 年阿拉伯人入侵,埃及逐渐阿拉伯化。1517 年被土耳其人征服,成为奥斯曼帝国的行省。1882 年英军占领后成为英"保护国"。1922 年 2 月 28 日英国宣布埃及为独立国家,但保留对国防、外交、少数民族等问题的处置权。1953 年 6 月 18 日成立埃及共和国,穆罕默德·纳吉布出任第一任总统兼总理。1958 年 2 月,同叙利亚合并成立阿拉伯联合共和国(简称"阿联")。1961 年叙利亚发生政变,退出"阿联"。1971 年 9 月 1 日改名为阿拉伯埃及共和国。

(三)民族、宗教

埃及人口约为 1.045 亿(2018 年 2 月)。在埃及,阿拉伯人约占 87%,科普特人约占 11.8%,另有约 600 万海外侨民。埃及的官方语言是阿拉伯语,英语和法语在埃及也被广泛使用。伊斯兰教为国教,信徒主要是逊尼派,占总人口的 84%。科普特基督徒和其他信徒约占 16%。

(四)国旗、国徽

埃及的国旗呈长方形,长与宽之比为 3∶2。自上而下由红、白、黑三个平行相等的横长方形组成,白色部分中间有国徽图案。红色象征革命,白色象征纯洁和光明前途,黑色象征埃及过去的黑暗岁月。

埃及的国徽是一只金色的鹰,称萨拉丁雄鹰。金鹰昂首挺立、舒展双翼,象征胜利、勇敢和忠诚。鹰胸前为盾形的红、白、黑三色国旗图案,底部基座饰带上用阿拉伯文写着"阿拉伯埃及共和国"。

埃及的国花是睡莲。国鸟是雄鹰。国石是橄榄石。

(五)行政区划

埃及全国划分为 27 个省,分别由 5 个城市省(开罗省、亚历山大港、苏伊士省、塞得港、卢克索)、上埃及 8 省、下埃及 9 省和沙漠地区 5 个边疆省组成。

（六）政治、经济

埃及是建立在多党制基础上的总统制共和制。总统是国家元首兼武装部队最高统帅，由人民议会提名，公民投票选出，总统可多次连选连任。总统任命副总统、总理及内阁部长，并有权解散人民议会。

埃及属于开放型市场经济，拥有相对完整的工业、农业和服务业体系。工业以纺织、食品加工等轻工业为主。农村人口占总人口的 55%，农业占国内生产总值的 14%；服务业约占国内生产总值的 50%。石油天然气、旅游、侨汇和苏伊士运河过河使费是四大外汇收入来源。

（七）文学、艺术

公元前 3300 年左右，古埃及人就创造了世界上最早的象形文字，也是最早使用纸莎草纸来编纂书籍的人类。古王国时期的埃及文学主要表现在金字塔和大臣墓地的纪念碑的祭文上，内容多采用诗歌的形式，以祝福法老们升天祈福。近现代埃及文学主要受民族独立和解放运动的影响，努力表现新的生活和环境，现实主义成了文学创作的主流。

埃及在建筑、雕刻、绘画等方面均取得世界瞩目的成就，气势非凡的金字塔、庙宇、狮身人面像、石刻雕像等令世人叹为观止。埃及音乐的历史源远流长。《阿依达》是埃及享誉世界的史诗般的著名歌剧。

二、出行须知

（一）基本常识

1. 气候

埃及全境干燥少雨。尼罗河三角洲和北部沿海地区属地中海型气候，1 月平均气温为 12 ℃，7 月为 26 ℃。其余大部分地区属热带沙漠气候，炎热干燥，沙漠地区气温可达 40 ℃。每年 4—5 月间常有"五旬风"，夹带沙石。

2. 货币汇率

埃及的流通货币为埃及镑（EGP）和辅币皮阿斯特。汇率：1 埃及镑 = 0.433 6 人民币，1 人民币 = 2.306 3 埃及镑（2019 年 8 月 30 日）。

3. 时差

埃及时间比中国北京时间晚 6 个小时。

4. 其他

在埃及，星级饭店及餐厅的账单一般都加算 15% 的服务费，但习惯上仍需支付

5%～10%的小费。在埃及,收小费可谓司空见惯,因此埃及被称为"小费之国"。

(二)习俗和禁忌

1. 习俗

现代埃及绝大多数人喜欢穿着用轻薄透气的亚麻布缝制的衣服,也会用羊毛和棉花做衣物的材料。埃及农村的女性穿黑色长袍,裹着黑色头巾,只露出眼睛;男性穿白色阿拉伯长衫,戴小白帽。城市里的女性依旧裹头巾,但面部是露出来的,头巾的颜色鲜艳多样,下身穿长筒裙。

埃及人见面时异常热情,如果见到不熟悉的人,会和全世界所有的穆斯林一样,说"安塞俩目尔来库姆"(意为"你好"),我国穆斯林简称它为"色兰"。如果是老朋友久别重逢,则拥抱行贴面礼,即用右手扶住对方的左肩,左手搂抱对方的腰部,先左后右,各贴一次或多次,而且还会发出一连串的问候语。女性之间出于礼貌或表示亲热,更多地采用温柔的贴面礼,一般是先右边贴一次,后左边贴一次。异性之间通常是握手,也可不握手,且男性不宜先伸手。

埃及人非常喜爱仙鹤,认为仙鹤是一种吉祥鸟;也非常喜欢猫,敬猫如神,并视猫为神圣的精灵。埃及人比较喜欢数字"5"和"7"。

2. 禁忌

埃及人喜欢绿色和白色,讨厌黑色、蓝色和黄色。他们在表示不幸的一天时,称"黑色的一天"或"蓝色的一天",黄色也预示着不幸,遇丧事一般穿黄色和黑色衣服。

埃及人信奉伊斯兰教,因为穆斯林"方便"和做脏活时都用左手,因此忌讳用左手与他人握手或递东西。饮食上也严格遵守伊斯兰教教规,忌食自死的动物和血液制品,忌食猪肉、狗肉以及非诵真主之名而宰杀的动物,也忌谈猪、狗;不吃虾蟹等海味、动物内脏、鳝鱼、甲鱼等无鳞的鱼。埃及人就餐时,一般不与人随意交谈,认为边谈话边吃饭会浪费粮食,是对安拉的不敬。埃及人讨厌猪,甚至是外形与猪相近的大熊猫也被埃及人所反感。

按伊斯兰教义,埃及妇女禁止穿着短、薄、透、露的服装。在埃及严禁穿背心、短裤和超短裙去清真寺,进清真寺时务必脱鞋。

此外,也不要夸埃及女性身材苗条,因为他们认为体态丰腴才算美。埃及人比较忌讳针,每天下午3点～5点,埃及人绝不买针。最恶毒的诅咒是把人形容为"针"。

任务练习

一、情景模拟

请模拟旅行社的前台销售人员,向咨询的客人介绍埃及的基本国情、去埃及旅行的基本常识与当地的习俗和禁忌。

二、知识检测

（一）单选题

1. 埃及时间比中国北京时间晚（　　）个小时。

A. 3　　　　　　B. 4　　　　　　C. 5　　　　　　D. 6

2. 埃及的南部属于（　　）气候。

A. 热带雨林　　　B. 热带草原　　　C. 热带沙漠　　　D. 热带季风

3. 下列关于埃及的习俗和禁忌表述中错误的是（　　）。

A. 在埃及忌讳夸赞女性身材苗条

B. 埃及人非常喜爱仙鹤，也非常喜欢猫、敬猫如神

C. 埃及人喜欢黑色、蓝色，忌讳黄色，遇丧事一般穿黄色衣服

D. 埃及人比较忌讳针，每天下午3~5点，埃及人绝不买针

4. 古埃及人创造了世界上最早的象形文字，也是最早使用（　　）来编纂书籍的人类。

A. 竹简、木简　　　　　　B. 纸莎草纸

C. 羊皮　　　　　　　　　D. 绢帛

5.（　　）全长为6 671千米，是非洲第一长河，也是世界上最长的河流，被称为"埃及的母亲"。

A. 亚马孙河　　　　　　B. 尼罗河

C. 伏尔加河　　　　　　D. 恒河

6. 在埃及，阿拉伯人约占87%，所以埃及的国教是（　　）。

A. 印度教　　　　　　B. 伊斯兰教

C. 基督教　　　　　　D. 佛教

（二）填表题

人口		国花		主要宗教	
民族		国鸟		首都	
语言		国石		与北京时差	
货币		国歌		国庆节	

子任务二 认识埃及

任务描述

模拟埃及的地陪人员,在参观游览的过程中向中国游客提供讲解服务,从而加深对埃及主要的旅游城市和著名景点、饮食习俗、旅游商品、节庆活动以及出入境旅游市场的了解。

任务内容

一、旅游城市和著名景点

(一)开罗

开罗旅游宣传片

开罗位于尼罗河三角洲的南端,是埃及首都,是非洲和阿拉伯世界最大的城市,也是整个中东地区的政治、经济和商业中心。城中现代文明与古老传统并存,西部以现代化建筑为主,东部则以古老的阿拉伯建筑为主,城内分布着250多座清真寺,有"千塔之城"的美誉。开罗的形成可追溯到公元前约3 000年的古王国时期,作为首都,亦有千年以上的历史。著名景点有:世界七大奇迹之一的金字塔和狮身人面像,距今已有4 000多年的历史。

1. 埃及博物馆

埃及博物馆位于开罗市中心的解放广场。1902年建成开馆,是世界上最著名、规模最大的古埃及文物博物馆,收藏了古埃及法老时代(距今5 000年左右)至6世纪的历史文物25万件,其中大多数展品年代超过3 000年。有许多举世闻名的文物,如巨大的法老石像、纯金制作的宫廷御用珍品、大量的木乃伊以及重242磅的图坦卡蒙纯金面具和棺椁,精美无比、令人赞叹。

2. 金字塔及狮身人面像

金字塔位于开罗西南吉萨区的沙漠之中,是古埃及文明的代表作,是埃及国家的象征。它是古埃及埋葬法老、王后或其他王室成员的陵寝。埃及共发现金字塔96座,最大的是开罗郊区吉萨的三座金字塔。它们是第四王朝的三位法老的陵墓。

大金字塔是第四王朝的第二位国王胡夫的陵墓,建于公元前2690年左右,原高146.5米,因年久风化,现高136.5米。塔身由230万块石头砌成,平均每块石头重2.5吨。据考证,当时10万人用了20年时间才得以建成,是吉萨金字塔中规模最大、建筑水平最高、保存最好的一座。

第二座金字塔是胡夫的儿子哈夫拉的陵墓,建于公元前 2650 年,比前者低 3 米,但建筑形式更加完美壮观。塔前建有著名的狮身人面像,又名"斯芬克斯",与金字塔同为古埃及文明最有代表性的遗迹。它高为 21 米,长为 57 米,脸部宽为 5 米。它的头是按照哈夫拉法老的脸型雕刻的。整座雕像除狮爪外,全部由一块天然岩石雕成。古埃及人很崇拜狮子,他们认为狮子是力量的化身,因此许多古埃及的法老把狮身人面像放在他们墓穴外面作为守护神。由于它状如希腊神话中的人面怪物斯芬克斯,西方人因此以"斯芬克斯"称呼它。

第三座金字塔属于胡夫的孙子门卡乌拉,建于公元前 2600 年左右。高度只有 66 米,内部结构复杂。

胡夫金字塔南侧有著名的太阳船博物馆,胡夫的儿子当年用太阳船把胡夫的木乃伊运到金字塔安葬,然后将船拆开埋于地下。该馆是在出土太阳船的原址上修建的。

3. 萨卡拉金字塔

萨卡拉金字塔位于开罗南郊 30 千米,由多个金字塔组成,其中最著名的是阶梯金字塔,为古埃及第三王朝法老左赛尔的陵墓,约建于公元前 2700 年。该金字塔是埃及现有金字塔中年代最早的,也是世界上最早用石块修建的陵墓。

4. 尼罗河

尼罗河发源于埃塞俄比亚高原,流经布隆迪、卢旺达、坦桑尼亚、乌干达、肯尼亚等九国,全长为 6 671 千米,是非洲第一大河。尼罗河谷和尼罗河三角洲是埃及文化的摇篮,也是世界文明的发源地之一。尼罗河在埃及境内长度为 1 530 千米,开罗的尼罗河上有许多游船,乘坐仿法老时期船只修造的法老船是游客欣赏两岸风光的最佳选择,还可以观赏船上的东方舞表演。

(二)亚历山大

亚历山大是埃及最大的海港和第二大城市,曾是古埃及托勒密王朝都城。公元前 332 年,希腊马其顿国王亚历山大大帝在此建城并以自己的名字命名。亚历山大曾是地中海沿海政治、经济、文化和东西方贸易的中心,有许多名胜古迹。亚历山大是埃及的"夏都"和避暑胜地,有"埃及新娘"之称。主要景点有蒙塔扎宫、卡特巴城堡(亚历山大灯塔)。

1. 蒙塔扎宫

蒙塔扎宫,又称"夏宫",坐落在该市东部,是一个独具特色的花园。赫迪夫·阿拔斯二世在世纪之交所建的这座土耳其和佛罗伦萨式的建筑物,在 1952 年之前一直是皇室家族的避暑地,现在已向公众和游人开放。院内有法鲁克国王行宫,现在是埃及国宾馆。

2. 卡特巴城堡

卡特巴城堡,前身为古代世界七大奇迹之一的亚历山大灯塔。灯塔建于公元前

280年,高135米,后被地震所毁。1480年用其原有石块在原址修筑城堡,以国王卡特巴的名字命名。1966年改为埃及航海博物馆,展出模型、壁画、油画等,介绍自1万年前从草船开始的埃及造船和航海史。它与开罗古城堡并称为埃及两大中世纪古城堡。

(三)卢克索

卢克索坐落在开罗以南670多千米处的上埃及尼罗河畔,是古埃及帝国中王朝和新王朝的都城底比斯的一部分,是世界上最大的露天博物馆,有着"宫殿之城"的美誉。由于古埃及人认为人的生命同太阳一样,自东方升起,西方落下,因而穿城而过的尼罗河的东岸是壮丽的神庙和居民区,而河的西岸则是法老、王后和贵族的陵墓。"生者之城"与"死者之城"隔河相望。埃及人常说:"没有到过卢克索,就不算到过埃及。"主要景点有卡尔纳克神庙、卢克索神庙、帝王谷等。

1. 卡尔纳克神庙

卡尔纳克神庙位于卢克索以北5 000米处,是古埃及帝国遗留的最壮观的神庙,因其规模浩大而闻名世界。整个建筑群中有大小神殿20余座。阿蒙神庙是卡尔纳克神庙的主体部分,这里供奉的是底比斯主神——太阳神阿蒙,始建于3000年前的十七王朝。神庙的石柱大厅最为著名,内有134根巨型石柱,最大的高23米,气势宏伟。这些石柱历经5 000多年无一倾倒,令人赞叹。庙内的柱壁和墙垣上都刻有精美的浮雕和鲜艳的彩绘,它们记载着古埃及的神话传说和当时人们的日常生活。此外,庙内还有闻名遐迩的方尖碑和法老及后妃们的塑像。

2. 卢克索神庙

卢克索神庙是底比斯主神阿蒙的妻子穆特的神庙,规模仅次于卡尔纳克神庙。它的大部分工程是第十八朝法老阿蒙诺菲斯三世完成的,后来的拉美西斯二世增建了大门和庭院,并在门口竖立了六尊他的塑像,现存三尊(一对坐像和两对站像)。神庙的正门原有两根方尖碑,其中一座被穆罕默德·阿里送给了法国,现在巴黎协和广场。神庙的中央被毁坏之后,建起了阿布·哈格固清真寺。每年伊斯兰斋月之前的半个月,这里都要举行盛大的祭典,有船和轿车的表演,热闹非凡。

3. 帝王谷

帝王谷位于尼罗河西岸,这里埋葬着第十七王朝到第二十王朝期间的64位法老,其中只有17座开放。到目前为止,1922年被发现的图坦卡蒙墓是帝王谷中最后被发现的一座法老墓,也是唯一一座未遭破坏的墓。最大一座是第十九王朝沙提一世墓。帝王谷中最值得参观的主要陵墓有图坦卡蒙墓、拉美西斯四世及六世墓、沙提一世墓等。有些陵墓一般不对外开放,只供学术研究。

(四)阿斯旺

阿斯旺是埃及最南端的重要城市和阿斯旺省的首府,是埃及街道最清洁、最漂亮的城市。它是埃及与非洲其他国家进行贸易的重镇,也是通往苏丹的门户。阿斯旺冬季干燥温暖,是疗养和度假胜地。游览的主要景点有菲莱神殿、阿布辛贝勒神庙、世界上最大的方尖碑和阿斯旺大坝等。

二、饮食习俗

埃及的饮食带有浓郁的北非色彩和阿拉伯风情。埃及菜的烹制方法以烧烤煮拌为主,多用胡椒、辣椒、咖喱粉、孜然、柠檬汁调味,口感偏重。埃及人通常以"耶素"为主食,耶素为不用酵母的平圆形面包,有时也吃米饭。他们爱吃羊肉、鸡肉、鸭肉、鸡蛋以及豌豆、洋葱、南瓜、茄子、胡萝卜、土豆等副食。埃及人喜吃甜食,正式宴会或富有家庭正餐的最后一道菜都是上甜食。著名甜食有"库纳法"和"盖塔伊夫"。"锦葵汤""基食颗"是埃及人日常生活中的最佳食品。"盖麦尔丁"是埃及人在斋月里的必备食品。蚕豆是必不可少的一种食品。串烤全羊是他们的待客佳肴。值得一提的是,很多埃及人还特别爱吃中国川菜。吃饭习惯用右手抓食,随着现代文明的传播,现在使用刀叉者的人也日益增多。

三、旅游商品

在埃及,集市贸易比较有特色,一般位于狭窄的街道中,有各式各样来自非洲及中亚各地的货物出售。埃及特色的旅游商品有下列几种:

1. 香料和香水

埃及香料品种繁多、功能各异。1 000多年前的开罗就已经是世界上最大的香料贸易中心了。今天,埃及仍是许多法国香水的原料产地,许多国际知名厂牌的香水公司都是在埃及当地购买香水原料。

2. 纸莎草画

纸莎草是尼罗河三角洲生长的一种类似芦苇的水生植物,可以用来造纸。利用纸莎草造纸是古埃及人民对世界文化最伟大的贡献,成为现代纸的先驱。纸莎草纸画是埃及文化的瑰宝,是世界上最早的纸画,题材多取自古埃及神庙和宫殿的壁画,制作精美,值得购买。

3. 水烟袋

水烟袋是埃及人抽烟用的器具。这种抽烟方式将吸出的烟通过一个装水的容器过滤,可以降低烟中的焦油含量。

4. 椰枣干货

椰枣经过加工晒干制成的干货,方便携带,外形虽然不佳,但口感香浓,放在冰箱冰镇过后味道更好。

5. 雪花石雕刻、象形文字雕刻饰品

雪花石是帝王谷当地的特产,这种石材有透光性,雕刻出来的作品经过光线照射呈现朦胧的美感,圆润半透明,一般常做成灯罩或台灯,或者盛放精油的器皿。埃及的古象形文字充满神秘色彩,不同的图形代表不同的意义。游客可以购买到用埃及古象形文字雕刻的饰品,是极具埃及特色的旅游纪念品。

四、节庆活动

由于埃及人主要信奉伊斯兰教,因此,宰牲节、开斋节、穆罕默德诞辰日(圣纪节)、主麻日等伊斯兰节日是埃及的主要节日。此外还有独具特色的闻风节。

1. 主麻日

每周五,所有的伊斯兰教徒听到唤礼声,都会涌向附近的清真寺集体做礼拜。平时,虔诚的穆斯林坚守每日 5 次礼拜的教规,即晨礼、晌礼、晡礼、昏礼和宵礼。

2. 闻风节

每年的 4 月 15 日是闻风节。这是埃及最古老的传统节日之一,常带有祈福的意愿,同时也是紧追时令的踏青节。埃及人会在这天举家外出踏青,带上食物、炊具,感受大自然的恩赐,一起度过欢乐团聚的一天。闻风节这天,埃及的各大公园,甚至是尼罗河畔、金字塔下都成为庆祝节日的场所,当地人身着鲜艳的节日服装,脸上挂着幸福的笑容,与亲友一同享受春日风光,其间还能欣赏到各种民间艺术团体的精彩表演。闻风节同时是体验埃及特色饮食习俗的好机会,人们手拿五颜六色的彩蛋互相碰撞,寓意"爱之菜"的生菜以及咸鱼都是节日必备的吉祥食物。此外,大葱和葱头也是闻风节必吃的食品。

在埃及,不同的宗教节日有不同的节日食品,如斋月里要吃蚕豆和甜点;开斋节要吃鱼干和撒糖的点心;宰牲节要吃烤羊肉和油烙面饼。

五、旅游市场

旅游业一直是埃及的支柱产业。2010 年埃及接待外国游客达 1 500 万人次,旅游收入达 125 亿美元。但 2011 年埃及政局动荡之后,外国游客大幅下降,旅游业急剧萎缩。随着埃及政局形势好转,旅游业开始慢慢复苏。2017 年,埃及旅游收入约 53 亿美元,赴埃及游客数量为 830 万人。2018 年,旅游收入 98 亿美元。联合国世界旅游组织公布的最新数据显示,埃及是旅游业增速最快的旅游目的地。

知识拓展

肚皮舞

埃及肚皮舞是阿拉伯民族最具代表性的音乐和舞蹈。肚皮舞最早是作为一种宗教仪式,叙述大自然和人类繁衍的生生不息,庆祝妇女多产以及颂扬生命的神秘,后来逐渐发展为一种民间艺术,并最终成为广泛流行于阿拉伯国家的一种独特的娱乐和表演形式。

任务练习

一、情景模拟

请你模拟埃及的地陪人员,在参观游览的过程中向中国游客提供景点讲解服务,并穿插介绍当地的美食和特产。

二、知识检测

单选题

1.(   )是埃及的首都,也是非洲和阿拉伯世界最大的城市,有 250 多座清真寺,有"千塔之城"的美誉。

　　A. 亚历山大　　　　B. 开罗　　　　　C. 卢克索　　　　D. 阿斯旺

2. 下列关于亚历山大城的叙述中错误的是(   )。

　　A. 是埃及最大海港、全国第二大城市

　　B. 曾是古埃及托勒密王朝都城

　　C. 希腊马其顿国王亚历山大大帝在此建城并以自己的名字命名,曾是地中海沿海政治、经济、文化和东西方贸易的中心

　　D. 是埃及的"夏都"和避暑胜地,主要景点有夏宫、萨卡拉金字塔

3. 下列关于卢克索的叙述中错误的是(   )。

　　A. 卢克索是世界上最大的露天博物馆,有着"宫殿之城"的美誉

　　B. 卢克索是古埃及帝国中王朝和新王朝的都城底比斯的一部分

　　C. 卡尔纳克神庙的主体部分是阿蒙神庙,供奉的是底比斯主神太阳神阿蒙

　　D. 卢克索神庙的正门原有两根方尖碑,其中一座被送给了英国,现在大英博物馆

4. 关于埃及饮食的叙述中错误的是(   )。

　　A. 埃及人通常以"耶素"为主食,耶素为不用酵母的平圆形面包,有时也吃米饭

　　B. 埃及人喜吃甜食,正式宴会或富有家庭正餐的最后一道菜都是上甜食

　　C. 蚕豆是埃及人必不可少的一种食品,串烤全羊是他们的待客佳肴

　　D. 埃及人吃饭习惯用左手抓食,现在使用刀叉者的人也增多了

5. 下列关于埃及金字塔叙述中不正确的是(   )。

A. 金字塔是古埃及文明的代表作,是埃及国家的象征

B. 它是古埃及埋葬国王、王后或其他王室成员的陵寝

C. 胡夫国王的陵墓前建有著名的狮身人面像,与金字塔同为古埃及文明最有代表性的遗迹

D. 阶梯金字塔是埃及现有金字塔中年代最早的

任务二 ● 南非

任务描述

模拟旅行社的前台销售人员,向咨询的客人介绍南非的基本国情、去南非旅行的基本常识与当地的习俗和禁忌、南非的旅游城市和著名景点、饮食习俗、旅游商品、节庆活动及南非的旅游市场。

任务内容

一、基本国情

南非的
自然地理

(一)地理环境

南非,素有"彩虹之国"的美誉;位于非洲大陆最南端,东濒印度洋,西临大西洋,北邻纳米比亚、博茨瓦纳、津巴布韦、莫桑比克和斯威士兰,另有莱索托为南非领土所包围。陆地面积为 121.9 万平方千米。

南非地处非洲高原的最南端,全境大部分海拔 600 米以上,东、南、西三面为沿海低地。整体地势为东南高、西北低。德拉肯斯山脉绵亘东南,卡斯金峰高达 3 660 米,为全国最高点。西北部为卡拉哈里沙漠。奥兰治河和林波波河是境内的两大主要河流。

(二)发展简史

南非最早的土著居民是桑人、科伊人及后来南迁的班图人。17 世纪后,荷兰人、英国人相继入侵并不断将殖民地向内地推进,尤其在 1867 年和 1886 年南非发现钻石和黄金后,大批欧洲移民蜂拥而至。英国人通过"英布战争"吞并了奥兰治自由邦和德兰士瓦共和国。1910 年又将奥兰治自由邦、德兰士瓦省与开普省和纳塔尔省合并成南非联邦,成为英国的自治领地。1961 年南非退出英联邦,成立了南非共和国。1994 年,南

非举行了首次不分种族大选,获胜的曼德拉出任南非首任黑人总统,这标志着种族隔离制度的结束和民主平等新南非的诞生。

(三)民族、宗教

南非人口约为 5 773 万(2018 年),分黑人、有色人、白人和亚裔四大种族。黑人占80.7%,有祖鲁、梭托族、科萨族等部族,主要使用班图语。白人主要为阿非利卡人(以荷兰裔为主)和英裔白人,语言为阿非利卡语和英语。有色人主要是白人同当地黑人所生的混血人种,主要使用阿非利卡语。亚裔人主要是印度人和华人。有 11 种官方语言,英语和阿非利卡语为通用语言。约 80%的人口信仰基督教,其余信仰原始宗教、伊斯兰教、印度教等。

(四)国旗、国徽

南非国旗呈长方形,长宽之比为 3∶2。国旗上包括红、绿、蓝、白、黑、黄六种颜色,旗面上区为红,下区为蓝。旗面中央是一横 Y 形三色条,象征着聚合不同的南非民族,共同发展。三色条的中间色为绿色,代表土地,两侧分别是金色和白色,金色代表金子,白色代表白人,以金色一端连接黑色三角形,黑色代表黑人。

南非国徽启用于 2000 年,由太阳、鹭鹰、山龙眼、长矛与圆头棒、盾牌、麦穗、象牙、人形等图案组成。底部绶带上写着"多元民族团结"。

南非的国花是帝王花。国石是钻石。国鸟是蓝鹤。

(五)行政区划

全国共划为 9 个省,设有 278 个地方政府,包括 8 个大都市、44 个地区委员会和226 个地方委员会。全国的 9 个省分别是:东开普、西开普、北开普、夸祖鲁-纳塔尔、自由邦、西北、林波波、姆普马兰加、豪滕。

(六)政治、经济

南非的政体为总统内阁制。南非实行三权分立。立法权属于国会,由国民议会和参议院组成;总统是国家元首和政府首脑,任期五年,由国民议员直接选举产生,通常是多数党的领袖;司法权属于独立的法院。南非有三个首都:比勒陀利亚为行政首都,开普敦为立法首都,布隆方丹为司法首都。

南非属于中等收入的发展中国家,也是非洲经济最发达的国家之一。金融、法律体系比较完善,通信、交通、能源等基础设施良好。南非自然资源十分丰富,为世界五大矿产国之一,有"黄金之国""世界矿库"的别称。矿业、制造业、农业和服务业均较发达,是经济四大支柱,深井采矿等技术居于世界领先地位。南非是世界最大的黄金生产国和出口国,有世界最大的钻石生产和销售公司,葡萄酒等农副产品在国际上享有较高声誉。

（七）文学、艺术

南非是个多种族的国家,有多姿多彩的文化,这一特色使其有"彩虹之国"的美誉。南非土著居民具有历史悠久的传统绘画和雕刻艺术。其中最著名的是布什曼人的洞穴壁画雕刻,记录了从远古的狩猎时代到现代的原始部落的非洲黑人生存的篇章。南非人也擅长音乐和舞蹈。南非是盛产音乐的国家,风格各异的音乐极富感染力,尤其是爵士乐。

二、出行须知

（一）基本常识

1. 气候

南非大部分地区属亚热带和热带草原气候,东部沿海为亚热带湿润气候,南部沿海为地中海式气候。12—次年 1 月为夏季,最高气温可达 32~38 ℃;6—8 月是冬季,最低气温为−10~12 ℃。

2. 货币

南非货币为南非兰特。汇率:1 南非兰特 = 0. 471 3 人民币,1 人民币 = 2. 121 8 南非兰特(2019 年 8 月 30 日)。

3. 时差

南非时间比中国北京时间晚 6 个小时。

（二）习俗和禁忌

1. 习俗

南非社交礼仪可以概括为"黑白分明、英式为主"。所谓"黑白分明",是指受到种族、宗教、习俗的制约,南非的黑人和白人所遵从的社交礼仪不同;"英式为主"是指由于白人在很长时间掌握着南非政权,因此白人的英国式社交礼仪广泛盛行于南非社会。黑人部族中流行的打招呼方式是举起右手,手掌向着对方,表示"我手中没有握石头",它是友好的象征。目前,在社交场合,南非人所采用的普遍见面礼节是握手礼。

南非黑人比较喜欢艳丽的色彩,尤其爱穿花衬衣,但在参加官方交往或商务谈判时,大多数穿深色的正装。

2. 禁忌

非洲人普遍认为黑色不吉祥。在非洲最大的禁忌是强调肤色不同。因此,称呼非洲人,最好按照他们的国籍来称呼。"negro"和"black"是禁词。南非黑人非常敬仰自己的祖先,他们特别忌讳外人对自己的祖先言行失敬。跟南非人交谈,有四个话题不宜涉及：不要为白人评功摆好；不要评论不同黑人部族或派别之间的关系及矛盾；不要非议黑人的古老习惯；不要为对方生了男孩表示祝贺。

与南非的印度人打交道时要注意：信仰印度教者不吃牛肉，信仰伊斯兰教者则不吃猪肉。

三、旅游城市和著名景点

（一）开普敦

开普敦位于南非最南端，是南非第二大城市和南非立法首都，也是西开普省省会。开普敦以其美丽的自然景观及码头而闻名于世。开普敦原为荷兰东印度公司在非洲建立的补给站，是西欧殖民者最早在南部非洲建立的据点，故有"南非诸城之母"之称，被称为世界最美丽的都市，也是南非最受欢迎的观光城市。主要景点有：桌山、好望角、信号山、南非博物馆等。

桌山是开普敦的城市象征，因山顶宛如刀削，平坦如桌而得名，被誉为"上帝的餐桌"。桌山高为 1 066 米，宽为 3 200 米。人们可以通过缆车抵达桌山山顶，俯瞰开普敦市和桌湾。

好望角位于开普半岛南端，是大西洋和印度洋交汇处，在苏伊士运河未开通之前，是欧洲通往亚洲的海上必经之路。好望角过去被称为暴风角，因为天气恶劣，很多船只在此处遇险。后来葡萄牙的国王将它改名为好望角，因为登上角点，可以眺望到大西洋和印度洋的壮观景色。好望角自然保护区孕育了 1 500 种以上的各类植物，其中帝王花是南非的国花，南非有超过 350 种以上的帝王花。

（二）约翰内斯堡

约翰内斯堡是南非最大的城市和工商、金融、交通中心，也是世界上最大的产金中心，有"黄金城"之称。1886 年由于此地发现了黄金，淘金热潮使得该市迅速发展成为非洲最大的都市。该市是名副其实的花园城市，全市的公园和绿化面积占总面积的10%以上。主要景点有：黄金城、玫瑰园、狮子园等。

黄金城是在约翰内斯堡金矿旧址上修建而成的。黄金城是按照当年淘金热潮时代的市镇面貌的重建体，这座城市花园内逼真地重现了 18 世纪后期到 19 世纪初期淘金热潮时黄金城的建筑。游客可下到地下 220 米处参观当时开采黄金的实际作业状况，还可以参观黄金的实际溶解和浇铸金币的过程。黄金城内还有多种游乐设施供游客游玩。

（三）比勒陀利亚

约翰内斯堡北方的比勒陀利亚是南非的行政首都和政治中心，也是南非的交通枢纽,南半球空中交通的必经之路。该市建于 1855 年,市名是以布尔人(南非荷兰人)领袖比勒托利乌斯名字命名的,市内矗立着他们父子的雕像。市中心的教堂广场上矗立着南非共和国的首任总统保罗·克鲁格的塑像,其旧居已改为国家纪念馆。著名景点有:联邦议会大厦、开拓者纪念堂、市政厅、国家动物园等。

(四)德班

德班是南非第三大城市,是一座美丽的港口城市,德班的纳塔尔港是南非乃至非洲最大的港口。这里气候宜人、景色优美,被称作"南非夏威夷",是南非最著名的度假胜地之一。由于面临一望无际的印度洋,德班还是帆船、冲浪、潜水和钓鱼爱好者的天堂。橄榄球、足球、高尔夫球等户外运动场所也是应有尽有。德班还被称作是"足球之都",2010 年世界杯足球赛在德班体育场举行。主要景点有:海洋世界、迷你城、植物园等。

(五)太阳城

太阳城是南非的著名旅游胜地,有"世外桃源""非洲的拉斯维加斯"的美誉,先后有四届世界小姐评选在此举行总决赛。太阳城是一个青山绿水的超豪华度假村,有很多别出心裁的建筑和设计,如创意独特的人造海滩浴场、人造地震桥等。太阳城之所以闻名世界,一是 1993 年建成的"失落之城",堪称是世界最大的人造雨林公园;二是这里有南非最大的赌场,每年定期举办各类博彩大奖赛。

(六)克鲁格国家公园

克鲁格国家公园是南非最大的野生动物园。该园建于 1898 年,由当时布尔共和国的最后一任总督保尔·克鲁格所创立。克鲁格是世界上自然环境保护最好的、动物品种最多的野生动物保护区。公园内分布着众多的大象、狮子、犀牛、羚羊、长颈鹿、野水牛、斑马、鳄鱼等异兽珍禽,还可以观赏到非洲独特的猴面包树。每年 6—9 月的旱季是入园观览旅行的最佳季节。

四、饮食习俗

南非当地白人平时以吃西餐为主,经常吃牛肉、鸡肉、鸡蛋和面包,爱喝咖啡和红茶。黑人喜欢吃牛肉、羊肉,主食是玉米、薯类、豆类;不喜欢吃生食,爱吃熟食;一般不吃猪肉和鱼类。南非著名的饮料是国宝茶。在南非黑人家做客,主人一般送上刚挤出的牛奶或羊奶,有时是自制的啤酒。客人一定要多喝,最好一饮而尽。到南非不能错过的美食有:腊肉干、农夫香肠、三脚铁锅炖菜、恰卡拉卡、布雷迪、国宝茶、丈鱼等各类食物。

五、旅游商品

1. 钻石

南非盛产钻石,世界上发现的最大钻石来自比勒陀利亚市外的卡里南镇的第一钻石矿。南非钻石颗粒大、品质优,产量一直居世界前列,用来制作各种项链、挂件和吊坠等工艺品或首饰好,许多国家的皇室都以拥有高品质的南非钻石装饰为荣。

2. 黄金

南非是世界上最大的产金国,因此被誉为"黄金之国"。南非生产的黄金饰品或金条都有质量保证。

3. 国宝茶

国宝茶,又称博士茶、路依保斯茶,与黄金、钻石一起并称为"南非三宝"。这种茶树的种植条件极为苛刻,产量低,植物烘干或发酵后的颜色跟红茶极为相似。各国研究发现,它含有丰富矿物质,可补充人体每日所需的微量元素,并有改善睡眠等功效,被称为"南非国饮",行销 50 多个国家和地区。

4. 南非葡萄酒

南非葡萄酒是南非特产的红酒。南非目前是世界六大著名葡萄产区之一,主要产区分布在开普地区,当地具有典型的地中海气候,适宜葡萄种植。

5. 手绘鸵鸟蛋

南非的蛋雕艺术让人着迷,尤其用鸵鸟蛋来进行彩绘和雕刻的艺术品,花纹多样,绘画和雕刻工艺精湛。不过唯一的问题就是鸵鸟蛋不好保存。

6. 木雕

南非的木雕以夸张的人物和大胆的色彩运用而闻名,与梵高画作里的人物造型有异曲同工之妙。南非木雕质地优良,不会褪色,也不会开裂和变形,向来是很多高档住宅和酒店宾馆喜欢的艺术装饰品。

7. 巧克力和 Boerewors 香肠

南非的巧克力醇香丝滑,每年都要出口数以吨计的巧克力棒,是馈赠亲友的最佳选择。Boerewors 是一种盘起来销售的农夫香肠。这种香肠味道辛辣,有香菜的香味,只要放入烤架或热锅上,就会吱吱作响,油花四溅。

六、节庆活动

1. 自由日

自由日也是南非国庆日。1994 年 4 月 27 日,南非历史上第一部种族平等的宪法开始生效。

2.人权日

1960年3月21日,沙佩维尔镇黑人举行和平游行,抗议《通行证法》的实施。这部法律要求黑人外出必须携带通行证,否则将会被逮捕。种族主义政府武力镇压游行。后来,3月21日被定为"人权日",也叫"国际消除种族歧视日"。

3.青年节

1976年6月16日,约翰内斯堡市郊黑人聚居区索韦托的黑人学生举行示威,抗议强迫黑人学习阿菲康语的《班图教育法》。示威遭到镇压,170多人被打死,1 000多人受伤。联合国安理会强烈谴责这次暴行,非洲统一组织将这一天定为"索韦托烈士纪念日",后来被定为南非青年节。

4.和解日

和解日为12月16日,在南非原称"誓言日",是为了纪念1838年的荷兰裔非洲人逃离英国殖民者的统治向北方迁移的历史。1994年新南非政府成立后,这一天被改名为"和解日"。

七、旅游市场

旅游业是南非的经济支柱之一,也是当前南非发展最快的行业之一,产值约占国内生产总值的9%,从业人员达140万人。世界旅游业理事会最新研究指出,南非旅游业2018年产出达4 260亿兰特,是非洲旅游业规模体量最大的国家。从旅游目的看,64%的游客为休闲旅游,36%的游客为商务旅行;从游客来源看,国际游客占比44%,国内游客占比为56%。2018年接待海外游客超过1 593万,而其中到访南非的中国游客为9.7万人,消费额增长69%。

任务练习

一、情景模拟

请模拟旅行社的前台销售人员,向咨询的客人介绍南非的基本国情和基本常识、当地的习俗和禁忌、饮食习俗、旅游商品、节庆活动等民俗风情、旅游城市和著名景点。

二、知识检测

(一)单选题

1.下列不属于南非的美誉的一项是(　　)。

　　A. 彩虹之国　　　　B. 黄金之国　　　　C. 世界矿库　　　　D. 绵羊之国

2. 南非是世界上最大的黄金生产国和出口国,(　　　)是世界上最大的产金中心,有"黄金城"之称。

　　A. 开普敦　　　　B. 约翰内斯堡　　　C. 德班　　　　　D. 比勒陀利亚

3. 南非的行政首都是(　　　)。

　　A. 比勒陀利亚　　B. 开普敦　　　　C. 布隆方丹　　　D. 约翰内斯堡

5. 下列关于开普敦的叙述中错误的是(　　　)。

　　A. 开普敦是南非第二大城市,南非立法首都

　　B. 著名景点有桌山、好望角

　　C. 开普敦原为荷兰东印度公司在非洲建立的补给站,有"南非诸城之母"之称

　　D. 市中心的教堂广场上矗立着南非共和国的首任总统保罗·克鲁格的塑像

6. (　　　)是南非的第三大城市,被誉为"南非夏威夷""足球之都",举办过 2010 年世界杯足球赛。

　　A. 比勒陀利亚　　B. 约翰内斯堡　　　C. 开普敦　　　D. 德班

7. (　　　)与黄金、钻石一起并称为"南非三宝"。

　　A. 葡萄酒　　　　B. 国宝茶　　　　C. 手绘鸵鸟蛋　　　D. 木雕

8. 下列有关南非的禁忌中描述错误的是(　　　)。

　　A. 黑人部族中流行的打招呼方式是举起右手,手掌向着对方,表示"我手中没有握石头"

　　B. 南非黑人比较喜欢艳丽的色彩,尤其爱穿花衬衣

　　C. 和南非人交谈,要为对方生了男孩表示祝贺

　　D. 在非洲最大的禁忌是强调肤色不同,"negro"和"black"是禁词

（二）填表题

人口		国花		主要宗教	
民族		国鸟		首都	
语言		国石		与北京时差	
货币		国歌		建国纪念日	

参考文献

［1］王兴斌. 中国旅游客源国概况. 7 版. 北京:旅游教育出版社,2016.

［2］王兴斌. 中国旅游客源国/地区概况. 7 版. 北京:旅游教育出版社,2016.

［3］王昆欣,鞠海虹. 中国旅游客源地和目的地概况. 2 版. 北京:高等教育出版社,2012.

［4］夏林根. 旅游目的地概述. 北京:旅游教育出版社,2014.

［5］张金霞,赵亮. 中国主要旅游客源国与目的地国概况. 2 版. 北京:清华大学出版社,2012.

［6］何丽芳,欧阳莉. 中国旅游客源国概况. 长沙:湖南大学出版社,2017.

［7］胡华. 中国旅游客源国与目的地国概况. 北京:中国旅游出版社,2017.

［8］孙克勤. 中国旅游客源国概况. 北京:旅游教育出版社,2014.

［9］杨培玉. 中国主要旅游客源国及地区概况. 北京:北京大学出版社,2013.

［10］全国导游资格考试统编教材专家编写组. 全国导游基础知识. 北京:中国旅游出版社,2018.

［11］中华人民共和国国家统计局官网. http://www. stats. gov. cn/.

［12］联合国世界旅游组织官网. http://www2. unwto. org/.

［13］中华人民共和国外交部官网. https://www. fmprc. gov. cn/web/.

［14］中国商务部. http://www. mofcom. gov. cn/article/i/jyjl/m/201902/20190202834822. shtml.

［15］新浪网. http://k. sina. com. cn/article_1708763410_65d9a91202000m94i. html.

［16］美国国家旅行和旅游局. https://travel. trade. gov/tinews/archive/tinews2019/20190402. asp.

［17］新西兰国家旅游局网站. https://www. tourismnewzealand. com/markets-stats/.

［18］南非统计局. http://www. statssa. gov. za/? page_id=593.

［19］中国驻阿联酋大使馆经济商务参赞处. http://ae. mofcom. gov. cn/article/

jmxw/201805/20180502750055. shtml.

[20] 澳大利亚旅游局. http://www. tourisminvestment. com. au/zh/dataroom/ Tourism-Performance. html.

[21] 2018 年访问印度尼西亚中国游客数量 213. 75 万人. 新华网. http://www. xin-huanet. com/travel/2019-03/18/c_1124248294. htm.

[22] 菲律宾旅游部. http://www. tourism. gov. ph/industry_performance_dec_2018. aspx.

[23] 韩国旅游发展局. http://kto. visitkorea. or. kr/eng/tourismStatics/keyFacts/Ko-reaMonthlyStatistics/eng/inout/inout. kto.

[24] 荷兰国家旅游局. https://www. nbtc. nl/en/home/article/inbound-tourism-en. htm.

[25] 比利亚布鲁塞尔旅游局. https://visit. brussels/site/en/article/tourism-observa-tory-annual-report.

[26] 日本政府观光局. https://www. jnto. go. jp/jpn/statistics/data_info_listing/in-dex. html.

[27] 新加坡国家旅游局. https://www. stb. gov. sg/content/stb/en/statistics-and-market-insights/tourism-statistics/international-visitorarrivals. html.

[28] 新华网 https://www. xinhuanet. com.

[29] 财经时报 https://www. businesstimes. cn.

[30] 搜狐网 https://www. sohu. com.

[31] 人民网 https://www. world. people. com. cn.

[32] 携程旅行网 https://www. ctrip. com.

[33] 游客版南非旅游局 https://www. southafricantourism. cn.